"十三五"国家重点图书出版规划项目

交通运输科技丛书·公路基础设施建设与养护

钢管混凝土桥梁结构理论与创新技术

刘永健 周绪红 著

STRUCTURAL THEORY AND
INNOVATIVE TECHNOLOGY OF
CONCRETE-FILLED STEEL TUBULAR BRIDGES

人民交通出版社股份有限公司

北 京

内容提要

钢管混凝土结构具有高承载力、高承灾性、高效施工、高耐久性、高经济性和造型美观的特点,是高性能桥梁的优选结构之一。为拓展钢管混凝土桥梁应用空间,本书创新钢管混凝土桥梁结构形式;凝练钢管混凝土桥梁应用中的基础理论问题,开展钢管混凝土壁板屈曲性能、节点静力和疲劳性能、温度作用、界面性能和套箍作用的研究;提出钢管混凝土桥梁设计方法;给出钢管混凝土拱桥、组合桁梁桥、桥墩和桥塔的工程设计及应用实例。

本书可供从事桥梁工程研究、设计、施工和管理的人员使用,亦可供桥梁相关专业师生参考。

图书在版编目(CIP)数据

钢管混凝土桥梁结构理论与创新技术/刘永健,周绪红著.—北京:人民交通出版社股份有限公司,2022.12
ISBN 978-7-114-18266-2

Ⅰ.①钢… Ⅱ.①刘… ②周… Ⅲ.①钢管混凝土桥—桥梁结构—研究 Ⅳ.①U448.36

中国版本图书馆 CIP 数据核字(2022)第 191531 号

"十三五"国家重点图书出版规划项目
交通运输科技丛书·公路基础设施建设与养护
Gangguan Hunningtu Qiaoliang Jiegou Lilun yu Chuangxin Jishu

书　名:	钢管混凝土桥梁结构理论与创新技术
著 作 者:	刘永健　周绪红
责任编辑:	侯蓓蓓　丁　遥
责任校对:	刘　芹
责任印制:	刘高彤
出版发行:	人民交通出版社股份有限公司
地　　址:	(100011)北京市朝阳区安定门外外馆斜街 3 号
网　　址:	http://www.ccpcl.com.cn
销售电话:	(010)59757973
总 经 销:	人民交通出版社股份有限公司发行部
经　销:	各地新华书店
印　刷:	北京雅昌艺术印刷有限公司
开　本:	787×1092　1/16
印　张:	31.25
字　数:	600 千
版　次:	2022 年 12 月　第 1 版
印　次:	2022 年 12 月　第 1 次印刷
书　号:	ISBN 978-7-114-18266-2
定　价:	180.00 元

(有印刷、装订质量问题的图书,由本公司负责调换)

交通运输科技丛书

编审委员会

（委员排名不分先后）

顾　　问：	王志清　汪　洋　姜明宝　李天碧
主　　任：	庞　松
副 主 任：	洪晓枫　林　强
委　　员：	石宝林　张劲泉　赵之忠　关昌余　张华庆
	郑健龙　沙爱民　唐伯明　孙玉清　费维军
	王　炜　孙立军　蒋树屏　韩　敏　张喜刚
	吴　澎　刘怀汉　汪双杰　廖朝华　金　凌
	李爱民　曹　迪　田俊峰　苏权科　严云福

GENERAL ORDER | 总　　序

　　科技是国家强盛之基，创新是民族进步之魂。中华民族正处在全面建成小康社会的决胜阶段，比以往任何时候都更加需要强大的科技创新力量。党的十八大以来，以习近平同志为核心的党中央做出了实施创新驱动发展战略的重大部署。党的十八届五中全会提出必须牢固树立并切实贯彻创新、协调、绿色、开放、共享的发展理念，进一步发挥科技创新在全面创新中的引领作用。在最近召开的全国科技创新大会上，习近平总书记指出要在我国发展新的历史起点上，把科技创新摆在更加重要的位置，吹响了建设世界科技强国的号角。大会强调，实现"两个一百年"奋斗目标，实现中华民族伟大复兴的中国梦，必须坚持走中国特色自主创新道路，面向世界科技前沿、面向经济主战场、面向国家重大需求。这是党中央综合分析国内外大势、立足我国发展全局提出的重大战略目标和战略部署，为加快推进我国科技创新指明了战略方向。

　　科技创新为我国交通运输事业发展提供了不竭的动力。交通运输部党组坚决贯彻落实中央战略部署，将科技创新摆在交通运输现代化建设全局的突出位置，坚持面向需求、面向世界、面向未来，把智慧交通建设作为主战场，深入实施创新驱动发展战略，以科技创新引领交通运输的全面创新。通过全行业广大科研工作者长期不懈的努力，交通运输科技创新取得了重大进展与突出成效，在黄金水道能力提升、跨海集群工程建设、沥青路面新材料、智能化水面溢油处置、饱和潜水成套技术等方面取得了一系列具有国际领先水平的重大成果，培养了一批高素质的科技创新人才，支撑了行业持续快速发展。同时，通过科技示范工程、科技成果推广计划、专项行动计划、科技成果推广目录等，推广应用了千余项科研成果，有力促进了科研向现实生产力转化。组织出版"交通运输建设科技丛书",是推进科技成果公开、加强科技成果推广应用的一项重要举措。"十二五"期间,该丛书共出版72册,全部列入"十二五"国家重点图书出版规划项目,其中12册获得国家出版基金支持,6册获中华优秀出版物奖图书提名奖,行业影响力和社会知名度不断扩大,逐渐成为交通运输高端学术交流和科技成果公开的重要平台。

"十三五"时期,交通运输改革发展任务更加艰巨繁重,政策制定、基础设施建设、运输管理等领域更加迫切需要科技创新提供有力支撑。为适应形势变化的需要,在以往工作的基础上,我们将组织出版"交通运输科技丛书",其覆盖内容由建设技术扩展到交通运输科学技术各领域,汇集交通运输行业高水平的学术专著,及时集中展示交通运输重大科技成果,将对提升交通运输决策管理水平、促进高层次学术交流、技术传播和专业人才培养发挥积极作用。

当前,全党全国各族人民正在为全面建成小康社会、实现中华民族伟大复兴的中国梦而团结奋斗。交通运输肩负着经济社会发展先行官的政治使命和重大任务,并力争在第二个百年目标实现之前建成世界交通强国,我们迫切需要以科技创新推动转型升级。创新的事业呼唤创新的人才。希望广大科技工作者牢牢抓住科技创新的重要历史机遇,紧密结合交通运输发展的中心任务,锐意进取、锐意创新,以科技创新的丰硕成果为建设综合交通、智慧交通、绿色交通、平安交通贡献新的更大的力量!

2016年6月24日

PREFACE 前　言

　　钢管混凝土结构具有高承载力、高承灾性、高效施工、高耐久性、高经济性和造型美观的特点,是高性能桥梁的优选结构之一。在我国,钢管混凝土已广泛应用于拱桥、桁梁桥、桥墩和缆索承桥梁桥塔结构中,尤其是钢管混凝土拱桥,已经取得了举世瞩目的成就,并成为我国一张亮丽的国家名片。相比工程应用而言,钢管混凝土桥梁的基础理论研究相对滞后,其中以大截面尺寸钢管混凝土壁板局部屈曲性能、钢管混凝土节点性能、桥梁温度作用等基础理论问题尤为突出,制约了钢管混凝土桥梁的进一步发展。对此,本书创新了钢管混凝土桥梁结构构造和应用形式,对钢管混凝土壁板屈曲性能、节点静力和疲劳性能、温度作用、界面性能和套箍作用的基础理论问题进行研究,完善了大截面钢管混凝土桥塔(墩)、装配式钢管混凝土组合桁梁桥和钢管混凝土拱桥设计方法,并在工程中推广应用。

　　本书的研究工作始于湖南大学。1998 年在湖南省自然科学基金项目(98JJY2042)和湖南省重点实验室项目(99JZY2130)的资助下,先期开展了钢管高强混凝土节点性能及设计方法研究、钢管混凝土组合结构节点试验研究等工作,并参与编制了《矩形钢管混凝土结构技术规程》(CECS 159:2004)。2004 年之后,在长安大学开展了钢管混凝土拱桥、桁梁桥和桥塔(墩)的设计理论与应用研究,得到"十三五"国家重点研发计划(2016YFC0701202)、国家自然科学基金(51178051、51378068、51778058、51978061)、交通运输部建设科技项目(2013318812410、2006319812130)、陕西省自然科学基金(2005E215)和陕西省交通运输厅科研项目(13-26K、13-20K、19-67B)等项目的资助。本书是作者对钢管混凝土桥梁二十多年来理论研究和工程实践的部分成果总结。

全书共13章。第1章对钢管混凝土的分类与特点,以及钢管混凝土桥梁的发展现状和相关规范、发展方向进行了介绍;第2章对钢管混凝土桥梁结构体系和结构构造进行了阐述,并创新性地提出了PBL加劲型钢管混凝土桥梁结构体系;第3~8章通过理论分析、数值模拟和室内外试验等方法,介绍了钢管混凝土壁板屈曲性能、节点静力和疲劳性能、温度作用、界面性能和套箍作用5个基础理论的研究;第9章总结基础理论研究成果,提出了钢管混凝土桥梁设计方法;第10~13章分别给出了钢管混凝土拱桥、组合桁梁桥、桥墩和桥塔的工程实例。

在本书的撰写过程中,长安大学姜磊博士参与了第2、4、5、8、9、10、11章的撰写,长安大学孙立鹏博士参与了第3、12、13章的撰写,西北农林科技大学张宁博士、李慧博士参与了第3章的撰写,长安大学刘江博士参与了第6章的撰写,长安大学马印平博士和中国市政工程西北设计研究院有限公司刘彬博士参与了第11章的撰写,长安大学研究生赵亚东、赵鑫东、傅一晟参加了文稿的整理工作。在此谨向他们表示衷心的感谢!

由于作者水平有限,书中难免有不足之处,恳请读者批评指正。

刘永健　周绪红

2021年12月

CONTENTS 目　　录

第1章　绪论

1.1 钢管混凝土分类与特点 …………………………………… 002
1.1.1 钢管混凝土分类 ………………………………… 002
1.1.2 钢管混凝土特点 ………………………………… 002
1.2 钢管混凝土桥梁发展现状和相关规范 …………………… 010
1.2.1 钢管混凝土桥墩 ………………………………… 010
1.2.2 钢管混凝土拱桥 ………………………………… 011
1.2.3 钢管混凝土组合桁梁桥 ………………………… 012
1.2.4 钢管混凝土桥塔 ………………………………… 013
1.2.5 钢管混凝土相关规范 …………………………… 016
1.3 钢管混凝土桥梁发展方向 ………………………………… 018
1.3.1 钢管混凝土桥梁应用空间和形式 ……………… 018
1.3.2 钢管混凝土桥梁基础理论研究 ………………… 020
1.4 章节编排 …………………………………………………… 022

第2章　钢管混凝土桥梁结构体系

2.1 结构体系 …………………………………………………… 026
2.2 结构构造 …………………………………………………… 027
2.2.1 截面形式 ………………………………………… 027
2.2.2 节点构造 ………………………………………… 029
2.3 PBL加劲型钢管混凝土桥梁结构体系 …………………… 030

第 3 章　钢管混凝土壁板屈曲性能

- 3.1 单侧约束板的弹性局部屈曲 ······ 034
  - 3.1.1 均匀受压板 ······ 034
  - 3.1.2 非均匀受压板 ······ 036
- 3.2 单侧约束板的弹塑性屈曲及宽厚比限值 ······ 042
- 3.3 单侧约束板的屈曲后强度 ······ 048
- 3.4 单侧约束加劲板的局部屈曲 ······ 052
  - 3.4.1 设板肋的加劲板 ······ 052
  - 3.4.2 设 PBL 的加劲板 ······ 057

第 4 章　钢管混凝土节点静力性能

- 4.1 节点类型和破坏模式 ······ 064
  - 4.1.1 节点参数定义 ······ 064
  - 4.1.2 节点类型 ······ 064
  - 4.1.3 节点破坏模式 ······ 066
- 4.2 内填混凝土对钢管节点破坏模式改善 ······ 068
  - 4.2.1 现行规范中节点几何构造规定 ······ 068
  - 4.2.2 钢管混凝土受压节点受力特点 ······ 070
  - 4.2.3 钢管混凝土受拉节点受力特点 ······ 074
  - 4.2.4 钢管混凝土 K 形节点受力特点 ······ 076
- 4.3 钢管混凝土桥梁节点设计方法 ······ 081
  - 4.3.1 钢管混凝土桥梁节点设计流程 ······ 081
  - 4.3.2 支管有效宽度破坏(模式 G) ······ 082
  - 4.3.3 主管表面冲剪破坏(模式 E) ······ 083
  - 4.3.4 主管间隙剪切破坏(模式 H) ······ 084

第 5 章　钢管混凝土节点疲劳性能

- 5.1 圆形钢管混凝土节点疲劳试验研究 ······ 086
  - 5.1.1 试验概述 ······ 086
  - 5.1.2 疲劳设计 S_{hs}-N 曲线 ······ 087

5.2 圆形钢管混凝土 K 形节点应力集中系数参数分析 ·········· 089
    5.2.1 试验概述 ·········· 089
    5.2.2 有限元模型建立和验证 ·········· 090
    5.2.3 参数分析 ·········· 095
    5.2.4 计算结果 ·········· 096
    5.2.5 SCF_{max} 参数计算公式拟合及验证 ·········· 101
5.3 矩形钢管混凝土节点应力集中试验研究 ·········· 105
    5.3.1 节点试验概述 ·········· 105
    5.3.2 节点试验结果 ·········· 110
    5.3.3 桁架节段试验概述 ·········· 118
    5.3.4 节点名义应力试验结果 ·········· 120
5.4 矩形钢管混凝土节点疲劳试验研究 ·········· 125
    5.4.1 试验概述 ·········· 125
    5.4.2 静力试验结果 ·········· 128
    5.4.3 疲劳试验结果 ·········· 132
    5.4.4 疲劳设计 S_{hs}-N 曲线 ·········· 136
5.5 矩形钢管混凝土节点应力集中系数参数分析 ·········· 138
    5.5.1 有限元建模方法及验证 ·········· 138
    5.5.2 矩形钢管混凝土 T 形和 X 形节点参数分析 ·········· 140
    5.5.3 矩形钢管混凝土 T 形和 X 形节点 SCF 参数计算公式 ·········· 147
    5.5.4 矩形钢管混凝土 K 形节点参数分析 ·········· 154
    5.5.5 矩形钢管混凝土 K 形节点 SCF 参数计算公式 ·········· 155

第 6 章 钢管混凝土桥梁温度作用

6.1 钢管混凝土的温度分布 ·········· 162
    6.1.1 时程变化规律 ·········· 162
    6.1.2 空间分布规律 ·········· 163
    6.1.3 影响温度分布的因素 ·········· 164
6.2 钢管混凝土温度分布的分析方法 ·········· 165
    6.2.1 试验测试 ·········· 165
    6.2.2 数值模拟方法 ·········· 171

6.3 钢管混凝土桥梁的温度作用模式 175
  6.3.1 均匀温度作用 177
  6.3.2 温度梯度模式 179
  6.3.3 基于统计分析的温度作用代表值 183
  6.3.4 考虑空间形态的钢管混凝土温差计算 193
6.4 钢管混凝土桥梁的温度效应 197
  6.4.1 钢管混凝土的线膨胀系数取值 197
  6.4.2 温度效应的分解计算方法 203
  6.4.3 钢管混凝土界面非均匀热脱空高度计算方法 205
6.5 基于日照阴影识别的钢管混凝土桥梁温度效应精细化计算 207
  6.5.1 基于光线追踪算法的桥梁阴影识别技术 207
  6.5.2 数值模拟方法及验证 209
  6.5.3 实桥温度分布及效应三维精细化模拟 212

第7章 钢管混凝土界面性能

7.1 钢管混凝土柱界面黏结-滑移本构关系 220
  7.1.1 试验概述 220
  7.1.2 界面黏结应力沿长度方向的分布规律 221
  7.1.3 矩形钢管混凝土界面黏结-滑移本构关系 222
  7.1.4 圆形钢管混凝土界面黏结-滑移本构关系 224
7.2 PBL加劲型矩形钢管混凝土界面黏结-滑移本构关系 225
  7.2.1 PBL界面性能试验 225
  7.2.2 极限抗剪承载力 231
  7.2.3 抗剪刚度 234
  7.2.4 PBL剪力件的黏结-滑移特征曲线 238
7.3 基于弹性理论的钢管混凝土界面剪切模型与声发射试验研究 239
  7.3.1 钢管混凝土界面剪应力分布 239
  7.3.2 试验概述 243
  7.3.3 试验结果与分析 245
7.4 PBL连接件抗剪性能 252
  7.4.1 PBL连接件静力性能 252

	7.4.2 PBL 连接件的疲劳性能 · 258
7.5	界面状态对钢管混凝土构件抗弯性能的影响 · 264
	7.5.1 钢管混凝土界面滑移的影响 · 264
	7.5.2 界限弯矩-曲率关系 · 265
	7.5.3 高宽比对抗弯承载力的影响 · 271
	7.5.4 界面黏结力失效影响 · 272
7.6	温度作用对钢管混凝土界面状态的影响 · 274
	7.6.1 温度作用引起的界面脱黏 · 274
	7.6.2 温度场计算 · 275
	7.6.3 温度效应计算 · 279

第 8 章 钢管混凝土套箍作用

8.1	钢管混凝土套箍作用机理 · 286
	8.1.1 钢管混凝土组合作用分析 · 286
	8.1.2 圆形钢管混凝土短柱轴压承载力 · 287
	8.1.3 方形钢管混凝土短柱轴压承载力分析 · 289
	8.1.4 PBL 加劲型矩形钢管混凝土短柱轴压承载力分析 · · · · · · · · · 291
	8.1.5 钢管混凝土轴压承载力统一计算公式 · 293
8.2	钢管混凝土轴压短柱试验及公式验证 · 293
	8.2.1 圆形钢管混凝土试验数据及公式验证 · 293
	8.2.2 方形钢管混凝土试验数据及公式验证 · 295
	8.2.3 PBL 加劲型钢管混凝土试验数据及公式验证 · · · · · · · · · · · · · · 296
8.3	钢管混凝土拱肋轴力-应变关系 · 298
	8.3.1 钢管混凝土组合作用分析 · 298
	8.3.2 钢管和混凝土纵向应力-应变关系 · 298
	8.3.3 公式验证 · 302
	8.3.4 算例应用分析 · 304

第 9 章 钢管混凝土桥梁设计方法

9.1	结构分析 · 308
	9.1.1 杆系有限元 · 308

  9.1.2 多尺度有限元 ·· 309
9.2 构件强度计算 ··· 311
  9.2.1 轴压强度 ·· 311
  9.2.2 受弯强度 ·· 313
  9.2.3 压弯强度 ·· 314
9.3 连接件构造和计算 ·· 315
  9.3.1 连接件构造 ··· 316
  9.3.2 连接件承载力 ·· 316
9.4 节点计算 ·· 318
  9.4.1 节点强度 ·· 318
  9.4.2 节点疲劳 ·· 321
9.5 温度作用 ·· 325
  9.5.1 组合线膨胀系数 ·· 325
  9.5.2 均匀温差作用 ·· 325
  9.5.3 温度梯度作用 ·· 326
  9.5.4 温度作用组合 ·· 326
9.6 钢管混凝土拱桥 ··· 327
  9.6.1 拱桥节点构造 ·· 327
  9.6.2 轻型大跨钢管混凝土拱桥合理拱轴线计算方法 ·································· 327
9.7 钢管混凝土组合桁梁桥 ·· 331
  9.7.1 组合桁梁桥节点构造 ··· 331
  9.7.2 钢管混凝土组合桁梁抗弯承载力计算方法 ·· 333
  9.7.3 钢管混凝土组合桁梁挠度计算方法 ·· 340
9.8 钢管混凝土桥塔(墩) ··· 343
  9.8.1 塔柱构造 ·· 343
  9.8.2 钢管混凝土壁板设计 ··· 349

第 10 章 钢管混凝土拱桥

10.1 苏龙珠黄河特大桥 ··· 354
  10.1.1 设计概况 ·· 354
  10.1.2 结构设计 ·· 355

        10.1.3　结构验算 ·········· 357
        10.1.4　疲劳计算 ·········· 366
        10.1.5　温度效应计算 ·········· 372
    10.2　王坡沟南桥 ·········· 374
        10.2.1　设计概况 ·········· 374
        10.2.2　结构设计 ·········· 375
        10.2.3　结构验算 ·········· 377
        10.2.4　节点受力性能分析 ·········· 384

第11章　钢管混凝土组合桁梁桥

    11.1　矩形钢管混凝土组合桁梁连续梁桥 ·········· 394
        11.1.1　设计概况 ·········· 394
        11.1.2　结构设计 ·········· 395
        11.1.3　结构验算 ·········· 403
        11.1.4　经济性分析 ·········· 417
    11.2　陕西省黄延高速公路跨线桥 ·········· 419
        11.2.1　工程概述 ·········· 419
        11.2.2　结构设计 ·········· 419
        11.2.3　结构验算 ·········· 427
        11.2.4　经济性分析 ·········· 437

第12章　钢管混凝土桥墩

    12.1　工程概述 ·········· 440
    12.2　结构设计 ·········· 441
    12.3　结构验算 ·········· 442
        12.3.1　施工阶段验算 ·········· 442
        12.3.2　成桥阶段验算 ·········· 443

第13章　钢管混凝土桥塔

    13.1　设计概况 ·········· 450
    13.2　结构设计 ·········· 451

    13.2.1 总体布置 …………………………………………………… 451
    13.2.2 主塔截面选型设计 ………………………………………… 452
  13.3 结构验算 ………………………………………………………… 453
    13.3.1 施工阶段结构验算 ………………………………………… 453
    13.3.2 成桥阶段结构验算 ………………………………………… 459
  13.4 经济性分析 ……………………………………………………… 465

参考文献

索引

CHAPTER ONE 第1章

绪论

1.1 钢管混凝土分类与特点

1.1.1 钢管混凝土分类

钢管混凝土是指将混凝土灌入钢管内而形成的由钢管与核心混凝土协同承受外荷载作用的一种闭口截面形式的组合结构,区别于开口截面形式的型钢混凝土(又称劲性骨架混凝土)。根据截面形式的不同,钢管混凝土可分为圆形钢管混凝土、方形钢管混凝土、矩形钢管混凝土、箱形钢管混凝土、异形钢管混凝土和中空钢管混凝土等。根据钢管约束性质的不同,可分为钢管混凝土和钢管约束混凝土。其中,钢管混凝土在受力初期,钢管和混凝土共同承担纵向荷载作用,由于钢管与混凝土之间的泊松比差异,当荷载加到一定程度时,混凝土开始径向挤压钢管,钢管开始对核心混凝土产生约束作用,其纵向和环向同时承担荷载,如图 1-1a)所示;钢管约束混凝土在受力初期,仅管内混凝土承担纵向荷载,钢管仅承受环向荷载,即对核心混凝土产生约束作用,如图 1-1b)所示。根据钢管与管内混凝土材料的匹配关系,钢管混凝土可分为普通钢材钢管-普通混凝土、普通钢材钢管-高强混凝土、高强钢材钢管-普通混凝土和高强钢材钢管-高强混凝土。上述高强材料中的高强钢材通常指屈服强度范围为 460~690MPa 的结构钢,高强混凝土通常指强度等级为 C60 及以上的混凝土。

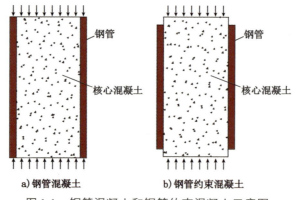

图 1-1 钢管混凝土和钢管约束混凝土示意图

1.1.2 钢管混凝土特点

钢管混凝土中钢管和核心混凝土共同工作,充分发挥了钢材抗拉强度高和核心混凝土抗压性能好的优点,同时也弥补了两种材料各自的不足。从结构特点以及工程应用效果来看,钢管混凝土结构已经成为高性能桥梁的优选结构之一,主要体现在高承载力、高承灾性、高效施工、高耐久性、高经济性和造型美观六个方面。

(1)高承载力

在钢管混凝土设计中,通常使用更少的含钢量,即薄壁钢管,即可满足构件的承载力要求。对于单独的薄壁钢管,钢管板件径厚比或宽厚比大,容易发生受压屈曲,往往无法到达其抗压强度。同时,薄壁钢管抗压承载力对局部缺陷很敏感。研究表明,薄壁钢管的实际承载力往往只有理论计算值的1/3,当有残余应力存在时,承载力削减更严重。对于钢管混凝土,在轴向压力作用下,外侧钢管对内侧混凝土提供很强的环向约束作用,使得管内混凝土处于三向受压状态,延缓了混凝土纵向开裂,提高了混凝土抗压强度。同时,管内混凝土为钢管提供侧向支承作用,避免了薄壁钢管的局部屈曲,如图1-2所示。由此可见,两种材料的组合弥补了彼此的缺点,充分发挥了彼此的长处,从而使得钢管混凝土的承载力大大高于钢管和混凝土分别单独承载时的承载力之和。

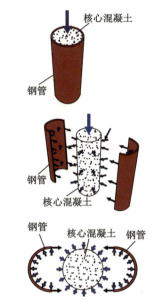

图1-2 钢管和混凝土受力状态示意图

图1-3所示为典型的圆形钢管混凝土短柱轴压试验结果,对圆形钢管、钢筋混凝土和圆形钢管混凝土三类短柱的轴压承载力进行了对比,f_{cu}为混凝土立方体抗压强度,f_y为钢管屈服强度,D为钢管直径,t为钢管壁厚。由图1-3a)可知,圆形钢管短柱的轴压承载力为729kN,钢筋混凝土短柱的轴压承载力为1 192kN,两者理论承载力之和为1 921kN,明显小于圆形钢管混凝土短柱的轴压承载力2 057kN。可见,圆形钢管混凝土在套箍作用下,其钢材和混凝土材料特性可以得到充分发挥,构件轴压承载力明显提高,力学上实现"1+1>2"的效果。这个结论从图1-3b)荷载-位移关系中也可以看出。

方形和矩形钢管混凝土短柱在轴压荷载作用下,钢管角隅部位刚度大,对核心混凝土产生较大的环向约束,而钢板中部刚度小,易发生鼓曲变形,对核心混凝土的环向约束作用较小。因此,相比圆形钢管混凝土,方形和矩形钢管混凝土套箍作用相对薄弱,且方形和矩形钢管对核心混凝土环向约束并不均匀,工程设计中通常不考虑方形和矩形钢管对核心混凝土的约束作用。但值得注意的是,方形和矩形钢管混凝土轴压短柱试验研究结果表明,虽然方形和矩形钢管混凝土套箍作用相对薄弱,但所有试件都有较好的延性和后期承载能力。

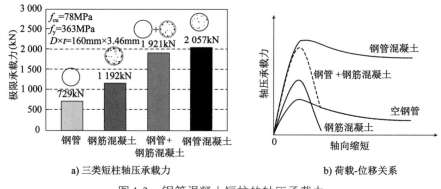

图 1-3 钢管混凝土短柱的轴压承载力

(2) 高承灾性

图 1-4 所示为不同荷载作用下钢管混凝土构件破坏模式。在轴压荷载作用下,仅钢管柱最终的破坏模式为壁板局部屈曲,壁板会同时发生向内和向外鼓曲;仅混凝土柱则呈现斜截面剪切破坏。钢管和混凝土作为钢管混凝土结构协同工作后,由于管内混凝土的支撑作用,钢管壁板仅能发生面外鼓曲,且鼓曲波长减小,管内混凝土仅产生部分裂缝,且裂缝沿横截面分布均匀,如图 1-4a) 所示。在轴拉荷载作用下,仅钢管柱最终破坏时呈现"颈缩"现象,中部截面管壁向内弯曲;仅混凝土柱最终破坏模式为中部拉断。两者协同工作后,由于内部混凝土限位作用,钢管不会发生向内弯曲,管内混凝土延性增加,并不会直接拉断,而是沿纵向产生多道横向裂缝,如图 1-4b) 所示。在纯弯荷载作用下,仅钢管梁顶部受压侧会发生局部屈曲,底部受拉侧则发生屈服进而拉断;仅混凝土梁顶部受压侧压碎,底部受拉侧则产生多道裂缝。两者协同工作后,顶部受压侧钢管仅能向外鼓曲,会产生多个鼓包,鼓包内混凝土压碎,受拉侧混凝土裂缝分布更为均匀,如图 1-4c) 所示。在纯扭荷载作用下,钢管混凝土中管内混凝土承受压力,外部钢管承受斜截面拉力,管内混凝土增强了管壁的扭转屈曲稳定性,如图 1-4d) 所示。通过以上分析可知,相比纯钢和纯混凝土结构,复合荷载下钢管混凝土结构均呈现良好的延性,由此带来了更高的承灾性。

在 1923 年的日本关东大地震中,钢管混凝土桥墩表现出优异的力学性能,从而引发了学者们对钢管混凝土桥墩抗震性能的研究。学者们通过试验分析了钢管混凝土柱的延性和耗能能力。结果表明,钢管混凝土柱延性和耗能能力良好,没有剪切破坏和黏结破坏现象发生,是一种抗震性能较好的竖向构件。其抗震性能良好主要在于,核心混凝土在钢管的约束下,使用阶段具有良好的弹性性能,同时,破坏时具有较大的塑性变形。此外,由于这种改善效果,钢管混凝土结构在承受冲击荷载和振动荷载时也具有很大的韧性。由此可见,钢管混凝土适宜用作抗震结构和防撞结构。

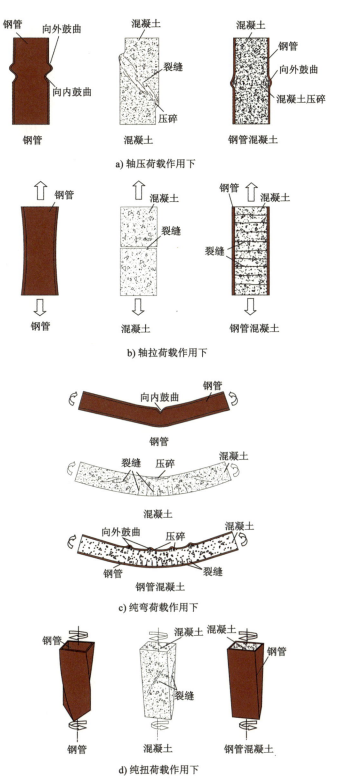

图 1-4　不同荷载作用下钢管混凝土构件破坏模式

此外,钢管混凝土具有良好的耐火性能。混凝土的比热容取值:通常情况下,混凝土比热容为 1 000J/(kg·℃);当含水率为3%时,比热容为 2 020 J/(kg·℃);当含水率为10%时,比热容为 5 600 J/(kg·℃)。钢材的比热容为600J/(kg·℃),混凝土的导热系数为1.6W/(m·℃),钢材的导热系数为45W/(m·℃)。当发生火灾时,组成钢管混凝土的钢管及其核心混凝土之间相互贡献、协同互补、共同工作,由于混凝土的比热容比钢材的比热容小很多,钢管混凝土柱在吸热后,一部分热量会传给混凝土,混凝土吸收大量由钢管传来的热量,使得外包钢管升温滞后,钢管的承载力损失相对减小。同时,外包钢管可保护核心混凝土不发生崩裂,一旦钢管部分屈服,温度不高的混凝土依然可以承受大部分荷载。由此可见,钢管混凝土具有更长的耐火时间,其防火性能比钢结构和钢筋混凝土结构更为优越。

(3)高效施工

钢管混凝土结构应用于拱桥拱肋、桁梁桥、桥墩和桥塔中,均具有高效的施工性能。与钢筋混凝土桥梁相比,钢管既可以作为受力构件,也可以兼作外部模板,不需要绑扎钢筋、支模和拆模等工序,同时由于不需要配置受力钢筋,混凝土的浇筑更加方便。实际工程中常采用逐层浇捣混凝土、泵送混凝土、高位抛落免振捣混凝土、微膨胀混凝土和自密实混凝土等工艺,保证了管内混凝土的密实性。

与纯钢结构相比,钢管混凝土桥梁施工性更好。以拱桥为例进行说明:钢管混凝土拱肋比钢管拱肋的重量轻一半,安装风险降低;钢管混凝土拱肋中钢管壁厚约为钢管拱肋壁厚的1/2,焊接更为容易;单根杆件更轻,有利于山区运输;钢管拱肋架设完成后,采用真空辅助压力连续灌注管内混凝土,一个月可完成一跨拱肋的施工,跨径500米级钢管混凝土拱桥的拱肋架设耗时约为相似钢管拱肋的一半。此外,钢管混凝土桥梁在施工制造方面非常符合标准化施工的要求,钢管在钢厂直接加工成型,其精度和质量都有保证,不仅可节约人工费用,降低工程造价,而且可以加快施工进度。

(4)高耐久性

关于钢管混凝土结构的耐久性特点,首先对于冻融环境,大量冻融条件下的钢管混凝土强度试验研究结果表明,混凝土外包钢管能提高混凝土抗冻性能。其次对于腐蚀环境,大量腐蚀环境下钢管混凝土耐久性试验研究表明,在管内核心混凝土填充密实情况下,钢管的内部腐蚀并不明显。此外,大量腐蚀作用和界面性能的研究结果表明,在腐蚀初期,钢管与混凝土的黏结力有所提高,随着腐蚀时间延长,界面黏结力下降并趋于平稳,且都大于无腐蚀时的黏结力,这说明钢管混凝土有更高的耐久性。对于实现结构耐久性的措施,钢管混凝土的要求更低,和其他钢结构不同,钢管混凝土的钢管内表面不需要涂装防腐,不需要除湿,仅需对钢管外表面进行涂装防腐处理。

(5) 高经济性

钢管混凝土桥梁除力学性能优势明显外,还具有明显的经济性优势。大量工程案例表明,与传统的钢筋混凝土桥梁相比,若将钢筋混凝土桥梁中的钢筋换算成钢材,同等跨径的钢管混凝土桥梁在钢材用量持平或略有提高的前提下,混凝土用量减少40%以上,结构自重明显减轻,桥梁跨越能力增强,施工更为高效。以下选取几座典型钢管混凝土桥梁案例,来分析钢管混凝土桥梁的经济性。

① 紫洞大桥。

佛山市紫洞大桥主桥为双塔三跨单索面斜拉桥,跨径组合为(69 + 140 + 69)m(图1-5)。索塔和主梁均为钢管混凝土结构。主梁梁高3.0m,宽25.5m,横断面为带悬臂的倒梯形断面,节点间距为3m。下弦杆、腹杆及下平联钢管中均灌注混凝土,桥面板为现浇预应力混凝土板。该桥原设计方案为预应力混凝土连续刚构桥。表1-1中列出了紫洞大桥主梁设计方案与原设计方案的材料用量对比情况。由表可知,相比于混凝土连续刚构桥,紫洞大桥虽然钢材用量增加9%,但混凝土用量减少44%。

a) 实桥

b) 横断面示意

图1-5 紫洞大桥

紫洞大桥材料用量对比 表1-1

材 料	紫洞大桥	预应力混凝土连续刚构桥	比 值
钢板与钢管(kg/m²)	150.1	0.19	—
钢筋(kg/m²)	70.67	203.21	
钢材合计(kg/m²)	220.77	203.4	1.09
混凝土合计(m³/m²)	0.759	1.359	0.56

② 向家坝大桥。

湖北秭归向家坝大桥为三跨连续刚构桥(图1-6),跨径组合为(43.3 + 72.2 + 43.3)m。主梁采用钢管混凝土组合桁梁,梁高3.55m,桥宽9.5m,高跨比1/20,横断面呈四角锥形,采用空间桁架,腹杆布置形式为三角形,纵横向节点间距均为3.8m。表1-2给出了向家坝大桥与某相似跨径的预应力钢筋混凝土连续箱梁桥材料用量的对比。由表可知,相比于预应力钢筋混凝土连续箱梁桥,向家坝大桥虽然钢材用量增加9%,但混凝土用量减少55%。

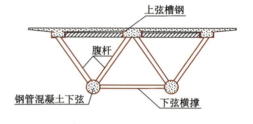

a) 实桥　　　　　　　　　　　　　　b) 横断面示意

图1-6　向家坝大桥

向家坝大桥材料用量对比　　　　　表1-2

材料	向家坝大桥	预应力混凝土连续箱梁桥	比值
钢板与钢管(kg/m²)	119.5	—	—
钢筋(kg/m²)	34.8	142.1	
钢材合计(kg/m²)	154.3	142.1	1.09
混凝土合计(m³/m²)	0.3	0.66	0.45

③干海子大桥。

四川雅安干海子大桥是总跨径为1 811m的钢管混凝土连续梁桥(图1-7),全桥分三联,共计36孔,跨径主要为44.5m和62.5m。上部结构采用等截面圆钢管混凝土组合桁梁,梁高4.4m,高跨比1/14~1/9,下弦杆采用钢管混凝土构件,腹杆采用空钢管构件,下部结构采用钢管混凝土格构式墩。将原设计T梁桥方案和干海子大桥主要材料指标列于表1-3。由表可知,相比于T梁桥,干海子大桥混凝土用量减少64%,钢材用量减少24%。

a) 实桥　　　　　　　　　　　　　　b) 横断面示意

图1-7　干海子大桥

材料用量对比　　　　　　　　　　　　　表1-3

材　料	干海子大桥	原T梁桥	比　值
钢板及钢管(t)	8 057	—	—
钢筋(t)	7 015	19 664	
钢材合计(t)	15 072	19 664	0.76
混凝土合计(m³)	52 207	144 307	0.36

④平南三桥。

平南三桥是广西荔浦至玉林高速公路平南北互通连接线跨越浔江的一座特大桥（图1-8）。平南三桥结构形式为钢管混凝土拱桥，跨径组合为(210.5+575+310.5)m，拱肋主管直径1.4m，拱顶桁高8.5m，拱脚桁高17m，桥道系采用格构式钢-混凝土组合结构。表1-4给出了平南三桥与某相似跨径的斜拉桥材料用量对比。由表可知，相比于斜拉桥，平南三桥混凝土用量略有减少，钢材用量减少接近50%。

图1-8　平南三桥

材料用量对比　　　　　　　　　　　　　表1-4

材　料		平南三桥	斜拉桥	比　值
上部结构材料用量	混凝土(m³)	11 433	26 627	—
	钢筋(t)	1 018	9 231	
	钢材(t)	12 251	7 291	
	缆索(t)	—	2 817	
下部结构材料用量	混凝土(m³)	63 866	50 743	
	钢筋(t)	2 904	10 822	
混凝土合计(m³)		75 299	77 370	0.97
钢材合计(t)		16 173	30 161	0.54

(6)造型美观

相比混凝土结构，钢结构更易加工成各种造型，其美观性更强。钢管混凝土桥梁便继承了钢结构桥梁造型美观的优点,可以适应不同的美学造型需求。此外,除了传统的圆形截面外,钢管混凝土可以在满足复杂受力的前提下,根据美学设计需求,可采用圆形截面的桁架结构,也可采用大截面的单箱结构,或者加工为多室的异形截面。其截面形式灵活多变,能很好地满足各种美学需求。合江长江一桥和南京长江五桥等代表性钢管混凝土桥梁,均已成为当地的地标性建筑。

1.2 钢管混凝土桥梁发展现状和相关规范

钢管混凝土结构因其突出的技术经济优势,广泛应用于桥梁工程中。从最早在桥墩中应用,进而拓展到拱桥结构中,并在我国得到大规模的应用,已成为一张亮丽的国家名片。同时,在近十年桥梁建设中,钢管混凝土也逐渐应用到组合桁梁桥和桥塔结构中。在积累了丰富成果的基础上,钢管混凝土桥梁的设计规范也在逐渐形成。

1.2.1 钢管混凝土桥墩

钢管混凝土在国外桥梁中应用比较早,首先应用于桥墩中。1879年,英国建造Seven铁路桥时,为了解决钢管桥墩的锈蚀问题,首次采用了钢管混凝土结构,如图1-9所示。随后,钢管混凝土在桥墩中得到广泛应用,比较典型的是1897年发明的Lally柱,在美国"红桥"以及"Wheel桥"的桥墩中应用,如图1-10所示。真正开始研究钢管混凝土桥墩,主要是在1995年的阪神大地震发生后。地震区大量钢筋混凝土桥墩和钢桥墩的破坏,引起了学者对这种抗震性能优良结构的关注。我国对钢管混凝土桥墩的研究起步较晚,始于20世纪80年代。目前,钢管混凝土桥墩在我国高烈度区桥梁和城市立交桥中应用广泛。

图1-9 英国Seven铁路桥

图 1-10　美国 Wheel 桥

1.2.2　钢管混凝土拱桥

世界上第一座钢管混凝土拱桥是由苏联修建的。1937 年，苏联采用集束的小直径钢管混凝土作为拱肋，建造了横跨涅瓦河的跨径 101m 的下承式拱桥；1939 年，又在西伯利亚伊谢季河上建成了跨径 140m 的上承式钢管混凝土铁路拱桥。分析认为，与钢拱桥相比，钢管混凝土拱桥可节约钢材 52%，降低造价 20%。然而，苏联这两座桥的施工是在现场将钢管拱架分节段预浇灌混凝土之后，在满堂支架上拼装成桥，因而钢管混凝土在施工安装方面的优越性能并未得到发挥。这两座桥中，第一座可归为钢管混凝土劲性骨架混凝土拱桥，第二座为钢管混凝土拱桥。

在此后的 50 余年中，未见任何钢管混凝土拱桥建设的报道。直至 1990 年，我国建成了第一座具有工程意义的钢管混凝土拱桥——跨径 115m 的四川省旺苍东河大桥，如图 1-11 所示。此后，钢管混凝土拱桥在我国广泛应用。据不完全统计，截至 2018 年底，我国已建和在建的钢管混凝土拱桥接近 500 座，钢管混凝土拱桥已突破 600 米级，同时，700 米级跨径的钢管混凝土拱桥已经通过了设计和建造可行性研究。在我国，钢管混凝土拱桥不仅在数目和跨径上不断增大，其结构形式和施工方法也在不断创新。

近 30 年来，钢管混凝土拱桥在我国的大量应用和发展已引起国外的关注。国外也陆续修建了一些钢管混凝土拱桥，如法国 Antrenas 桥、捷克布尔诺—维也纳高速公路跨线桥、西班牙 Arco del Escudo 桥、美国 New Damen Avenue 桥、美国哥伦布高架桥、日本新西海桥、西班牙 Ricobayo 水库桥、印度 Chenab 钢桁拱桥，以及越南 3 座钢管混凝土拱桥——南西贡大道芹玉桥、大翁桥和森举桥等。

图 1-11　四川省旺苍东河大桥

1.2.3　钢管混凝土组合桁梁桥

混凝土箱梁是目前我国主流的桥梁结构形式,从中小跨径的装配式小箱梁到大跨径的预应力混凝土连续梁桥和连续刚构桥,其应用极为广泛。由于混凝土箱梁的自重大、施工周期长、施工设备及临时设施费用高,技术经济效益受到影响。因此,探索其结构形式的优化具有重要的理论意义和工程实用价值。

混凝土材料的受压性能优越而受拉性能较差,易产生裂缝,材料利用率较低。尽管国内外为了减小混凝土箱形结构腹板的厚度,采取了施加竖向预应力、采用体外预应力索以及沿高度方向改变腹板厚度等措施,并取得了一定效果,但均需保留其最小厚度,以防止压溃,而且仍然是混凝土实体腹板,其自重减轻有限。而采用钢管桁架替代混凝土腹板可以大大减轻结构自重,由此形成了钢桁腹桥梁结构。同理,钢材具有很好的抗拉性能,可采用钢管桁架进一步替代混凝土底板,以此形成钢管混凝土组合桁梁桥,如图 1-12 所示。优化后的

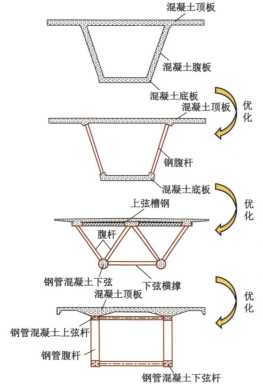

图 1-12　钢管混凝土组合桁梁桥

桥型在可能出现拉应力的区域采用钢结构来替代混凝土结构,材料利用率和经济性得到了显著提高,实现了钢管混凝土在梁式体系桥梁中的应用。典型工程为四川雅泸高速公路的干海子大桥和汶马高速公路的克枯大桥(图1-13)。

图1-13 克枯大桥

1.2.4 钢管混凝土桥塔

钢管混凝土桥塔是指在矩形或箱形截面钢管内填充混凝土形成组合截面共同受力的组合结构(区别于钢管混凝土叠合柱及钢管约束混凝土柱等组合结构)。本书所述的钢管混凝土桥塔是广义上的钢管混凝土结构,既包括传统的小尺寸、含钢率较高的圆形和矩形钢管混凝土结构,也包括大尺度、含钢率较低的异形截面钢壳混凝土结构,如南京长江五桥的桥塔。在受力性能方面,钢壁板利用混凝土的单侧约束作用,提高了抗局部屈曲性能,减小了加劲肋用钢量;而在钢壁板的约束作用下,核心混凝土的抗压强度也得以提高,使钢管混凝土桥塔具有更高的承载力。对于多跨斜拉桥或悬索桥的中塔,采用钢管混凝土桥塔可以利用钢壁板承受巨大弯矩产生的拉应力,避免了钢筋混凝土桥塔开裂等耐久性病害。在施工效率方面,钢管混凝土桥塔的钢壁板可在工厂预制,并作为混凝土浇筑的模板,同时省去了钢筋绑扎工作,施工快速,工业化程度高。在养护方面,钢箱内部填充混凝土,提高了钢结构的抗腐蚀性能,运营期防腐涂装工作量也远小于钢桥塔。

公开报道的钢管混凝土桥塔工程应用案例见表1-5及图1-14。钢管混凝土桥塔的工程实践始于1992年建成的西班牙阿拉米罗桥。该桥为一座主跨200m的无背索斜拉桥,采用了不规则六边形钢箱截面。当时的设计理念是采用钢壁板代替构造复杂的普通钢筋,兼作混凝土浇筑的模板,来提高施工速度,并未考虑钢壁板对内填混凝土的约束效应及混凝土对钢壁板抗屈曲性能的提高。

我国钢管混凝土桥塔的工程应用（不完全统计） 表1-5

序号	桥名	桥型	跨径布置（m）	桥址	建成年份	垂直塔高（m）	桥塔形式
1	紫洞大桥	双塔斜拉桥	69＋140＋69	广东佛山	1996	36	独柱（圆形）
2	万安大桥	斜拉桥	72＋140＋72	重庆万州	2001	36	独柱（圆形）
3	长山路桥	独塔斜拉桥	80＋88	安徽淮北	2001	50	门式（圆形）
4	蓉湖大桥	独塔斜拉桥	41.2＋33.8＋145	江苏无锡	2003	74.3	独柱（圆形）
5	后湖大桥	独塔斜拉桥	34＋56＋128	湖北武汉	2008	67	独柱（圆端形）
6	高坎大桥	自锚式独塔悬索桥	48＋180＋180＋48	辽宁沈阳	2012	95.368	顺桥向双肢
7	刘家峡大桥	双塔悬索桥	536	甘肃临夏	2014	74.81	门式（圆形）
8	双鱼岛大桥	双塔斜拉桥	36＋66×2＋36	福建漳州	2016	90	A形
9	梨川大桥	无背索斜拉桥	51.5＋138＋55	广东东莞	2017	68.5	倾斜双柱式曲塔
10	莲池大街立交桥	双塔斜拉桥	76＋150＋76	河北邢台	2018	29.793	哑铃形双塔
11	长征大桥	独塔斜拉桥	80＋100	安徽六安	2018	59.2	倾斜独柱（圆形）
12	东丰路立交桥	独塔斜拉桥	45＋45＋169	吉林四平	2019	75	独柱
13	南京长江五桥	三塔斜拉桥	80＋218＋600＋600＋218＋80	江苏南京	2020	边塔167.7 中塔175.4	顺桥向钻石形塔柱
14	灞河元朔大桥	自锚式双塔悬索桥	50＋116＋300＋116＋50	陕西西安	2021	123	顺桥向双肢
15	滨海湾大桥	独塔斜拉桥	60＋200＋200＋60	广东东莞	2022	149.8	独柱

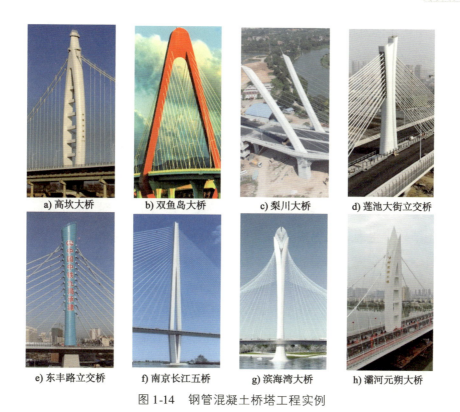

图 1-14 钢管混凝土桥塔工程实例

随着圆形钢管混凝土结构在建筑领域的应用日趋成熟,1996—2003 年,国内相继建成了几座采用圆形钢管混凝土桥塔的斜拉桥,包括紫洞大桥、万安大桥、蓉湖大桥等。圆形钢管混凝土结构充分利用了钢管的套箍作用,使核心混凝土的强度大幅提高。然而由于圆形截面尺寸受到大直径钢管制造的限制,仅适用于跨径较小的缆索承重桥梁,以上几座斜拉桥的主跨均不超过 150m。加之构件连接、造型设计困难等方面的问题,制约了圆形截面在钢管混凝土桥塔中的应用。目前直径最大的圆形钢管混凝土桥塔为刘家峡大桥的桥塔,塔柱直径为 3m。

采用异形焊接钢箱截面,并合理布置加劲构造,可突破截面尺寸和形状的限制,使钢管混凝土桥塔能够应用于大跨径或对造型设计有特殊要求的缆索承重桥梁。然而由于异形钢管混凝土结构的约束效应远不如圆形钢管混凝土,相关基础理论研究还不充分,设计方法也不成熟,此类桥塔在 2010 年之前的缆索承重桥梁中很少采用。近年来,缆索承重桥梁的跨径不断增大,市政桥梁对美观性的要求越来越高,焊接箱形截面钢管混凝土桥塔在承载性能、造型设计、施工速度上的优势逐渐凸显出来。2010 年后,我国建成了数座采用焊接钢箱截面钢管混凝土桥塔的缆索承重桥梁,市政景观桥梁有高坎大桥、梨川大桥、东丰路立交桥等。2020 年建成的南京长江五桥为目前世界上最大跨径的、采用钢管混凝土桥塔的斜拉桥。灞河元朔大桥为2021年西安全运会配套工程,是目前世界最宽的自锚式悬索桥,其下塔柱采用了钢管混凝土结构。正在规划中的江苏南通张皋过江通道、粤港澳大湾区狮子洋通道的2 000米级超大跨径悬索桥也拟采用钢管混凝土桥塔。

1.2.5 钢管混凝土相关规范

钢管混凝土结构技术在我国应用已有近60年的历史。1966年成功地将钢管混凝土柱用于北京地铁车站工程。20世纪70年代又在冶金、造船、电力等行业的单层厂房和重型结构中得到成功应用。80年代,根据建设部科技发展计划,在我国开展了较系统的科学试验研究,使钢管混凝土结构的计算理论和设计方法取得了长足的进展,已形成一套能满足设计需要的计算理论和设计方法。1990年,《钢管混凝土结构设计与施工规程》(CECS 28:90)正式发布。随后,《钢骨混凝土结构设计规程》(YB 9082—97)、《高强混凝土结构技术规程》(CECS 104:99)、《钢-混凝土组合结构设计规程》(DL/T 5085—1999)、《战时军港抢修早强型钢-混凝土组合结构技术规程》(GJB 4142—2000)、《矩形钢管混凝土结构技术规程》(CECS 159—2004)、《钢管混凝土结构构造》(06SG524)、《钢管混凝土结构技术规程》(DB62/T 25-3041—2009)、《钢管混凝土结构技术规程》(DB21/T 1746—2009)、《钢管混凝土工程施工质量验收规范》(GB 50628—2010)、《实心与空心钢管混凝土结构技术规程》(CECS 254—2012)、《钢管混凝土结构技术规程》(CECS 28:2012)、《钢管混凝土结构技术规范》(GB 50936—2014)、《特殊钢管混凝土构件设计规程》(CECS 408—2015)、《矩形钢管混凝土节点技术规程》(T/CECS 506—2018)、《钢管混凝土顶升法施工技术规程》(DB11/T 1628—2019)等规范相继发布。依据规范,我国建造了第一座采用钢管高强混凝土柱的钢结构体系超高层建筑——深圳赛格广场大厦,第一座采用C60级钢管高强混凝土柱的超高层建筑——广州好世界广场大厦(地上高度为116.3m),以及采用C60级钢管高强混凝土柱的第二座超高层建筑——天津今晚报大厦(总高度137m)等,有力地推动了高层建筑领域的发展。

在桥梁工程领域,其规范体系发展明显滞后于建筑领域。目前,针对钢管混凝土拱桥,已经形成了国家标准《钢管混凝土拱桥技术规范》(GB 50923—2013)和公路工程行业标准《公路钢管混凝土拱桥设计规范》(JTG/T D65-06—2015),同时,形成了广西壮族自治区地方标准《钢管混凝土拱桥施工技术规程》(DB45/T 1097—2014)。针

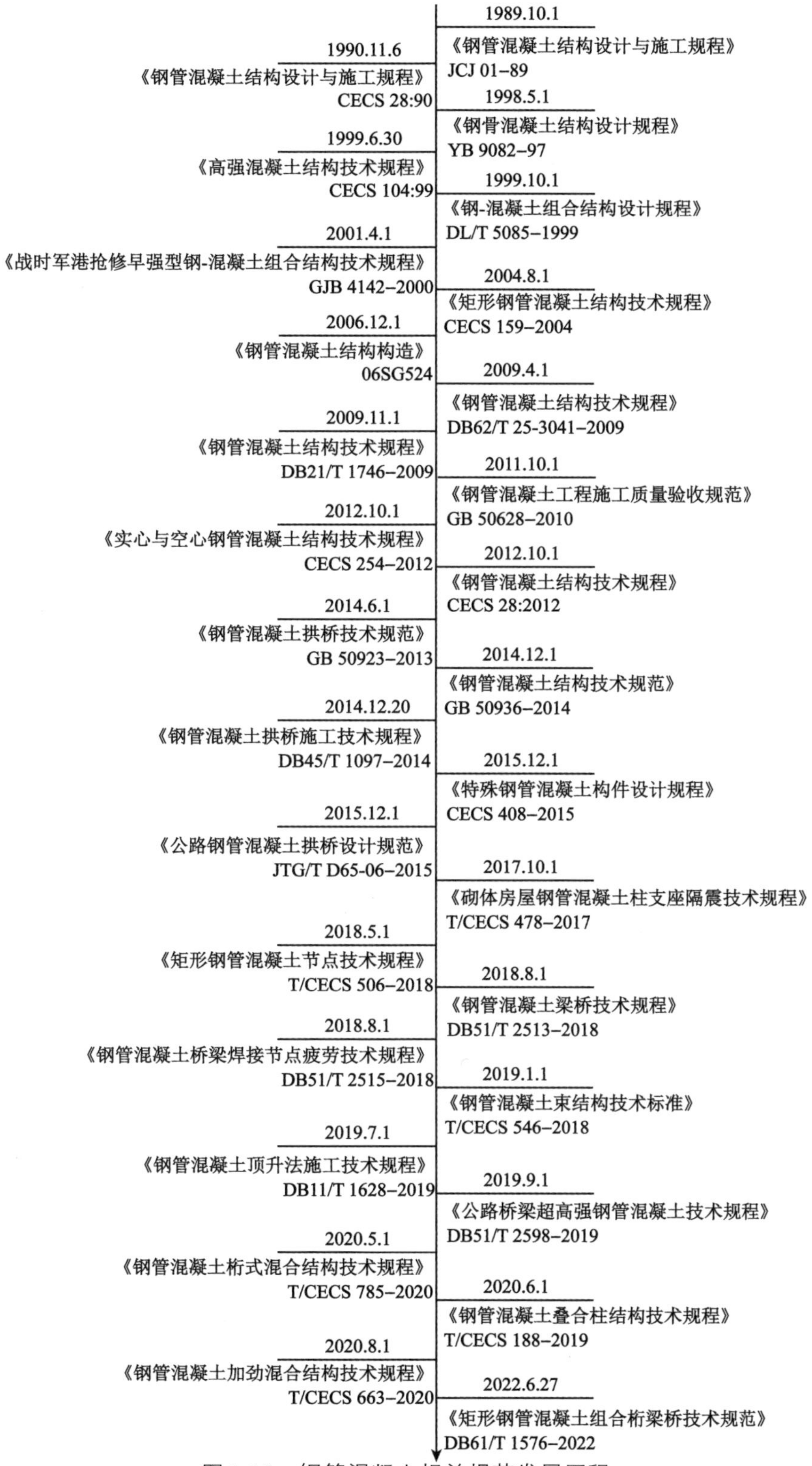

第1章 绪 论

```
                                    1989.10.1
         1990.11.6          ┤《钢管混凝土结构设计与施工规程》
  《钢管混凝土结构设计与施工规程》      JCJ 01-89
         CECS 28:90          1998.5.1
                            ┤《钢骨混凝土结构设计规程》
         1999.6.30           YB 9082-97
  《高强混凝土结构技术规程》     1999.10.1
         CECS 104:99        ┤《钢-混凝土组合结构设计规程》
         2001.4.1            DL/T 5085-1999
 《战时军港抢修早强型钢-混凝土组合结构技术规程》
         GJB 4142-2000       2004.8.1
                            ┤《矩形钢管混凝土结构技术规程》
         2006.12.1           CECS 159-2004
  《钢管混凝土结构构造》
         06SG524             2009.4.1
                            ┤《钢管混凝土结构技术规程》
         2009.11.1           DB62/T 25-3041-2009
  《钢管混凝土结构技术规程》
         DB21/T 1746-2009    2011.10.1
                            ┤《钢管混凝土工程施工质量验收规范》
         2012.10.1           GB 50628-2010
  《实心与空心钢管混凝土结构技术规程》
         CECS 254-2012       2012.10.1
                            ┤《钢管混凝土结构技术规程》
         2014.6.1            CECS 28:2012
  《钢管混凝土拱桥技术规范》
         GB 50923-2013       2014.12.1
                            ┤《钢管混凝土结构技术规范》
         2014.12.20          GB 50936-2014
  《钢管混凝土拱桥施工技术规程》
         DB45/T 1097-2014    2015.12.1
                            ┤《特殊钢管混凝土构件设计规程》
         2015.12.1           CECS 408-2015
  《公路钢管混凝土拱桥设计规范》
         JTG/T D65-06-2015   2017.10.1
                            ┤《砌体房屋钢管混凝土柱支座隔震技术规程》
         2018.5.1            T/CECS 478-2017
  《矩形钢管混凝土节点技术规程》
         T/CECS 506-2018     2018.8.1
                            ┤《钢管混凝土梁桥技术规程》
         2018.8.1            DB51/T 2513-2018
 《钢管混凝土桥梁焊接节点疲劳技术规程》
         DB51/T 2515-2018    2019.1.1
                            ┤《钢管混凝土束结构技术标准》
         2019.7.1            T/CECS 546-2018
  《钢管混凝土顶升法施工技术规程》
         DB11/T 1628-2019    2019.9.1
                            ┤《公路桥梁超高强钢管混凝土技术规程》
         2020.5.1            DB51/T 2598-2019
  《钢管混凝土桁式混合结构技术规程》
         T/CECS 785-2020     2020.6.1
                            ┤《钢管混凝土叠合柱结构技术规程》
         2020.8.1            T/CECS 188-2019
  《钢管混凝土加劲混合结构技术规程》
         T/CECS 663-2020     2022.6.27
                            ┤《矩形钢管混凝土组合桁梁桥技术规范》
                             DB61/T 1576-2022
```

图 1-15 钢管混凝土相关规范发展历程

对钢管混凝土组合桁梁桥,形成了中国工程建设标准化协会标准《钢管混凝土桁式混合结构技术规程》(T/CECS 785—2020)、四川省地方标准《钢管混凝土梁桥技术规程》(DB51/T 2513—2018)和陕西省地方标准《矩形钢管混凝土组合桁梁桥技术规范》(DB61/T 1576—2022)。此外,四川省还颁布了针对钢管混凝土节点疲劳设计的地方标准《钢管混凝土桥梁焊接节点疲劳技术规程》(DB51/T 2515—2018)和超高强钢管混凝土的地方标准《公路桥梁超高强钢管混凝土技术规程》(DB51/T 2598—2019)。由此可见,现有规范体系已涉及钢管混凝土拱桥和组合桁梁桥,并对钢管混凝土桥墩也有部分涉及,但仍缺少针对钢管混凝土桥塔的设计规范。同时,国家标准和行业标准层级仅有针对钢管混凝土拱桥的设计指导,可见针对钢管混凝土桥梁的标准体系尚未完全形成。

此外,需要注意的是,在建筑领域,除了圆形钢管混凝土外,已有针对矩形钢管混凝土的部分规范,如《矩形钢管混凝土节点技术规程》(T/CECS 506—2018)等。但在桥梁工程领域,现有规范均是针对圆形钢管混凝土,缺乏对于矩形钢管混凝土桥梁的设计指导。

钢管混凝土相关规范发展历程见图1-15。

1.3 钢管混凝土桥梁发展方向

1.3.1 钢管混凝土桥梁应用空间和形式

目前,在各种桥型中,以拱桥为代表的钢管混凝土桥梁在我国应用最广。拱桥是比较经济的一种桥型,特别在贫困山区,其实用性强。如川藏铁路建设需要跨越很多峡谷,拱桥是非常具有竞争力的一种桥梁。首先,它的维护费用最少,一次投资有可能最少;其次,它抗风能力特别强,川藏铁路桥隧比特别高,隧道出来紧接着桥梁,火车一出洞必然会遭到横向风的袭击,而拱桥恰恰是抗风最强的一种结构。目前钢管混凝土拱桥建设主要集中于东部沿海地区和中部内陆地区,西部地区建设仍比较少,尤其是西北地区,跨径大于50m的钢管混凝土拱桥仅11座。由此可以看出,比较容易修建的钢管混凝土拱桥差不多都建成了,未来钢管混凝土拱桥应用必然会向西部扩展,向川藏西北高原地区前进,这些地区高海拔、大峡谷、多地质灾害,必然会带来很多问题。同时,其需要的跨径也将不断增加,700米级甚至更大跨径的钢管混凝土桥梁也将成为未来发展方向。

随着我国桥梁建设不断向西部深山峡谷等地域发展,桥梁建设也逐渐呈现出大跨、高耸、重载和承受恶劣环境等态势。以我国四川省为代表的峡谷强震区(专指抗震设防烈度为7度及以上的地区),以及以陕西省和甘肃省为代表的黄土冲沟地区,面临着在桥梁跨径、桥墩高度、抗震设防烈度、材料运输、建造等诸多方面的技术挑战。由于经济与技术的制约,传统的钢或钢筋混凝土桥梁往往难以满足建设要求,亟须发展承载力高、抗震性能好、施工便捷、经济可行的新型结构形式。钢管混凝土组合桁梁桥可以很好地适应黄土冲沟地区和高烈度地震区桥梁建设需求。桁架结构易于实现"化整为零,集零为整",方便了深沟地区的运输和架设,可以实现装配化施工。同时钢管混凝土桁架整体刚度大,杆件承载力高,上部结构自重轻,跨径可以突破200m,并且经济性良好。下部结构可采用箱形截面钢管混凝土桥墩或格构式墩,其施工方便,结构抗震性能更为优异。同时,随着桥梁预制装配设计与施工技术的不断发展,预制拼装钢管混凝土桥墩因其施工速度快以及对周围交通与环境干扰小等特点,在高速公路桥梁或者城市快速路桥梁中应用将极为广泛。

此外,据交通运输部统计,截至2021年底,全国公路桥梁96.11万座,其中中小跨径桥梁占比达85%,可见我国桥梁主要为中小跨径桥梁。目前,在20m以下跨径范围内,有空心板梁标准图;在20~50m范围内,有预制T梁和预制小箱梁标准图;而在50m以上的中等桥梁中,桥梁标准图的研发仍在进行,如图1-16所示。而钢管混凝土组合桁梁桥的提出,恰逢其时,可以很好地满足中等跨径桥梁工业化建设需求,响应交通运输部《关于推进公路钢结构桥梁建设的指导意见》。

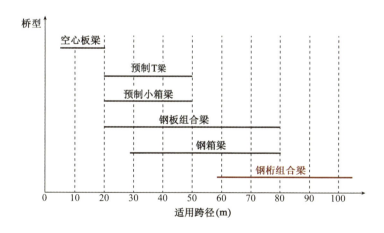

图1-16 桥梁标准图适用范围

随着城市化进程的推进,各地城市桥梁建设得到了日新月异的发展,桥梁建筑造型也趋于复杂,同时,多塔斜拉桥、悬索桥等过江通道建设需求在不断增加,如国家发展改革委印发的《长江干线过江通道布局规划(2020—2035年)》中指出:"到2035年,规划布局长江干线过江通道276座"。这对桥塔的建筑造型和受力提出了更高的要求,尤其是多塔斜拉桥、悬索桥的中塔,在压-弯-剪-扭复合受力状态下,应具有更高的抗弯刚度和抗裂性能,同时,超大跨悬索桥和斜拉桥的应用,超大尺寸截面桥塔也应运而生,钢管混凝土则很好地适应了该发展需求。由此可见,钢管混凝土桥塔在大跨斜拉桥和悬索桥中的应用空间越来越大。

钢管混凝土结构在桥梁工程中应用空间广阔,除了在拱桥、梁桥、桥墩和缆索承重桥梁桥塔应用外,在钢管桩基、沉井基础、拱桥扣塔中均有一定应用空间。

1.3.2　钢管混凝土桥梁基础理论研究

进入21世纪以来,我国钢管混凝土桥梁建设规模和难度不断增长,工程结构大型化和复杂发展需求日益凸显,同时面临更加多样的结构形式要求、更加严苛的性能指标要求和更加综合的功能品质要求等一系列新挑战。但是钢管混凝土桥梁基础理论仍滞后于工程发展需求,制约了钢管混凝土桥梁的进一步发展。

随着桥梁建设向西部地区延伸,尤其是西北高原高寒地区,对传统的钢管混凝土拱桥提出了新的受力要求。我国西北多为高原寒冷和严寒地区,其所处环境太阳辐射强,昼夜温差大,极端天气频发,施加在桥梁中的温度作用更为复杂,所产生的温度效应更为显著,钢管混凝土桥梁更易于发生界面脱黏、节点约束应力和拱肋不均匀变位,如图1-17所示。同时,桥梁结构体系和约束体系的选择、桥长分联、无缝桥等新桥型的研发,以及桥梁施工控制等均离不开对桥梁温度问题的研究。因此,桥梁温度计算始终是桥梁结构理论研究的基础课题。

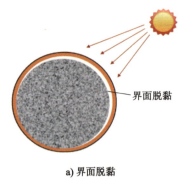

a) 界面脱黏

图　1-17

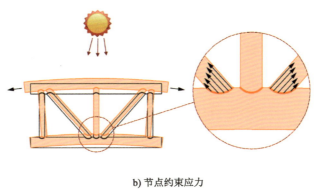

b) 节点约束应力

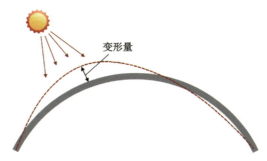

c) 拱肋空间不均匀变位

图 1-17　钢管混凝土拱桥温度作用效应

钢管混凝土在桥墩、桥塔和沉井基础等结构中应用的截面尺寸越来越大，但同时也带来了钢管混凝土壁板局部屈曲的基础理论问题。目前，工程设计中沿用混凝土结构设计方法来设计钢管混凝土桥塔，通常将钢壁板当作模板，或仅考虑弯矩作用下承担拉应力，配置大量钢筋和预应力钢索，而对于压应力状态下钢壁板的屈曲性能研究几乎是空白。表 1-6 和表 1-7 分别给出了钢桥塔和组合桥塔的塔柱壁板参数。由表中可以看出，钢管混凝土桥塔（墩）的壁板宽厚比大，多采用柔性加劲设置，受混凝土单侧约束，其屈曲及后屈曲行为复杂，是研究该类桥塔（墩）承载机理的基础理论问题。

钢桥塔的塔柱壁板参数　　　　　　表 1-6

桥　　名	塔柱截面尺寸（cm）	最大板宽（cm）	横隔板间距（cm）	加劲肋数量（个）	最大宽厚比
南京长江三桥	650×500	6 800	225	10	213
港珠澳大桥江海直达船航道桥	500×500	500	185	5	83

组合桥塔的塔柱壁板参数　　　　　　表1-7

桥　名	塔柱截面尺寸（cm）	最大板宽（cm）	横隔板间距（cm）	加劲肋数量（个）	最大宽厚比
梨川桥	550×350	350	190	10	274
阿拉米罗大桥	1 200×800	510	800	5	213
莲池大街立交桥	700×300	320	200	7	320
南京长江五桥	700×580	700	680	16	485

钢管混凝土桥梁中常采用桁架结构，如拱桥拱肋、梁桥主桁、斜拉桥主梁和悬索桥加劲梁，以及格构式墩柱等。在桁架结构中，钢管混凝土弦杆和空钢管腹杆采用直接焊接形成钢管混凝土节点，通常为设计薄弱环节。受服役环境、荷载条件和交通需求、几何尺寸和构造细节等诸多因素耦合影响，钢管混凝土桥梁焊接节点疲劳损伤劣化，从而影响结构的耐久性和安全性。1998年建成的福建某中承式钢管混凝土拱桥，2013年在日常检测时发现拱肋腹杆节点发生开裂，全桥共计出现9条较宽的裂缝。2002年建成的重庆某钢管混凝土拱桥，2011年桥检时，在主跨和两侧边跨的节点处均发现有少量裂缝存在，同时，据大桥日常管理养护部门派驻现场的技术负责人介绍，上述裂缝在桥梁日常养护工作中已经发现。2000年建成的广东某中承式钢管混凝土拱桥，在大桥主拱圈钢管与斜腹杆连接节点处发生了焊缝开裂。由此可见，钢管混凝土桥梁节点疲劳开裂问题在以受压为主的拱桥结构中已逐渐凸显，可以预想，在以受弯为主的梁桥结构中，节点疲劳问题会更加突出。此外，钢管混凝土桥梁节点的静力性能也不容忽视，例如上承式钢管混凝土拱桥中，桥面荷载通过立柱首先传递至拱肋钢管表面，然后通过钢管与管内混凝土之间的界面传递至管内混凝土。可见，拱肋节点处的钢管除本身受到轴压荷载外，还需要承担立柱传来的桥面荷载，因此，节点的静力性能分析也是设计的难点。

以上提到的钢管混凝土桥梁温度作用、壁板屈曲性能和节点力学性能，都与钢管混凝土界面性能密切相关，也直接影响钢管混凝土套箍作用的发挥。由此，本书凝练钢管混凝土桥梁应用过程中的基础理论和关键技术问题，对其开展研究，以期形成钢管混凝土桥梁设计方法。

1.4　章节编排

全书共分为13章。

第1章"绪论"介绍了钢管混凝土结构的分类原则以及其在结构、施工以及经济性方面的特点,阐述钢管混凝土结构在拱桥、梁桥、桥墩和桥塔中的应用现状,以及钢管混凝土规范发展历程,分析钢管混凝土桥梁在应用空间和基础理论方面的发展方向。

第 2 章"钢管混凝土桥梁结构体系"对钢管混凝土桥梁结构体系进行阐述,介绍钢管混凝土结构在桥梁中的应用形式和应用部位,介绍钢管混凝土截面形式和节点构造,并创新性地提出了 PBL 加劲型钢管混凝土桥梁结构体系。

第 3 章"钢管混凝土壁板屈曲性能"针对大截面钢管混凝土桥塔(墩)中存在的壁板屈曲问题,考虑单侧约束、母板、开孔钢板(PBL)加劲肋、面内荷载和后屈曲薄膜应力等对平板屈曲刚度的贡献,构建了单侧约束平板屈曲的泛函化构造通用公式,揭示了钢管混凝土壁板屈曲及后屈曲力学行为,给出了单侧约束平板初始屈曲和后屈曲解析解,解决了超大截面钢管混凝土桥塔(墩)壁板屈曲及后屈曲应力计算的难题。

第 4、5 章"钢管混凝土节点静力性能""钢管混凝土节点疲劳性能"开展了各类钢管混凝土节点试验,揭示了各类节点的承载机理,给出了冲剪破坏、屈服线破坏、支管有效宽度破坏、主管剪切破坏等破坏模式,提出各类节点的热点应力幅 S-N 曲线,给出了各类节点应力集中系数的计算公式,为钢管混凝土桥梁节点设计、性能评估、构造优化提供了理论依据。

第 6 章"钢管混凝土桥梁温度作用"针对钢管混凝土桥梁温度问题,研发了气象-温度采集系统和考虑日照阴影的三维温度场模拟技术,积累了高原大温差地区温度场野外实测数据,发现了钢管混凝土拱肋温度作用模式与太阳入射角的关系,建立了钢管混凝土桥梁温度作用的气象相关性计算理论。

第 7 章"钢管混凝土界面性能"开展圆形、矩形和 PBL 加劲型钢管混凝土构件推出试验,采用声发射技术,对钢-混界面状态进行追踪,提出了各类钢管混凝土构件界面黏结-滑移本构关系,开展 PBL 连接件静力和疲劳试验,提出 PBL 连接件抗剪承载力计算方法,明确日照作用下 PBL 连接件对钢管混凝土界面脱黏抑制作用。

第 8 章"钢管混凝土套箍作用"开展钢管混凝土短柱轴压试验,揭示了套箍作用发挥时钢管环向应力增加、纵向应力降低的变化规律,提出了钢管纵向应力折减系数和混凝土纵向应力提高系数,及其各类钢管混凝土轴压承载力计算公式,实现了受力全过程钢管应力的实时描绘。

第 9 章"钢管混凝土桥梁设计方法"总结第 2 章钢管混凝土桥梁结构构造,以及第 3~8 章钢管混凝土壁板屈曲性能、节点静力和疲劳性能、桥梁温度作用、界面性能和套箍作用基础理论研究成果,形成钢管混凝土桥梁设计方法。

第 10~13 章"钢管混凝土拱桥""钢管混凝土组合桁梁桥""钢管混凝土桥墩"和"钢

管混凝土桥塔"分别给出了钢管混凝土拱桥、组合桁梁桥、桥墩和桥塔的工程应用案例。其中,拱桥为青海省苏龙珠黄河特大桥;组合桁梁桥选取两个工程案例,前者为连续梁,是依据研究成果研发的 50~80m 跨径的装配式矩形钢管混凝土组合桁梁桥的通用图集,后者为连续刚构,位于陕西省黄延高速公路;桥墩为陕西省西安市昆明路西南二环立交桥的钢管混凝土独柱墩;桥塔为广东省东莞市东莞水道大桥钢管混凝土桥塔。这四章的内容可为钢管混凝土桥梁的工程应用和推广提供参考。

CHAPTER TWO 第2章

钢管混凝土桥梁结构体系

2.1 结构体系

根据结构形式,桥梁结构体系可以分为四种:拱式体系、梁式体系、斜拉桥体系和悬索桥体系。其中,斜拉桥体系和悬索桥体系也可以统称为缆索承重桥体系,如图 2-1 所示。

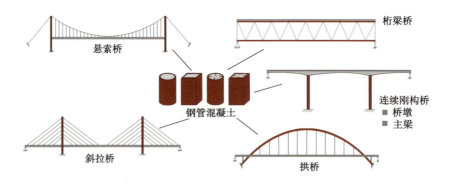

图 2-1 钢管混凝土桥梁结构体系

钢管混凝土结构因其优异的性能,在拱桥、梁桥和缆索承重桥梁中均有一定应用,钢管混凝土结构的选用原则为:

(1)钢管混凝土结构具有很高的抗压承载力和抗裂性能,广泛应用于轴压和偏压构件中,如拱桥拱肋、桁梁桥受压弦杆、斜拉桥主梁、自锚式悬索桥加劲梁、桥塔和桥墩等,同时,可以比较好地适应多塔斜拉桥、悬索桥中复杂荷载作用下桥塔抗弯和抗裂的需求。

(2)根据桥梁实际受力需求,可仅在压力比较大的局部区域填充混凝土,形成部分填充钢管混凝土桥梁结构,如组合桁梁连续体系支点处受压下弦杆填充混凝土,拱桥拱肋、斜拉桥和悬索桥桥塔根部填充混凝土等。

(3)在桁架的受拉弦杆中采用钢管混凝土构件,有利于施加预应力,可以大大提高桁架的整体刚度和强度,降低桁架的高度,从而降低腹杆的用钢量,并满足建筑净空的使用要求。

(4)在钢管桁架节点区域弦杆局部填充混凝土,可以提高节点的抗压承载力,改善节点的疲劳性能。

(5)在桥墩和桥塔根部以及拱脚填充混凝土,可以提高抗撞能力。

(6)在钢管中填充混凝土,可以解决钢管内部锈蚀问题。

2.2 结构构造

2.2.1 截面形式

土木工程结构中应用的钢管称为结构管(截面),参照国际管结构发展与研究委员会(CIDECT, Comité International pour le Développement et I'Étude de la Construction Tubulaire)给出的空心管结构设计指南,结构管英文为 Hollow Structural Sections,简称 HSS。圆形截面英文为 Circular Hollow Section,简称 CHS;方形截面英文为 Square Hollow Section,简称 SHS;矩形截面英文为 Rectangular Hollow Section,简称 RHS。其中,方形截面为矩形截面的一种特殊形式。

钢管的种类有多种,钢管混凝土拱桥中常用的钢管有无缝管、直缝焊管和螺旋焊管,在设计中应尽量采用直缝焊管和螺旋焊管,因为它们较无缝管更适宜于桥梁结构径厚比的要求且造价便宜。钢管混凝土拱桥中的钢管宜采用成品管,钢管到达钢结构加工厂后应根据设计和规范要求进行验收。

目前成品矩形钢管主要采用图 2-2 所示的三种加工方法。第一种方法是将钢板卷制成圆形截面,然后通过高频焊接使截面闭合,最后通过定型机加工成矩形钢管。第二种方法是直接将钢板卷制成矩形截面,并通过高频焊接使截面闭合。第三种方法是分别将钢板卷制成半个矩形截面,然后在顶底板中间连接部位焊接垫板,最后采用电弧焊接使截面闭合。方形钢管截面尺寸通常在 $20mm \times 20mm \times 2mm$ 到 $400mm \times 400mm \times 16mm$ 之间,矩形钢管截面尺寸通常在 $40mm \times 25mm \times 2mm$ 到 $500mm \times 300mm \times 16mm$ 之间。

工厂中生产的成品矩形钢管可满足小跨径桥梁杆件截面的需求,而对于中等跨径和大跨径桥梁,则无法满足要求。因此,对于大截面尺寸的矩形钢管,可采用四块板焊接的方式形成箱形截面,如图 2-3 所示。该类截面英文为 Built-up Box Section。同时,根据造型要求,可以将大截面箱形截面做成异形截面。为了进一步满足大截面受力需求,可以将箱形截面分室,做成多腔截面,如斜拉桥和悬索桥桥塔截面;也可以将多个圆形和矩形钢管混凝土截面横向连接,做成多肢截面,如格构式桥墩,如图 2-4 所示。

圆钢管各向同性、截面封闭,由于壁薄、回转半径大,对受压受扭均有利。钢管的端部封闭后,内部不易锈蚀,表面也难积灰尘和水,具有较好的防腐性能,同时内填混凝土比较容易密实。正因为它具有以上优点,在桥梁工程中应用广泛。

a) 加工方法1

b) 加工方法2

c) 加工方法3

图 2-2　成品矩形钢管加工方法

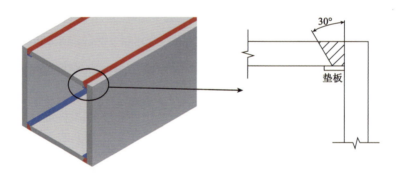

图 2-3　四块板焊接成型的矩形钢管截面

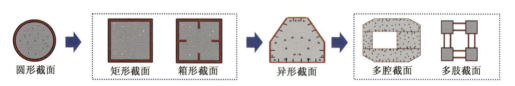

图 2-4　钢管混凝土截面形式

矩形钢管相比圆形钢管,具有以下优势:

(1)矩形截面尺寸灵活多变,主、次轴长度可以任意变换,使得主轴易于获得更大的抗弯刚度,矩形钢管混凝土压弯承载力不弱于圆形钢管混凝土,适用于受弯为主的梁桥,如图2-5所示,N_{ur}为矩形钢管混凝土压弯承载力,N_{uc}为圆形钢管混凝土压弯承载力。

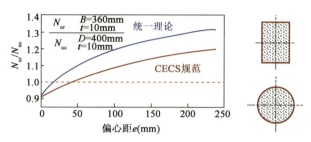

图2-5　圆形与矩形钢管混凝土压弯承载力对比

CECS规范-《矩形钢管混凝土结构技术规程》(CECS 159:2004)

(2)矩形截面易于发展为箱形和异形截面,可以适应大截面需求,外层钢箱可兼作模板,能够满足桥塔和桥墩日益复杂的建筑造型和受力需求。

(3)采用矩形截面的节点位置,相贯线处杆件平直切割,节点构造简单,易于保证焊接质量。

(4)矩形截面杆件相比圆形截面杆件存放运输更便捷,易于布置栓钉,可实现预制桥面板的装配化施工。

2.2.2　节点构造

在拱桥、桁梁桥和格构式桥墩中,多采用钢管混凝土桁式结构,钢管桁架中弦杆与腹杆连接形成节点。节点是钢管混凝土桥梁的关键部位,节点静力性能、疲劳性能是设计中必须关注的问题。随着焊接技术的提高,钢管桁架中钢管之间的连接多采用相贯线直接焊接的方式,全焊接节点被广泛应用于钢管混凝土桥梁的设计和施工中,其大部分焊接工作在预制场内完成,焊接质量可以得到保证,桥位现场仅需少量简单的构件连接工作,更符合装配化、标准化施工的要求。

根据截面形式,常用的钢管混凝土节点形式为圆形钢管混凝土节点和矩形钢管混凝土节点。圆形钢管混凝土节点支、主管间空间相贯线复杂,其焊接难度比较大,焊接质量难以保证。相比圆形钢管混凝土节点,矩形钢管节点[图2-6a)]构造简单,制作安装难度较低。但矩形钢管节点在支管受压时,主管侧壁可能压坏或局部屈曲。对于K形钢管节点,主管还有可能在拉、压支管荷载的作用下发生剪切破坏。当主管内填混凝土形成矩形钢管混凝土节点[图2-6b)]后,可有效避免节点发生上述破坏模式。但钢管混凝土节点在受拉支管作用下的承载力较矩形钢管节点的提升并不明显。PBL加劲型矩形钢管混凝土节点[图2-6c)]的管内混凝土在加劲肋开孔处会形成混凝土榫,有效提高支管受拉的节点承载力。同时节点支管轴力的水平分力可通过加劲肋更快地传递至主管,即节点传力长度减少,传力效率提高。对于支、主管等宽的矩形钢管混凝土节点,还可设置节点板来提高其抗疲劳性能。即在节点范围内,弦杆侧板和腹杆侧板采用一整块钢板,使得节点处的焊缝可以相互错开一定的间距。节点板边缘采用圆弧过渡并和相邻板件采用熔透对接焊[图2-6d)]。

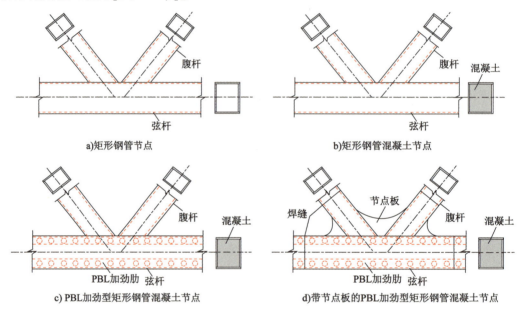

图2-6 矩形钢管混凝土桁架节点形式

2.3 PBL加劲型钢管混凝土桥梁结构体系

目前,虽然钢管混凝土在拱桥拱肋、梁桥桁架梁、桥塔和桥墩中均有一定应用,但是尚存以下两点争议:

(1)钢管混凝土套箍效应可靠性问题。钢管混凝土桁架和拱肋一般先架设钢管作为支架受力,后进行管内混凝土的填充,混凝土填充质量控制得再好,受收缩徐变、日照温差等的影响,钢管混凝土界面黏结应力容易被克服而脱黏,即为钢-混界面脱黏和剪切滑移。从实桥调查来看,大量钢管混凝土拱桥出现不同程度的脱空,导致钢管混凝土套箍效应显著降低。研究表明,钢管混凝土受压构件核心混凝土截面脱空率大于2%时,构件的承载力降低达20%,钢管对核心混凝土的套箍作用失效。因此,实桥工程中,钢管混凝土套箍效应显著的优势将有可能难以得到正常发挥。

(2)钢管混凝土节点传力可靠性问题。拱肋、桁架的荷载通过腹杆在上、下弦管间进行传递,腹杆与弦管外壁直接焊接,腹杆内力沿弦管轴向的分力首先作用于钢管,然后通过一定范围内的钢-混界面剪应力传递至管内混凝土,使钢管与混凝土共同受力。节点区域的传力路线长度取决于钢-混界面的黏结强度,若出现钢管混凝土界面脱空,则可能导致荷载无法有效传递至管内混凝土,钢管混凝土桁架节点刚度大、承载力高的优势将受到削弱。

对此,长安大学刘永健教授提出了PBL加劲型钢管混凝土桥梁结构,即在钢管内焊接通长的PBL,并填充混凝土,如图2-7所示。钢管内的PBL,一方面可以作为连接件,确保钢管与混凝土界面工作性能,使节点部位界面传力可靠;另一方面可以作为加劲肋,提高壁板局部稳定,改善构件套箍作用。此外,PBL还可以抑制日照温差引起的界面脱空。

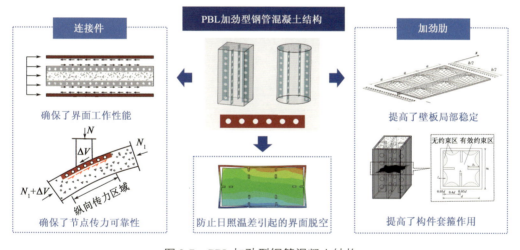

图2-7　PBL加劲型钢管混凝土结构

PBL可布置在不同截面形式的钢管混凝土结构中。其中,圆形钢管混凝土套箍作用强,仅需在节点位置主管上翼缘设置PBL,如上承式钢管混凝土拱桥,桥面荷载通过立柱先传递到拱肋的钢管表面,再通过钢管与混凝土界面传递至管内混凝土。因此,在节点处设置PBL可以有效地将钢管表面荷载传递至管内混凝土,减小传力路径,保证两者协同受力。圆形钢管采用卷制而成,管内布置PBL需要具有一定的施工空间,因此，PBL 适用于截面尺寸比较大的圆管截面，通常直径应大于 800mm。相比圆形钢管混凝土，矩形钢管混凝土套箍作用薄弱，应在矩形钢管四块板内壁均设置 PBL，以提高套箍作用。矩形钢管可采用四块板拼接而成，因此，对于任意截面尺寸，均可实现管内 PBL 的布置。

第3章

CHAPTER THREE

钢管混凝土壁板屈曲性能

矩形钢管混凝土构件的局部屈曲是矩形钢管混凝土柱在承受轴压或压弯荷载时，管壁出现局部侧向鼓曲的现象。这种破坏多表现为钢壁板首先局部凸曲，此时钢管与混凝土发生脱空，核心混凝土受到的约束作用削弱导致构件过早失效。由于钢管混凝土中屈曲钢板受混凝土一侧约束的影响，其变形呈非线性变化，若忽略钢板与混凝土的黏结作用，则矩形钢管混凝土局部屈曲模型可简化为受到单侧约束的板结构局部稳定问题。本章主要讨论矩形钢管混凝土壁板的局部屈曲和屈曲后性能，及平板加劲肋和 PBL 对壁板局部屈曲性能的影响。

3.1 单侧约束板的弹性局部屈曲

3.1.1 均匀受压板

首先建立矩形钢管混凝土柱壁板局部屈曲的力学模型。取矩形钢管混凝土柱的一块壁板为研究对象，板件长度为 a，宽度为 b，厚度为 t，如图 3-1 所示。假定板件放置在刚性基底上以考虑混凝土对壁板的单侧约束作用，不考虑混凝土的弹性变形以及钢板与混凝土之间的黏结和切向摩擦。纵向均匀压应力 σ_x 仅施加在钢板上，则板件单位长度上的中面力为 $N_x = -\sigma_x t$。板件在轴压作用下发生面外失稳时，刚性基底对板的底面形成单侧约束，板件仅能向另一侧发生鼓曲。对于长度较大的板件，一般横向出现一个鼓曲波，纵向出现多个半波鼓曲，见图 3-1a）。对于非加载边，板件屈曲时边缘无法自由转动，可认为是固支边界；对于加载边，在屈曲波之间的板件未发生转动，也可认为是固支边界，见图 3-1b）。另外，模型中不考虑几何初始缺陷和焊接残余应力的影响。

根据小挠度理论，弹性状态下矩形薄板的平衡微分方程为：

$$D\left(\frac{\partial^4 \omega}{\partial x^4} + 2\frac{\partial^4 \omega}{\partial x^2 \partial y^2} + \frac{\partial^4 \omega}{\partial y^4}\right) = N_x \frac{\partial^2 \omega}{\partial x^2} + 2N_{xy}\frac{\partial^2 \omega}{\partial x \partial y} + N_y \frac{\partial^2 \omega}{\partial y^2} \tag{3-1}$$

式中：D——单位宽度板的抗弯刚度，$D = Et^3/[12(1-v^2)]$；

　　v——钢材的泊松比，可取 $v = 0.3$；

　　ω——板件的面外变形函数。

式(3-1)是四阶偏微分方程，直接求解比较困难，可采用能量法求解均匀受压单侧约束板的弹性屈曲应力。

单侧约束板的四边固支边界条件可表述为：

当 $x = 0$、a 时，$\omega = 0$，$\partial\omega/\partial x = 0$；当 $y = 0$、b 时，$\omega = 0$，$\partial\omega/\partial y = 0$。

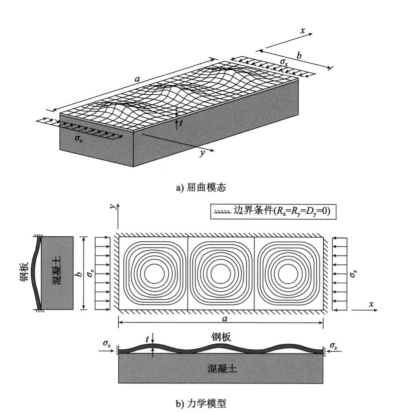

图 3-1 单侧约束板的局部屈曲

为满足板件的边界条件,可选取双重余弦级数作为屈曲变形函数。板件局部屈曲面外变形主要受一阶屈曲模态的影响,故仅取一项级数即可满足精度要求,设

$$\omega = a_1 \left(1 - \cos\frac{2\pi mx}{a}\right)\left(1 - \cos\frac{2\pi y}{b}\right) \tag{3-2}$$

根据弹性理论,在薄板发生微小的挠曲变形 ω 后,板内积蓄的应变能 U 为:

$$U = \frac{D}{2}\int_0^a\int_0^b \left[\eta\left(\frac{\partial^2\omega}{\partial x^2}\right)^2 + 2\nu\frac{\partial^2\omega}{\partial x^2}\frac{\partial^2\omega}{\partial y^2} + \left(\frac{\partial^2\omega}{\partial y^2}\right)^2 + 2(1-\nu)\left(\frac{\partial^2\omega}{\partial x\partial y}\right)^2\right]dxdy \tag{3-3}$$

施加在薄板中面的外力 N_x 所做的功为:

$$V = \frac{1}{2}\int_0^a\int_0^b \sigma_x t \left(\frac{\partial\omega}{\partial x}\right)^2 dxdy \tag{3-4}$$

将式(3-2)分别代入式(3-3)和式(3-4)可得:

$$U = 2a_1^2\pi^4 D\left(\frac{3bm^4}{a^3} + \frac{2m^2}{ab} + \frac{3a}{b^3}\right) \tag{3-5}$$

$$V = \frac{3\pi^2 a_1 btm^2}{2a}\sigma_x \tag{3-6}$$

根据铁摩辛柯提出的能量法原理,系统处于稳定的平衡状态时,薄板的应变能应等

于外力所做的功。令式(3-5)等于式(3-6),可解得弹性屈曲临界应力:

$$\sigma_{cr} = k \frac{\pi^2 D}{b^2 t} \tag{3-7}$$

其中,k 为屈曲系数,可表示为:

$$k = \frac{4a^2}{b^2 m^2} + \frac{4b^2 m^2}{a^2} + \frac{8}{3} \tag{3-8}$$

最小的屈曲系数可由 $\partial k / \partial m = 0$ 得到,此时

$$k_{min} = \frac{32}{3} \approx 10.67 \tag{3-9}$$

Uy 等采用有限条法得到的单侧约束均匀受压平板的弹性屈曲系数为 10.3,与式(3-9)非常接近。

3.1.2 非均匀受压板

在压弯作用下,钢管侧壁的局部稳定可看作单侧表面约束矩形板的非均匀受压屈曲问题,如图 3-2 所示。该模型假定钢板放置在无拉力弹性地基上,受非线性接触约束。此类屈曲能够使用能量法近似求解,通过假定符合板件约束条件的变形函数,利用势能驻值原理建立相应的方程组求解。然而,针对压弯荷载作用下的单侧表面约束板件的屈曲函数若为三角级数,则不能完全模拟非均匀荷载带来的板件屈曲模式不对称问题,而有限条法等数值方法求解过程复杂,无法直接给出该类板件屈曲的解析解。

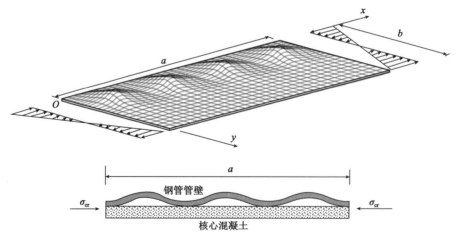

图 3-2 单侧约束板受非均匀荷载的屈曲模型

本节针对矩形钢管混凝土管壁屈曲时的边界条件,尝试使用不同的特征函数来描述单侧约束的矩形板在非均匀压力作用下的屈曲,通过迦辽金法建立屈曲控制方程组,分析非均匀荷载对矩形钢管混凝土构件局部屈曲性能的影响。

在压力和弯矩共同作用下,板沿 y 向的截面应力为线性分布,上边缘最大压应力为 σ_1,下边缘的应力为 σ_2,引入应力梯度系数 $\alpha=(\sigma_1-\sigma_2)/\sigma_1$,则距离上边缘 y 处的应力可表示为 $\sigma=\sigma_1(1-\alpha y/b)$。$\alpha=0$ 表示均匀受压的板,而 $\alpha=2$ 为纯弯作用的板。

由于板仅承受单向面内荷载,有 $N_y=0$, $N_{xy}=0$, $N_x=-N_0\left(1-\alpha\dfrac{y}{b}\right)$,则式(3-1)整理可得:

$$\frac{\partial^4\omega}{\partial x^4}+2\frac{\partial^4\omega}{\partial x^2\partial y^2}+\frac{\partial^4\omega}{\partial y^4}+\frac{N_0}{D}\left(1-\alpha\frac{y}{b}\right)\frac{\partial^2\omega}{\partial x^2}=0 \tag{3-10}$$

将式(3-10)坐标系无量纲化,引入 $\xi=\dfrac{x}{a}$, $\eta=\dfrac{y}{b}$,则有:

$$L(\omega)=\frac{\partial^4\omega}{\partial\xi^4}+2\beta^2\frac{\partial^4\omega}{\partial\xi^2\partial\eta^2}+\beta^4\frac{\partial^4\omega}{\partial\eta^4}+a^2\frac{N_0}{D}\left(1-\alpha\frac{y}{b}\right)\frac{\partial^2\omega}{\partial\xi^2}=0 \tag{3-11}$$

假定屈曲变形函数的多项式表示如下:

$$\omega=\sum_{i=1}^{n}A_i\varphi_i(\xi,\eta) \tag{3-12}$$

结合式(3-11)和式(3-12),建立迦辽金方程组:

$$\left.\begin{aligned}\int_0^1\int_0^1 L(\omega)\varphi_1(\xi,\eta)\mathrm{d}\xi\mathrm{d}\eta&=0\\ \int_0^1\int_0^1 L(\omega)\varphi_2(\xi,\eta)\mathrm{d}\xi\mathrm{d}\eta&=0\\ &\cdots\\ \int_0^1\int_0^1 L(\omega)\varphi_n(\xi,\eta)\mathrm{d}\xi\mathrm{d}\eta&=0\end{aligned}\right\} \tag{3-13}$$

薄壁钢管的挠曲函数 ω 受板边界约束影响,若将内侧混凝土视作刚性基底,则钢板向外侧鼓曲,沿 y 方向仅有一次鼓曲,而沿 x 方向连续鼓曲。受混凝土侧向约束的影响,钢板加载边转角为零,可视作固支边界。沿钢板 y 向屈曲时,上、下边缘的非加载边不能自由转动,该位置是介于简支与固支之间的弹性约束,可分别考虑两种极限边界条件下的屈曲模式。

(1)非加载边为固支约束

若非加载边为固支边界,钢板屈曲变形应满足:

当 $x=0$、a 时,$\omega=0$, $\partial\omega/\partial x=0$;当 $y=0$、b 时,$\omega=0$, $\partial\omega/\partial y=0$。

假设屈曲函数式(3-12)中符合该条件的特征形函数:

$$\varphi_i(\xi,\eta)=X(\xi)Y_i(\eta) \tag{3-14}$$

其中,沿 x 方向,钢板连续鼓曲,可使用三角函数来描述侧向屈曲位移:

$$X(\xi) = 1 - \cos(2\pi\xi) \tag{3-15}$$

沿 y 方向，钢板屈曲受非均匀压力作用的影响，鼓曲变形非对称分布，采用单跨固支梁自由振动的特征函数来描述该方向的屈曲位移：

$$Y_i(\eta) = \cos\lambda_i\left(\eta - \frac{1}{2}\right) + \frac{\sin(\lambda_i/2)}{\sinh(\lambda_i/2)}\cosh\lambda_i\left(\eta - \frac{1}{2}\right) \quad (i = 1,3,5\cdots) \tag{3-16}$$

$$\tan(\lambda_i/2) + \tanh(\lambda_i/2) = 0 \tag{3-17}$$

$$Y_i(\eta) = \sin\lambda_i\left(\eta - \frac{1}{2}\right) - \frac{\sin(\lambda_i/2)}{\sinh(\lambda_i/2)}\sinh\lambda_i\left(\eta - \frac{1}{2}\right) \quad (i = 2,4,6\cdots) \tag{3-18}$$

$$\tan(\lambda_i/2) - \tanh(\lambda_i/2) = 0 \tag{3-19}$$

将特征函数带入方程组式(3-13)，积分后得线性方程组，令方程组的系数行列式为零，可得板件的屈曲荷载特征值 $N_{cr} = k\dfrac{\pi^2 D}{b^2}$。其中，$k$ 为屈曲系数，在不均匀荷载梯度 α 一定时，k 值取决于矩形钢板的长宽比 $\beta = a/b$，如图3-3所示。对于 $\alpha = 2$ 的纯弯板，屈曲系数 k 可近似表达为：

$$k = 25.5\beta^2 + \frac{7.0}{\beta^2} + 32.8 \tag{3-20}$$

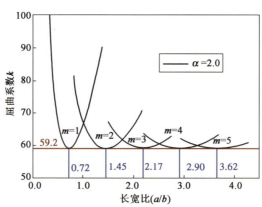

图 3-3 非加载边固定约束板受纯弯作用的屈曲系数

此时板件长宽比范围为 $0 < \beta < 1.1$，且在 $\beta = 0.72$ 附近取得最小值 $k_{\min} = 59.2$。当 β 超过 1.1 时，屈曲板件沿 x 方向的半波数 m 变为 2，并且随着长宽比的增长，m 值不断增加，而屈曲系数 k 的变化幅值逐渐缩小，并且最终趋近于 $k_{\min}$。非加载边固支钢板在荷载梯度 α 等于 0、1 和 2 时，屈曲系数 k 与长宽比 β 的对应关系，见表3-1。Kang 和 Leissa 计算了相同荷载作用下无表面侧向约束矩形板的屈曲系数 k 随 β 的变化情况。由表3-1可见，混凝土侧向约束能够有效提高受压钢板的屈曲荷载，与侧向可自由屈曲的板件相

比,其临界屈曲系数 $k_{\min}$ 可提高50%左右。此外,由于混凝土侧向约束的存在,板件沿 x 方向屈曲变形的波长有增大的趋势,如板件受纯弯作用时($\alpha=2$),其临界半波长由0.5 增加到0.7。因此,对于同样长度的矩形板件,单侧表面约束板沿纵向局部屈曲波的数量要少于无侧向约束板。

非加载边固定约束板的屈曲系数　　表3-1

	β	0.4	0.5	0.6	0.7	0.8	0.9	1.0	1.2	1.4
$\alpha=0$	无侧向约束	9.4 ($m=1$)	7.7	7.1	7.0	7.3	7.8	7.7 ($m=2$)	—	—
	有侧向约束	28.0 ($m=1$)	19.4	14.9	12.5	11.2	10.5	10.3	10.8	12.1
$\alpha=1$	无侧向约束	17.7 ($m=1$)	14.7	13.7	13.6	14.3	15.4	14.7 ($m=2$)	13.7	13.7
	有侧向约束	47.5 ($m=1$)	34.7	27.7	23.7	21.4	20.3	20.1	21.1	23.6 ($m=2$)
$\alpha=2$	无侧向约束	40.7 ($m=1$)	39.7	41.8	43.0 ($m=2$)	40.7	40.0	39.7	40.7 ($m=3$)	39.7
	有侧向约束	81.2 ($m=1$)	67.4	61.3	59.3	59.8	62.2	66.1	61.3 ($m=2$)	59.3

(2)非加载边为简支约束

若将钢板视为加载边固支、非加载边简支约束,则有边界条件:

当 $x=0$、a 时,$\omega=0$,$\dfrac{\partial^2\omega}{\partial x^2}=0$;当 $y=0$、b 时,$\omega=0$,$\dfrac{\partial^2\omega}{\partial y^2}=0$

符合该边界条件的特征形函数可设为:

$$\varphi_i(\xi,\eta)=X(\xi)Y_i(\eta)=[1-\cos(2\pi\xi)]\sin(i\pi\eta) \quad (3-21)$$

同样将该特征函数带入方程组式(3-13),积分后得线性方程组,解得屈曲系数 k 随非均匀荷载梯度 α 和板件长宽比 β 的变化情况,见表3-2。表中给出了无表面侧向约束板在非加载边简支下的屈曲系数 k 值,与有单侧约束的板件相比,其临界屈曲系数 $k_{\min}$ 提高40%左右。同样,由于侧向约束的存在,板件沿 x 方向屈曲波间距相对增加,并且大于非加载边固支的板件,如板件受纯弯作用时($\alpha=2$),其临界半波长由无侧向约束的1.0增加到有侧向约束的1.5。

非加载边简支约束板的屈曲系数　　　　　　　　　　表 3-2

β		0.4	0.5	0.6	0.67	0.75	0.8	0.9	1.0	1.5
$\alpha=2/3$	无侧向约束	12.24 ($m=1$)	9.19	7.60	6.96	6.45	6.25	6.02	5.96	6.45 ($m=2$)
	有侧向约束	37.38 ($m=1$)	25.77	19.30	16.47	13.96	12.83	11.14	10.00	8.15
$\alpha=1$	无侧向约束	15.15 ($m=1$)	11.62	9.74	8.98	8.37	8.13	7.87	7.81	8.37 ($m=2$)
	有侧向约束	43.16 ($m=1$)	30.62	23.53	20.36	17.52	16.21	14.24	12.88	10.69
$\alpha=2$	无侧向约束	29.10 ($m=1$)	25.53	24.12	23.88	24.11	24.47	25.57	25.53 ($m=2$)	24.11
	有侧向约束	64.97 ($m=1$)	50.45	42.60	39.33	36.63	35.54	34.20	33.72	38.56

对于 $\alpha=2$ 的纯弯板,屈曲系数 k 随钢板长宽比 β 的变化趋势见图 3-4。由图可见,非加载边简支板的屈曲荷载特征值明显小于固支约束情况,其最小临界值为 $k_{\min}=33.7$,为固支条件的 57%。同时,沿 x 方向发生单波鼓曲的长度范围相对较大,长宽比有 $0<\beta<1.5$,且在 $\beta=1.02$ 位置具有最小屈曲系数。当 β 超过 1.5 时,屈曲板件沿 x 方向发生 2 次鼓曲,并且随着长宽比的增长,鼓曲数量不断增加,$m>5$ 后的屈曲系数 k 趋近于最小临界值 $k_{\min}$。因此,长宽比参数对屈曲荷载的影响仅在 β 较小时有效,特别是板件沿 x 方向只发生一次屈曲的情况,此时屈曲系数 k 随长宽比 β 的变化曲线可用如下函数形式表示:

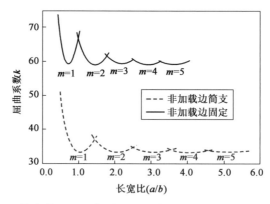

图 3-4　纯弯作用下单侧表面约束板的屈曲系数分布

$$k = A\beta^2 + \frac{B}{\beta^2} + C \qquad (3-22)$$

式中：A、B、C——受板件非加载边约束和不均匀荷载梯度的影响，不同条件下的系数取值。A、B、C 取值见表 3-3。

单侧表面约束板纵向单波屈曲的 k 值计算系数　　　表 3-3

约束条件	α	A	B	C	k_{min}	β 范围
非加载边固支	0.0	3.9	4.0	2.4	10.3	$0<\beta<1.5$
	0.5	4.4	4.9	4.7	13.7	$0<\beta<1.5$
	1.0	4.5	5.5	10.8	20.1	$0<\beta<1.5$
	1.5	7.8	6.2	20.8	33.8	$0<\beta<1.4$
	2.0	25.5	7.0	32.8	59.2	$0<\beta<1.1$
非加载边简支	0.0	0.8	4.0	2.0	5.5	$0<\beta<2.3$
	0.5	0.9	5.1	2.9	7.3	$0<\beta<2.3$
	1.0	1.1	6.1	5.7	10.7	$0<\beta<2.2$
	1.5	1.1	5.9	14.2	18.5	$0<\beta<2.0$
	2.0	5.4	6.5	22.4	33.7	$0<\beta<1.5$

如前所述，当板件长宽比 β 较大时，屈曲系数 k 不再随之发生变化，并且趋近于最小临界值 k_{min}，因此可用 k_{min} 近似计算细长板件的屈曲荷载特征值。临界屈曲系数 k_{min} 受不均匀荷载梯度 α 和非加载边约束条件的影响，其变化分布曲线见图 3-5。可以发现，临界屈曲系数 k_{min} 随不均匀荷载梯度 α 呈非线性曲线增加，在 $0<\alpha<1.0$ 范围内，临界屈曲系数的增速相对较慢，与轴心受压板件的屈曲系数相比，约提高了 1 倍；在 $1.0<\alpha<2.0$ 范围内，k_{min} 迅速提高，其极值比轴心受压情况提高了 5 倍左右。

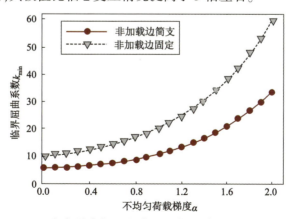

图 3-5　应力梯度与最小临界屈曲系数的对应关系

为了便于计算临界屈曲系数 k_{min}，可将其拟合为不均匀荷载梯度 α 的函数。

3.2 单侧约束板的弹塑性屈曲及宽厚比限值

板件在均匀轴压作用下发生局部屈曲时,若板的应变已进入塑性区,那么各个方向材料的刚度是不同的,主方向与剪切方向的刚度关系也更加复杂。Bleich 建议,矩形薄板的弹塑性屈曲平衡微分方程可以通过修正板件不同方向的刚度而得到。当 $\sigma_x > \sigma_p$ 时,沿 x 方向的弹性模量 E 应改成切线模量 E_t,即式(3-23)中第一项应乘以修正系数 τ。y 方向由于 $\sigma_y = 0$,杨氏模量 E 仍然适用,即式中第三项乘以修正系数 1。式中的第二项与 x 和 y 两个方向有同等程度的关系,这一项乘以修正系数 $\sqrt{\tau}$,$\sqrt{\tau}$ 是第一项修正系数 τ 和第三项修正系数 1 的几何比例中值。当板件应力超过比例极限时,泊松比的值也有变化,但对屈曲临界应力的影响不大,所以忽略其变化。综上,修正板件刚度得到的弹塑性屈曲平衡微分方程为:

$$D\left(\tau \frac{\partial^4 \omega}{\partial x^4} + 2\sqrt{\tau} \frac{\partial^4 \omega}{\partial x^2 \partial y^2} + \frac{\partial^4 \omega}{\partial y^4}\right) + N_x \frac{\partial^2 \omega}{\partial x^2} = 0 \tag{3-23}$$

当 $x = 0$、a 时,$\omega = 0$,$\dfrac{\partial \omega}{\partial x} = 0$;当 $y = 0$、b 时,$\omega = 0$,$\dfrac{\partial \omega}{\partial y} = 0$。

双重三角级数可作为屈曲变形函数。板件初始弹性失稳变形主要受一阶屈曲模态影响,故级数取一项可满足精度要求,设

$$\omega = a_1 \left(1 - \cos\frac{2\pi m x}{a}\right)\left(1 - \cos\frac{2\pi y}{b}\right) \tag{3-24}$$

式中:a_1——常数,m 为沿板纵向发生的屈曲半波数量。

式(3-24)自然满足式(3-23)的边界条件。

可根据式(3-23)中板各个方向的刚度修正,采用能量法求解单侧约束板的弹塑性屈曲应力。根据弹性理论,在薄板发生微小的挠曲变形 ω 后,板内积蓄的应变能 U 为:

$$U = \frac{D}{2}\int_0^a \int_0^b \left[\tau\left(\frac{\partial^2 \omega}{\partial x^2}\right)^2 + 2\nu\sqrt{\tau}\frac{\partial^2 \omega}{\partial x^2}\frac{\partial^2 \omega}{\partial y^2} + \left(\frac{\partial^2 \omega}{\partial y^2}\right)^2 + 2(1-\nu)\sqrt{\tau}\left(\frac{\partial^2 \omega}{\partial x \partial y}\right)^2\right] dx dy \tag{3-25}$$

将式(3-24)代入式(3-25)得到:

$$U = 2a_1^2 \pi^4 D\left[\frac{3bm^4 \tau}{a^3} + \frac{2m^2(1-\nu)\sqrt{\tau}}{ab} + \frac{3a}{b^3}\right] \tag{3-26}$$

施加在薄板中面的外力 N_x 所做的功为:

$$V = \frac{1}{2}\int_0^a \int_0^b \sigma_x t \left(\frac{\partial \omega}{\partial x}\right)^2 dxdy \tag{3-27}$$

将式(3-24)代入式(3-27)得到：

$$V = \frac{3\pi^2 a_1 btm^2}{2a}\sigma_x \tag{3-28}$$

系统处于稳定的平衡状态时，薄板的应变能应等于外力所做的功，令式(3-26)等于式(3-28)，可解得弹塑性屈曲临界应力：

$$\sigma_{cr} = k\frac{\pi^2 D}{b^2 t} \tag{3-29}$$

其中，屈曲系数

$$k = \frac{4a^2}{b^2 m^2} + \frac{4b^2 m^2}{a^2}\tau + \frac{8}{3}(1-\nu)\sqrt{\tau} \tag{3-30}$$

最小的屈曲系数可由 $\partial k/\partial m = 0$ 得到，此时

$$k_{min} = \frac{8(4-\nu)}{3}\sqrt{\tau} \approx 9.9\sqrt{\tau} \tag{3-31}$$

由式(3-31)可见，当临界屈曲应力超过钢材比例极限时，按非弹性板计算的屈曲应力约是按弹性板计算的 $\sqrt{\tau}$ 倍。修正系数 τ 由钢材的切线模量 E_t 确定，而切线模量又是钢材应力-应变曲线的斜率，故精确的钢材本构模型是计算修正系数的关键。

对于没有屈服平台的高强钢材，Ramberg-Osgood 本构模型能够很好地模拟材料的非线性特性。Ramberg-Osgood 模型对塑性应变 0.2% 以下的应力-应变关系能够模拟得十分准确，但对塑性应变 0.2% 以上则不够准确，预测的应力通常偏高。板件的弹塑性屈曲只关注塑性应变小于 0.2% 的情况，因此，用 Ramberg-Osgood 本构模型进行单侧约束高强钢板的弹塑性屈曲分析是合理的。

在 Ramberg-Osgood 模型中，材料的总应变 ε 为弹性应变 ε_e 和塑性应变 ε_p 之和，即：

$$\varepsilon = \varepsilon_e + \varepsilon_p = \frac{\sigma}{E} + p\left(\frac{\sigma}{f_y}\right)^n \tag{3-32}$$

式中：p——屈服强度 f_y 对应的塑性应变，取 0.2%；

n——应变硬化指数，根据施刚等对高强钢材的大量试验研究，应变硬化指数 n 随钢材强度的变化不大，可以对不同强度的高强钢材取统一的应变硬化指数 16。

将式(3-32)两边对 σ 求导并取倒数，可得切线模量 E_t 与应力 σ 的关系：

$$\frac{d\sigma}{d\varepsilon} = E_t = \frac{1}{\frac{1}{E} + \frac{np}{f_y}\left(\frac{\sigma}{f_y}\right)^{n-1}} \tag{3-33}$$

令式(3-33)中的 $\sigma = \sigma_{cr}$，与式(3-31)一起代入式(3-29)，得到弹塑性屈曲应力的隐式形式：

$$\frac{npE}{f_y^n}\sigma_{cr}^{n+1} + \sigma_{cr}^2 = \frac{4(4-\nu)^2\pi^4 E^2}{81(1-\nu^2)^2 \left(\dfrac{b}{t}\right)^4} \tag{3-34}$$

令式(3-34)中弹塑性屈曲应力 σ_{cr} 等于钢材屈服强度 f_y，得到宽厚比限值：

$$\lambda_p = \frac{\pi}{3}\sqrt{\frac{2(4-\nu)E}{(1-\nu^2)}} \frac{1}{\sqrt[4]{f_y(f_y + npE)}} \tag{3-35}$$

将 $E = 20\,600\text{MPa}, \nu = 0.3, n = 16, p = 0.002$ 代入式(3-35)，可得到矩形高强钢管混凝土柱壁板的宽厚比限值：

$$\lambda_p = \frac{1\,355}{\sqrt[4]{f_y + 6\,592}} \tag{3-36}$$

图 3-6 为根据式(3-36)绘制的矩形高强钢管混凝土柱壁板的无量纲弹塑性屈曲应力(σ_u/f_y)随相对宽厚比($b/t \cdot \sqrt{f_y/460}$)的变化曲线。由图 3-6a)可以看出，弹塑性屈曲应力曲线可划分为 3 个区域：

(1)当相对宽厚比小于 35 时，板件发生塑性屈曲，即板件在全截面屈服后才发生屈曲，由于钢材的应变硬化，极限承载力大于屈服强度。

(2)当相对宽厚比在 35~80 之间时，板件发生弹塑性屈曲，即板件在截面应力超过钢材的比例极限后发生屈曲，由于弹性模量的折减，弹塑性屈曲应力小于按弹性板计算的屈曲应力，可见，按弹性屈曲应力计算是偏危险的。

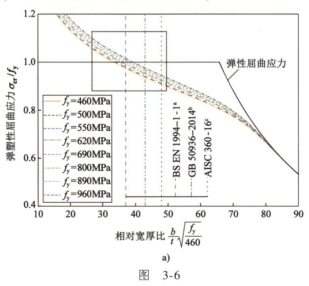

图 3-6

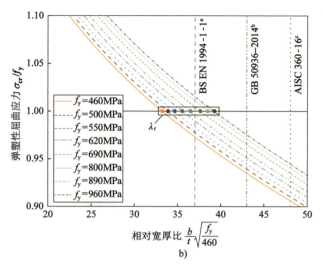

图 3-6 弹塑性屈曲应力随相对宽厚比的变化

注：[a] Eurocode 4：design of composite steel and concrete structures：part 1-1：general rules and rules for building
[b] 《钢管混凝土结构技术规范》（GB 50936—2014）
[c] Specification for structural steel buildings

（3）当相对宽厚比大于 80 时，弹塑性屈曲应力曲线与弹性屈曲应力曲线重合，板件发生弹性失稳，即板件在应力还未超过钢材的比例极限时就已经屈曲。

图 3-6b）是图 3-6a）的局部放大，可见，不同强度等级的钢材具有不同的相对宽厚比限值，这与各国规范的规定有所不同，规范中的相对宽厚比限值均为常数。关于与规范宽厚比限值的对比具体见下文。

搜集了已有矩形高强钢管混凝土柱的试验研究数据，图 3-7 为式（3-36）所得的弹塑性屈曲应力与已有试验结果的对比。可见，根据式（3-36）和试验结果确定的 690MPa 钢材的宽厚比限值分别为 28.6 和 30.0，预测值比试验结果仅小 4.7%。

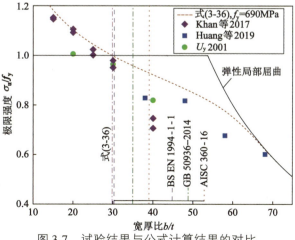

图 3-7 试验结果与公式计算结果的对比

数值结果与式(3-34)的弹塑性屈曲应力和式(3-36)的宽厚比限值的对比见图3-8及表3-4。可见,通过数值结果确定的不同强度等级钢材的宽厚比限值与式(3-36)非常接近,平均误差仅为3%。数值结果和试验结果均证明了式(3-36)的准确性。

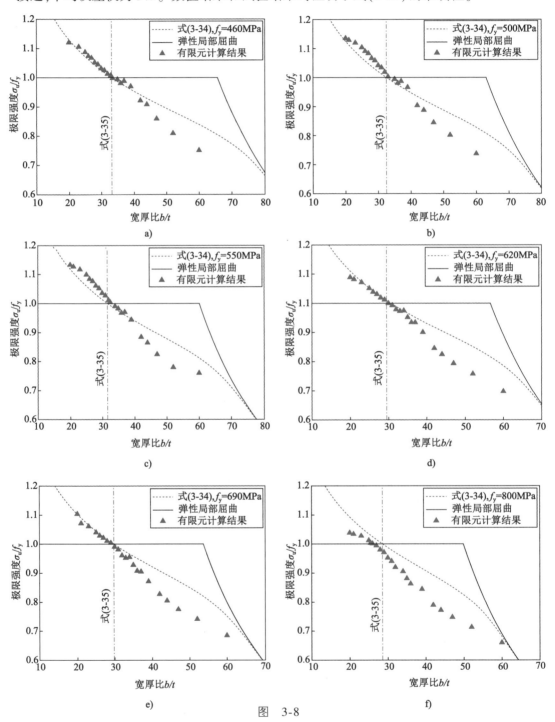

图 3-8

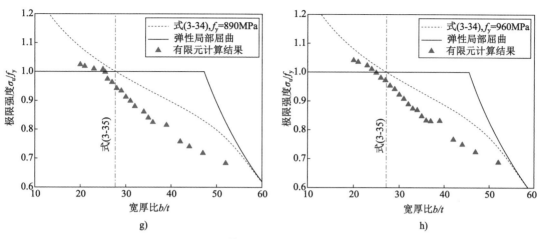

图 3-8 数值结果与解析解的对比

宽厚比限值的对比 表3-4

f_y (MPa)	式(3-36)	有限元		AISC 360—16[c]		GB 50936—2014[b]		EN 1994-1-1[a]	
		②	②/①	③	③/①	④	④/①	⑤	⑤/①
460	31.9	33.0	1.03	47.8	1.50	42.9	1.34	37.2	1.16
500	31.2	33.0	1.06	45.9	1.47	41.1	1.32	35.6	1.14
550	30.4	33.0	1.08	43.7	1.44	39.2	1.29	34.0	1.12
620	29.5	30.0	1.02	41.2	1.40	36.9	1.25	32.0	1.09
690	28.6	28.0	0.98	39.0	1.36	35.0	1.22	30.3	1.06
800	27.5	25.5	0.93	36.3	1.32	32.5	1.18	28.2	1.03
890	26.7	24.5	0.92	34.4	1.29	30.8	1.16	26.7	1.00
960	26.1	24.0	0.92	33.1	1.27	29.7	1.14	25.7	0.99
平均值			1.03		1.43		1.29		1.11

注：[a] Eurocode 4: design of composite steel and concrete structures: part 1-1: general rules and rules for building

[b]《钢管混凝土结构技术规范》(GB 50936—2014)

[c] Specification for stractural buildings

可以发现，在弹塑性屈曲段(宽厚比35~80)，试验和数值模拟所得的极限承载力均明显低于式(3-36)计算的弹塑性屈曲应力，可能是由于试验和数值模拟存在初始几何缺陷和焊接残余应力，使极限承载力降低。然而，在塑性屈曲段和宽厚比限值附近，由数值模拟和试验得到的极限强度均与式(3-36)吻合。这是因为板件全截面屈服后，残余应力被吸收，因此不会对极限强度产生影响。综上，按本书提出的式(3-36)计算宽厚比限值是可靠和准确的。

由式(3-36)得到的宽厚比限值与 AISC 360-16、GB 50936—2014、EN 1994-1-1 中的宽厚比限值的对比见图 3-9。可见,式(3-36)及规范预测的宽厚比限值均随钢材屈服强度的增大而减小,但规范相比于式(3-36)均偏不保守。AISC 360-16 的宽厚比限值比式(3-36)大 27%～50%,平均误差为 43%。GB 50936—2014 比式(3-36)值大 14%～34%,平均误差为 29%。可能是因为 GB 50936—2014 中的宽厚比限值是根据计算板件承载力的有效宽度公式令全截面有效得到的,而通过试验数据拟合的有效宽度公式无法保证宽厚比限值的精度。EN 1994-1-1 的宽厚比限值与式(3-36)结果差值为 -1%～16%,平均误差为 11%。EN 1994-1-1 规定矩形高强钢管混凝土的壁板不允许发生局部屈曲,壁板的宽厚比限值是考虑板的弹塑性屈曲,结合塑性流动理论得到的,因此与本书预测的宽厚比限值最接近。由图 3-9 可知,由式(3-36)计算的 890MPa、960MPa 钢材宽厚比限值几乎与 EN 1994-1-1 相等,但随着钢材强度等级的减小,两者之间的差别逐渐增加。

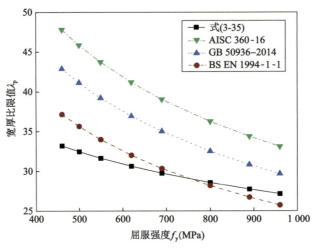

图 3-9 解析解与各国规范的对比

3.3 单侧约束板的屈曲后强度

板件发生局部屈曲后,在边界约束作用下,中面会产生薄膜拉应力而提高板件刚度,使其还可以继续承受荷载。在设计时若允许钢壁板在材料屈服前发生局部屈曲,并充分利用屈曲后强度进行承载,则可以降低用钢量,使设计更经济。本节主要研究不设肋矩形钢管混凝土壁板在均匀压应力作用下的屈曲后强度。

采用有限元法对矩形钢管混凝土壁板进行轴心受压仿真分析。有限元模型中试件钢壁板的厚度均取 5mm, 宽厚比为 20~150, 正则化宽厚比为 0.24~3.30。壁板的屈服强度为 275~960MPa。

以 Q355 钢材为例, 弹性屈曲板件($b/t=120$)、弹塑性屈曲板件($b/t=70$)、塑性屈曲板件($b/t=30$)的波峰处中面纵、横向应力分布随加载过程的变化如图 3-10 所示。由图 3-10 可知, 由于存在焊接残余应力, 各类板件在受荷初期均为边缘受拉, 中间均匀受压。

对于弹性屈曲板件, 板件发生初始局部屈曲时, 纵向(x 向)平均应力小于钢材比例极限, 屈曲后非加载边对板件形成有效约束, 板件中面出现横向(y 向)拉应力。由于在波峰处面外变形最大(即横向应变最大), 横向拉应力呈现中间大、边缘小的分布状态。根据 Mises 屈服准则, 截面纵向应力重分布, 表现为中间小、边缘大。极限状态时, 纵向压应力分布状态与初始局部屈曲类似, 横向拉应力水平达到最高。

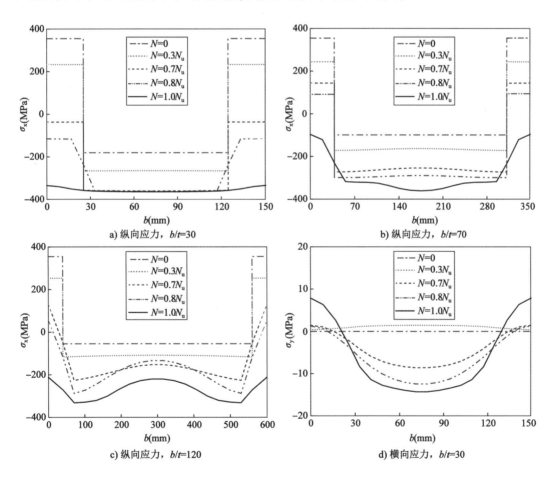

图 3-10

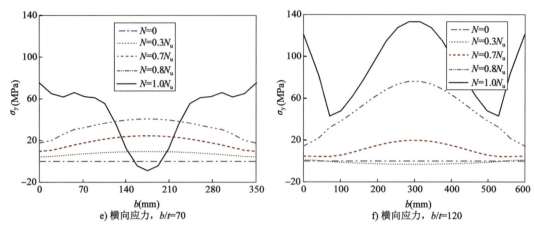

图 3-10 中面纵、横向应力分布

N-轴向力;N_u-轴心受压承载力

对于弹塑性屈曲板件,屈曲时纵向平均应力已经超过钢材比例极限,屈曲后截面横向拉应力水平较低,纵向应力重分布程度很小,极限状态时纵向应力分布趋于均匀。可见,板件发生弹性或弹塑性局部屈曲后,由于边界的约束作用,在板件中面内产生了横向拉应力,提高了板件的刚度,使其还可以继续承载。

对于塑性屈曲板件,钢材屈服前面外变形很小,中面基本无横向拉应力。截面中间的纵向压应力达到屈服强度后,边缘的拉应力还能继续承担荷载,直至全截面达到屈服状态,截面失去刚度发生局部屈曲。

根据 Mises 屈服准则,弹性屈曲、弹塑性屈曲和塑性屈曲板件的中面平均纵向应力 $\overline{\sigma_x}$、平均横向应力 $\overline{\sigma_y}$ 的变化可用图 3-11 表示。弹性屈曲板件在纵向平均应力水平较低时发生局部屈曲(A 点),中面出现横向拉应力,并随着荷载的增加而增大,纵向压应力水平也有较大的提高,表现为板件屈曲后强度的提高,直到达到材料屈服强度(B 点)。弹塑性屈曲的板件在发生初始局部屈曲(C 点)后,中面也产生横向拉应力,但水平较低,纵向压应力的增加也不明显,屈曲后材料很快达到屈服强度(D 点),屈曲后强度发展水平不高。塑性屈曲板件的中面平均纵向应力可达到屈服强度(E 点)而不发生局部屈曲,中面也不会产生横向拉应力。可见,不同类型板件的屈曲后强度发展水平是明显不同的。

为了利用板件的屈曲后强度,von Kármán 等提出了有效宽度的概念(图 3-12),认为除了在板的两侧支承边

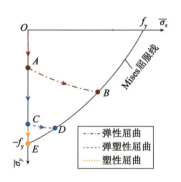

图 3-11 中面平均纵、横向应力变化

宽度各为 $b_e/2$ 应力均达到屈服强度外,把中部宽度为 $(b-b_e)$ 的板看作完全不承担压力。

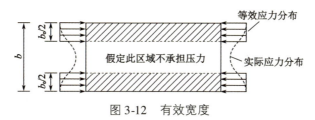

图3-12 有效宽度

根据有限元的结果,结合界限宽厚比将单侧约束板划分为塑性屈曲、弹塑性屈曲、弹性屈曲3类板件,采用AS 4100的形式进行曲线拟合(图3-13),给出受混凝土单侧约束的四边固支板的有效宽度公式:

$$\frac{b_e}{b} = \begin{cases} 1 & (\lambda \leq 0.500) \\ \dfrac{0.66}{\lambda^{0.6}} & (0.500 < \lambda \leq 1.348) \\ \dfrac{0.64}{\lambda^{0.5}} & (\lambda > 1.348) \end{cases} \quad (3\text{-}37)$$

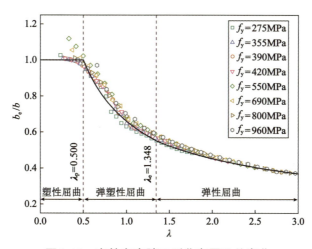

图3-13 有效宽度随正则化宽厚比的变化

整理了既有文献中的矩形钢管混凝土壁板局部屈曲试验数据,用于验证提出的有效宽度计算公式的精度,见图3-14。试验中通过对钢混界面涂油处理或试件底端20~40mm范围不浇筑混凝土的方法,使荷载仅施加到钢壁板上,混凝土仅起到对钢板面外单侧约束作用。对收集的试验数据分析可知,普通钢材和高强度钢材试件的有效宽度试验值比式(3-37)预测值分别平均大8.3%和5.5%,标准差分别为0.104和0.064。

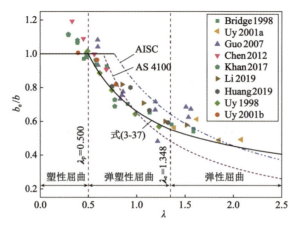

图 3-14　试验与式（3-37）所得有效宽度的对比

式(3-37)、普通钢结构规范 ANSI/AISC 360-16、AS 4100 预测的有效宽度与试验值的对比如图 3-14 所示。由图 3-14 可知，本书提出的正则化宽厚比限值和式(3-37)预测的有效宽度与试验结果吻合较好，且总体上偏安全。既有文献中试件 S3-160-C-2 与式(3-37)的偏差较大，可能是试验的离散性导致的，若考虑与其尺寸相同的试件 S3-160-C-1 和 S3-160-C-3，3 个试件的有效宽度平均值与式(3-37)之比仅为 1.050。

非均匀受压下钢管混凝土壁板的屈曲后强度同样可采用有效宽度法进行计算，其有效宽度公式与均匀受压单侧约束板的有效宽度公式相同，仅需要将非均匀受压单侧约束板的屈曲系数代入公式即可。

3.4　单侧约束加劲板的局部屈曲

3.4.1　设板肋的加劲板

取组合桥塔相邻横隔板间的任意矩形加劲壁板为研究对象，假设板件长度为 a，宽度为 b，厚度为 t，见图 3-15。由于核心混凝土的存在，板件受单侧约束边界限制面外变形，力学模型假定板件放置在无拉力刚性基底上，板沿 x 方向设置 n_s 个纵向加劲肋，加劲肋等间距布置，每个加劲肋的截面尺寸为 $b_s \times t_s$。板件沿纵向承受均匀压应力为 σ_x，则板单位长度上的中面力 $N_x = -\sigma_x t$，单个加劲肋受到的轴压力 $P_x = \sigma_x b_s t_s$。若加劲板在轴压作用下发生面外失稳，刚性基底对板的底面形成侧向约束，限制了屈曲变形，板件仅能向外侧发生鼓曲，对于长度较大的板件，一般横向出现一个鼓曲波，纵向出现多个半波鼓曲，见图 3-15。

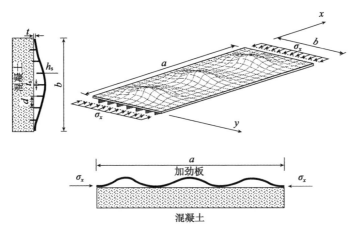

图 3-15 加劲板在弹性基底上的屈曲

矩形平板的屈曲变形函数 w 可用级数形式表达：

$$w = \sum_{i=1}^{n} a_i \varphi_i(x,y) \tag{3-38}$$

式中：$\varphi_i(x,y)$——自然满足板件边界条件的已知级数项；

a_i——各级数项的待定系数，w 可看作以广义坐标 a_i 为基本未知量的屈曲变形函数。

以广义坐标 a_i 组成待定向量 $\boldsymbol{A} = [a_1 \ a_2 \cdots a_n]^T$，为求解向量 $\boldsymbol{A}$，需建立未知向量的线性方程组，并分别考虑板件与加劲肋刚度贡献，则方程组的一般表达形式为：

$$\boldsymbol{K}_b \boldsymbol{A} + \boldsymbol{K}_s \boldsymbol{A} = 0 \tag{3-39}$$

式中：$\boldsymbol{K}_b$——矩形板的弹性刚度矩阵；

$\boldsymbol{K}_s$——纵向加劲肋的刚度矩阵。

至此，可分别考虑弹性板和加劲肋刚度贡献，建立各项刚度矩阵显式形式。

根据矩形薄板的小挠度理论，弹性状态下矩形板件的平衡方程为：

$$D\left(\frac{\partial^4 w}{\partial x^4} + 2\frac{\partial^4 w}{\partial x^2 \partial y^2} + \frac{\partial^4 w}{\partial y^4}\right) = N_x \frac{\partial^2 w}{\partial x^2} + 2N_{xy}\frac{\partial^2 w}{\partial y^2} + N_y \frac{\partial^2 w}{\partial y^2} \tag{3-40}$$

将 $N_x = -\sigma_x \cdot t, N_{xy} = N_y = 0$，代入上式可得平板的刚度贡献算子：

$$L_b(w) = D\left(\frac{\partial^4 w}{\partial x^4} + 2\frac{\partial^4 w}{\partial x^2 \partial y^2} + \frac{\partial^4 w}{\partial y^4}\right) + \sigma_x t \frac{\partial^2 w}{\partial x^2} \tag{3-41}$$

利用迦辽金法，对式（3-41）进行等效积分变换，可得式（3-39）中弹性板的刚度贡献项表达式为：

$$K_b A = \begin{bmatrix} \int_0^a \int_0^b L_b(w) \varphi_1(x,y) \mathrm{d}x\mathrm{d}y \\ \int_0^a \int_0^b L_b(w) \varphi_2(x,y) \mathrm{d}x\mathrm{d}y \\ \dots \\ \int_0^a \int_0^b L_b(w) \varphi_n(x,y) \mathrm{d}x\mathrm{d}y \end{bmatrix} \quad (3-42)$$

当板件发生局部屈曲时,可认为柔性加劲肋随之共同变形,第 i 个加劲肋的弯曲变形函数 $w_i = w(x, y_i)$,其中 y_i 为第 i 个加劲肋所在位置的 y 向坐标。在板件屈曲过程中,加劲肋变形可看作轴心受压杆件的失稳问题,应满足任意约束条件的轴心压杆平衡方程:

$$EI_s \frac{\partial^4 w_i}{\partial x^4} + P_s \frac{\partial^2 w_i}{\partial x^2} = 0 \quad (3-43)$$

式中:EI_s——单根加劲肋的截面抗弯刚度;

P_s——单杆加劲肋受到的轴向压力。

将 $P_s = \sigma_x \cdot b_s \cdot t_s$ 代入式(3-42)整理得到第 i 个加劲肋的刚度贡献算子:

$$L_s(w_i) = EI_s \frac{\partial^4 w_i}{\partial x^4} + \sigma_x b_s t_s \frac{\partial^2 w_i}{\partial x^2} \quad (3-44)$$

利用迦辽金法,对式(3-43)进行等效积分变换,可得第 i 个加劲肋的刚度贡献项,再对板件上所有肋板进行求和,可得加劲肋的刚度贡献表达式为:

$$K_s A = \sum_{i=1}^{n_s} \begin{bmatrix} \int_0^a L_s(w_i) \varphi_1(x,y_i) \mathrm{d}x \\ \int_0^a L_s(w_i) \varphi_2(x,y_i) \mathrm{d}x \\ \dots \\ \int_0^a L_s(w_i) \varphi_n(x,y_i) \mathrm{d}x \end{bmatrix} \quad (3-45)$$

组合桥塔壁板发生侧向鼓曲时边界无法自由转动,视为固支边界条件。可选取双重三角级数作为 $\varphi(x,y)$ 函数表达形式。板件初始弹性失稳变形主要受一阶屈曲模态影响,故级数取一项可满足精度要求,有:

$$w = a_1 \left(1 - \cos\frac{2\pi m x}{a}\right)\left(1 - \cos\frac{2\pi y}{b}\right) \quad (3-46)$$

式中:m——沿板纵向发生的屈曲半波数量。

由于 w 函数仅取双重三角级数的第一项,则控制方程的伽辽金方程组仅有一项,式(3-38)得到简化,使用式(3-41)、式(3-42)、式(3-44)、式(3-45)将式(3-38)展开,可得纵向加劲板的屈曲控制方程：

$$\int_0^a \int_0^b \left[D\left(\frac{\partial^4 w}{\partial x^4} + 2\frac{\partial^4 w}{\partial x^2 \partial y^2} + \frac{\partial^4 w}{\partial y^4}\right) + \sigma_x t \frac{\partial^2 w}{\partial x^2}\right]\varphi_1(x,y)\mathrm{d}x\mathrm{d}y +$$

$$\sum_{i=1}^{n_s} \int_0^a \left(EI_s \frac{\partial^4 w_i}{\partial x^4} + \sigma_x b_s t_s \frac{\partial^2 w_i}{\partial x^2}\right)\varphi_1(x,y_i)\mathrm{d}x = 0 \quad (3-47)$$

为方便对屈曲方程进行积分，除 β、γ_s、δ_s 外，再引进无量纲坐标：

$$\xi = \frac{x}{a}, \quad \eta = \frac{y}{b} \quad (3-48)$$

根据式(3-48)，对式(3-47)各项进行无量纲化处理，可得：

$$\boldsymbol{K}_b \boldsymbol{A} = \int_0^l \int_0^l \left(\frac{\partial^4 w}{\partial \xi^4} + 2\beta^2 \frac{\partial^4 w}{\partial \xi^2 \partial \eta^2} + \beta^4 \frac{\partial^4 w}{\partial \eta^4} + \beta^2 \frac{\sigma_x b^2 t}{D} \frac{\partial^2 w}{\partial \xi^2}\right)\varphi_1(\xi,\eta)\mathrm{d}\xi\mathrm{d}\eta \quad (3-49)$$

$$\boldsymbol{K}_s \boldsymbol{A} = \sum_{i=1}^{n_s} \int_0^1 \left(\gamma_s \frac{\partial^4 w_i}{\partial \xi^4} + \beta^2 \delta_s \frac{\sigma_x b^2 t}{D} \frac{\partial^2 w_i}{\partial \xi^2}\right)\varphi_1(\xi,\eta_i)\mathrm{d}\xi \quad (3-50)$$

将位移函数式(3-46)代入式(3-49)、式(3-50)，整理可得：

$$\boldsymbol{K}_b = 4\pi^4(3m^4 + 2m^2\beta^2 + 3\beta^4) - 3m^2\pi^2\beta^2 \frac{\sigma_x b^2 t}{D} \quad (3-51)$$

$$\boldsymbol{K}_s = \begin{cases} 32\gamma_s m^4\pi^4 - 8m^2\pi^2\beta^2\delta_s \dfrac{\sigma_x b^2 t}{D} & n_s = 1 \\ 12(1+n_s)\gamma_s m^4\pi^4 - 3(1+n_s)m^2\pi^2\beta^2\delta_s \dfrac{\sigma_x b^2 t}{D} & n_s \geq 2 \end{cases} \quad (3-52)$$

矩形加劲板发生弹性屈曲时，有向量 $\boldsymbol{A}$ 取任意值时，式(3-39)均成立，因此刚度系数 K_b 和 K_s 之和应恒等于0，利用该关系，可将式(3-51)、式(3-52)求和，并且整理成矩形板弹性屈曲应力的经典表达形式：

$$\sigma_{cr} = k \frac{\pi^2 D}{b^2 t} \quad (3-53)$$

式中：k——矩形薄板的屈曲系数。

其中，当板件只有1个加劲肋时($n_s = 1$)，屈曲系数为：

$$k = \frac{12m^4 + 8\beta^2 m^2 + 12\beta^4 + 32\gamma_s m^4}{(3 + 8\delta_s)\beta^2 m^2} \quad (3-54)$$

由文献可知，矩形板沿纵向(x方向)发生单波屈曲时($m=1$)，板件屈曲系数 k 值受矩形板长宽比 β 影响较大，在板的稳定计算中不可忽略长宽比的影响；当矩形板沿纵向(x方向)发生多个波屈曲时($m \geq 2$)，此时矩形板为细长板件，板件屈曲系数 k 值随矩形板长宽比 β 变化较小，偏于安全考虑，可直接取 k 的驻值作为屈曲系数参考值。根据

$\partial k/\partial \beta = 0$，令 $m=1$，此时 $\beta_0 = (1+8\gamma_s/3)^{1/4}$，将其代入式(3-54)，可得：

$$k = \frac{8(1+\sqrt{9+24\gamma_s})}{3+8\delta_s} \tag{3-55}$$

该式与既有文献给出的公式一致。

若加劲板设置多根加劲肋($n_s \geq 2$)，板件屈曲系数需考虑参数 n_s 的影响，根据式(3-51)、式(3-52)求和，可得：

$$k = \frac{12m^4 + 8\beta^2 m^2 + 12\beta^4 + 12\gamma_s m^4(n_s+1)}{3[1+(n_s+1)\delta_s]\beta^2 m^2} \tag{3-56}$$

取加劲肋相对刚度在 $0 < \gamma_s \leq 5$ 范围内，设单个加劲肋的板件屈曲系数 k 随板件长宽比 β 的变化规律见图3-16a)。与自由板相比，受单侧约束加劲板的屈曲荷载受加劲肋刚度影响更为明显，加劲刚度每增加一个单位，板件屈曲系数增加幅值在 8～10 之间(与自由板 1～2 相比)。同时，单侧约束板的屈曲波长随加劲刚度增加而明显增大，当 $\gamma_s = 5$ 时，β 值便增加 1 倍，即 $\beta = 2.0$。

针对实际组合桥塔结构，单个壁板的纵向加劲肋数量一般在 10 以内，取加劲数量 $n_s = 10$，则式(3-56)中的屈曲系数 k 与长宽比 β 的关系见图3-16b)。由图3-16b)可知，当 $\gamma_s = 5$ 时，与无肋板相比，单侧约束加劲板的 k 值提高了 3.8 倍，而自由板仅提高了 2.7 倍。此外，单侧约束加劲板的临界长宽比 β_0 随加劲刚度增加呈逐渐增加趋势。

当矩形板沿纵向(x方向)发生多波屈曲时($m \geq 2$)，板件长宽比 β 的增长对屈曲系数的影响逐渐减小，为保守起见，可取 k 的最小值作为屈曲系数参考值。根据 $\partial k/\partial \beta = 0$，令 $m=1$，有 $\beta_0 = [1+(1+n_s)\gamma_s]^{1/4}$，将其代入式(3-56)，可得：

$$k = \frac{8[1+3\sqrt{1+(n+1)\gamma_s}]}{3[1+(n+1)\delta_s]} \tag{3-57}$$

综上所述，参照我国规范、日本规范关于面外可自由变形的加劲板屈曲系数的计算公式，根据板件临界长宽比 β_0，对式(3-56)、式(3-57)进行整理。其中，当 $\beta < \beta_0$ 时，$m=1$；当 $\beta \geq \beta_0$ 时，板件屈曲系数忽略 β 的影响。基于上述条件，给出等间距设置多个纵向加劲肋($n_s \geq 2$)的单侧约束轴压板件的屈曲系数计算公式：

$$k = \begin{cases} \dfrac{12 + 8\beta^2 + 12\beta^4 + 12\gamma_s(n_s+1)}{3[1+(n_s+1)\delta_s]\beta^2} & \beta < \beta_0 \\ \dfrac{8[1+3\sqrt{1+(n_s+1)\gamma_s}]}{3[1+(n_s+1)\delta_s]} & \beta \geq \beta_0 \end{cases} \tag{3-58}$$

$$\beta_0 = [1+(n_s+1)\gamma_s]^{1/4}.$$

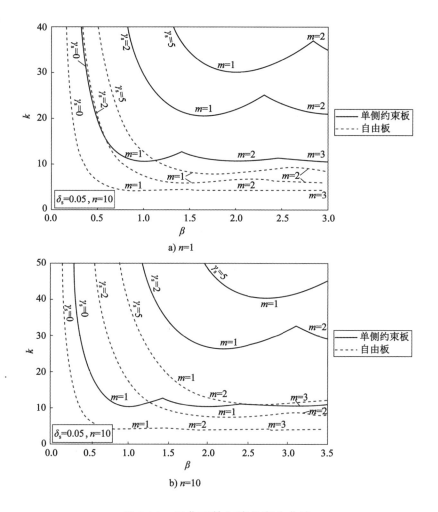

图 3-16 屈曲系数 k 随 β 变化曲线

3.4.2 设 PBL 的加劲板

在均匀受压情况下,设 PBL 连接件相当于在钢管的内壁上设置纵向的弹性支撑,起加强侧向约束作用,能够抵抗钢管的面外失稳。本节应用能量法推导设 PBL 加劲型矩形钢管混凝土在均匀受压下钢壁板局部屈曲强度计算公式,理论分析 PBL 加劲肋对桥塔钢壁板局部屈曲性能的影响。

板宽为 b,取纵向一个半波(半波长 a)进行研究,矩形钢管管壁发生微小挠曲变形的应变能为:

$$U_\mathrm{p} = \frac{D}{2}\int_0^b\int_0^a\left\{\left(\frac{\partial^2 w}{\partial x^2}+\frac{\partial^2 w}{\partial y^2}\right)^2 + 2(1-\nu)\left[\left(\frac{\partial^2 w}{\partial x\partial y}\right)^2 - \frac{\partial^2 w}{\partial x^2}\frac{\partial^2 w}{\partial y^2}\right]\right\}\mathrm{d}x\mathrm{d}y \quad (3\text{-}59)$$

式中：w——挠度；

D——单位宽度板的抗弯刚度，$D = \dfrac{Et^3}{12(1-\nu^2)}$；

t——钢板厚度；

E——钢板弹性模量；

ν——钢板泊松比。

钢板在单向均匀轴压 N_x 作用下的外力势能为：

$$V_{\mathrm{p}} = -\frac{1}{2}\int_0^b \int_0^a N_x \left(\frac{\partial w}{\partial x}\right)^2 \mathrm{d}x\mathrm{d}y \tag{3-60}$$

将 PBL 连接件视作钢管板壁上的弹性支撑，假设每个 PBL 的弹性刚度 k_p，间距为 d，将分散的连接件简化为均匀连续的弹性支撑，弹簧常数为 $c = k/d$，当管壁发生微小挠曲变形时，弹簧反力施加的应变能可表示为：

$$U_{\mathrm{PBL}} = \eta \int_0^a \frac{1}{2} c_{\mathrm{pbl}} w^2 \mathrm{d}x \tag{3-61}$$

式中：η——考虑钢板非线性挠曲变形的弹簧势能不均匀系数，该值大小与板的屈曲变形函数 w、PBL 刚度 k_p 和间距 d 有关。

带有 PBL 连接件的屈曲管壁体系总势能可表示为：

$$\Pi = U_{\mathrm{p}} + V_{\mathrm{p}} + U_{\mathrm{PBL}} \tag{3-62}$$

薄壁钢管的屈曲变形函数 w 根据板的边界条件确定。若将核心混凝土视作刚性基底，钢板受混凝土的约束只能向外侧发生屈曲，沿管壁横向出现一个半波鼓曲，而沿纵向出现一系列连续半波凸起，屈曲模式如图 3-17 所示。沿管壁纵向屈曲时，相邻半波过渡必有一阶导数为零的点，可等效成固支约束，因此将矩形钢管加载边视作固支边界。沿管壁横向屈曲时，钢板的纵边由于相邻板件制约而无法自由转动，非加载边受到介于简支与固支边界的弹性约束，为确定限值，分别计算考虑固支和简支两种边界条件的屈曲临界荷载。

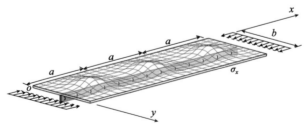

图 3-17

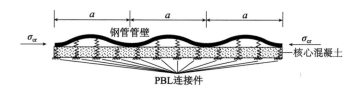

图 3-17　PBL 加劲型板件的轴压屈曲模型

(1) 非加载边为固支约束

假定矩形管壁单向均匀受压,在加载边、非加载边均固支情况,钢板屈曲应满足如下边界条件:

当 $x = 0$、a 时　　　　　　　$w = 0, \dfrac{\partial w}{\partial x} = 0$

当 $y = 0$、b 时　　　　　　　$w = 0, \dfrac{\partial w}{\partial y} = 0$

符合该边界条件的屈曲位移函数可设为:

$$w_f = f\left(1 - \cos\frac{2\pi x}{a}\right)\left(1 - \cos\frac{2\pi y}{b}\right) \tag{3-63}$$

将位移函数带入式(3-59)~式(3-62),整理后可得:

$$\Pi = \pi^4 D f^2 \left(6\frac{b}{a^3} + 6\frac{a}{b^3} + \frac{4}{ab}\right) - \frac{3}{2}\sigma_x t \frac{\pi^2 b}{a} f^2 + 3\eta c f^2 a \tag{3-64}$$

根据势能驻值原理求解屈曲荷载,由 $\dfrac{\mathrm{d}\Pi}{\mathrm{d}f} = 0$,且 $f \neq 0$ 得:

$$\sigma_x = \frac{2}{3}\left(6\frac{b^2}{a^2} + 6\frac{a^2}{b^2} + 4 + 3\frac{\eta c b^3}{\pi^4 D}\frac{a^2}{b^2}\right)\frac{\pi^2 D}{b^2 t} \tag{3-65}$$

引入半波长参数 $\beta = \dfrac{a}{b}$,令 $\gamma_p = \dfrac{\eta c b^3}{\pi^4 D}$,该参数可作为 PBL 连接件弹性刚度与钢板抗弯刚度的比值。可得板件局部屈曲系数 k 的表达式:

$$k = \frac{2}{3}\left(\frac{6}{\beta^2} + 6\beta^2 + 3\gamma_p \beta^2 + 4\right) \tag{3-66}$$

当 $\gamma_p = 0$ 时,屈曲系数 k 仅为半波长参数 β 的表达式,且在 $\beta = 1.0$ 处具有最小值 $k = 10.67$。当 $\gamma_p = 1.0$ 时,屈曲系数 k 由于 PBL 连接件的存在而有所增加,且板件屈曲的半波长参数有减小的趋势,即在 $\beta = 0.9$ 处具有最小值 $k = 12.46$。PBL 在增加板件屈曲强度的同时,也对其屈曲模式产生一定影响,可绘制屈曲系数 k 在随不同 γ_p 的分布曲线,见图 3-18。由图可见,随着 PBL 相对刚度的增加,板件屈曲系数 k 逐渐增加,而板件沿纵向屈曲的半波长 a 逐渐减小,壁板向外鼓曲的程度降低。

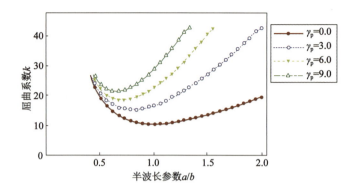

图 3-18　板件屈曲系数 PBL 相对刚度和半波长参数 a/b 的分布

若相对刚度 γ_p 不断增大，PBL 随壁板屈曲的变形越来越小，板件可能无法发生式(3-63)的屈曲模式。在极端情况下，PBL 连接件部位可视为刚性约束，将壁板分割成两块小板，小板的宽度为 $b/2$，轴压作用下每块小板各自鼓曲，其屈服应力可表示为：$\sigma_{cr}^d = 10.67 \dfrac{\pi^2 D}{(b/2)^2 t} = 42.68 \dfrac{\pi^2 D}{b^2 t}$，可得极限屈曲系数 $k_u = 42.68$。当 $k > k_u$ 时，壁板屈曲模式改变，发生横向双波鼓曲，见图 3-19。可见，PBL 连接件存在某一界限刚度比，当 γ_p 超过该值后，壁板发生双波鼓曲，继续增加 PBL 刚度将不再提高板件的强度。由此可得板件屈曲系数 k 随参数 γ_p 和 β 的变化关系，见图 3-20。

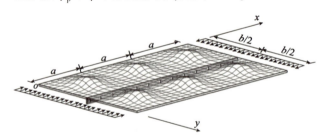

图 3-19　板件横向双波鼓曲示意图

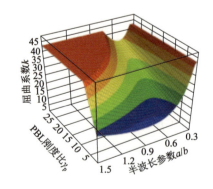

图 3-20　设置 PBL 的板件屈曲系数分布

对图3-20的屈曲系数k取随γ_p变化的极小值,可得壁板临界屈曲应力σ_{cr}。当$\frac{\partial k}{\partial \beta} = 0$时,有$\beta = \sqrt[4]{\frac{2}{2+\gamma_p}}$,代式(3-66),得:

$$k_{\min} = \frac{1}{3}\left(12\sqrt{\frac{2+\gamma_p}{2}} + 12\sqrt{\frac{2}{2+\gamma_p}} + 6\gamma_p\sqrt{\frac{2}{2+\gamma_p}} + 8\right) \tag{3-67}$$

(2)非加载边为简支约束

若将钢管壁板视为刚性基底上加载边固支、非加载边简支约束,则有边界条件:

当$x = 0$、a时 $w = 0, \frac{\partial^2 w}{\partial x^2} = 0$

当$y = 0$、b时 $w = 0, \frac{\partial^2 w}{\partial y^2} = 0$

符合该边界条件的屈曲位移函数可设为:

$$w_s = f\left(1 - \cos\frac{2\pi x}{a}\right)\sin\frac{\pi y}{b} \tag{3-68}$$

将位移函数带入式(3-59)~式(3-62),整理后可得:

$$\Pi = \pi^4 D f^2 \left(2\frac{b}{a^3} + \frac{3}{8}\frac{a}{b^3} + \frac{2}{ab}\right) - \frac{1}{2}\sigma_x t \frac{\pi^2 b}{a}f^2 + \frac{3}{4}\eta c f^2 a \tag{3-69}$$

根据势能驻值原理求解屈曲荷载,由$\frac{d\Pi}{df} = 0$,且$f \neq 0$得:

$$\sigma_x = \left(4\frac{b^2}{a^2} + \frac{3}{4}\frac{a^2}{b^2} + 2 + \frac{3}{2}\frac{\eta c b^3}{\pi^4 D}\frac{a^2}{b^2}\right)\frac{\pi^2 D}{b^2 t} \tag{3-70}$$

整理可得板件局部屈曲系数k的表达式:

$$k = \frac{4}{\beta^2} + \frac{3}{4}\beta^2 + \frac{3}{2}\gamma_p \beta^2 + 2 \tag{3-71}$$

当$\gamma_p = 0$时,即矩形钢管混凝土柱未设置PBL连接件,在$\beta = 1.5$处具有最小值$k = 5.46$。PBL连接件对屈曲系数k的影响与非加载边固支约束情况相似,屈曲系数k随相对刚度γ_p的增大而增加,半波长参数均有$\beta < 1.5$,并且随γ_p的增大而减小。

当$\frac{\partial k}{\partial \beta} = 0$时,得到$k$的最小值函数,此时有$\beta = \sqrt[4]{\frac{16}{3+6\gamma_p}}$,代入式(3-71),得:

$$k_{\min} = \sqrt{3+6\gamma_p} + 3\sqrt{\frac{1}{3+6\gamma_p}} + 6\gamma_p\sqrt{\frac{1}{3+6\gamma_p}} + 2 \tag{3-72}$$

在非加载边固支、简支约束两种边界条件下,矩形管壁单向均匀受压的局部屈曲系数k随相对刚度γ_p的变化趋势一致,固支约束下的系数大于简支约束,如图3-21所示。

因此，实际情况下的板件局部屈曲系数 k 值应位于两条曲线之间，可根据相邻板件的连接工艺，对非加载边固支约束的屈曲系数 k 计算值进行相应的折减。

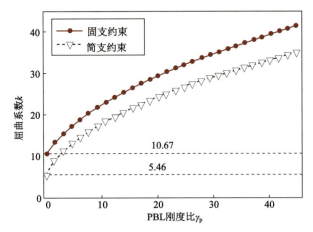

图 3-21 非加载边固支和简支下的板件屈曲系数分布

CHAPTER FOUR 第4章

钢管混凝土节点静力性能

节点是钢管桁架的薄弱部分,很容易在桁架杆件达到极限状态之前首先发生破坏。此时的桁架材料利用率较低,对应承载力也较低,应予以避免。主管内填混凝土之后,节点的力学性能得到了一定的改善,在支管受拉和受压荷载作用下也呈现出不同的受力特性。对此,本书以圆形和矩形钢管节点破坏模式为研究对象,根据其特性分为构造破坏、节点破坏和杆件破坏三类。为避免节点发生构造破坏,分析主管内填混凝土对空钢管节点构造的改变,给出钢管混凝土节点的构造要求。系统汇总了国内外报道的圆形和矩形钢管混凝土节点试验数据,包含139个受压节点、16个受拉节点和38个K形节点,分析主管内填混凝土对节点破坏模式和承载力的改善,提出钢管混凝土节点设计流程和承载力计算方法,以期简化验算内容,为该类桥梁节点设计提供理论指导。

4.1 节点类型和破坏模式

4.1.1 节点参数定义

图4-1所示为钢管混凝土节点参数定义。各参数符号定义为:d_i为圆形钢管直径,h_i为矩形钢管高度,b_i为矩形钢管宽度,t_i为圆形或矩形钢管板厚,θ为支主管夹角,g为支管间隙,e为节点偏心距。同时,定义钢管混凝土节点支主管直径比或宽度比$\beta = d_i/d_0$(或b_i/b_0),主管径厚比或宽厚比$2\gamma = d_0/t_0$(或b_0/t_0),支主管厚度比$\tau = t_i/t_0$,支管或主管高宽比$\eta = h_i/b_i$,K形节点两支管间隙与主管厚度比$g' = g/t_0$。

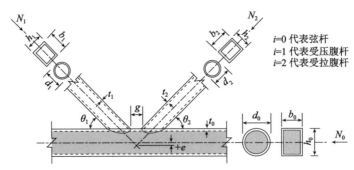

图4-1 钢管混凝土节点参数定义

4.1.2 节点类型

桁架节点根据腹杆空间位置,可分为平面节点和空间节点;根据截面形式,通常可分为圆形钢管混凝土节点和矩形钢管混凝土节点;根据腹杆间隙,可分为搭接节点和间隙节点。在桥梁工程中,桁式结构多采用四肢形断面以提高结构稳定性,其节点可简化为平面节点进行分析。同时,考虑到搭接节点连接的复杂性,桥梁工程中主要采用间隙节点。

桥梁中常用的桁架节点几何形式是 K 形和 N 形节点,N 形节点是 K 形节点的特例,其中一根腹杆与弦杆垂直。当节点只有一根腹杆时,就变成了 Y 形或 T 形节点,T 形节点是 Y 形节点的特例,其腹杆与弦杆垂直。当 K 形节点两腹杆之间的间隙较大时,K 形节点就成为一对 Y 形节点。在支座或集中荷载作用处为 X 形节点,同时,X 形节点也出现在交叉腹杆和支撑体系中。

目前,包括我国《钢结构设计标准》(GB 50017—2017)和欧洲 Eurocode 在内的国内外大多数规范,均是采用上面提到的以节点形状为依据划分节点类型,但是也有规范,如国际管结构协会 CIDECT 规范、国际焊接协会(IIW,International Institute of Welding)规范等,根据节点中杆件内力平衡方式来划分节点类型,如图 4-2 所示,图中斜腹杆与弦杆夹角为 45°。

(1)当腹杆轴力竖向分量全部由弦杆横截面剪力平衡时,节点为 T 形或 Y 形节点,如图 4-2a)所示。

(2)当腹杆轴力通过弦杆,由另一侧腹杆平衡时,节点为 X 形节点,如图 4-2b)所示。

(3)当位于弦杆同一侧的两根腹杆轴力的竖向分量可以自相平衡时,节点为 K 形或 N 形节点,如图 4-2c)所示。

(4)对于图 4-2d)中的节点,根据杆件内力平衡方式划分节点类型,可知斜腹杆 50% 轴力的竖向分量由竖腹杆平衡,另外 50% 轴力的竖向分量由弦杆横截面剪力平衡,因此,该节点为部分 K 形部分 Y 形节点。

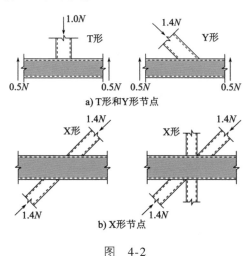

图 4-2

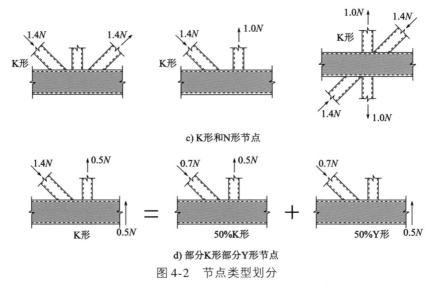

c) K形和N形节点

d) 部分K形部分Y形节点

图 4-2 节点类型划分

采用内力平衡方式划分节点类型反映出了节点传力方式的本质,但不便于工程应用,因此,考虑到工程应用上的习惯,本书仍按照节点形状划分节点类型,同时,根据节点腹杆受力形式,可分为受压节点、受拉节点和承受拉压平衡荷载的 K 形节点。

4.1.3 节点破坏模式

图 4-3 所示为受拉和受压钢管节点典型荷载-位移曲线。钢管节点受力全过程可分为几个特征点:①弹性极限;②变形极限时对应的节点强度,变形极限取 3% b_0 或 3% d_0;③受拉节点产生初始裂缝时对应的节点强度;④受压节点极限承载力;⑤受拉节点极限承载力。由图可以看出,受拉节点由于应变硬化效应,其极限承载力高于受压节点,因此,钢管节点受压控制,以受压节点极限承载力作为节点强度。

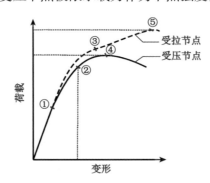

图 4-3 受拉和受压钢管节点典型荷载-位移曲线

①-弹性极限;②-3% b_0(d_0)变形对应强度;③-初始裂缝时对应强度;④-受压节点极限承载力;⑤-受拉节点极限承载力

目前，国内外学者对圆形和矩形钢管节点已经开展了大量试验研究，并总结出钢管节点的破坏模式，可分为构造破坏、节点破坏和杆件破坏三类，其中，构造破坏可参照规范规定来避免，节点破坏和杆件破坏需要进行验算，如表4-1所示。

钢管点破坏模式   表4-1

序号	破坏模式	圆形钢管节点	矩形钢管节点	分类
A	主管表面钢板层状撕裂破坏			构造破坏
B	焊缝破坏			
C	受拉支管背面主管顶板局部屈曲			节点破坏
D	主管表面屈服线破坏（塑性破坏）			
E	主管表面冲剪破坏			
F	在受压支管作用下主管侧壁压坏或局部屈曲	—		

续上表

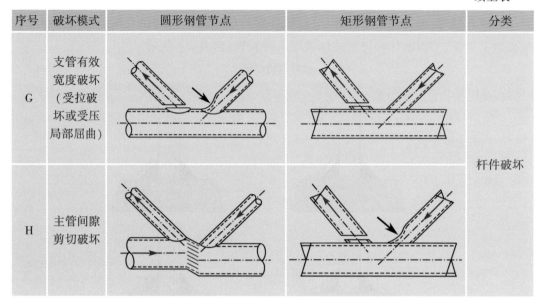

序号	破坏模式	圆形钢管节点	矩形钢管节点	分类
G	支管有效宽度破坏（受拉破坏或受压局部屈曲）			杆件破坏
H	主管间隙剪切破坏			

4.2 内填混凝土对钢管节点破坏模式改善

4.2.1 现行规范中节点几何构造规定

对于表 4-1 中的模式 A 主管表面钢板层状撕裂破坏，应从选材和焊接工艺上进行控制。我国《钢结构设计标准》（GB 50017—2017）和欧洲 Eurocode 3 指出，当节点主管壁厚超过 25mm 时，管节点施焊时应采取焊前预热等措施降低焊接残余应力，防止出现层状撕裂，或采用具有厚度方向性能要求的 Z 向钢。对于模式 B 焊缝破坏，《钢结构设计标准》（GB 50017—2017）指出焊缝强度不应低于母材强度，同时，规范中给出了圆形和矩形钢管焊缝强度验算公式。

表 4-2 总结了现行规范中节点几何构造的相关规定。其中，针对空钢管节点，选取国外 CDIECT 规范和我国《钢结构设计标准》（GB 50017—2017）为代表性规范。对于钢管混凝土节点，《矩形钢管混凝土结构技术规程》（CECS 159:2004）是仅有的针对矩形钢管混凝土节点的规范，但主要适用于建筑结构。《钢管混凝土梁桥技术规程》（DB51/T 2513—2018）、《钢管混凝土拱桥技术规范》（GB 50923—2013）和《公路钢管混凝土拱桥设计规范》（JTG/T D65-06—2015）均适用于桥梁结构，但仅给出圆形钢管混凝土节点相关规定。

现行规范中节点几何构造规定　　　　表 4-2

规范	节点类型	β	2γ	τ	η	θ	e
CIDECT 规范	圆形钢管节点	0.2~1.0	≤50	≤1.0	—	≥30°	≤0.25d_0
	矩形钢管节点	0.25~1.0	≤40	—	0.5~2.0	≥30°	≤0.25h_0
《钢结构设计标准》(GB 50017—2017)	圆形钢管节点	0.2~1.0	≤100	0.2~1.0	—	≥30°	$-0.55d_0$~$0.25d_0$
	矩形钢管节点	0.35~1.0	≤35	0.2~1.0	0.5~2.0	≥30°	$-0.55h_0$~$0.25h_0$
《矩形钢管混凝土结构技术规程》(CECS 159:2004)	矩形钢管混凝土节点	0.35~1.0	≤60	—	≤2.0	≥30°	$-0.55h_0$~$0.25h_0$
《钢管混凝土梁桥技术规程》(DB51/T 2513—2018)	圆形钢管混凝土节点	0.4~0.7	24~80	0.3~0.8	—	30°~60°	≤0.5d_0
《钢管混凝土拱桥技术规范》(GB 50923—2013)	圆形钢管混凝土节点	0.4~0.6	35~100	0.55~1.0	—	30°~90°	$-0.55d_0$~$0.25d_0$
《公路钢管混凝土拱桥设计规范》(JTG/T D65-06—2015)	圆形钢管混凝土节点	0.3~0.8	24~90	0.25~1.0	—	≥30°	≤0.25d_0

由表 4-2 可知，圆形钢管节点 β 通常在 0.3~0.8 之间，工程中通常不会采用等宽（$\beta=1.0$）设计，其中，《钢管混凝土拱桥技术规范》(GB 50923—2013)的条文说明中明确指出："在有关文献统计的 80 余座桥例中，支管与主管直径比为 0.4~0.6 的占 81% 以上。"矩形钢管节点 β 可在 0.35~1.0 之间，但作者在统计的桥梁案例发现，实际工程中矩形钢管节点 β 通常大于 0.8，且多采用等宽节点。圆形钢管局部屈曲性能优于矩形钢管，其 2γ 上限值可到 100，而矩形钢管局部屈曲性能则值得关注，对于矩形钢管节点，其 2γ 上限值仅为 35，对于矩形钢管混凝土节点，其 2γ 上限值已达到 60，可见，由于管内混凝土的约束作用，提高了壁板的局部稳定性。无论对于圆形，还是矩形钢管节点，各规范均规定支管壁厚应不大于主管壁厚，因此 τ 可在 0.2~1.0 之间。同时，支主管夹角 θ 应不小于 30°。并且当偏心距 e 在 $-0.55d_0(h_0)$ ~ $0.25d_0(h_0)$ 之间时，可不计入附加弯矩作用。在满足规范中 2γ、θ 和 e 的几何构造规定时，表 4-1 中模式 C 受拉支管背面主管

顶板局部屈曲即可有效避免。此外,对于矩形钢管节点,对其支管或主管高宽比 η 规定应在 0.5～2.0 之间。

4.2.2　钢管混凝土受压节点受力特点

表 4-3 为钢管混凝土受压节点试验数据统计,统计范围是近 30 年内公开发表的节点试验数据,共计 139 个节点数据。T 形受压节点受压支管作用于主管的荷载由主管横截面剪力平衡,对于矩形钢管节点,节点破坏时,主要发生主管顶板内凹变形,远大于主管整体受弯挠度,因此,可采用简支梁模型进行模型试验研究,如图 4-4a)所示。对于矩形钢管混凝土节点,由于主管内填混凝土,限制了受压支管作用下主管顶板内凹变形,使得破坏模式变为主管受弯破坏,即由节点破坏变为杆件破坏,如表 4-3 中文献陈娟 2011 和刘永健 2003 的试验结果。为了得到节点破坏,可将主管横截面的剪力等效为主管另一侧的连续支座反力,即在主管整个地面施加支承,以限制主管弯曲变形,如图 4-4b)所示。但是,此时可能会出现支管受压破坏(模式 G),如表 4-3 中文献 Feng 2009 和 Feng 2008 中试验结果。因此,为了避免支管破坏模式的出现,可进一步简化为图 4-4c)中的模型,即采用钢垫板替换支管,此时会得到主管管内混凝土受压破坏,如表 4-3 中文献 Hou 2013、刘永健 2003、Li 2018、Feng 2009、Feng 2008 和 Yang 2014 中试验结果。

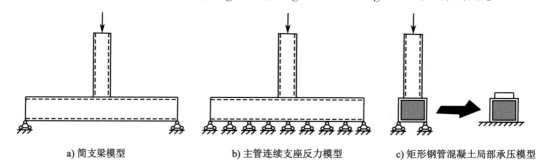

图 4-4　矩形钢管混凝土 T 形节点传力方式

钢管混凝土受压节点试验数据统计　　表 4-3

文献来源	节点类型	节点形状	几何参数				破坏模式	极限承载力 (kN)	试件个数
			β	γ	τ	$\theta(°)$			
Hou 2013	圆形钢管节点	T	0.53	23.9	—*	90	模式 D	23.8～25.2	2
		Y	0.53	23.9	—*	45	模式 D	42.0～46.7	2
	圆形钢管混凝土节点	T	0.35～0.70	17.2～23.9	—*	90	混凝土受压破坏	406.8～915.2	7
		Y	0.35～0.70	23.9	—*	45	混凝土受压破坏	386.6～905.3	5

续上表

文献来源	节点类型	节点形状	几何参数 β	几何参数 γ	几何参数 τ	几何参数 θ(°)	破坏模式	极限承载力 (kN)	试件个数
陈娟 2011	圆形钢管节点	T	0.66	12.0	0.8	90	模式 D	221	1
	圆形钢管混凝土节点	T	0.73~0.78	12.0~13.0	0.8	90	主管受弯破坏	—**	2
		T	0.54~0.66	12.0~14.5	0.8	90	模式 G	401~489	3
刘永健 2003	矩形钢管节点	X	0.50~1.00	14.1	—*	90	模式 D 或模式 F	40~125	3
		Y	0.80	18.2	1.0	45	模式 D	67	1
	矩形钢管混凝土节点	X	0.38~1.00	14.1	—*	90	模式 F 或混凝土受压破坏	153~595	9
		T	0.40~1.00	12.5~18.2	0.7~1.5	90	主管受弯破坏	103.6~163.0	4
		Y	0.40~0.80	12.5~18.2	0.7~1.0	45	主管受弯破坏	123.2~186.2	3
Li 2018	矩形钢管混凝土节点	X	0.33~0.83	10.2~15.4	—*	90	混凝土受压破坏	289.5~4 138.2	15
		T	0.33~0.80	10.2~15.4	—*	90	混凝土受压破坏	436.2~1 454.2	16
Feng 2009	矩形钢管混凝土节点	X	0.50~1.00	5.1~24.9	0.5~1.3	90	模式 G 或混凝土受压破坏	139.1~420.4	9
		X	0.50~1.00	5.1~24.8	—*	90	混凝土受压破坏	150.7~2 878.7	16
Feng 2008	矩形钢管混凝土节点	T	0.50~1.00	5.1~24.5	0.49~1.27	90	模式 G 或混凝土受压破坏	162.0~571.8	11
		T	0.50~1.00	5.1~24.5	—*	90	混凝土受压破坏	149.6~3 322.2	16
Yang 2014	矩形钢管节点	T	0.55	21.2	—*	90	模式 D	34.2~35.6	2
	矩形钢管混凝土节点	T	0.36~0.73	14.9~21.2	—*	90	混凝土受压破坏	419.1~835.2	5

续上表

文献来源	节点类型	节点形状	几何参数 β	γ	τ	θ(°)	破坏模式	极限承载力(kN)	试件个数
Yang 2014	矩形钢管节点	Y	0.55	21.2	—*	45	模式 D	63.1~63.8	2
	矩形钢管混凝土节点	Y	0.36~0.73	14.9~21.2	—*	45	混凝土受压破坏	592.9~1 049.0	5
合计									139

注:*表示支管为垫板,故无 τ 的数据;**表示未记录节点极限承载力。

表 4-3 中文献 Hou 2013、陈娟 2011、刘永健 2003 和 Yang 2014 均进行了钢管节点和钢管混凝土节点对比试验。可以看出,钢管受压节点主要破坏模式为主管表面屈服线破坏(模式 D),主管内填混凝土后,有效限制了主管顶板内凹变形,荷载主要由管内混凝土承担,破坏模式变为混凝土受压破坏,如图 4-5 所示。对比文献中钢管和钢管混凝土节点的实测承载力,如图 4-6 所示,可见填充混凝土后,节点承载力提高 3.8~7.4 倍。

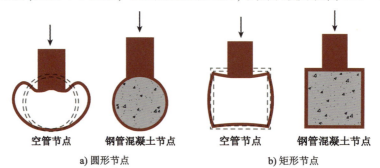

a) 圆形节点   b) 矩形节点

图 4-5 钢管和钢管混凝土受压节点变形对比

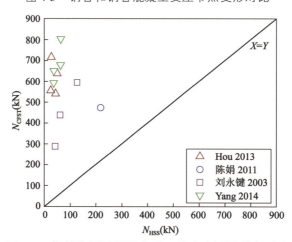

图 4-6 钢管和钢管混凝土受压节点实测承载力对比

对于钢管受压节点,除了主管表面屈服线破坏(模式 D)外,还存在一种特殊的节点破坏模式,即对于矩形钢管等宽($\beta=1$)节点,破坏模式变为主管侧壁压坏或局部屈曲(模式 F),如表 4-3 中文献刘永健 2003 试验结果。为了进一步探索主管内填混凝土对钢管受压节点承载力的提高作用,选取表 4-3 中文献 Hou 2013、陈娟 2011、刘永健 2003、Li 2018、Feng 2009、Feng 2008 和 Yang 2014 的圆形和矩形钢管混凝土受压节点实测承载力作为试验值 N_t,采用 CIDECT 规范中圆形和矩形钢管受压节点承载力计算公式计算得到理论值 N_c,其中对于矩形等宽节点按模式 F 破坏模式进行计算,即按等效柱模型计算节点承载力,其余节点均按模式 D 破坏模式进行计算,对比结果见图 4-7,给出了钢管混凝土节点承载力试验值相对于钢管节点承载力理论值的提高倍数。由图 4-7 可以看出,127 个节点的对比结果说明,钢管混凝土节点相比于钢管节点,其受压承载力大幅提高,平均提高 8.3 倍,其中 30 个矩形钢管混凝土等宽节点承载力提高虽然没有不等宽节点明显,但也平均提高 2.3 倍。这是因为主管内混凝土可以有效地限值主管内凹变形,等宽节点主管侧壁只能发生向外鼓曲,且发生在管内混凝土受压变形之后。由此,钢管混凝土受压节点受力机理变为管内混凝土承压,如图 4-8 所示。此时,图 4-3 中钢管节点为受压控制,到钢管混凝土节点已变为受拉控制,不需要进行受压节点承载力验算。但值得注意的是,在钢管混凝土桥梁设计中,节点受压支管应严格限制杆件的长细比(λ)和宽厚比,以防止受压支管发生杆件破坏(模式 G),如文献陈娟 2011、Feng 2009 和 Feng 2008 中的试验结果,对此,钢管混凝土节点受压支管建议选用圆形和矩形钢管,而非工字钢,必要时,可在支管中填充混凝土。

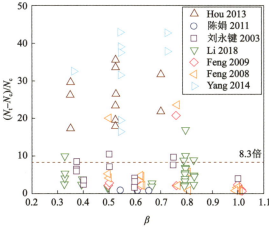

图 4-7 钢管混凝土受压节点承载力试验值与相应钢管节点承载力公式计算值对比

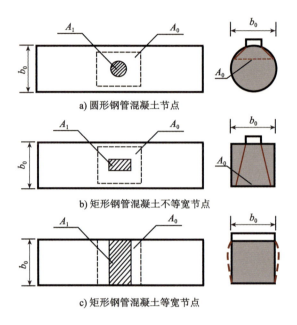

图 4-8　钢管混凝土节点管内混凝土局部承压

4.2.3　钢管混凝土受拉节点受力特点

表 4-4 为钢管混凝土受拉节点试验数据统计,共计 16 个节点数据。T 形受拉节点在支管垂直拉力作用下主管顶板外凸变形较大,极限状态时变形通常超过变形极限($3\% b_0$ 或 $3\% d_0$),圆形和矩形钢管受拉节点主要破坏模式为主管表面屈服线破坏(模式 D),当支主管宽度比 β 较大时(矩形钢管节点 $0.85 \leqslant \beta < 1.0$),节点破坏模式为主管表面冲剪破坏(模式 E)。当主管内填充混凝土后,管内混凝土阻止了主管侧壁的内凹变形,从而使主管顶板产生较大的膜张力,因而,圆形和矩形钢管混凝土受拉节点的刚度高于钢管节点,如图 4-9 所示。文献刘永健 2003 中对矩形钢管和钢管混凝土受拉节点弹性刚度进行对比,指出矩形钢管混凝土受拉节点弹性刚度是矩形钢管受拉节点的 2 倍以上,且随着主管高宽比 η 和支主管宽度比 β 的增加而增大。

钢管混凝土受拉节点试验数据统计　　表 4-4

文献来源	节点类型	节点形状	几何参数				破坏模式	极限承载力 (kN)	试件个数
			β	γ	τ	$\theta(°)$			
Xu 2015	圆形钢管混凝土节点	T	0.44	30.0~35.8	1.2~1.5	90	模式 E	534.8~662.4	3
		Y	0.44	30.1~36.0	1.2~1.5	45	模式 E	620.3~836.1	3

续上表

文献来源	节点类型	节点形状	几何参数				破坏模式	极限承载力(kN)	试件个数
			β	γ	τ	$\theta(°)$			
刘永健 2003	矩形钢管节点、矩形钢管混凝土节点	X	0.80	18.2	1.0	90	模式 E	160.0	1
		X	0.40~0.60	12.5~18.2	0.7~1.0	90	模式 B 或模式 E	90.0~149.5	3
Packer 1995	矩形钢管节点、矩形钢管混凝土节点	T	0.40	8.4~13.4	0.8~1.3	90	模式 E	216.0~395.0	3
		T	0.30~0.70	8.4~18.2	1.0~1.3	90	模式 E	240.0~484.0	3
合计									16

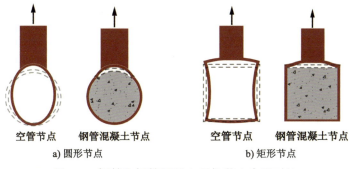

a) 圆形节点　　　　　b) 矩形节点

空管节点　钢管混凝土节点　　空管节点　钢管混凝土节点

图 4-9　钢管和钢管混凝土受拉节点变形对比

表 4-4 中除文献 Packer 1995 外，文献 Xu 2015 和刘永健 2003 均给出了钢管混凝土受拉节点实测荷载-位移曲线，如图 4-10 所示，N 为节点实测荷载，N_u 为节点实测极限承载力，Δ 为节点实测变形，$\Delta_{3\%}$ 为节点变形极限。由图可以看出，圆形和矩形钢管混凝土节点最终破坏模式均为主管表面冲剪破坏（模式 E），并且破坏前均伴随一定的主管顶板外凸变形。其中，圆形钢管混凝土受拉节点刚度大，破坏时未达到节点变形极限，矩形钢管混凝土节点破坏时均超过节点变形极限，但需要注意的是，文献刘永健 2003 中的 3 个矩形钢管混凝土节点 β 参数在 0.4~0.6 之间，实际工程中 β 参数通常大于 0.8。此时，可以预测矩形钢管混凝土节点破坏时变形会更小，节点破坏模式趋于冲剪破坏。

选取表 4-4 中文献 Xu 2015、刘永健 2003 和 Packer 1995 中的圆形和矩形钢管混凝土受拉节点实测承载力作为试验值 N_t，采用 CIDECT 规范中圆形和矩形钢管受拉节点承载力计算公式计算得到理论值 N_c，对两者进行对比。其中，考虑到矩形钢管混凝土节点主管顶板变形比较大，分别选用 CIDECT 规范中受拉节点屈服线破坏和冲剪破坏模式公式进行计算,如图4-11所示。由图可知,按屈服线和冲剪破坏模式计算的钢管混凝土节点承载力试验值与理论值之比平均值分别为5.46和1.53,变异系数分别为0.38和0.17,可见冲剪破坏模式更接近钢管混凝土受拉节点的破坏模式,与试验现象一致。

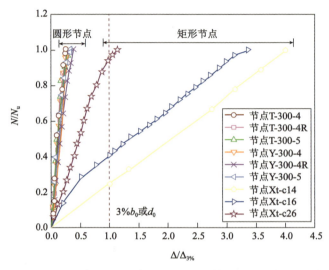

图4-10 文献Xu 2015和刘永健2003中圆形和矩形钢管混凝土受拉节点实测荷载-位移曲线

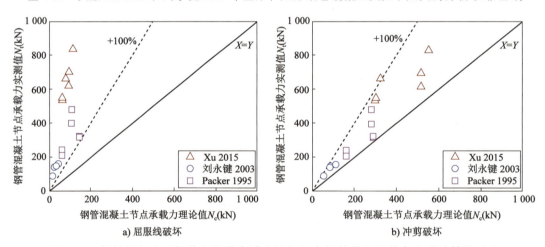

a) 屈服线破坏 b) 冲剪破坏

图4-11 钢管混凝土受拉节点承载力试验值与相应钢管节点承载力公式计算值对比

由上述分析可知,钢管混凝土受拉节点需要进行冲剪破坏验算,此外,还可能发生受拉支管屈服破坏(模式G),主要见于表4-5中钢管混凝土K形节点试验结果。

4.2.4 钢管混凝土K形节点受力特点

表4-5为钢管混凝土K形节点试验数据统计,共计38个节点试验数据。钢管K形节点一根支管受拉、一根支管受压,在满足构造要求的前提下,表4-1中罗列的受拉和受

压节点的破坏模式均可能发生。CIDECT 规范中,对于圆形钢管节点,需要进行主管表面屈服线破坏(模式 D)和主管表面冲剪破坏(模式 E),表 4-5 中文献 Huang 2015 圆形钢管节点试验结果为主管表面屈服线破坏。对于矩形钢管节点,模式 D~模式 H 均需要验算,表 4-5 中文献刘永健 2003 和 Packer 1995 中矩形钢管节点试验结果为主管表面屈服线破坏和支管有效宽度破坏。选取表 4-5 中文献 Huang 2015、刘永健 2003 和 Packer 1995 中圆形和矩形钢管 K 形节点实测承载力作为试验值 N_t,采用 CIDECT 规范中圆形和矩形钢管 K 形节点屈服线破坏模式公式计算,得到理论值 N_c,对两者进行对比,如图 4-12 所示。N_t 与 N_c 比值均值为 1.34,变异系数为 0.29,可见钢管 K 形节点更接近于主管表面屈服线破坏,与试验现象一致。

钢管混凝土 K 形节点试验数据统计 表 4-5

文献来源	节点类型	节点形状	几何参数					破坏模式	极限承载力(kN)	试件个数
			β	γ	τ	$\theta(°)$	g'			
Huang 2015	圆形钢管节点	K	0.43	25.5	0.6~0.8	60	5.1	模式 D	717.0~719.0	2
	圆形钢管混凝土节点	K	0.43	25.5	0.6~1.0	60	5.1	模式 E 或模式 G	1 115.0~1 612.0	3
Xu 2015	圆形钢管混凝土节点	K	0.44	29.9~35.9	1.2~1.5	45	22.4~26.9	模式 E	698.9~814.0	3
		KT	0.44	30.0~36.0	1.2~1.5	45	22.4~27.1	模式 G	980	3
Sakai 2004	圆形钢管混凝土节点	K	0.68	23.1	0.8	60	8.7	模式 G	1 220	1
王毅新 2009	圆形钢管混凝土节点	K	0.44~0.51	17.1~19.5	0.6~1.0	45	9.4~12.8	模式 B 或模式 G	850.0~1 492.0	4
宋谦益 2010	圆形钢管混凝土节点	K	0.32~0.70	19.5	0.8~1.1	60	5.9~7.4	模式 E 或模式 G	326.0~443.0	2
刘永健 2003	矩形钢管节点	K	0.80	12.5	0.7	45	5.0	模式 G	171.0	1
	矩形钢管混凝土节点	K	0.60~0.80	12.5~18.2	0.7~1.0	45	0.0~14.5	模式 E 或模式 G	145.0~205.0	5

续上表

文献来源	节点类型	节点形状	几何参数					破坏模式	极限承载力(kN)	试件个数
			β	γ	τ	$\theta(°)$	g'			
Packer 1995	矩形钢管节点	K	0.70	8.4~13.4	1.0~1.6	45	4.0~24.2	模式D	247.0~971.0	5
Packer 1995	矩形钢管混凝土节点	K	0.70	8.4~13.4	1.0~1.6	45	4.0~24.2	模式E或模式G	362.0~1 166.0	6
Zheng 2007	矩形钢管混凝土节点	N	0.63~0.80	14.5	1.8~2.3	30	10.9	模式E	130.1~189.9	3
合计										38

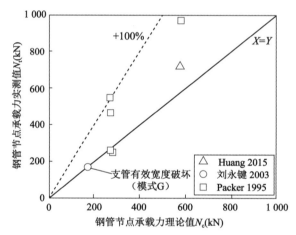

图4-12 钢管K形节点承载力试验值与规范公式计算理论值对比

钢管混凝土K形节点由于受压支管作用处节点具有很高的承压强度,节点承载力将取决于受拉支管处的连接强度。当K形节点两支管间隙g较大时,两支管对应的主管顶板受力区域互不影响,可将K形节点等效为一对Y形节点,此时,根据4.3节分析,节点受拉支管与主管连接处的冲剪破坏起控制作用。当K形节点两支管间隙g较小时,两支管对应的主管顶板受力区域相互影响,受压支管限制了间隙处主管顶板的外凸变形,进一步提高了受拉支管刚度,节点受拉支管与主管连接处趋于冲剪破坏。综上所述,钢管混凝土K形节点仅需要验算受拉支管,主要破坏模式为主管表面冲剪破坏(模式E),如表4-5中文献Huang 2015、Xu 2015、Sakai 2004、王毅新2009、宋谦益2010、刘永健2003和Packer 1995中钢管混凝土K形节点试验结果。同时,节点破坏模式的改变说明节点强度得到显著提高,使得节点强度不弱于杆件强度,因此,试验中部分节点会发生支管有效宽度破坏(模式 G),尤其是对于圆形钢管节点,文献 Wardenier 2000 指出圆形钢管节点受拉支管应力不均匀分布现象不像矩形钢管节点那样明显,可认为圆形钢管节点支管受拉全截面屈服,且对应的承载力很高,不起控制作用,但由于管内混凝土作用,钢管混凝土 K 形节点都需要进行受拉支管有效宽度破坏验算。

选取表 4-5 中圆形和矩形钢管混凝土节点实测承载力作为试验值 N_t,采用 CIDECT 规范中圆形和矩形钢管 K 形节点承载力计算公式计算得到理论值 N_c,对两者进行对比,如图 4-13 所示。其中,图 4-13a)中选取屈服线破坏公式计算,图 4-13b)中根据表 4-5 中破坏模式选取冲剪破坏和支管有效宽度破坏公式计算,两图中试验值与理论值之比平均值分别为 3.24 和 1.47,变异系数分别为 0.60 和 0.34。由此可见,钢管混凝土 K 形节点趋于主管表面冲剪破坏和支管有效宽度破坏,与试验现象一致。

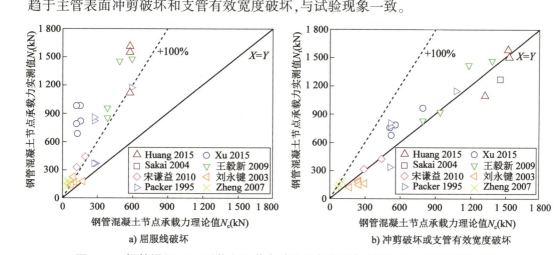

图 4-13 钢管混凝土 K 形节点承载力试验值与相应钢管节点承载力计算值对比

除了表 4-5 中试验得到的破坏模式,钢管 K 形节点还可能发生主管间隙剪切破坏(模式 H)。CIDECT 规范指出,对于圆形钢管 K 形节点,主管全截面抗剪,其抗剪承载力远高于其他破坏模式对应的承载力,不起控制作用,而对于矩形钢管 K 形节点,主要由主管腹板抗剪,其抗剪承载力小于圆形钢管节点,需要作为验算内容,如图 4-14 所示。该破坏模式是因为剪力、轴力和可能存在的弯矩引起的主管截面屈服,表现为沿主管腹板剪断。

图 4-14 中主管阴影部分为主管有效抗剪面积,主要由腹板抗剪,当节点间隙 g 比较小时,部分顶底板会参与抗剪。若仅考虑主管剪力作用,则施加在支管上的轴力与主管所承受的剪力 V_c 平衡,由 CIDECT 规范计算,对应的支管极限承载力 N_{b1} 为:

$$N_{b1} = V_c = \frac{0.58 f_{y0} A_v}{\sin\theta} \qquad (4-1)$$

式中:f_{y0}——主管屈服强度;

A_v——主管抗剪面积,按式(4-2)计算:

$$A_v = 2h_0 t_0 + \sqrt{\frac{1}{1+4g^2/3t_0^2}} b_0 t_0 \tag{4-2}$$

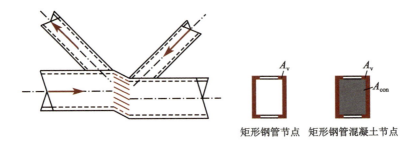

图 4-14　主管间隙剪切破坏模型

对于矩形钢管混凝土 K 形节点,应考虑管内混凝土对抗剪承载力的贡献,此时混凝土可以全截面抗剪,如图 4-14 所示,支管极限承载力 N_{b2} 为:

$$N_{b2} = V_c = \frac{0.58 f_{y0} A_v + f_v A_{con}}{\sin\theta} \tag{4-3}$$

式中:f_v——混凝土抗剪强度;

A_{con}——管内混凝土面积。

由此可得 N_{b2} 与 N_{b1} 的比值为:

$$\frac{N_{b2}}{N_{b1}} = 1 + \sqrt{3}\frac{f_v A_{con}}{f_{y0} A_v} \tag{4-4}$$

选取陕西省黄陵至延安高速公路 K15+644.312 处的一座矩形钢管混凝土组合桁梁桥(以下简称"黄延桥")典型节点,采用式(4-4)对比矩形钢管和矩形钢管混凝土节点主管抗剪承载力。节点主管宽度 b_0 为 400mm,主管厚度 t_0 为 16mm,两支管间隙 g 为 20mm。K 形节点主管抗剪强度主要与高宽比 η 有关,取表 4-2 中常用范围 0.5~2.0 进行分析,如图 4-15 所示。

由图 4-15 可知,相比矩形钢管 K 形节点,考虑主管内混凝土抗剪贡献后,矩形钢管混凝土 K 形节点主管抗剪承载力提高 1.1~1.3 倍,提高程度与钢管和混凝土材料特性有关,且随着主管高宽比 η 的增大而增大。考虑到主管内填混凝土使得节点破坏由屈服线变为冲剪破坏,其承载力大幅提高,此时已基本实现节点和杆件等强,而内填混凝土对主管间隙处剪切这一杆件破坏模式提高并不大,因此,矩形钢管混凝土 K 形节点还需进行主管间隙处剪切破坏(模式 H)验算。

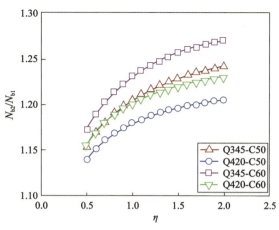

图 4-15 矩形钢管和钢管混凝土主管抗剪承载力对比

根据以上分析,可以得出钢管和钢管混凝土 K 形节点承载力验算内容,见表 4-6。

钢管和钢管混凝土 K 形节点承载力验算内容　　　表 4-6

验 算 内 容	节 点 类 型			
	圆形钢管节点	圆形钢管混凝土节点	矩形钢管节点	矩形钢管混凝土节点
主管表面屈服线破坏(模式 D)	√	×	√	×
主管表面冲剪破坏(模式 E)	√	√	√	√
在受压支管作用下主管侧壁压坏或局部屈曲(模式 F)	×	×	√	×
支管有效宽度破坏(模式 G)	×	√	√	√
主管间隙剪切破坏(模式 H)	×	×	√	√

4.3　钢管混凝土桥梁节点设计方法

4.3.1　钢管混凝土桥梁节点设计流程

图 4-16 给出了钢管混凝土节点设计流程,可以分为以下几步:

(1)选择钢管混凝土桥梁杆件截面形式,确定桥梁节点类型:圆形钢管混凝土节点或矩形钢管混凝土节点。选取节点几何尺寸,确定节点 β、2γ、τ、θ、e 和 λ 参数,节点参数选取应满足规范构造要求,焊缝强度大于母材强度。

(2)在满足节点构造要求前提下,进行受拉支管作用下钢管混凝土节点承载力验算,圆形和矩形钢管混凝土节点均需要验算主管表面冲剪破坏(模式 E)和支管有效宽度破坏(模式G)。同时,对于矩形钢管混凝土节点还需验算主管间隙剪切破坏(模式H),以保证节点承载力满足强度要求。

(3)若节点承载力不满足强度要求,应重新选取节点几何尺寸,或考虑节点加劲构造。

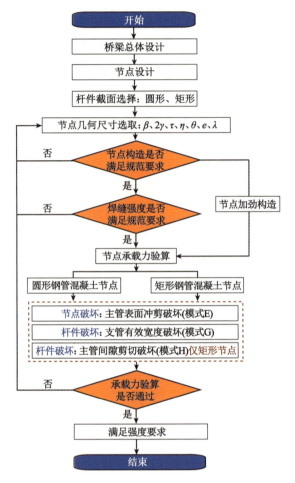

图 4-16 钢管混凝土节点设计流程

4.3.2 支管有效宽度破坏(模式G)

圆形和矩形钢管混凝土节点在支管拉力作用下,垂直于主管的支管表面上应力并非均匀分布,在支管角隅部位,节点刚度大,应力值高。而在壁板中部,节点刚度小,应力值低,在节点承载力计算时,应将非均匀分布的应力区域等效为均匀分布的应力区域来计算,即支管有效宽度 b_e,如图4-17所示。文献 Wardenier 2000 指出,该现象对圆形钢管节点几乎没有影响,可以不考虑,而矩形钢管节点则应该考虑,需要注意的是,对于矩形钢管 K 形节点,受压杆影响,受拉支管间隙处受拉刚度大,其应力分布均匀,仅在受拉支管另一侧考虑应力分布不均匀现象。

基于 CIDECT 规范,可以给出圆形和矩形钢管混凝土节点支管有效宽度破坏承载力 N_{uF} 计算表达式:

$$N_{uF} = f_{y1} t_1 l_{b,eff} \quad (4-5)$$

式中:f_{y1}——支管屈服强度;

t_1——支管厚度;

$l_{b,eff}$——支管屈服长度,对于圆形钢管混凝土 K 形节点,$l_{b,eff} = \pi(d_1 - t_1)$,对于矩形钢管混凝土 K 形节点,$l_{b,eff} = (2h_1 + b_1 + b_e - 4t_1)$,根据文献王文帅 2020 和侯蓓蓓 2017 研究成果,$b_e = (3.7/\gamma + 0.5) \times (0.4/\tau + 0.14) b_1$。

采用式(4-5)计算得到 N_c,与文献 Huang 2015、Xu 2015、Sakai 2004、王毅新 2009、宋谦益 2010、刘永健 2003 和 Packer 1995 中钢管混凝土节点支管破坏试验值 N_t 进行对比,如图 4-18 所示。N_c 与 N_t 比值均值为 1.04,变异系数 0.20,说明式(4-5)可以准确计算钢管混凝土节点支管有效宽度破坏承载力。考虑到材料变异性,设计公式中 f_{y1} 取支管钢材屈服强度设计值。

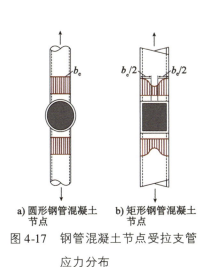

图 4-17 钢管混凝土节点受拉支管应力分布

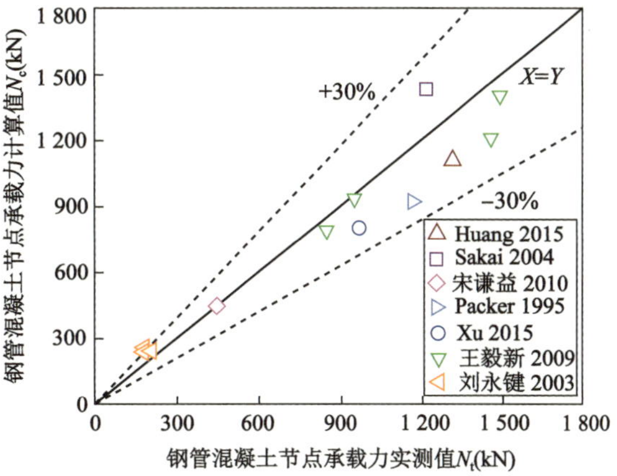

图 4-18 式(4-5)计算值与试验值对比

4.3.3 主管表面冲剪破坏(模式 E)

圆形和矩形钢管混凝土节点主管表面冲剪破坏承载力 N_{uD} 计算表达式见式(4-6),可根据节点冲剪线长度 $l_{p,eff}$ 与主管壁厚 t_0 的乘积来计算主管顶板抗剪面积,并以 $0.58 f_{y0}$ 作为钢管抗剪强度。

$$N_{uD} = \frac{0.58 f_{y0} t_0}{\sin\theta} l_{p,eff} \quad (4\text{-}6)$$

式中：$l_{p,eff}$——节点冲剪线长度，与支管在主管表面的投影长度有关。对于圆形钢管混凝土节点，$l_{p,eff} = \pi k_a d_1$，$k_a = (1+\sin\theta)/(2\sin\theta)$；对于矩形钢管混凝土节点，$l_{p,eff} = (2h_1/\sin\theta + b_1 + b_e)$。

采用式(4-6)计算得到 N_c，与文献 Huang 2015、Xu 2015、Sakai 2004、王毅新 2009、刘永健 2003 和 Packer 1995 中钢管混凝土节点支管破坏试验值 N_t 进行对比，如图 4-19 所示。N_c 与 N_t 比值均值为 0.82，变异系数 0.43，可见式(4-6)计算结果偏保守，其原因在于以 $0.58f_{y0}$ 作为钢管抗剪强度未考虑试验中钢材的强化阶段，因此，从设计公式角度考虑，计算公式是合理的，具有一定的安全储备。设计中公式中 f_{y0} 取主管钢材屈服强度设计值。

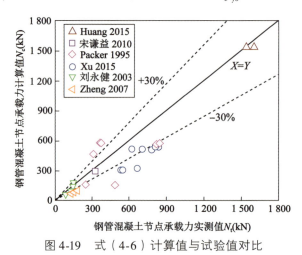

图 4-19　式（4-6）计算值与试验值对比

4.3.4　主管间隙剪切破坏(模式 H)

仅需要对矩形钢管混凝土 K 形节点进行主管间隙剪切破坏验算。支管拉力竖直分量会产生主管剪力 V，水平分量会产生主管轴力 N，忽略节点弯矩，综合考虑主管剪力和轴力作用，主管间隙剪切破坏承载力应满足：

$$\left(\frac{V}{V_c}\right)^2 + \left(\frac{N}{N_c}\right)^2 \leqslant 1 \quad (4\text{-}7)$$

式中：V_c——矩形钢管混凝土节点主管抗剪承载力，按式(4-3)计算；

N_c——矩形钢管混凝土节点主管轴压承载力，考虑到矩形钢管混凝土套箍作用不显著，可以忽略其套箍作用，$N_c = A_0 f_{y0} + A_{con} f_c$，$A_0$ 为主管钢管面积，f_c 为混凝土抗压强度。设计公式中，f_{y0} 取主管钢材屈服强度标准值，f_c 取混凝土抗压强度设计值。

CHAPTER FIVE 第5章

钢管混凝土节点疲劳性能

钢管混凝土桥梁多采用桁式结构,桁架焊缝通常在节点处交汇,导致节点处应力集中程度较高,易发生疲劳破坏。为避免钢管混凝土桥梁在服役期间发生节点疲劳破坏,应对其疲劳性能进行研究。目前,疲劳评估主要分为 S-N 曲线法和断裂力学法,其中,S-N 曲线法包含名义应力法、热点应力法和缺口应力法,热点应力法可以准确地反映焊接管节点相贯线处的应力集中现象,现有研究已经证明其可以很好地评估焊接管节点疲劳性能。本章主要针对桥梁中常用的圆形和矩形钢管混凝土两类节点疲劳性能,基于热点应力法,分别研究其疲劳荷载产生的效应和疲劳抗力,并提出相应的计算方法,以期给出两类节点的疲劳评估方法。

对于圆形钢管混凝土节点,已有学者针对其疲劳性能开始试验研究,因此,本章首先对试验数据进行收集分析,提出其热点应力幅 S-N 曲线,进而通过有限元分析,提出其热点应力集中系数的参数计算公式。对于矩形钢管混凝土节点,尚未见有关该类节点的疲劳试验报道,因此,本章开展大量试验研究。首先分析了节点几何参数对应力集中系数的影响,其次通过疲劳试验分析了桁架节点的疲劳寿命和裂缝扩展机理,提出了节点热点应力幅 S-N 曲线,最后通过有限元分析给出了节点应力集中系数的参数拟合公式。通过本章研究,提出了适用于圆形和矩形钢管混凝土节点的疲劳评估热点应力法。

5.1 圆形钢管混凝土节点疲劳试验研究

5.1.1 试验概述

学者们针对圆形钢管混凝土节点已开展了部分试验研究,现对已开展的疲劳试验进行综述。Jardine 1993 开展了 2 个圆形钢管混凝土 T 形节点疲劳试验,主管直径 D 为 914mm、壁厚 T 为 32mm,支管直径 d 为 457mm、壁厚 t 为 16mm。Tong 2013 开展了 10 个圆形钢管混凝土 T 形节点疲劳试验,主管直径为 133~245mm、壁厚为 4.5~8mm,支管直径为 133mm、壁厚为 4.5~8mm。其中,试件 CFCHS-3 的支主管宽度比 β 为 1,使得相贯线焊接难度大,焊缝并不光滑,测得的疲劳数据异常,因此数据分析时需将其剔除。Qian 等开展了 4 个圆形钢管混凝土 X 形节点疲劳试验,主管直径为 750mm、壁厚为 25mm,支管直径为 406mm、壁厚为 25mm。Udomworarat 2002 开展了 2 个圆形钢管混凝土 K 形节点疲劳试验,主管直径为 318.5mm、壁厚为 6.9mm,支管直径为 216.3mm、壁厚为 5.8mm。Sakai 2004 开展了 1 个圆形钢管混凝土 K 形节点疲劳试验,主管直径为

318.5mm、壁厚为 6.9mm,支管直径为 216.5mm、壁厚为 5.8mm。吴庆雄 2019 开展了 1 个圆形钢管混凝土 K 形节点疲劳试验,主管直径为 406mm、壁厚为 8mm,支管直径为 219mm、壁厚为 8mm。钢管混凝土节点疲劳试验数据统计见表 5-1。

钢管混凝土节点疲劳试验数据统计　　表 5-1

节点形状	试件编号	几何无量纲参数			$\Delta\sigma_n$ (MPa)	$\Delta\sigma_h$ (MPa)	N (次)	裂缝起始位置钢管板厚(mm)	参考文献
		β	2γ	τ					
T	T208G	0.50	28.56	5.00	35.3	123.0	1 150 000	32.0	Jardine 1993
	T215G	0.50	28.56	5.00	58.3	200.0	388 000	32.0	Tong 2013
	CFCHS-1	0.54	30.63	1.00	25.5	172.9	1 156 100	8.0	
	CFCHS-2	0.74	30.00	1.00	25.1	221.9	412 764	6.0	
	CFCHS-4	0.54	30.63	0.75	41.8	166.4	859 100	8.0	
	CFCHS-5	0.54	30.63	0.56	44.0	179.7	772 906	8.0	
	CFCHS-6	0.54	30.63	1.00	28.7	212.5	422 100	8.0	
	CFCHS-7	0.54	30.63	1.00	25.5	166.5	1 376 550	8.0	
	CFCHS-8	0.69	25.38	1.00	24.1	192.4	913 680	8.0	
	CFCHS-9	0.69	20.30	1.00	26.9	236.2	620 620	10.0	
	CFCHS-10	0.69	16.92	1.00	12.4 (16.6)	107.6 (143.4)	4 042 072	12.0	
X	J2-1G	0.54	30.00	1.00	57.0	156.0	443 000	25.0	Qian 2014
	J2-1GF	0.54	30.00	1.00	57.0	187.0	410 000	25.0	
	J2-2XPG	0.54	30.00	1.00	66.0	170.0	760 000	25.0	
	J2-2XPGF	0.54	30.00	1.00	66.0	154.0	980 000	25.0	
K	KF-2	0.68	46.84	0.84	47.3	260.2	5 030 000	5.8	Udomworarat 2002
	KF-4	0.68	46.84	0.84	59.7	203.0	5 200 000	6.9	
	A-1	0.68	46.16	0.84	—	348.0	80 000	6.9	Sakai 2004
	—	0.54	50.75	1.00	—	180.3	8 340 000	8	吴庆雄 2019

注:β-支主管宽度比;2γ-主管径厚比;τ-支主管厚度比;$\Delta\sigma_n$-名义应力幅。

5.1.2　疲劳设计 S_{hs}-N 曲线

焊接结构热点应力幅 S-N 曲线一般表征如下:

$$\lg N = A - m\lg\Delta\sigma_h - 2s \tag{5-1}$$

式中:N——循环次数;

$\Delta\sigma_h$——热点应力幅;

A——常数,通过对节点试验数据回归分析得到;

m——双对数坐标下 S-N 曲线斜率的负倒数,参照 CIDECT 和 IIW 规范,当 $10^3 < N < 5\times 10^6$ 时,m 取 3,当 $5\times 10^6 < N < 10^8$ 时,m 取 5;

s——$\lg N$ 的标准差,将节点试验数据回归分析得到的均值 S-N 曲线向下偏移 2 倍的标准差,即取 95% 置信度的下限方程作为用于设计的 S-N 曲线。

研究表明,焊接钢管节点的热点应力幅 S-N 曲线与钢管板厚密切相关,钢管板越厚,其热点应力幅 S-N 曲线越低。因此,根据钢管板厚,应对热点应力幅 S-N 曲线进行修正,修正公式可参照 CDIECT 规范:

$$\frac{\Delta\sigma_{h,T}}{\Delta\sigma_{h,TR}} = \left(\frac{T_R}{T}\right)^{0.06\lg N} \tag{5-2}$$

式中:$\Delta\sigma_{h,TR}$——基准板厚下的热点应力幅,取基准板厚 T_R 为 16mm;

$\Delta\sigma_{h,T}$——任意板厚 T 下的热点应力幅。

收集文献中的钢管混凝土节点疲劳试验数据,共计 19 个,列于表 5-1 中。其中,试件 CFCHS-10 施加的为变幅疲劳荷载,在数据回归分析时,可根据 Palmgren-Miner 线性累积损伤准则计算得到等效的常幅热点应力幅值:

$$\Delta\sigma_{h,equ} = \left(\frac{\sum n_i \cdot \Delta\sigma_{h,i}^m}{\sum n_i}\right)^{1/m} \tag{5-3}$$

式中:$\Delta\sigma_{h,equ}$——等效的常幅热点应力幅值;m 取 3;

$\Delta\sigma_{h,i}$、n_i——施加的第 i 个热点应力幅及其对应的循环次数。

对于试件 CFCHS-10,$\Delta\sigma_{h,1} = 107.6$MPa,$\Delta\sigma_{h,2} = 143.4$MPa,$n_1 = 3\,280\,000$,$n_2 = 762\,072$,计算可得 $\Delta\sigma_{h,equ} = 116.1$MPa。

根据式(5-1)~式(5-3)对表 5-1 中的钢管混凝土节点疲劳试验数据进行回归分析,如图 5-1 所示,得到基准板厚 $T_R = 16$mm 时均值热点应力幅 S-N 曲线。将该曲线向下偏

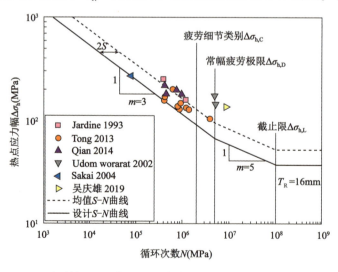

图 5-1 钢管混凝土节点热点应力幅 S-N 曲线($T_R = 16$mm)

移 $2s=0.433$,即可得到基准板厚 $T_R=16\text{mm}$ 时设计热点应力幅 S-N 曲线。考虑式(5-2)钢管厚度修正,可得钢管混凝土节点设计热点应力幅 S-N 曲线表达式为:

当 $10^3 < N < 5 \times 10^6$ 时,

$$\lg\Delta\sigma_h = \frac{1}{3}(12.195 - \lg N) + 0.06\lg N \cdot \lg\left(\frac{16}{T}\right) \tag{5-4}$$

当 $5 \times 10^6 < N < 10^8$ 时,

$$\lg\Delta\sigma_h = \frac{1}{5}(15.859 - \lg N) + 0.402\lg\left(\frac{16}{T}\right) \tag{5-5}$$

5.2 圆形钢管混凝土 K 形节点应力集中系数参数分析

5.2.1 试验概述

本节采用 Tong 2008 开展的圆形钢管混凝土 K 形节点 SCF 试验数据进行有限元模型验证。共进行 7 个节点试验,节点具有不同的几何无量纲参数 β、γ 和 τ,所有节点支主管夹角均相同,为 45°。圆形钢管混凝土 K 形节点几何参数定义见图 5-2,7 个试件参数汇总见表 5-2,其中,g 为两支管间隙。

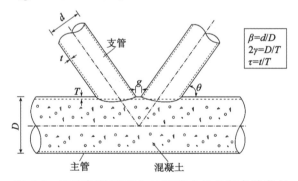

图 5-2 圆形钢管混凝土 K 形节点的几何参数定义

Tong 2008 试验的试件几何参数 表 5-2

试件编号	主管		支管		β	2γ	τ	g (mm)
	D (mm)	T (mm)	d (mm)	t (mm)				
K1	245	10	121	10	0.49	24.50	1.00	74
K2	273	8	121	8	0.44	34.12	1.00	102
K3	273	8	95	8	0.35	34.12	1.00	139
K4	273	7	135	5	0.49	39.00	0.71	85

续上表

试件编号	主管 D (mm)	主管 T (mm)	支管 d (mm)	支管 t (mm)	β	2γ	τ	g (mm)
K5	273	8	140	8	0.51	34.12	1.00	75
K6	273	7	133	7	0.49	39.00	1.00	85
K7	273	7	133	4.5	0.49	39.00	0.64	85

图 5-3 所示为圆形钢管混凝土 K 形节点试验布置。在下支管端部施加铰接约束，上支管端部采用弧形支座，作动器在主管底部施加向上的轴力，两根支管将分别产生相互平衡的拉、压荷载。

图 5-4 所示为钢管混凝土 K 形节点热点应力测点布置。为了测得节点相贯线焊趾处的热点应力值，需要通过外推法进行测量。因此，在每个测点位置需要布置 4 个应变片，以进行热点应力的外推，每个节点需要布置 16 个测点。所有试件均为弹性试验，以保证测得钢管混凝土节点的热点应力。

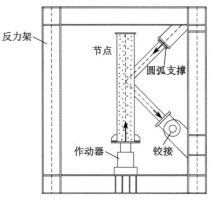

图 5-3　Tong 2008 试验的试验布置

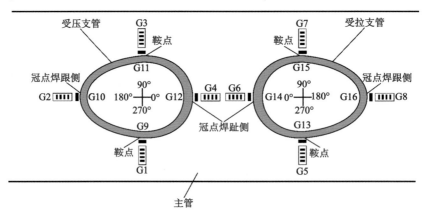

图 5-4　钢管混凝土 K 形节点热点应力测点布置

5.2.2　有限元模型建立和验证

（1）有限元模型建立

采用有限元软件 ABAQUS 进行圆形钢管混凝土 K 形节点 SCF 有限元模拟。计算分析均为弹性分析，节点中钢管和混凝土材料参数与试验保持一致。其中，钢管和焊缝的弹性模量 E_s 取 205GPa，泊松比 ν_s 取 0.28，混凝土弹性模量 E_c 取 34.5GPa，泊松比 ν_c 取

0.17。焊缝尺寸参照 AWS D1.1 规范,如图 5-5 所示,t 为支管管壁厚度,ψ 为二面角,w 为坡口端面处理尺寸,R 为焊缝底距,φ 为节点倾角,t_w、L_w 和 F 为描绘焊缝尺寸的参数。

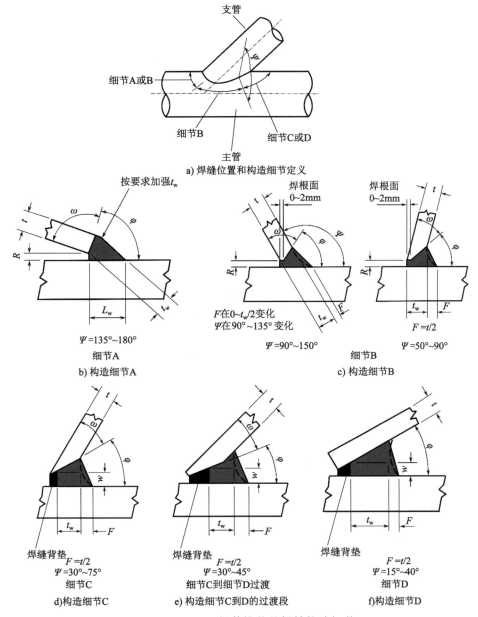

图 5-5　AWS D1.1 规范推荐的焊缝构造细节

为了提高计算效率,充分利用试件的对称性,仅建立半个模型,并在对称面上施加对称边界条件。在模型建立过程中,可采用 C3D8R、C3D8、C3D8I、C3D20R 和 C3D20 实体单元。其中,C3D20R 和 C3D20 实体单元计算精度高于 C3D8R、C3D8 和 C3D8I 单元,但是计算过程中耗时比较长,且往往难以收敛。对单元敏感性进行分析发现,C3D8R、

C3D8 和 C3D8I 单元足以满足计算精度,且计算效率高,同时,考虑到 C3D8I 单元优于 C3D8 单元,本节选用 C3D8I 单元来模拟钢管、焊缝和管内混凝土。

对网格敏感性进行分析,确定如下网格划分策略:在临近焊趾位置采用尺寸为 2mm 的细网格,在其他区域,采用尺寸为 10mm 的粗网格。为了确保模型计算精度,沿钢管壁厚方向应划分多层网格:当(t 或 T)≤8mm 时,划分 2 层网格;当 8mm < (t 或 T) < 16mm 时,划分 3 层网格;当(t 或 T)≥16mm 时,划分 4 层网格。钢管内部网格密度与混凝土外部网格密度应保持一致,以确保具有不同泊松比的钢管和混凝土变形协调。圆形钢管混凝土 K 形节点有限元模型如图 5-6 所示。

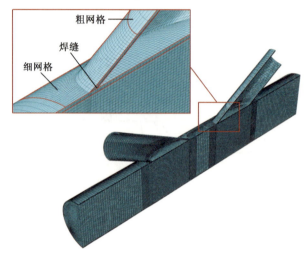

图 5-6　圆形钢管混凝土 K 形节点的有限元模型

为了真实模拟主管和填充混凝土之间的接触,必须考虑摩擦力和黏着力的影响。在法线方向上,钢-混凝土界面采用"硬接触"连接方式,即承受压力时弦杆和混凝土不能相互侵入,在拉力作用下两者会相互分离,在切线方向,钢-混凝土界面采用库仑摩擦模型。以试样 K4 为例,本书研究了摩擦系数对热点应力的影响,如图 5-7 所示。结果表明,摩擦系数对支管和主管热点应力的影响可以忽略不计。因此,选择与试验结果吻合最好的模型,所对应的摩擦系数 0.3 作为有限元模拟值。

(2) 热点应力计算结果外推

为了消除与焊缝形状有关的缺口效应的影响,应通过外推法得到焊趾处热点应力值。CIDECT 规范已经规定了外推区域的边界,可采用线性外推与二次外推两种方法对热点应力进行外推。由于圆管节点焊趾处热点应力分布接近线性,故 CIDECT 规范建议圆管节点采用线性外推法。参考现有的有限元分析结果,圆管节点的主管和支管的外推区应力分布均近似为线性。因此,本研究应采用线性外推法得到圆形钢管混凝土 K 形节点的热点应力,外推区边界依据 CIDECT 规范确定。

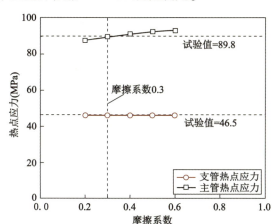

图 5-7 试件 4 中摩擦系数对热点应力的影响

(3) 有限元模型验证

图 5-8 为 K1～K7 试件试验结果与有限元模型的结果对比。有限元计算结果与试验结果不仅具有相等的量值,而且具有相似的分布。试件 K1～K7 中,主管热点应力最大点常出现在冠点(G4 和 G6)及鞍点(G5);支管热点应力最大点常出现在冠点焊趾处(G12 和 G14)、冠点焊跟处(G16)及鞍点(G15)。不论是主管还是支管,最小热点应力均出现在冠点焊根处。有限元模型预测的最大热点应力位置与试验结果一致。考虑所有位置(G1～G16),K1～K7 试件有限元模拟结果与试验测试结果比值的平均数分别为 0.99、0.98、0.97、0.96、0.99、1.05 和 1.07。由此可见,本书建立的圆形钢管混凝土 K 形节点有限元模型,可以准确预测其热点应力值。

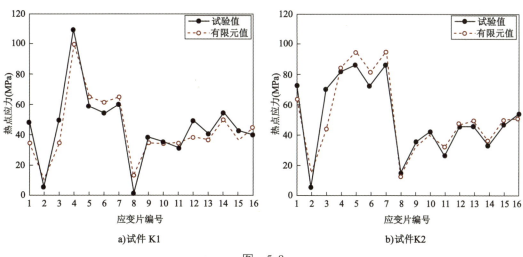

图 5-8

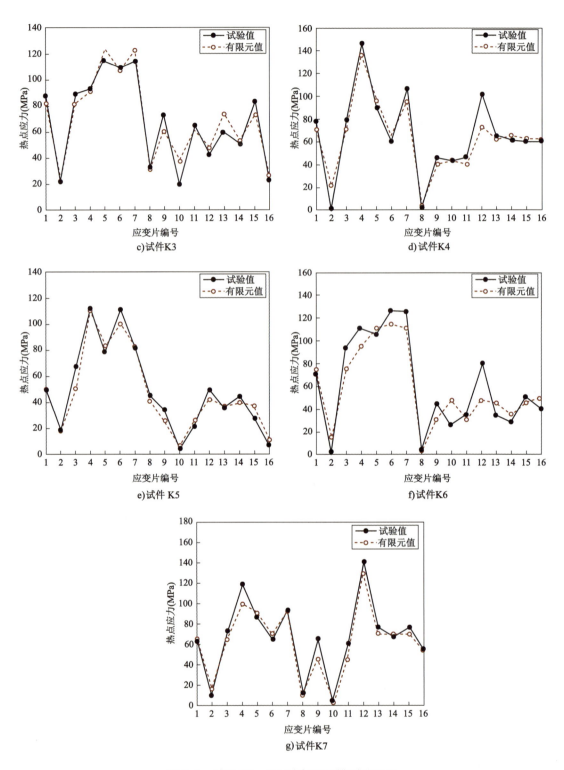

图 5-8 试件 K1～K7 对有限元模型的验证

5.2.3 参数分析

(1) 参数设计

参数研究的目的是探明各无量纲参数对节点最大 SCF 的影响。圆形钢管混凝土 K 形节点的无量纲参数包括 β、2γ、τ 和 θ。CIDECT 规范中给出了圆管 K 形节点无量纲参数范围:$0.3 \leq \beta \leq 0.6$,$24 \leq 2\gamma \leq 60$,$0.25 \leq \tau \leq 1.0$ 和 $30° \leq \theta \leq 60°$。考虑到管内混凝土的影响,可按照《公路钢管混凝土拱桥设计规范》(JTG/T D65-06—2015)将 2γ 的上限值上调为 90。本书选取的参数变量如表 5-3 所示,且满足以下参数范围:$0.3 \leq \beta \leq 0.6$,$24 \leq 2\gamma \leq 90$,$0.25 \leq \tau \leq 1.0$ 和 $30° \leq \theta \leq 60°$。此外,还要满足下列假设条件:①两支管长度相等($L_1 = L_2$);②两支管与主管的夹角相等($\theta_1 = \theta_2$);③支管与主管形心相交于同一点,不考虑偏心的影响($e = 0$);④桥梁工程中支管之间的间隙为正,因此,本研究不考虑搭接 K 形节点($g < 0$)。

参 数 变 量   表 5-3

β	2γ	τ	$\theta(°)$
0.3	24	0.25	30
0.4	46	0.5	45
0.5	68	0.75	60
0.6	90	1.0	—

根据表 5-3 无量纲参数,综合桥梁工程实践经验拟定了节点尺寸,并进行参数研究。几何参数的定义如图 5-2 所示,取主管宽度 D 为 850mm,主管厚度 T 为 9~35mm;支管宽度 d 为 255~510mm,支管厚度 t 为 2~35mm。对表 5-3 无量纲参数进行数学组合,共计 192 个模型。然而,这些模型中存在支管与支管搭接的情况($g < 0$),如当 $\beta = 0.6$,$2\gamma = 90$,$\tau = 1$ 和 $\theta = 60°$ 时,$g = -98$mm。因此,对于每种荷载工况,有限元模型数量减少至 160 个,考虑三种荷载工况时共计模型 480 个。

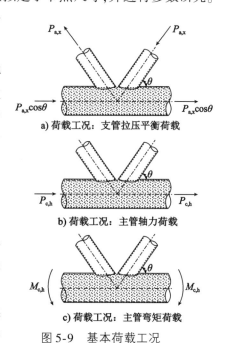

a) 荷载工况:支管拉压平衡荷载

b) 荷载工况:主管轴力荷载

c) 荷载工况:主管弯矩荷载

图 5-9 基本荷载工况

(2) 基本荷载工况

在桥梁设计过程中,K 形节点常见的荷载工况为支主管轴向荷载及面内弯矩荷载。因此,焊趾处的总热点应力是几种加载情况下热点应力的叠加。根据 CDIECT 的建议,可以将复杂荷载分为三种基本荷载工况(图 5-9):①支管拉压平衡荷载;②主管轴力荷载;③主管弯矩荷载。在参数研究中,对节点施加单位轴力($P_{a,x}$和$P_{c,h}$)和单位面内弯曲($M_{c,h}$),由此得到的外推热点应力值可直接作为SCF。

5.2.4 计算结果

(1) 节点填充混凝土的影响

为了研究管内混凝土对节点的影响,取参数 $\beta=0.6, 2\gamma=46, \tau=0.5$ 和 $\theta=30°$,对圆形钢管节点与圆形钢管混凝土K形节点进行了对比研究,如图5-10、图5-11所示。图5-10给出了两个节点在支管单位轴向力下的有限元变形图,可以看到两者的失效模式完全不同。对于圆管K形节点,在支管拉压荷载下分别发生了主管向外及向内的变形;对于圆管混凝土节点,由于管内混凝土对主管的加劲作用,仅在主管顶面与受拉支管相交处产生微小外凸变形,主管顶面与受压支管相交处无变形。

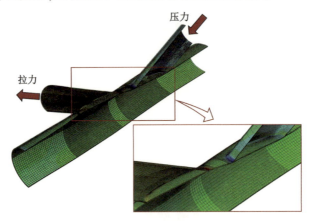

a) 圆形钢管K形节点

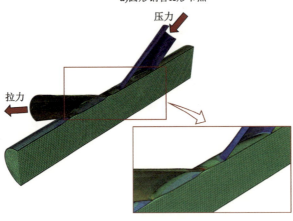

b) 圆形钢管混凝土K形节点

图5-10 当 $\beta=0.6$、$2\gamma=46$、$\tau=0.5$、$\theta=30°$时有限元模型在支主管平衡荷载作用下的变形图

图 5-11 给出了在上述参数下圆形钢管 K 形节点和圆形钢管混凝土 K 形节点应力集中系数的分布,在支管拉压作用下,支主管连接处的 SCF 值有正有负。一般认为疲劳破坏只出现在受拉的位置,两类节点最大 SCF 值均位于主管冠点焊趾处(G6),其中圆形钢管节点和圆形钢管混凝土节点最大的 SCF 值分别为 2.578 和 1.751。因此,由于管内混凝土的加劲作用,圆形钢管混凝土 K 形节点焊趾处最大热点应力相较于圆形钢管 K 形节点增加了 32%。

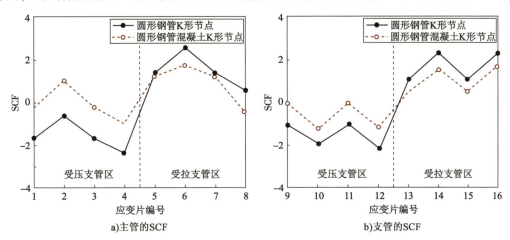

图 5-11 支管拉压平衡荷载工况下圆形钢管 K 形节点和圆形钢管混凝土 K 形节点 SCF 对比 ($\beta=0.6$,$2\gamma=46$,$\tau=0.5$,$\theta=30°$)

(2) β 对 SCF_{max} 的影响

图 5-12 给出了在三种基本荷载工况下 β 对 SCF_{max} 的影响,通过改变 2γ 值($2\gamma=24$、46、68 和 90),并保持 τ 和 θ 值恒定($\tau=0.25$,$\theta=30°$),得到 SCF_{max} 随 β 的变化情况。在支管拉压平衡荷载作用下,支管与主管 SCF_{max} 均随着 β 的增大而先增大后减小,SCF_{max} 的峰值常在 $\beta=0.4$ 或 0.5 时出现,说明在 β 值处于中间值时,主管变形量达到最大。当主管承受轴向力和弯矩时,只考虑主管处的 SCF_{max},而支管处的 SCF_{max} 可以忽略不计,且随着 β 的增加,SCF_{max} 减小。这是因为,β 值越大,支主管相贯线越长,由此使得主管处节点轴向刚度和转角刚度增加,相贯线处应力分布均匀,此时 SCF 较小。

(3) 2γ 对 SCF_{max} 的影响

图 5-13 给出了在三种基本荷载工况下 2γ 对 SCF_{max} 的影响,通过改变 τ 值($\tau=0.25,0.5,0.75$ 和 1.0),并保持 β 和 θ 值恒定($\beta=0.3$,$\theta=30°$),得到 SCF_{max} 随 2γ 的变化情况。在支管拉压平衡荷载作用下,支管与主管 SCF_{max} 均随着 2γ 的增大而增大。2γ 值越大,主管管壁越薄,主管内的椭圆化变形程度和 SCF 越大。然而,在主管弯矩作用下,2γ 值越大,SCF 越小。产生这一关系的原因是在混凝土的填充作用影响下,板壁的弯曲应力随着 2γ 的增大而减小,从而减少了分配在钢上的应力。

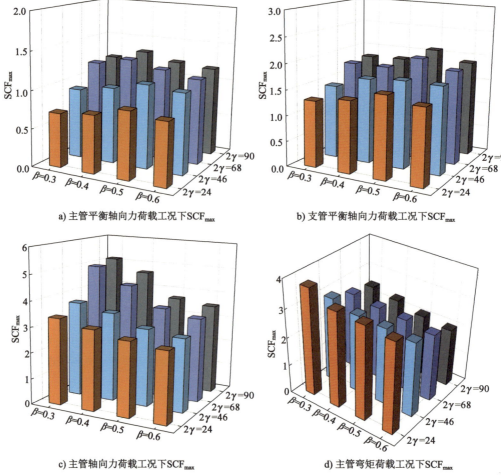

图 5-12 β 对 SCF_{max} 的影响（$\tau=0.25$，$\theta=30°$）

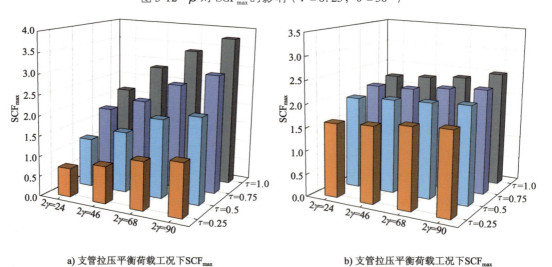

图 5-13

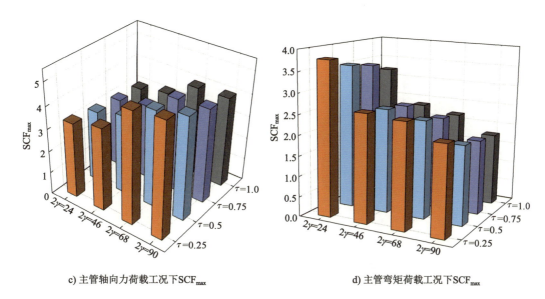

c) 主管轴向力荷载工况下SCF_{max} d) 主管弯矩荷载工况下SCF_{max}

图 5-13　2γ 对 SCF_{max} 的影响（$\beta=0.3$，$\theta=30°$）

（4）τ 对 SCF_{max} 的影响

图 5-14 给出了在三种基本荷载工况下 τ 对 SCF_{max} 的影响，通过改变 θ 值（$\theta=30°$，$45°$，$60°$），并保持 β 和 2γ 恒定（$\beta=0.3$，$2\gamma=24$），得到 SCF_{max} 随 τ 的变化情况。在支管拉压平衡荷载作用下，支管与主管 SCF_{max} 均随着 τ 的增大而增大。在名义应力为 1MPa 的情况下，当 τ 值更高时，主管上表面受到的力更大。此外，在主管轴向力和弯矩作用下，SCF_{max} 随着 τ 的增加而减小。这一结论与 β 的影响相似，即随着 τ 的增加，轴向刚度和转动刚度越来越大。

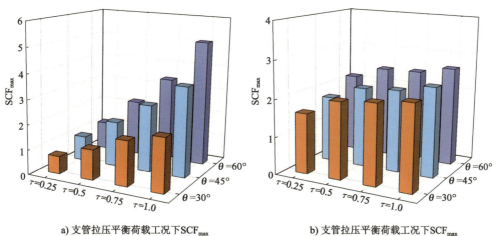

a) 支管拉压平衡荷载工况下SCF_{max} b) 支管拉压平衡荷载工况下SCF_{max}

图　5-14

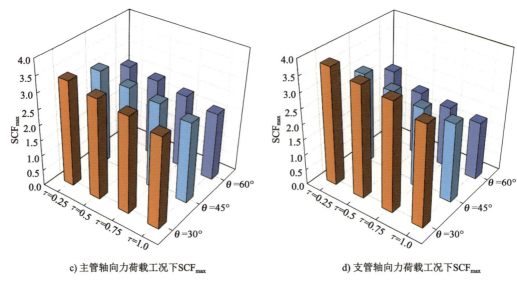

c) 主管轴向力荷载工况下SCF_{max}

d) 支管轴向力荷载工况下SCF_{max}

图 5-14　τ 对 SCF_{max} 的影响（$\beta=0.3$，$2\gamma=24$）

(5) θ 对 SCF_{max} 的影响

图 5-15 给出了在三种基本荷载工况下 θ 对 SCF_{max} 的影响，通过改变 β 值（$\beta=0.3$，0.4，0.5 和 0.6），并保持 2γ 和 τ 恒定（$2\gamma=24$，$\tau=0.25$），得到 SCF_{max} 随 θ 的变化情况。在支管拉压平衡荷载作用下，支管与主管 SCF_{max} 均随着 θ 的增大而增大。在主管轴向力和弯矩作用下，SCF_{max} 随着 θ 的增加而减小，这与 CIDECT 规范中 θ 对圆形钢管 K 形节点的影响是一致的。

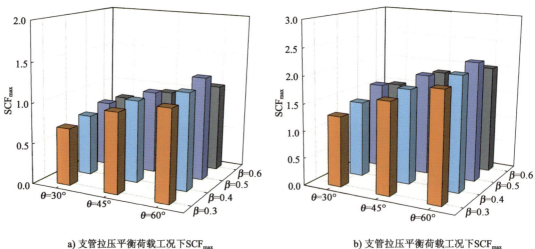

a) 支管拉压平衡荷载工况下SCF_{max}

b) 支管拉压平衡荷载工况下SCF_{max}

图　5-15

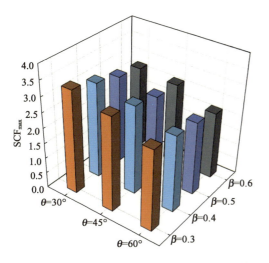
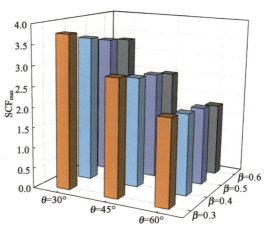

c) 主管轴向力荷载工况下SCF$_{max}$　　　　　d) 主管弯矩荷载工况下SCF$_{max}$

图 5-15　θ 对 SCF$_{max}$ 的影响（$2\gamma = 24$，$\tau = 0.25$）

5.2.5　SCF$_{max}$ 参数计算公式拟合及验证

(1) 公式拟合

基于上述 480 个有限元模型参数分析数据，采用数据回归分析软件"DataFit"执行多元回归分析，得到圆形钢管混凝土 K 形节点 SCF$_{max}$ 的参数计算公式。参数计算公式形式可参照式(5-6)的函数形式，描绘了几何参数 β、2γ 和 τ 对 SCF$_{max}$ 的影响。拟合得到的参数计算公式列于表 5-4 中，适用参数范围为：$0.3 \leqslant \beta \leqslant 0.6$，$24 \leqslant 2\gamma \leqslant 90$，$0.25 \leqslant \tau \leqslant 1.0$ 和 $30° \leqslant \theta \leqslant 60°$。

$$\mathrm{SCF}_{max} = a \cdot \left(\frac{\gamma}{\gamma_0}\right)^b \cdot \left(\frac{\tau}{\tau_0}\right)^c \cdot (d\beta^2 + e\beta + f) \tag{5-6}$$

式中：$a \sim f$——多元回归分析中的系数，γ_0 和 τ_0 采用 CDIECT 中建议值，分别取为 12 和 0.5。

圆形钢管混凝土 K 形节点 SCF$_{max}$ 的参数方程　　　　　表 5-4

位　置	SCF$_{max}$ 计算公式	公式编号
荷载工况(i)：支管拉压平衡荷载		
主管：		
$\theta = 30°$	$\mathrm{SCF}_{max} = 1.165 \cdot \left(\frac{\gamma}{12}\right)^{0.447} \cdot \left(\frac{\tau}{0.5}\right)^{0.718} \cdot (1.056\beta^2 - 1.029\beta + 1.284)$	(1)
$\theta = 45°$	$\mathrm{SCF}_{max} = 1.198 \cdot \left(\frac{\gamma}{12}\right)^{0.500} \cdot \left(\frac{\tau}{0.5}\right)^{0.908} \cdot (0.542\beta^2 - 0.528\beta + 1.607)$	(2)
$\theta = 60°$	$\mathrm{SCF}_{max} = 1.473 \cdot \left(\frac{\gamma}{12}\right)^{0.538} \cdot \left(\frac{\tau}{0.5}\right)^{1.024} \cdot (-6.070\beta^2 + 1.011\beta + 2.001)$	(3)

续上表

位　置	SCF$_{max}$ 计算公式	公式编号
支管:		
$\theta = 30°$	$\text{SCF}_{max} = 1.896 \cdot \left(\dfrac{\gamma}{12}\right)^{0.003} \cdot \left(\dfrac{\tau}{0.5}\right)^{0.121} \cdot (3.401\beta^2 - 3.442\beta + 1.771)$	(4)
$\theta = 45°$	$\text{SCF}_{max} = 2.016 \cdot \left(\dfrac{\gamma}{12}\right)^{0.097} \cdot \left(\dfrac{\tau}{0.5}\right)^{-0.001} \cdot (4.250\beta^2 - 4.031\beta + 1.815)$	(5)
$\theta = 60°$	$\text{SCF}_{max} = 1.503 \cdot \left(\dfrac{\gamma}{12}\right)^{0.203} \cdot \left(\dfrac{\tau}{0.5}\right)^{0.233} \cdot (-4.907\beta^2 + 1.011\beta + 1.837)$	(6)
荷载工况(ⅱ):主管轴力		
主管:		
$\theta = 30°$	$\text{SCF}_{max} = 1.997 \cdot \left(\dfrac{\gamma}{12}\right)^{0.240} \cdot \left(\dfrac{\tau}{0.5}\right)^{-0.081} \cdot (3.435\beta^2 - 4.474\beta + 2.654)$	(7)
$\theta = 45°$	$\text{SCF}_{max} = 1.653 \cdot \left(\dfrac{\gamma}{12}\right)^{0.214} \cdot \left(\dfrac{\tau}{0.5}\right)^{-0.068} \cdot (1.511\beta^2 - 2.454\beta + 2.461)$	(8)
$\theta = 60°$	$\text{SCF}_{max} = 1.489 \cdot \left(\dfrac{\gamma}{12}\right)^{0.167} \cdot \left(\dfrac{\tau}{0.5}\right)^{-0.051} \cdot (-4.210\beta^2 + 1.230\beta + 1.899)$	(9)
支管:		
$\theta = 30°, 45°, 60°$	$\text{SCF}_{max} = 0$(可忽略)	
荷载工况(ⅲ):主管弯矩		
主管:		
$\theta = 30°$	$\text{SCF}_{max} = 1.735 \cdot \left(\dfrac{\gamma}{12}\right)^{-0.316} \cdot \left(\dfrac{\tau}{0.5}\right)^{-0.120} \cdot (3.444\beta^2 - 3.503\beta + 2.651)$	(10)
$\theta = 45°$	$\text{SCF}_{max} = 1.385 \cdot \left(\dfrac{\gamma}{12}\right)^{-0.347} \cdot \left(\dfrac{\tau}{0.5}\right)^{-0.121} \cdot (2.200\beta^2 - 1.353\beta + 2.037)$	(11)
$\theta = 60°$	$\text{SCF}_{max} = 1.353 \cdot \left(\dfrac{\gamma}{12}\right)^{-0.406} \cdot \left(\dfrac{\tau}{0.5}\right)^{-0.048} \cdot (-2.816\beta^2 + 1.085\beta + 1.598)$	(12)
支管:		
$\theta = 30°, 45°, 60°$	$\text{SCF}_{max} = 0$(可忽略)	

(2)公式计算精度评定

表5-5给出了拟合公式的精度评估。通过分析拟合公式计算值与数值计算值之间的相关系数(R^2)、比值平均值(μ)和变异系数(COV)来判断拟合公式的精度。表5-5可以看出,所有推导公式的相关系数都大于0.94,均值接近1.0,变异系数小于0.6。这些统计指标都表明所提出的公式真实反应了SCF$_{max}$的变化。

拟合公式的精度评估　　　　　　　　表 5-5

表 5-4 中公式编号	R^2	μ	COV	$[P/R<1.0]\%$	$[P/R<0.8]\%$	$[P/R>1.5]\%$	$(P/R)_{max}$	$(P/R)_{min}$
(1)	0.979	1.002	0.121	16.2	0.0	0.0	1.132	0.859
(2)	0.960	1.004	0.319	17.9	1.6	0.0	1.245	0.646
(3)	0.977	1.008	0.377	15.4	0.0	0.0	1.176	0.819
(4)	0.947	1.010	0.509	8.7	3.3	0.0	1.257	0.756
(5)	0.952	1.007	0.498	23.1	0.0	0.0	1.230	0.846
(6)	0.956	1.007	0.487	20.5	0.0	0.0	1.354	0.869
(7)	0.962	1.006	0.323	17.9	0.0	1.6	1.560	0.806
(8)	0.959	1.005	0.401	12.4	0.0	0.0	1.230	0.887
(9)	0.961	1.003	0.399	22.4	0.0	0.0	1.155	0.888
(10)	0.954	1.016	0.432	9.6	0.0	0.0	1.140	0.820
(11)	0.962	1.021	0.411	18.7	1.6	0.0	1.262	0.779
(12)	0.959	1.010	0.479	16.4	0.0	0.0	1.232	0.875

除了精度的评价，英国能源部还提供了以下评估标准，根据统计数据来表征拟合公式在实际应用中是否应该被接受。

①对于给定的数据，如果$[P/R<1.0]\%\leqslant25\%$和$[P/R<0.8]\%\leqslant5\%$，可认为拟合公式被接受。

②此外，如果$[P/R>1.5]\%\geqslant50\%$，拟合公式被认为是保守的。

③如果$[P/R<1.0]\%$在25%～30%之间或者$[P/R<0.8]\%$在5%～7.5%之间，需要额外的工程判断来评价是否被接受。

④剩余情况均认为拟合公式不被接受。

P/R表示从拟合公式得到的SCF_{max}与从有限元分析得到的SCF_{max}的比值。通过对表 5-5 中提出的所有方程的P/R统计分析，可以看出所有的$[P/R<1.0]\%$和$[P/R<0.8]\%$分别小于25%和5%，而$[P/R>1.5]\%$小于2%，这说明所有方程在实际应用中都是可靠的。

(3) 圆形钢管 K 形节点与圆形钢管混凝土 K 形节点SCF_{max}对比

CIDECT 规范给出了圆形钢管 K 形节点SCF_{max}的参数方程，为了进一步分析管内混凝土的贡献，对比了圆形钢管 K 形节点与圆形钢管混凝土 K 形节点的SCF_{max}。圆形钢管 K 形节点 SCF 计算采用 CIDECT 规范给出的参数方程,圆形钢管混凝土 K 形节点 SCF 计算采用本书提出的参数方程,需要注意的是,CIDECT 规范计算得到的 SCF 不应小于2.0。图 5-16 分别给出了在平衡轴向力荷载、主管轴向力及主管弯矩作用下圆形钢管 K 形节点与圆形钢管混凝土 K 形节点的 SCF_{max} 值的比较。由图 5-16a),可知在支管拉压平衡荷载作用下,圆形钢管混凝土 K 形节点的 SCF_{max} 值与圆形钢管 K 形节点 SCF_{max} 值的比值均值在主管和支管处分别为 0.581 和 0.670,即表明圆形钢管混凝土 K 形节点较圆形钢管 K 形节点的 SCF_{max} 值分别在主管与支管处减少了 42% 和 33%,SCF_{max} 值的减少取决于主管内部填充的混凝土限制了主管的变形,进而使得主管承受的弯曲应力减少。

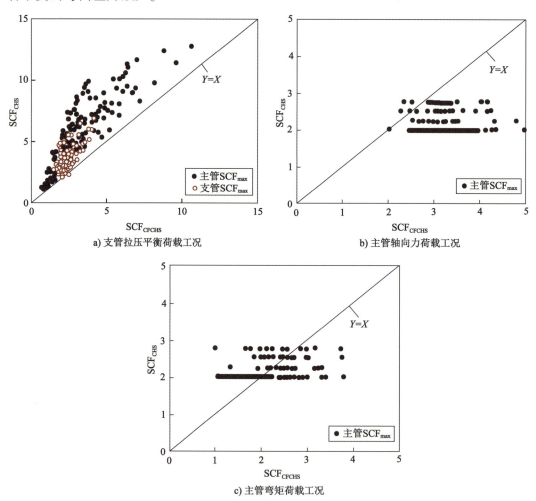

图 5-16　圆形钢管 K 形节点与圆形钢管混凝土 K 形节点 SCF_{max} 的对比

对于主管轴力和主管弯矩荷载工况,仅需考虑主管表面的 SCF_{max},如图 5-16b)和

图 5-16c)所示。由图可知,两种荷载工况作用下,圆形钢管混凝土 K 形节点与圆形钢管 K 形节点 SCF_{max} 的比值均值分别为 1.476 和 0.966,即表明圆形钢管混凝土 K 形节点较圆形钢管 K 形节点的 SCF_{max} 值在主管处分别增加了 48% 和减少了 3%。同时,两种荷载工况作用下,圆形钢管混凝土 K 形节点与圆形钢管 K 形节点 SCF_{max} 的比值标准差分别为 0.27 和 0.29,表明比值具有很大的离散性。此外,对于这两种荷载工况,可以发现对于一些几何参数范围,圆形钢管混凝土 K 形节点 SCF_{max} 大于圆形钢管 K 形节点 SCF_{max},而对于其余几何参数范围,则圆形钢管 K 形节点 SCF_{max} 大于圆形钢管混凝土 K 形节点 SCF_{max}。综合考虑三种荷载工况对比,可以看出支管拉压平衡荷载作用下产生的 SCF_{max} 明显大于其余两种荷载工况作用,说明支管拉压平衡荷载对节点疲劳更为不利。当采用 CDIECT 规范计算圆形钢管混凝土 K 形节点 SCF_{max} 时,会高估此类节点在支管拉压平衡荷载工况与主管弯矩荷载工况下的 SCF_{max},也会低估此类节点在主管轴向力荷载工况下的 SCF_{max}。

5.3 矩形钢管混凝土节点应力集中试验研究

矩形钢管混凝土节点由于几何不连续和焊缝的存在,在节点相贯线处有明显的应力集中现象,疲劳初始裂缝往往产生于应力集中程度最大的位置。热点应力法中采用应力集中系数(SCF)来描绘焊趾处应力集中程度。SCF 与节点的几何尺寸无关,但是与几何无量纲参数(θ、β、2γ 和 τ)有关。本节拟通过节点试验,研究各几何无量纲参数对矩形钢管混凝土节点 SCF 的影响,同时,通过矩形钢管混凝土桁架节段试验,研究桁架中节点 SCF 的分布。

5.3.1 节点试验概述

矩形钢管混凝土 Y 形节点典型构造如图 5-17 所示。共设计 11 个节点试件,各试件几何参数汇总于表 5-6 中。其中,9 个试件主管内填混凝土并设置 PBL 加劲肋,编号为"YCP",为了研究节点无量纲几何参数对节点应力集中的影响,分别选取支主管夹角 $\theta = 45°$、60° 和 90°,支主管宽度比 $\beta = 0.6$、0.8 和 1,主管宽厚比 $2\gamma = 18.75$、25 和 37.5,支主管厚度比 $\tau = 0.5$、0.75 和 1。同时,为了研究主管内填混凝土和设置 PBL 加劲肋对节点应力集中的影响,设计 2 个对比试件,1 个试件主管内仅填充混凝土,编号为"YC",1 个试件为空钢管节点,编号为"YH"。

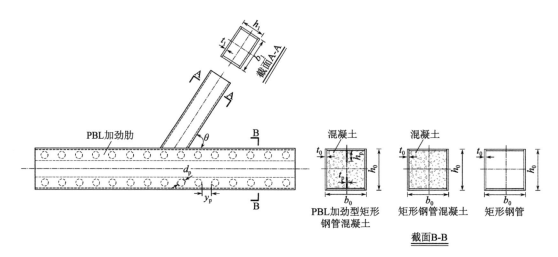

图 5-17 典型节点构造

试件几何参数　　　　　　　　　　表 5-6

编号	主管（mm）			支管（mm）			PBL（mm）				无量纲参数			
	b_0	h_0	t_0	b_1	h_1	t_1	h_p	d_p	y_p	t_p	θ	β	2γ	τ
YCP-1	100	100	4	100	60	4	30	20	40	4	60°	1	25	1
YCP-2	150	150	6	150	90	6	50	30	60	4	45°	1	25	1
YCP-3	150	150	6	150	90	6	50	30	60	4	90°	1	25	1
YCP-4	150	150	6	120	90	6	50	30	60	4	60°	0.8	25	1
YCP-5	150	150	6	90	90	6	50	30	60	4	60°	0.6	25	1
YCP-6	150	150	4	150	90	4	50	30	60	4	60°	1	37.5	1
YCP-7	150	150	8	150	90	8	50	30	60	4	60°	1	18.75	1
YCP-8	150	150	8	150	90	6	50	30	60	4	60°	1	18.75	0.75
YCP-9	150	150	8	150	90	4	50	30	60	4	60°	1	18.75	0.5
YH	150	150	6	150	90	6	—				60°	1	25	1
YC	150	150	6	150	90	6	—				60°	1	25	1

试件制作过程如图 5-18 所示，支、主管均由 4 块钢板拼接而成。首先，将 PBL 加劲肋沿主管长度方向通长焊接在主管顶底板中部，如图 5-18a) 所示。然后将 4 块板焊接形成支管和主管，采用全熔透焊接将支管与主管连接，以此形成空钢管节点，并焊接主管一侧端板，如图 5-18b) 所示。随后，将节点主管竖立放置，并对主管填充混凝土，如图 5-18c) 所示。最后，焊接主管另一侧的端板，形成矩形钢管混凝土节点试件，如图 5-18d) 所示。试件加工完成后对焊缝进行检测，以确保焊接质量。

a) 焊接PBL加劲肋

b) 支、主管连接

c) 主管填充混凝土

d) 节点试件完成

图 5-18　试件制作

试件中焊缝构造参照《钢结构焊接规范》(GB 50661—2011)。PBL 加劲肋、支管和主管均采用 Q235 钢材,根据《金属材料室温拉伸试验方法》(GB/T 228—2010),对钢材进行取样试验,测得的钢材特性见表 5-7。管内采用 C50 混凝土,根据《普通混凝土力学性能试验方法标准》(GB/T 50081—2002)对 150mm×150mm×150mm 混凝土标准试块进行材性试验,混凝土配合比及材性列于表 5-8 中。

钢材材料特性　　　表 5-7

钢板厚度 (mm)	弹性模量 E_s (GPa)	屈服强度 f_y (MPa)	极限强度 f_u (MPa)	伸长率 (%)
4	205	290	415	28.0
6	205	280	390	29.0
8	205	305	435	28.5

混凝土配合比及材性 表5-8

混凝土强度等级	配合比（kg/m³）						立方体抗压强度 f_{cu}（MPa）	坍落度（mm）
	水	水泥	粉煤灰	细集料	粗集料	减水剂		
C50	167	471	52	624	1 109	10.46	56.3	170

试验在 100kN MTS 疲劳试验机上进行，试验布置如图 5-19 所示。主管两端设置厚度为 15mm 的钢端板，支管端部设置厚度为 20mm 的钢端板，并在支、主管端部设置厚度为 15mm 的加劲肋，以确保试验过程中试件不过早发生端部破坏。主管两端通过销子进行铰接，支管端部直接与加载装置连接。

 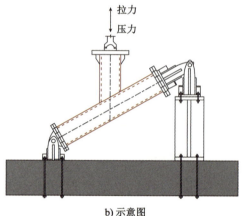

a) 实景　　　　　　　　　　　　b) 示意图

图 5-19　试验布置

节点应力集中测试仅需进行静力试验，在一定荷载下测得支、主管相贯线处的热点应力水平，即可反映相贯线焊缝处的应力集中程度。在试验前，对试件进行 9 次预加载，以消除节点偏心，确保应变片正常工作。试验采用荷载控制，每级荷载产生 5MPa 的支管名义应力，一直加到 50MPa 的目标荷载，整个试验过程保证钢材处于弹性阶段。本次试验分别进行支管拉力和支管压力两种荷载工况下的应力集中测试，以探寻该类节点最不利的疲劳荷载工况，每种荷载工况进行 3 组试验。

试验中的测点布置分为两类：一类是测试支、主管相贯线焊缝处的热点应力；另一类是测试支、主管的名义应力。

(1) 热点应力测试方案

由于焊缝缺口效应的影响，无法通过测量焊趾处应力直接得到热点应力，需要通过外推法获得。外推法分为线性外推和二次外推，如图 5-20 所示。CIDECT 规范指出，线性外推适用于圆形钢管节点,而矩形钢管节点应该采用二次外推曲线。结合试验实测可知,矩形钢管混凝土节点外推区域中应力呈非线性分布。因此,本试验采用二次外推法进行热点应力测量,外推区域内至少应该布置 3 个应变片,外推区域的选取依据 CIDECT 规范规定,如表 5-9 所示。

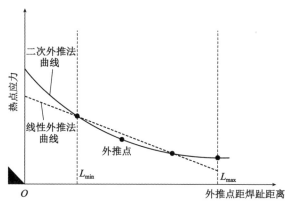

图 5-20　热点应力外推法

CIDECT 规范规定的外推区域　　表 5-9

距焊趾距离	主　　管	支　　管
L_{min}	$0.4t_0$ 且 ≥4mm	$0.4t_1$ 且 ≥4mm
L_{max}	$L_{min}+t_0$	$L_{min}+t_1$

注:t_0-主管厚度;t_1-支管厚度。

通过外推区域中实测应变外推得到焊趾处的热点应变,根据胡克定律,热点应变和热点应力具有以下关系:

$$\sigma_{hs} = \frac{E_s}{1-v_s^2}[\varepsilon_{hs} + v_s \cdot (\varepsilon_y + \varepsilon_z)] \tag{5-7}$$

式中:v_s——混凝土泊松比,$v_s=0.3$;

ε_{hs}——垂直焊趾方向应变,即热点应变;

ε_y、ε_z——另外两个方向应变,在式(5-7)中,ε_y 和 ε_z 非常小,可以忽略,式(5-7)可简化为:

$$\sigma_{hs} = 1.1 E_s \varepsilon_{hs} \tag{5-8}$$

通过式(5-8)可得到热点应力值,其与相应名义应力的比值即为 SCF。图 5-21 所示为热点应力测点布置,由于支、主管间夹角不一定为 90°,节点焊趾侧和焊跟侧的应力集中程度并不相同,因此需要对焊趾侧和焊跟侧共计 14 个位置进行热点应力测量,其中 A~E 点的选取是参照 CIDECT 规范中对矩形钢管节点的规定,认为这几个点的应力集中程度比较高,F 点和 G 点则是考虑 PBL 加劲作用下,应力集中程度也会得到一定提高。

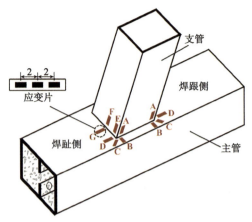

图 5-21　热点应力测点布置（尺寸单位：mm）

(2) 名义应力测试方案

除了测试相贯线焊趾位置的热点应力外,还需要测试支、主管相应的名义应力。图 5-22 所示为名义应力测点布置,应变片需要布置在远离外推区域的支、主管表面。其中,在支管中部横截面的四边均布置应变片以测试支管轴向名义应力,在主管焊趾侧和焊跟侧均布置 3 排应变片以测试主管的轴力和弯曲应力。

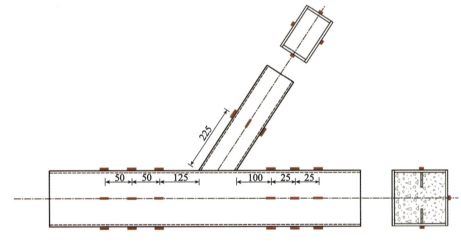

图 5-22　名义应力测点布置（尺寸单位：mm）

5.3.2　节点试验结果

节点通常受到多种基本荷载共同作用,如支管轴力、支管面内弯矩、支管面外弯矩、主管轴力、主管面内弯矩和主管面外弯矩。因此,节点焊趾处的热点应力由各基本荷载产生的热点应力叠加而成,而各基本荷载产生的热点应力为基本荷载产生的名义应力与相应的

SCF 的乘积。焊趾处的总热点应力计算见式(5-9),该式与热点应力幅计算方法一致。

$$\sigma_{hs} = \sigma_{AB} \cdot SCF_{AB} + \sigma_{IB} \cdot SCF_{IB} + \sigma_{OB} \cdot SCF_{OB} + \sigma_{AC} \cdot SCF_{AC} +$$
$$\sigma_{IC} \cdot SCF_{IC} + \sigma_{OC} \cdot SCF_{OC} \tag{5-9}$$

式中:σ_{AB}、σ_{IB}、σ_{OB}、σ_{AC}、σ_{IC}、σ_{OC}——支管轴力、支管面内弯矩、支管面外弯矩、主管轴力、主管面内弯矩和主管面外弯矩产生的名义应力,SCF_{AB}、SCF_{IB}、SCF_{OB}、SCF_{AC}、SCF_{IC} 和 SCF_{OC} 为相应的应力集中系数。

图 5-23a)所示为典型节点 YCP-1 在支管轴拉应力为 20MPa 时的主管名义应力实测值。由图可知,在支管轴力作用下,主管产生附加的轴力和面内弯矩,该结果与节点内力图一致,如图 5-23b)所示。根据式(5-9),支管表面 A、E 和 F 点的热点应力值用式(5-10)表示,其 SCF 可根据实测支管表面热点应力和名义应力计算能得到。

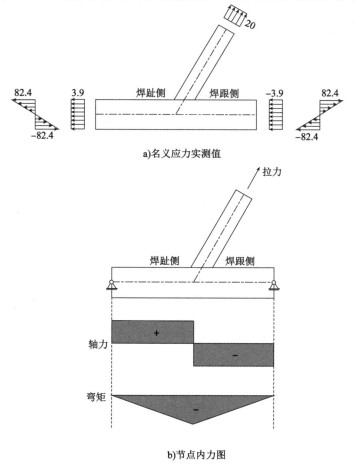

图 5-23 节点受力分析(单位:MPa)

$$\sigma_{hs,b} = \sigma_{AB} \cdot SCF_{AB,b} \qquad (5\text{-}10)$$

式中：$\sigma_{hs,b}$——支管表面焊趾处热点应力值；

$SCF_{AB,b}$——支管轴力在支管表面焊趾处产生的应力集中系数。

主管表面 B、C、D 和 G 点的热点应力值可用下式表示：

$$\sigma_{hs,c} = \sigma_{AB} \cdot SCF_{AB,c} + \sigma_{AC} \cdot SCF_{AC} + \sigma_{IC} \cdot SCF_{IC} \qquad (5\text{-}11)$$

式中：$\sigma_{hs,c}$——主管表面焊趾处热点应力值，$SCF_{AB,c}$ 为支管轴力在主管焊趾处产生的应力集中系数，区别于 $SCF_{AB,b}$。

式(5-11)中存在 $SCF_{AB,c}$、SCF_{AC} 和 SCF_{IC} 三个未知数，无法通过一个公式计算求得。图 5-22a)中的各应力比值为 $\sigma_{AB}:\sigma_{AC}:\sigma_{IC}=5.1:1:21.1$，可见主管弯曲应力最大。同时，疲劳试验结果也表明，节点最终均发生主管受弯疲劳开裂，而对于主管轴力，其所占比重极小，可忽略不计，对于支管轴力，虽然荷载比例不能忽略，但考虑到主管填充了混凝土并设置了 PBL 加劲肋，其在主管产生的应力集中效应很小，也可以忽略。根据以上分析，假定 $SCF_{AB,c}=SCF_{AC}=0$，主管表面焊趾处的应力集中系数可根据主管弯曲应力计算：

$$SCF = \frac{\sigma_{hs,c}}{\sigma_{IC}} \qquad (5\text{-}12)$$

表 5-10 列出了支管拉力作用下焊趾侧和焊跟侧 SCF。由表中数据可知，焊趾侧的 SCF 值总体上高于焊跟侧的 SCF 值，特别是对于主管上的 SCF，此现象更为明显，这与非 90°矩形钢管节点应力集中试验的发现基本一致。在支管上，SCF 最大值可能发生在 A 点或 E 点，在主管上，除试件 YCP-2 和 YCP-5 外，SCF 最大值均发生在 D 点。对于 YCP-2 试件，主管上 G 点的 SCF 值大于 D 点，这可能是因为 YCP-2 试件中的 PBL 加劲作用强于其他试件；而对于 YCP-5 试件，其支主管宽度比 β 最小，意味着在主管宽度方向的 B 点可能具有更大的弯曲应力，因此相应的 B 点 SCF 值更大，同时大于 D 点 SCF 值。

支管拉力作用下焊趾侧和焊跟侧 SCF 对比 表 5-10

编 号	θ	β	2γ	τ	支 管 SCF			主 管 SCF			
					A	E	F	B	C	D	G
YCP-1 焊趾侧	60°	1	25	1	2.38	2.27	1.25	0.49	0.44	2.10	1.83
YCP-1 焊跟侧					2.18	2.44	1.79	—	—	1.84	1.81
YCP-1 较大值					2.38	2.44	1.79	0.49	0.44	2.10	1.83
YCP-2 焊趾侧	45°	1	25	1	1.82	2.38	1.72	0.10	0.37	1.89	2.10
YCP-2 焊跟侧					1.69	2.17	1.57	—	0.20	1.50	1.64
YCP-2 较大值					1.82	2.38	1.72	0.10	0.37	1.89	2.10

续上表

编号	θ	β	2γ	τ	支管 SCF			主管 SCF			
					A	E	F	B	C	D	G
YCP-3 焊趾侧					1.83	2.28	0.95	0.55	0.23	1.78	2.18
YCP-3 焊跟侧	90°	1	25	1	2.47	2.57	1.91	0.53	0.53	2.29	1.65
YCP-3 较大值					2.47	2.57	1.91	0.55	0.53	2.29	2.18
YCP-4 焊趾侧					2.73	2.65	1.92	1.30	1.13	2.44	2.33
YCP-4 焊跟侧	60°	0.8	25	1	2.39	1.99	1.76	0.85	1.09	1.95	1.70
YCP-4 较大值					2.73	2.65	1.92	1.30	1.13	2.44	2.33
YCP-5 焊趾侧					2.15	2.37	1.06	3.46	1.78	2.11	2.02
YCP-5 焊跟侧	60°	0.6	25	1	2.07	2.41	1.03	2.67	1.53	1.93	1.77
YCP-5 较大值					2.15	2.41	1.06	3.46	1.78	2.11	2.02
YCP-6 焊趾侧					2.41	2.69	1.41	0.71	0.63	2.46	2.38
YCP-6 焊跟侧	60°	1	37.5	1	2.06	2.16	1.90	—		2.05	1.47
YCP-6 较大值					2.41	2.69	1.90	0.71	0.63	2.46	2.38
YCP-7 焊趾侧					2.10	2.22	0.93	0.46	0.41	1.72	1.61
YCP-7 焊跟侧	60°	1	18.75	1	1.78	1.90	1.62	0.37	0.29	2.05	1.77
YCP-7 较大值					2.10	2.22	1.62	0.46	0.41	2.05	1.77
YCP-8 焊趾侧					1.68	2.05	1.10	0.15	0.19	2.02	1.74
YCP-8 焊跟侧	60°	1	18.75	0.75	1.59	1.58	1.33	0.40	0.29	1.77	1.32
YCP-8 较大值					1.68	2.05	1.33	0.40	0.29	2.02	1.74
YCP-9 焊趾侧					1.63	2.03	0.81	—	—	1.90	1.26
YCP-9 焊跟侧	60°	1	18.75	0.5	1.65	1.91	1.22	0.25	0.23	1.54	0.81
YCP-9 较大值					1.65	2.03	1.22	0.25	0.23	1.90	1.26
YH 焊趾侧					4.16	3.20	1.04	0.78	1.36	3.09	1.44
YH 焊跟侧	60°	1	25	1	3.68	1.53	1.17	0.56	1.33	1.67	1.43
YH 较大值					4.16	3.20	1.17	0.78	1.36	3.09	1.44
YC 焊趾侧					3.86	2.87	1.16	0.68	0.95	2.51	1.63
YC 焊跟侧	60°	1	25	1	2.51	2.64	1.40	0.41	1.10	1.56	1.01
YC 较大值					3.86	2.87	1.40	0.68	1.10	2.51	1.63

注："—"表示 SCF 非常小,可忽略不计。

表 5-11 列出了支管拉力和压力分别作用下焊趾侧 SCF。由表可知,对于矩形钢管节点 YH,在支管拉力或压力作用下,主管顶板发生外凸或内凹变形,SCF 水平基本相当,因此,矩形钢管节点疲劳计算时,支管拉力和压力荷载工况均应考虑。在主管内填充混

凝土后,可以发现节点不会发生内凹变形,支管压力荷载工况下的 SCF 值明显小于支管拉力荷载工况下的 SCF 值,因此,支管拉力荷载对于矩形钢管混凝土节点疲劳性能更为不利。

支管拉力和压力作用下焊趾侧 SCF 对比　　　　表 5-11

编　号	θ	β	2γ	τ	支　管 SCF			主　管 SCF			
					A	E	F	B	C	D	G
YCP-1 拉力	60°	1	25	1	2.38	2.27	1.25	0.49	0.44	2.10	1.83
YCP-1 压力					1.16	1.81	1.78	0.32	0.76	1.82	1.43
YCP-1 较大值					2.38	2.27	1.78	0.49	0.76	2.10	1.83
YCP-2 拉力	45°	1	25	1	1.82	2.38	1.72	0.10	0.37	1.89	2.10
YCP-2 压力					1.57	2.08	1.64	0.10	0.25	1.76	1.98
YCP-2 较大值					1.82	2.38	1.72	0.10	0.37	1.89	2.10
YCP-3 拉力	90°	1	25	1	1.83	2.28	0.95	0.55	0.23	1.78	2.18
YCP-3 压力					1.39	1.24	1.67	0.47	0.19	1.71	1.97
YCP-3 较大值					1.83	2.28	1.67	0.55	0.23	1.78	2.18
YCP-4 拉力	60°	0.8	25	1	2.73	2.65	1.92	1.30	1.13	2.44	2.33
YCP-4 压力					1.98	1.92	1.90	0.75	0.86	1.78	2.07
YCP-4 较大值					2.73	2.65	1.92	1.30	1.13	2.44	2.33
YCP-5 拉力	60°	0.6	25	1	2.15	2.37	1.06	3.46	1.78	2.11	2.02
YCP-5 压力					1.22	1.54	1.31	1.89	1.11	1.71	1.94
YCP-5 较大值					2.15	2.37	1.31	3.46	1.78	2.11	2.02
YCP-6 拉力	60°	1	37.5	1	2.41	2.69	1.41	0.71	0.63	2.46	2.38
YCP-6 压力					1.58	2.42	1.14	0.42	0.38	1.31	1.88
YCP-6 较大值					2.41	2.69	1.41	0.71	0.63	2.46	2.38
YCP-7 拉力	60°	1	18.75	1	2.10	2.22	0.93	0.46	0.41	1.72	1.61
YCP-7 压力					1.60	1.34	1.20	0.14	0.11	1.58	1.58
YCP-7 较大值					2.10	2.22	1.20	0.46	0.41	1.72	1.61
YCP-8 拉力	60°	1	18.75	0.75	1.68	2.05	1.10	0.15	0.19	2.02	1.74
YCP-8 压力					1.56	1.05	0.66	—	—	1.79	1.84
YCP-8 较大值					1.68	2.05	1.10	0.15	0.19	2.02	1.84
YCP-9 拉力	60°	1	18.75	0.5	1.63	2.03	0.81			1.90	1.26
YCP-9 压力					1.11	1.15	0.51			1.02	0.83
YCP-9 较大值					1.63	2.03	0.81			1.90	1.26

续上表

编　号	θ	β	2γ	τ	支管 SCF			主管 SCF			
					A	E	F	B	C	D	G
YH 拉力	60°	1	25	1	4.16	3.20	1.04	0.78	1.36	3.09	1.44
YH 压力	60°	1	25	1	4.31	3.21	1.05	0.43	0.87	2.73	1.43
YH 较大值					4.31	3.21	1.05	0.78	1.36	3.09	1.44
YC 拉力	60°	1	25	1	3.86	2.87	1.16	0.68	0.95	2.51	1.63
YC 压力	60°	1	25	1	3.43	2.35	1.05	0.35	0.48	2.14	1.34
YC 较大值					3.86	2.87	1.16	0.68	0.95	2.51	1.63

注:"—"表示 SCF 非常小,可忽略不计。

下面几节将选取每个节点 A~G 点焊趾侧和焊跟侧的 SCF 最大值,分析主管内填混凝土和设置 PBL 加劲肋对 SCF 的影响,以及几何无量纲参数 θ、β、2γ 和 τ 变化对 SCF 的影响。

(1) 主管内填混凝土和设置 PBL 对 SCF 的影响

图 5-24 为矩形钢管节点(YH)、矩形钢管混凝土节点(YC)和 PBL 加劲型矩形钢管混凝土节点(YCP-1)三类节点 SCF 对比。为了更直观地描绘主管内填混凝土和设置 PBL 加劲肋对 SCF 的影响,基于图 5-24 中数据,描绘三类节点相贯线处的热点应力分布,如图 5-25 所示。由图可知,三类节点相贯线处热点应力分布与刚度分布有关,对于矩形钢管节点,支管拉力作用下,支管和主管在相贯线处保持变形协调,因此,在支管和主管表面应力呈非均匀分布,支管角隅部位刚度大,对应的热点应力水平高,而中间部位刚度小,对应的热点应力水平低。在主管内填充混凝土后,应力分布趋势与矩形钢管节点基本一致,但是角隅部位的热点应力水平有所降低,而中部热点应力水平有所提高,可见,主管内填混凝土使节点相贯线处刚度分布更为均匀,从而使应力集中峰值有所降低。在主管内填混凝土并设置 PBL 加劲肋后,PBL 加劲部位的刚度有所提高,可以发现在支管和主管中部出现新的波峰,但是该处的热点应力水平仍然低于角隅部位的应力值。由此可得,主管填充混凝土并设置 PBL 加劲肋使得相贯线处的刚度进一步趋于均匀,应力集中峰值进一步降低。

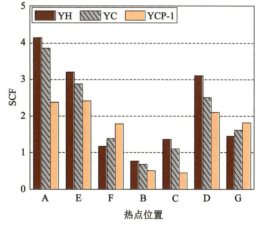

图 5-24　试件 YH、YC 和 YCP-1 的 SCF 对比

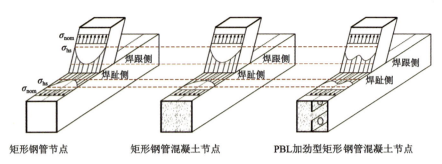

图 5-25 三类节点相贯线处热点应力分布

(2) 支主管夹角 θ 对 SCF 的影响

图 5-26 所示为支主管夹角 θ 对 SCF 的影响。由图可见,除 G 点外,支管和主管上各点的 SCF 值随着 θ 的增大而提高,这是因为 θ 越大,意味着其竖向分力越大,对应的相贯线处应力集中程度越高。G 点的应力集中程度与 PBL 的加劲和抗剪作用密切相关,而这两个作用的发挥与 PBL 开孔中穿过的混凝土榫的材料特性有关,因此,孔内混凝土榫的不确定性导致了该点应力集中程度的不确定性。

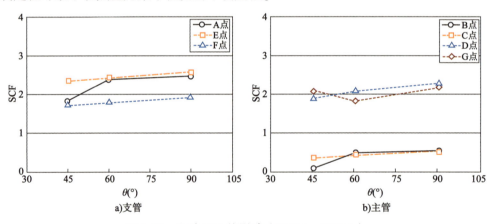

图 5-26 θ 对 SCF 的影响(YCP-1 ~ YCP-3)

(3) 支主管宽度比 β 对 SCF 的影响

图 5-27 所示为支主管宽度比 β 对 SCF 的影响。由图可见,随着 β 的增加,支管上各点(A、E 和 F 点)和主管上 C、D 点的 SCF 值先增加后减小,在 $\beta = 0.8$ 时,SCF 达到最大值,而对于主管上 B 和 C 点,β 值越小,对应的 SCF 值越大,这是因为支主管宽度比较小时,主管的 B 和 C 点会产生比较大的弯曲应力。

(4) 主管宽厚比 2γ 对 SCF 的影响

图 5-28 所示为主管宽厚比 2γ 对 SCF 的影响。由图可知,支管和主管表面所有点的 SCF 与 2γ 正相关,因为 2γ 越大,代表主管越薄,在相同荷载下主管顶板弯曲应力越大,对应的 SCF 值也越大。

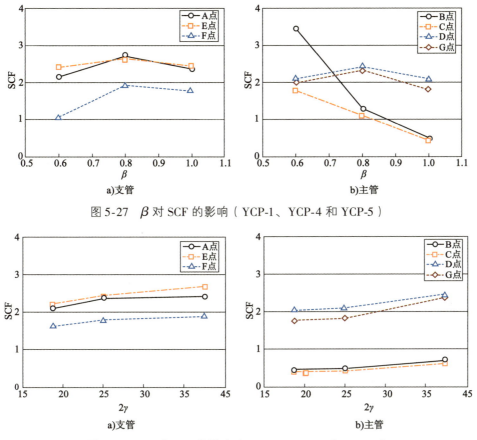

图 5-27　β 对 SCF 的影响（YCP-1、YCP-4 和 YCP-5）

图 5-28　2γ 对 SCF 的影响（YCP-1、YCP-6 和 YCP-7）

(5) 支主管厚度比 τ 对 SCF 的影响

图 5-29 所示为支主管厚度比 τ 对 SCF 的影响。由图可知，τ 值越大，对应的支管和主管表面各点 SCF 值越大，这个结论与矩形钢管节点试验现象相同。

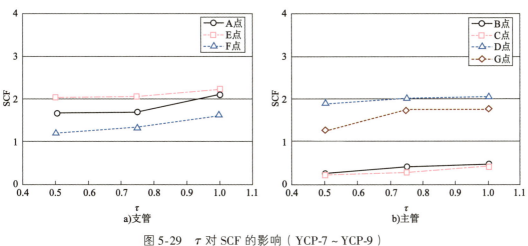

图 5-29　τ 对 SCF 的影响（YCP-7 ~ YCP-9）

5.3.3 桁架节段试验概述

(1) 试件设计

在进行矩形钢管混凝土组合桁梁负弯矩区试验的同时,还进行了节点应力集中程度的试验。试件介绍见 6.2.1 节,测试节点如图 5-30 所示。

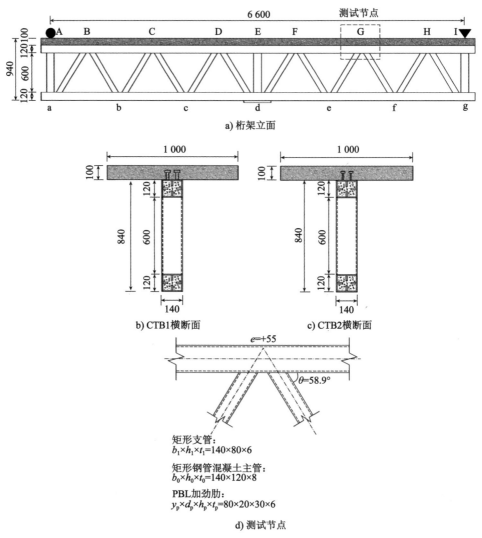

图 5-30 试件构造和尺寸(尺寸单位：mm)

(2) 测点布置

试验中,对桁架节点支、主管相贯线处热点应力进行测试,同时对桁架支、主管表面名义应力进行测试。

图 5-31 所示为桁架中 K 形节点热点应力测点布置,在焊趾侧和焊跟侧分别布置

A~G 7 个测点。同时，与 Y 形节点不同，K 形节点存在受拉支管和受压支管，不同荷载下两支管处热点应力分布不同，因此，应分别在受拉支管和受压支管布置热点应力测点，总计 28 个位置。焊趾处热点应力通过二次外推得到。

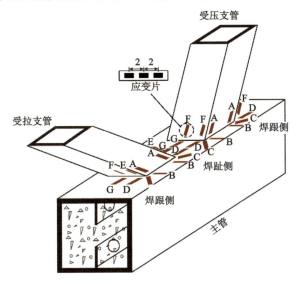

图 5-31　热点应力测点（尺寸单位：mm）

图 5-32 所示为桁架节点名义应力测点。在受压支管、受拉支管和主管两端分别布置 3 列名义应力测点，通过钢管中部应变片数据得到杆件轴力，通过钢管顶、底板应变片

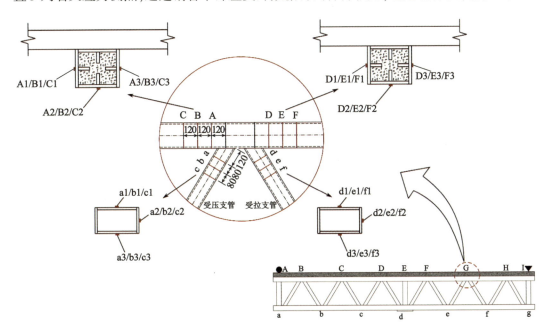

图 5-32　名义应力测点（尺寸单位：mm）

数据得到杆件弯矩，支管和主管焊趾处弯曲应力可通过3列名义应变片结果线性外推得到。主管左右两端3列应变片距支管中线距离分别为120mm、240mm和360mm，受压和受拉支管3列应变片距焊趾距离分别为120mm、200mm和280mm。

5.3.4 节点名义应力试验结果

桁架节点中焊趾处热点应力分布与所受的荷载工况密切相关。故需要对弦杆和腹杆钢管表面名义应力进行分析，得到各杆件的内力分布，同时，作为疲劳方面的研究，热点应力结果应仅限于结构弹性阶段内的分析，因此，还需要确定2榀桁架受力全过程中的弹性阶段。

根据图5-32中的名义应力测点，试验中测得弦杆和腹杆钢管表面相应位置的应变，弦杆和腹杆焊趾处截面的轴力可根据式(5-13)得到，弦杆和腹杆测试截面的弯矩可根据式(5-14)和式(5-15)得到，弯矩沿杆件线性分布，进而通过各杆件3个测试截面测得的弯矩线性外推，可得到弦杆和腹杆焊趾处截面的弯矩。

$$P_i = EA_i \overline{\varepsilon_m} \tag{5-13}$$

$$M_c = 2EI_c \left(\frac{\varepsilon_b - \varepsilon_m}{h_0} \right) \tag{5-14}$$

$$M_b = EI_b \left(\frac{\varepsilon_b - \varepsilon_t}{h_1} \right) \tag{5-15}$$

式中：P_i——弦杆或腹杆轴力；

EA_i——腹杆或弦杆轴向刚度；

$\overline{\varepsilon_m}$——钢管截面中部各测点应变平均值，如图5-32中受压腹杆a2、b2和c2测点应变的平均值；

M_c——主管弯矩；

EI_c——弦杆抗弯刚度；

ε_b、ε_m——钢管底板和侧板中部应变值；

EI_b——腹杆抗弯刚度；

ε_t——钢管顶板中部应变值。

主桁通过上弦杆剪力钉与混凝土桥面板连接，形成组合桁梁，上弦杆和混凝土桥面板可作为整体共同承担轴力和弯矩，组合作用程度则取决于剪力钉的抗剪刚度。对于CTB1试件，采用局部释放作用的剪力钉，其抗剪刚度非常小，可认为上弦杆和混凝土桥面板组合作用很小，对于CTB2试件，采用普通剪力钉，其组合作用理论上应大于

CTB1。试验中虽然对桥面板和普通钢筋应变进行了测试,但由于桥面板剪力滞现象、混凝土应变离散性大和 CTB1 中预应力钢筋应变难以测量等原因,无法准确测得混凝土桥面板所承担的轴力和弯矩。因此,可通过式(5-13)~式(5-15),对弦杆和腹杆应变分布进行分析,得到桁架节点相贯线处弦杆和腹杆截面的内力分布,然后根据组合梁节点位置轴力和弯矩平衡,即式(5-16)~式(5-18),求得桥面板所承担的轴力和弯矩,典型分布模式如图 5-33 所示。

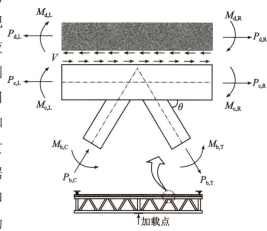

图 5-33 桁架节点典型内力分布

$$\sum P_{i,x} = P_{d,L} + P_{c,L} - P_{d,R} - P_{c,R} + P_{b,C}\cos\theta - P_{b,T}\cos\theta = 0 \quad (5\text{-}16)$$

$$\sum P_{i,y} = P_{b,C}\sin\theta + P_{b,T}\sin\theta = 0 \quad (5\text{-}17)$$

$$\sum M_i = M_{d,L} + M_{d,R} + M_{c,L} + M_{c,R} + M_{b,C} + M_{b,T} = 0 \quad (5\text{-}18)$$

式中,假定拉力为正,压力为负,顺时针弯矩为正,逆时针弯矩为负。

采用式(5-13)~式(5-15)对实测弦杆和腹杆名义应变进行分析,得到加载点荷载 0~600kN 时弦杆和腹杆的轴力和弯矩变化,如图 5-34 所示。由图可知,CTB1 和 CTB2 弦杆和腹杆轴力和弯矩方向均与图 5-32 所示典型内力分布一致,在相同的加载点荷载作用下,CTB1 和 CTB2 的拉压支管轴力和弯矩基本相当,但是主管所承担的弯矩和轴力不同。

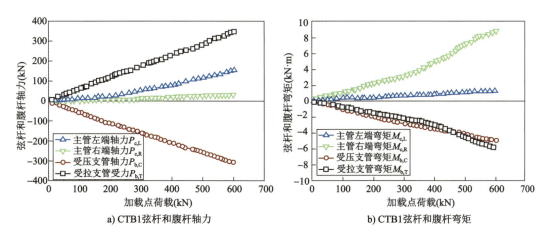

图 5-34

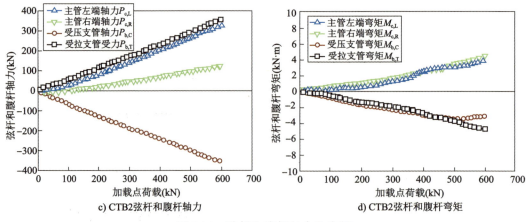

c) CTB2弦杆和腹杆轴力 d) CTB2弦杆和腹杆弯矩

图 5-34 弦杆和腹杆轴力和弯矩

基于测得的弦杆和腹杆内力,采用式(5-16)~式(5-18)平衡关系,可以得到混凝土桥面板分担的轴力和弯矩,如图 5-35 所示。由图可知,CTB1 试件桥面板分担的轴力大于 CTB2 试件桥面板分担轴力,这是由于 CTB1 试件中预应力钢筋的作用,CTB1 试件桥面板分担的弯矩小于 CTB2 试件桥面板分担弯矩,这是由于 CTB1 试件设置了局部释放作用的剪力钉,使得 CTB1 组合作用小于 CTB2。同时,值得注意的是桥面板弯矩变化趋势[图 5-35b)]不规则,这也说明了弯曲应变数据离散性大,特别是对于钢管混凝土组合桁梁结构,上弦杆钢管和混凝土存在组合作用,同时,上弦杆与混凝土桥面板也存在组合作用,难以准确测量各杆件承担的弯矩。

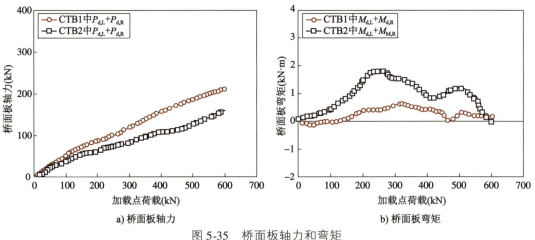

a) 桥面板轴力 b) 桥面板弯矩

图 5-35 桥面板轴力和弯矩

由以上分析可知,当加载点荷载达到 200kN 时,桁架结构受力处于弹性阶段,同时对实测数据分析发现,此时应变测试稳定,得到的结果准确,因此,对该时刻测得的节点热点应变数据进行分析。图 5-36 所示为加载点荷载 200kN 时 CTB1 和 CTB2 试件内力分布,两试件支管轴力和弯矩基本相当,但由于桥面板和剪力钉构造不同,CTB1 试件与

CTB2 试件相比,混凝土桥面板分担更多的轴力和更少的弯矩,因此,CTB1 试件弦杆轴力更小,但弯矩更大。加载点荷载为 200kN 时,CTB1 和 CTB2 桁架节点各点热点应力结果列于表 5-12 中。

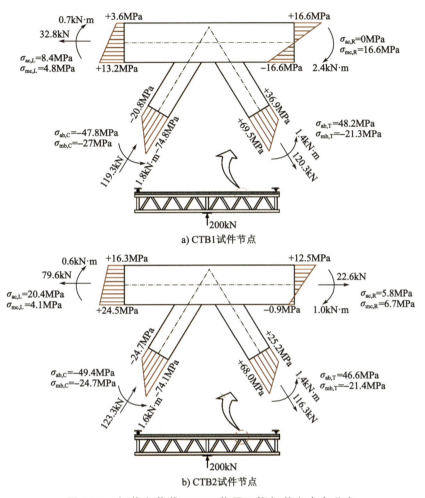

图 5-36 加载点荷载 200kN 作用下桁架节点内力分布

桁架节点热点应力结果 表 5-12

试件编号	位　　置	支管热点应力(MPa)			主管热点应力(MPa)			
		A	E	F	B	C	D	G
CTB1	受拉支管焊跟侧	71.3	54.2	45.3	39.7	20.2	-21.7	-2.1
	受拉支管焊趾侧	128.1	93.6	102.0	55.6	27.8	49.2	35.9
	受压支管焊跟侧	-21.1	-35.6	-19.5	-9.7	7.5	25.1	17.9
	受压支管焊趾侧	-108.8	-251.4	-90.1	-47.6	-35.1	-23.2	-56.5

续上表

试件编号	位置	支管热点应力(MPa)			主管热点应力(MPa)			
		A	E	F	B	C	D	G
CTB2	受拉支管焊跟侧	61.9	46.3	41.3	27.5	7.5	18.5	10.5
	受拉支管焊趾侧	128.5	94.2	100.5	50.7	45.7	72.1	70.0
	受压支管焊跟侧	-51.1	-33.0	-31.6	-7.4	-36.3	35.3	29.6
	受压支管焊趾侧	-162.9	-259.9	-88.6	-83.8	-41.4	-62.3	-15.2

试件 CTB1 和 CTB2 中节点的几何尺寸完全相同，在相同荷载作用下支、主管相贯线处热点应力分布也应一致。对表 5-12 测得的热点应力试验结果进行对比，见图 5-37。

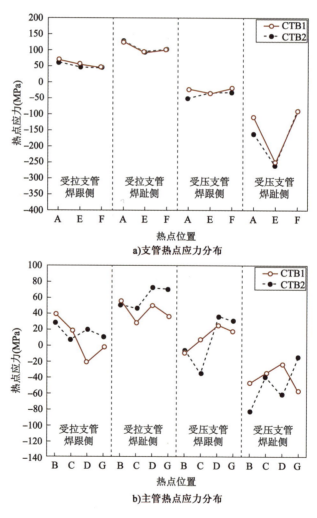

图 5-37 CTB1 和 CTB2 热点应力试验结果对比

由图 5-37a)可知,CTB1 和 CTB2 桁架节点支管表面热点应力分布基本一致,支管表面的热点应力大小只与支管表面名义应力水平有关,根据图 5-36 内力分析可知,两类节点支管表面名义应力基本相当,因此支管表面热点应力水平相当,CTB1 和 CTB2 试件节点支管最大受拉热点应力最大值均发生在受拉支管焊趾侧 A 点,分别为 128.1MPa 和 128.5MPa,支管最大受压热点应力最大值均发生在受压支管焊趾侧 E 点,分别为 -251.4MPa 和 -259.9MPa,通常可认为节点支管焊趾处仅能发生受拉疲劳破坏,因此,两个节点受拉支管焊趾侧 A 点更易发生疲劳破坏。由图 5-37b)可知,CTB1 和 CTB2 试件节点主管表面热点应力分布不同,主管表面热点应力与支管和主管名义应力均相关,根据图 5-36 内力分析可知,由于桥面板和剪力钉构造不同,使得两个节点主管所受内力不同,CTB1 和 CTB2 试件节点主管最大受拉热点应力最大值分别发生在受拉支管焊趾侧 B 点和 D 点,分别为 55.6MPa 和 72.1MPa,主管最大受压热点应力最大值分别发生在受压支管焊趾侧 G 点和 B 点,分别为 -56.5MPa 和 -83.8MPa,同样认为节点主管焊趾处仅能发生受拉疲劳破坏,因此,两个节点拉支管焊趾侧 B 点(CTB1)或 D 点(CTB2)更易发生疲劳破坏。

5.4 矩形钢管混凝土节点疲劳试验研究

本节拟进行 11 个等宽节点($\beta=1$)疲劳试验,各试件施加不同的支管受拉应力幅值,分析节点的疲劳寿命和裂缝扩展机理,以期给出矩形钢管混凝土节点基于热点应力法的疲劳计算的 S-N 曲线。

5.4.1 试验概述

(1)试件设计

考虑到桥梁中多采用等宽节点,本试验以 $\beta=1$ 的 Y 形节点为研究对象,共设计 11 个试件,其中 9 个为 PBL 加劲型矩形钢管混凝土节点,2 个为矩形钢管节点,节点典型构造如图 5-38 所示,几何参数汇总于表 5-13 中。编号"YH"代表矩形钢管节点,"YC"代表 PBL 加劲型矩形钢管混凝土节点。所有试件支主管夹角为 60°,9 个 PBL 加劲型矩形钢管混凝土节点几何尺寸一致,试验中应力幅值不同。试件 YH1 和 YH2 作为对比,原本设计其无量纲参数与 YC1~YC9 一致,但由于加工时的失误,试件 YH2 主管采用了更薄的 4mm 钢板,而非原本设计的 6mm 钢板。试验布置如图 5-39 所示。

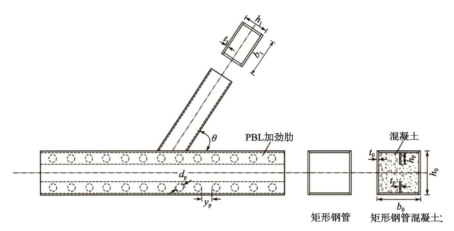

图 5-38 节点典型构造

试件几何尺寸　　　　表 5-13

编号	主管（mm）			支管（mm）			PBL 加劲肋（mm）				无量纲参数		
	b_0	h_0	t_0	b_1	h_1	t_1	h_p	d_p	y_p	t_p	β	2γ	τ
YH1	150	150	6	150	90	6	—	—	—	—	1	25	1
YH2	150	150	4	150	90	6	—	—	—	—	1	37.5	1.5
YC1~YC9	100	100	4	100	60	4	30	4	20	40	1	25	1

图 5-39 试验布置

(2) 静力试验过程

节点疲劳裂缝通常产生于焊趾应力集中程度最大的位置,因此,在疲劳试验前,有必要先进行静力试验,测试焊趾处热点应力值,然后得到应力集中系数(SCF),以此评估节点的疲劳性能。热点应力测点布置如图 5-40 所示,热点应力采用二次外推法获得。在计算 SCF 时还需要知道支、主管表面的名义应力,名义应力测点布置见图 5-22。

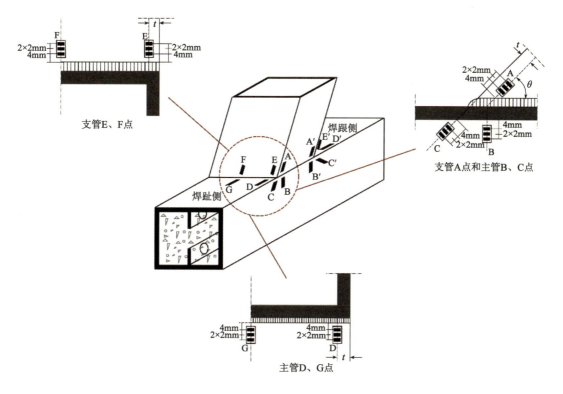

图 5-40　热点应力测点布置

静力试验分别对节点施加支管拉力和支管压力,以确定最不利荷载工况。试验采用荷载控制的加载制度,试验前进行预加载,以消除节点偏心,每级施加 5MPa 的支管名义应力,整个试验过程保证钢管处于弹性阶段。

(3) 疲劳试验过程

静力试验结束后,对节点施加疲劳荷载,以获得节点的疲劳寿命和裂缝扩展过程。试验中施加正弦波应力幅,疲劳荷载参数见表 5-14。其中试件 YC6 施加变幅荷载,应力幅分别为 20MPa 和 35MPa。

疲劳荷载参数　　　　　　　　　表 5-14

编　号	σ_{min}(MPa)	σ_{max}(MPa)	$\Delta\sigma$(MPa)	应力比 R	频　率
YH1	2.4	24.4	22.0	0.1	8
YH2	2.4	24.4	22.0	0.1	8
YC1	6.6	64.1	57.6	0.1	8
YC2	5.8	37.0	31.3	0.1	8
YC3	3.9	38.7	34.8	0.1	8
YC4	4.4	44.4	40.0	0.1	8
YC5	2.8	27.8	25.0	0.1	8
YC6	2.2/3.9	22.2/38.9	20.0/35.0	0.1	8
YC7	3.5	35.5	32.0	0.1	8
YC8	3.4	33.3	29.9	0.1	8
YC9	3.9	38.9	35.0	0.1	8

在疲劳荷载作用下,节点焊趾处裂缝产生和扩展是个过程,通常采用以下 4 个典型时刻的循环次数(N)来判定节点的疲劳破坏:①测量点应变值发生 15% 变化时对应的循环次数(N_1);②裂缝起始时对应的循环次数(N_2);③裂缝贯穿钢管厚度时对应的循环次数(N_3);④裂缝发展至半个支管周长时的循环次数(N_4)。本试验中对 N_2 和 N_4 进行记录。

5.4.2 静力试验结果

(1)名义应力结果

分别在节点支管端部施加轴心拉力和轴心压力,在支管拉力作用下节点的典型内力分布如图 5-41 所示,其中 N、M 和 V 分别为轴力图、弯矩图和剪力图,对应的支管和主管应力分布如图 5-42 所示。支管压力作用下节点的内力和应力分布与图 5-41 和图 5-42 符号相反。与 5.3 节中的分析一致,由于本试验采用主管两端铰接,在支管轴力作用下,主管会产生附加弯矩和轴力。

矩形钢管节点支管和主管表面的名义应力可根据简单

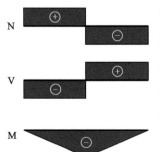

图 5-41　受拉节点内力分布

梁理论计算。支管拉力 P 作用下的受拉名义应力 σ_{AB} 等于 P/A_b，A_b 为支管截面面积。主管轴力 N 作用下的主管名义应力 σ_{AC} 等于 N/A_c，在主管焊趾侧为拉应力，在焊跟侧为压应力，A_c 为主管截面面积。主管弯矩 M 作用下的主管顶板和底板应力 $\sigma_{IC,t}$ 和 $\sigma_{IC,b}$ 等于 M/Z，Z 为主管截面弹性模量。PBL 加劲型矩形钢管混凝土节点的名义应力也可根据简单梁理论进行计算，将管内混凝土和 PBL 加劲肋的贡献考虑进主管截面弹性模量中。

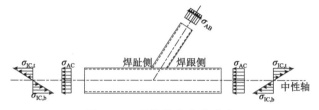

图 5-42 受拉节点应力分布

表 5-15 所示为支管拉力 $\sigma_{AB}=25\mathrm{MPa}$ 时节点名义应力计算结果与实测结果对比。由表 5-15 可知，支管名义应力、主管顶板和底板名义应力的理论计算结果与实测结果比值的平均值分别为 1.00、1.04 和 1.02，可见采用简单梁理论可以很好地计算支、主管名义应力。根据实测名义应力可以得出，主管顶板的弯曲应力 $\sigma_{IC,t}$ 大于主管底板的弯曲应力 $\sigma_{IC,b}$，表明在受力过程中，管内混凝土虽然可能发生受拉开裂，但是下端受压区混凝土仍能参与工作，分担部分压应力，使得钢管底板应力水平降低。同时，虽然 YC1~YC9 试件的几何尺寸和材料特性完全相同，但是主管表面实测弯曲应力仍有一些差异，这可能是由于管内混凝土的差异引起的，因此，在 SCF 计算时仍选取实测名义应力。

支管拉力 $\sigma_{AB}=25\mathrm{MPa}$ 时节点名义应力计算结果和实测结果　　表 5-15

编号	理论计算结果（MPa）				实测结果（MPa）			对比		
	$\sigma_{AB,1}$	σ_{AC}	$\sigma_{IC,t1}$	$\sigma_{IC,b1}$	$\sigma_{AB,2}$	$\sigma_{IC,t2}$	$\sigma_{IC,b2}$	$\dfrac{\sigma_{AB,1}}{\sigma_{AB,2}}$	$\dfrac{\sigma_{IC,t1}}{\sigma_{IC,t2}}$	$\dfrac{\sigma_{IC,b1}}{\sigma_{IC,b2}}$
YH1	25	4.9	65.9	−65.9	25.8	65.6	−66.0	1.03	1.00	1.00
YH2	25	7.3	94.9	−94.9	24.4	96.7	−96.3	0.98	1.02	1.01
YC1	25	4.9	111.4	−91.1	24.8	109.9	−83.6	0.99	0.99	0.92
YC2	25	4.9	111.4	−91.1	25.7	114.8	−89.9	1.03	1.03	0.99
YC3	25	4.9	111.4	−91.1	25.2	110.7	−98.9	1.01	0.99	1.09
YC4	25	4.9	111.4	−91.1	26.1	126.4	−92.6	1.04	1.13	1.02
YC5	25	4.9	111.4	−91.1	24.4	119.7	−93.4	0.98	1.07	1.02
YC6	25	4.9	111.4	−91.1	24.8	113.2	−93.6	0.99	1.02	1.03
YC7	25	4.9	111.4	−91.1	26.2	117.2	−94.8	1.05	1.05	1.04

续上表

编号	理论计算结果（MPa）				实测结果（MPa）			对 比		
	$\sigma_{AB,1}$	σ_{AC}	$\sigma_{IC,t1}$	$\sigma_{IC,b1}$	$\sigma_{AB,2}$	$\sigma_{IC,t2}$	$\sigma_{IC,b2}$	$\dfrac{\sigma_{AB,1}}{\sigma_{AB,2}}$	$\dfrac{\sigma_{IC,t1}}{\sigma_{IC,t2}}$	$\dfrac{\sigma_{IC,b1}}{\sigma_{IC,b2}}$
YC8	25	4.9	111.4	−91.1	24.1	117.0	−90.6	0.96	1.05	1.00
YC9	25	4.9	111.4	−91.1	24.3	115.3	−99.8	0.97	1.03	1.10
平均值								1.00	1.04	1.02

（2）热点应力结果

根据实测热点应变,参照5.3节的计算方法,可以得到SCF值,列于表5-16中。通过对表5-16数据分析,可得到以下结论:

①与表5-15中的名义应力结果相似,尽管试件Y1～Y9的几何尺寸与材料特性相同,但是实测SCF值仍有较小的差异,这说明虽然试验前进行了预加载,但是实测SCF值对于荷载集中、混凝土和钢材性质等因素十分敏感。

②分析主管表面的SCF值可知,对于矩形钢管节点,支管拉力作用和支管压力作用下的SCF值基本相当,可见这两个荷载工况对于矩形钢管节点疲劳性能同样不利。在主管内填充混凝土后,支管拉力作用下的SCF值明显大于支管压力作用下的SCF值,可见混凝土在钢管内部提供了支撑作用,限制了主管的受压变形,使其SCF下降。

③矩形钢管节点的试验研究表明,对于不等宽($\beta<1$)节点,主管宽度方向弯曲应力比较大,B点和C点可能产生最大的SCF值,而本试验对于矩形钢管等宽($\beta=1$)节点的研究结果表明,支管荷载通过侧板直接传递到主管侧板,因此,B点和C点的SCF值非常小,可忽略不计。

静力试验结果 表5-16

编号	焊趾侧							焊跟侧						
	支管			主管				支管			主管			
	A	E	F	B	C	D	G	A'	E'	F'	B'	C'	D'	G'
荷载工况:支管压力（AC）														
YH1	4.21	2.12	1.05	0.70	0.92	2.65	1.99	3.78	1.51	1.03	0.61	0.90	1.79	1.43
YH2	4.12	2.46	1.04	0.56	0.61	2.65	1.75	3.30	1.82	1.04	0.55	0.56	1.52	1.50
YC1	2.03	1.10	1.28	—	—	1.70	1.34	2.07	1.32	1.13	—	—	1.66	1.20
YC2	1.17	2.37	2.37	—	—	1.82	1.02	1.19	2.21	2.11	—	—	1.25	1.16
YC3	2.03	1.36	1.06	—	—	1.35	1.56	1.24	1.11	1.44	—	—	1.11	1.04

续上表

编号	焊趾侧							焊跟侧						
	支管			主管				支管			主管			
	A	E	F	B	C	D	G	A′	E′	F′	B′	C′	D′	G′
YC4	1.79	2.01	2.08	—	0.27	1.12	1.37	1.21	1.03	1.34	—	—	1.16	1.05
YC5	2.01	1.72	2.26	0.18	0.32	2.06	1.73	1.27	1.39	1.74	—	—	1.64	1.00
YC6	1.93	1.41	1.26	0.27	0.43	1.57	1.52	1.62	1.02	1.09	0.21	0.27	1.41	1.06
YC7	2.24	2.01	2.50	—	—	1.44	1.51	1.16	1.08	1.30	0.12	—	1.02	1.32
YC8	2.25	1.84	2.01	—	—	1.45	1.08	1.90	1.21	1.14	—	—	1.21	1.16
YC9	1.14	1.24	2.05	—	—	1.82	1.73	1.07	1.24	1.26	—	0.19	1.28	1.13
平均值 YC1~YC9	1.84	1.67	1.87	—	—	1.59	1.43	1.41	1.29	1.39	—	—	1.30	1.12
荷载工况:支管拉力(AT)															
YH1	4.16	2.26	1.04	0.74	1.29	2.30	1.95	3.68	1.53	1.17	0.53	1.26	1.58	1.36
YH2	3.97	2.45	1.03	1.01	0.95	2.99	1.75	3.09	1.68	1.05	0.87	0.63	1.60	1.49
YC1	2.29	1.45	1.53	—	—	2.03	1.39	1.48	1.23	1.57	—	—	1.37	1.17
YC2	1.93	2.83	3.17	—	—	2.16	1.04	1.24	1.81	2.24	—	—	2.19	1.72
YC3	2.40	1.61	1.79	—	—	2.08	1.38	1.36	1.31	1.21	—	—	1.18	1.08
YC4	3.06	2.03	2.81	0.21	0.31	2.25	1.10	1.43	1.73	1.69	—	—	1.16	1.12
YC5	2.63	1.85	3.15	—	0.47	2.35	1.97	1.31	1.02	2.09	—	—	1.54	1.02
YC6	2.14	1.71	1.63	0.26	0.43	2.12	1.59	1.67	1.03	1.05	—	—	1.18	1.09
YC7	2.76	2.76	3.05	0.53	—	1.75	1.64	1.37	1.05	1.17	—	—	1.00	1.06
YC8	3.35	2.24	2.80	—	—	1.30	1.07	1.29	1.21	1.08	—	—	1.72	1.12
YC9	1.50	1.42	2.60	—	—	1.99	1.88	1.47	1.22	1.48	—	—	1.33	1.14
平均值 YC1~YC9	2.45	1.99	2.50	—	—	2.00	1.45	1.40	1.29	1.51	—	—	1.41	1.17

注:"—"表示该点 SCF 值非常小,可忽略不计。

为了进一步对比 PBL 加劲型矩形钢管混凝土节点与矩形钢管节点应力集中程度的差异,取 PBL 加劲型矩形钢管混凝土节点 YC1~YC9 试件 SCF 的平均值,与矩形钢管节点 YH1 的 SCF 进行对比,见图 5-43,值得注意的是,由于 YH2 的无量纲尺寸与 YC1~YC9 不同,因此不能用来对比。对于支管轴压荷载,除了焊趾侧 F 点和焊跟侧 F′点,PBL

加劲型矩形钢管混凝土节点支管和主管表面各点 SCF 值相比矩形钢管节点有明显降低,这说明管内混凝土对钢管顶板起到有效的支撑作用,使得节点相贯线处应力分布更均匀,进而支管表面 F 和 F′点的 SCF 略有提高。对于支管轴拉荷载,各点的 SCF 差异与支管轴压荷载基本类似,但主要归功于管内 PBL 加劲肋的作用,减小了主管顶板的无支撑长度,进而使主管顶板外凸弯曲变形减小。

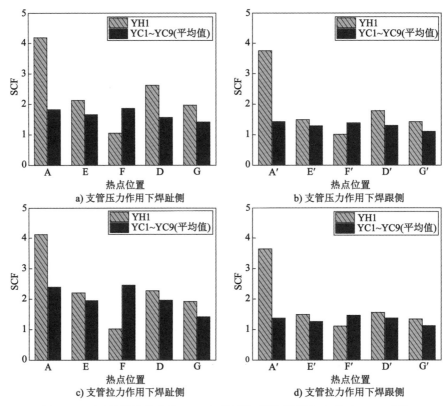

图 5-43 矩形钢管节点和 PBL 加劲型矩形钢管混凝土节点 SCF 对比

5.4.3 疲劳试验结果

(1) 概述

由表 5-16 中的实测 SCF 值可知,主管内填混凝土后,支管拉力荷载工况相比支管压力荷载工况更不利,因此,疲劳试验中施加受拉应力幅。对裂缝起始时对应的循环次数(N_2)、裂缝发展至半个支管周长时的循环次数(N_4)和裂缝初始位置进行记录,列于表 5-17 中。裂缝初始位置均发生于主管表面焊趾处,结合表 5-16 中各名义应力的水平,可知主管弯矩对节点疲劳开裂起控制作用,此外,可以发现,裂缝的起始位置与最大 SCF 点一致。表 5-17 中同时列出了支管名义应力幅($\Delta\sigma$)、主管名义弯曲应力幅(S_{nom})和对应的主管热点应力幅(S_{hs})。

表 5-17　疲劳试验结果

编号	$\Delta\sigma$ (MPa)	S_{nom} (MPa)	SCF	S_{hs} (MPa)	N_2	N_4	N_4/N_2	裂缝初始位置	t_0 (mm)	$S_{\text{hs}}(t_0=16)$ (MPa)
YH1	22.0	58.0	2.65	153.7	981 990	1 413 896	1.44	焊趾侧 D 点	6	107.0
YH2	22.0	89.6	2.99	267.9	465 898	889 280	1.91	焊趾侧 D 点	4	163.3
YC1	57.6	237.3	2.03	481.6	—	53 653	—	焊趾侧 D 点	4	325.0
YC2	31.3	128.8	2.19	282.1	1 183 850	1 234 229	1.04	焊跟侧 D 点	4	170.0
YC3	34.8	143.4	2.08	298.2	—	345 568	—	焊趾侧 D 点	4	188.1
YC4	40.0	164.7	2.25	370.6	412 709	451 330	1.09	焊趾侧 D 点	4	231.6
YC5	25.0	103.0	2.35	242.1	1 024 297	1 123 252	1.10	焊趾侧 D 点	4	146.4
YC6	20.0/35.0	82.3/144.4	2.12	183.0	—	3 108 085	—	焊趾侧 D 点	4	106.6
YC7	32.0	131.9	1.75	230.7	462 435	481 187	1.04	焊趾侧 D 点	4	143.8
YC8	29.9	123.4	1.72	212.2	2 450 971	2 536 411	1.03	焊跟侧 D 点	4	124.6
YC9	35.0	144.4	1.99	287.3	419 248	428 916	1.02	焊趾侧 D 点	4	179.9

注:①"—"表示初始裂缝产生时对应的循环次数未被记录;
②试件 YC6 施加了变幅荷载,$\Delta\sigma_{\text{T1}}=20\text{MPa},n_1=3\,000\,000,\Delta\sigma_{\text{T2}}=35\text{MPa},n_2=108\,085$。

（2）裂缝初始和扩展

图 5-44 所示为各节点疲劳破坏模式。由图可知，11 个节点的裂缝初始位置分为两类，分别为焊趾侧 D 点和焊跟侧 D 点。本书针对这两类破坏模式，以试件 YC4 和 YC8 为例，介绍裂缝扩展的全过程。

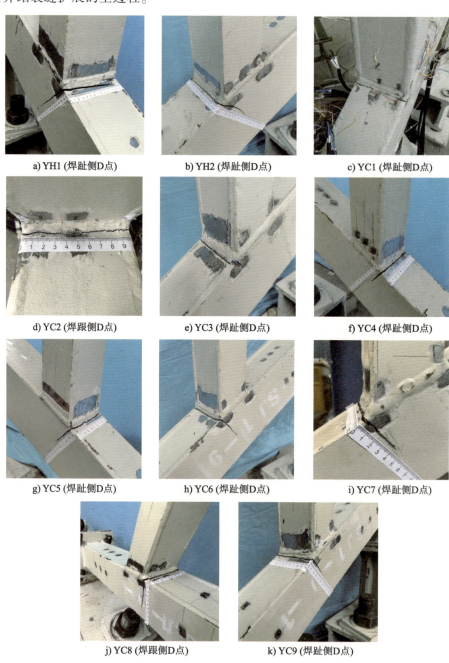

a) YH1 (焊趾侧D点)　　b) YH2 (焊趾侧D点)　　c) YC1 (焊趾侧D点)

d) YC2 (焊跟侧D点)　　e) YC3 (焊趾侧D点)　　f) YC4 (焊趾侧D点)

g) YC5 (焊趾侧D点)　　h) YC6 (焊趾侧D点)　　i) YC7 (焊趾侧D点)

j) YC8 (焊跟侧D点)　　k) YC9 (焊趾侧D点)

图 5-44　各节点疲劳破坏模式

①焊趾侧 D 点疲劳开裂。

以试件 YC4 为例,图 5-45 所示为焊趾侧 D 点疲劳开裂的破坏模式对应的裂缝扩展全过程。在荷载循环 412 709 次时,焊趾侧 D 点产生初始裂缝,此时裂缝在主管顶板长度为 1.5cm,同时裂缝与主管呈 95°方向扩展,在主管背面侧板长度为 1cm,如图 5-45a)所示。然后裂缝分别沿主管顶板和主管背面侧板扩展,同时,在荷载循环 430 949 次时,在正面主管顶板产生裂缝,此时裂缝长度为 1.3cm,如图 5-45b)所示。随着循环次数增加,裂缝继续扩展,当荷载循环 441 029 次时,裂缝在主管背面顶板和侧板长度分别为 3.7cm 和 1.7cm,主管正面裂缝从顶板向侧板扩展,扩展方向与主管呈 110°,此时主管正面顶板和侧板裂缝长度分别为 1.8cm 和 0.8cm。当荷载循环 451 330 次时,裂缝贯通整个主管顶板,主管背面和正面侧板裂缝长度分别为 3.3cm 和 2.5cm,此时认为节点发生疲劳破坏。

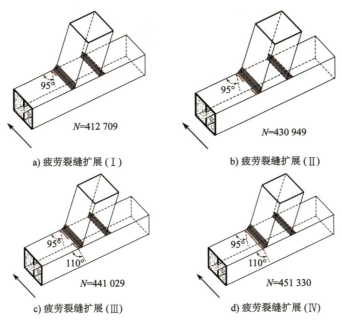

图 5-45 裂缝扩展(焊趾侧 D 点开裂)

②焊跟侧 D 点疲劳开裂。

以试件 YC8 为例,图 5-46 所示为焊跟侧 D 点疲劳开裂的破坏模式对应的裂缝扩展全过程。当疲劳荷载循环 2 450 971 次时,在焊跟侧 D 点产生初始裂缝,分别沿主管顶板和主管正面侧板扩展,在主管正面侧板与主管呈 84°方向扩展,裂缝在主管顶板和侧板长度分别为 2.2cm 和 1.3cm,如图 5-46a)所示。随后,裂缝在主管顶板和正面侧板继续扩展,如图 5-46b)和图 5-46c)所示。最终,当荷载循环 2 536 411 次时,裂缝贯穿主管顶板,并扩展到背面主管侧板,视为节点发生疲劳破坏,此时,在正面和背面主管侧板的裂缝分别为7.4cm和2.1cm。

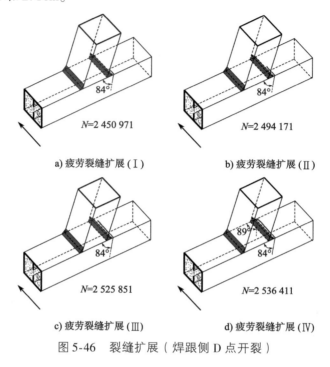

图 5-46　裂缝扩展(焊跟侧 D 点开裂)

5.4.4　疲劳设计 S_{hs}-N 曲线

(1) S_{hs}-N 数据分析

将试验中的数据点绘制在对数坐标中,其中,以热点应力幅 S_{hs} 为纵坐标,以循环次数 N 为横坐标,通过数据拟合,可得到疲劳强度 S_{hs}-N 曲线。热点应力幅 S_{hs} 可通过名义应力幅 S_{nom} 和相应的最大应力集中系数 SCF 的乘积计算得到,对于试件 YC6,试验过程中施加变幅疲劳荷载,可根据 Miner 线性累积损伤准则,按式(5-19)计算得到等效的名义应力幅 $S_{nom,equ}$:

$$S_{nom,equ} = \left(\frac{\sum n_i \cdot S_i^m}{\sum n_i} \right)^{1/m} \tag{5-19}$$

式中,$m=3$。对于试件 YC6,$S_1=82.3$ MPa,$S_2=144.4$ MPa,$n_1=3\,000\,000$,$n_2=108\,085$,计算可得 $S_{nom,equ}=86.3$ MPa,S_1 和 S_2 分别是第一次和第二次施加的名义应力幅,n_1 和 n_2 是相应的循环次数。

S_{hs}-N 曲线与节点钢管壁厚有关,CIDECT 规范中 S_{hs}-N 曲线以16mm 壁厚为基准,在此基准上进行壁厚修正后可以得到与壁厚有关的多条 S_{hs}-N 曲线。本书同样以16mm 为基准壁厚,将不同壁厚节点的热点应力幅等效为基准壁厚对应的热点应力幅,选用 CIDECT 规范中的壁厚修正公式对热点应力幅进行等效,即:

$$S_{t=16} = S_{t=T} \cdot \left(\frac{T}{16}\right)^{0.06 \cdot \lg N} \tag{5-20}$$

式中,$m=3$。对于试件 YC6,$S_1 = 82.3$ MPa,$S_2 = 144.4$ MPa,$n_1 = 3\,000\,000$,$n_2 = 108\,085$,计算可得 $S_{\text{nom,equ}} = 86.3$ MPa,S_1 和 S_2 分别是第一次和第二次施加的名义应力幅,n_1 和 n_2 是相应的循环次数。

表 5-17 中列出了裂缝起始时对应的循环次数(N_2)和裂缝发展至半个支管周长时的循环次数(N_4)。可以看出,对于 PBL 加劲型矩形钢管混凝土节点 YC1~YC9,N_4 和 N_2 非常接近,两者比值小于 1.1,而对于矩形钢管节点 YH1 和 YH2,N_4 和 N_2 的比值分别为 1.44 和 1.91,大于 PBL 加劲型矩形钢管混凝土节点的比值,说明初始裂缝产生后,矩形钢管节点具有更好的延性。整体上看,对于 11 个试件,N_4 和 N_2 比较接近,基于 N_4 和 N_2 回归分析得到的 S-N 曲线差异并不显著,因此,后续均基于 N_4 进行分析。

(2)疲劳设计 S_{hs}-N 曲线提出

基于统计的试验数据,采用最小二乘法进行回归分析获得 S_{hs}-N 曲线,其回归方法可以采用自由回归法和强制回归法,由于疲劳试验数据有限且离散性较大,采用自由回归法通常无法得到正确的曲线斜率,因此,采用强制回归法,参考 CIDECT 规范中的 S_{hs}-N 曲线,斜率取为 -3,回归得到具有 95% 置信度的下限线方程为 S_{hs}-N 曲线,即:

$$\lg N = A - 3\lg S_{\text{hs}} - 2\sigma_{\lg N} \tag{5-21}$$

式中:A——常数,通过回归分析得到;

$\sigma_{\lg N}$——统计数据对于 $\lg N$ 的标准差。

图 5-47 所示为 S_{hs}-N 曲线回归结果。从图中可以看出,矩形钢管节点与 PBL 加劲型矩形钢管混凝土节点的疲劳强度基本一致,因此,对 11 个试件结果进行回归分析,得到基准壁厚时的 S_{hs}-N 曲线:

当 $10^4 < N < 10^7$ 时,

$$\lg N = 12.119 - 3\lg S_{\text{h}} \tag{5-22}$$

考虑壁厚修正,则可写为:

当 $10^4 < N < 10^7$ 时,

$$\lg S_{\text{h}} = \frac{1}{3}(12.119 - \lg N) + 0.06\lg N \cdot \lg\left(\frac{16}{T}\right) \tag{5-23}$$

或

$$\lg N = \frac{12.119 - 3\lg S_{\text{h}}}{1 - 0.18\lg(16/T)}$$

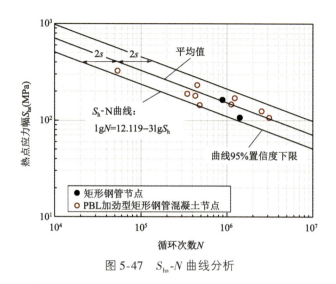

图 5-47 S_{hs}-N 曲线分析

5.5 矩形钢管混凝土节点应力集中系数参数分析

本书拟采用有限元模拟方法,开展矩形钢管混凝土 T 形、X 形和 K 形节点 SCF 参数分析,对于 T 形和 X 形节点,分析几何无量纲参数 β、2γ 和 τ 对 SCF 的影响,对于 K 形节点,分析几何无量纲参数 β、2γ、τ、g' 和 θ 对 SCF 的影响,以期提出适用于 T 形、X 形和 K 形节点的 SCF 参数计算公式。

5.5.1 有限元建模方法及验证

采用 ABAQUS 通用软件进行模拟,通过与矩形钢管混凝土 Y 形节点 SCF 实测数据对比,进行模型验证。实际工程中,节点受力十分复杂,同时受到面内荷载和面外荷载作用,这里仅考虑矩形钢管混凝土节点的面内荷载,与 CIDECT 规范矩形钢管节点荷载工况一致,对于 T 形和 X 形节点,分析支管轴力、支管面内弯矩、主管轴力和主管面内弯矩四种基本荷载工况,对于 K 形节点,分析支管拉压平衡荷载、主管轴力和主管弯矩三种基本荷载工况。

(1)单元类型和网格尺寸

通过对矩形钢管节点有限元模拟方法的研究,确定钢管、管内混凝土和焊缝均采用 20 节点减缩积分实体单元(C3D20R),网格划分采用 ABAQUS 中的"结构"划分技术,在邻近焊缝的外推区域采用细化网格,以确保一定的计算精度,同时,在远离外推区域的部位,网格尺寸设置的比较大,以提高计算效率。确定细化区域布种方案:对于较厚的钢板,即主管 $b_0/t_0 \leqslant 20$ 和支管 $b_1/t_1 \leqslant 20$ 时,在钢板厚度方向布置四层网格;对于较薄的钢板,即主管 $b_0/t_0 > 20$ 和支管 $b_1/t_1 > 20$ 时,在钢板厚度方向布置两层网格。试验中矩形钢管混凝土 Y 形节点有限元模型如图 5-48 所示。

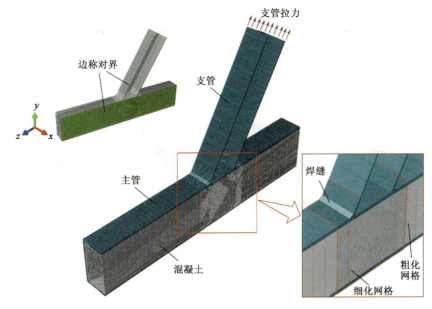

图 5-48　试验中矩形钢管混凝土 Y 形节点有限元模型

(2) 材料特性

SCF 分析属于弹性分析,因此,模拟中给定材料的弹性参数。钢材与混凝土的材料特性与试验实测一致,钢材弹模 E_s 取为 2.05×10^5 MPa,泊松比 ν_s 取为 0.283,混凝土弹模 E_c 取为 3.45×10^4 MPa,泊松比 ν_c 取为 0.167。钢管和焊缝赋予相同的钢材特性。

(3) 焊缝构造

有限元模型中焊缝构造参照《钢结构焊接规范》(GB 50661—2011),具体构造如图 5-49 所示。

(4) 荷载和边界条件

本书模拟的矩形钢管混凝土节点属于对称结构,为减小计算成本,建立 1/2 模型,如图 5-48 所示。在对称面施加对称边界($U_1 = U_{R2} = U_{R3} = 0$),主管两端施加铰接约束($U_1 = U_2 = U_3 = 0$),与试验边界条件一致,在支管端部施加轴拉荷载。

(5) 钢-混接触关系

钢管与混凝土之间的接触关系非常复杂,有限元中需要考虑钢-混之间法向和径向接触关系。由于钢-混之间的黏结作用非常小,模型可以不考虑。钢-混法向采用硬接触模拟,即钢管与混凝土不能互相侵入,选取钢管为主面,混凝土为从面。钢-混切向采用仑摩擦的滑移曲线关系,摩擦系数取为0.3。

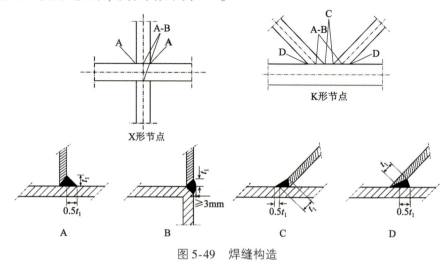

图 5-49 焊缝构造

(6)有限元模型验证

采用上述有限元模拟方法,计算得到 SCF 值,与 5.3 节矩形钢管混凝土节点 YC 实测 SCF 进行对比,如图 5-50 所示。图中对支管和主管的焊趾侧和焊跟侧的 SCF 均进行了对比,由图可知,有限元计算结果 SCF_{FE} 与试验结果 SCF_{EXP} 吻合良好,同时,SCF_{FE} 与 SCF_{EXP} 比值均值 $\mu=1.053$,均方差 $\sigma=0.135$,变异系数 $\sigma/\mu=0.128$,说明有限元模拟方法是可靠的。

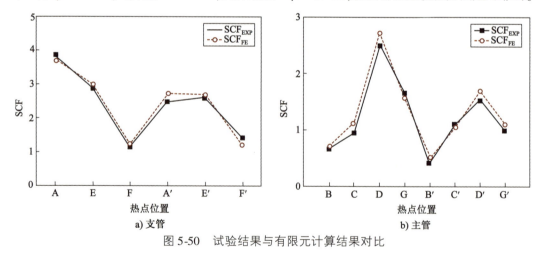

图 5-50 试验结果与有限元计算结果对比

5.5.2 矩形钢管混凝土 T 形和 X 形节点参数分析

(1)参数设计

CIDECT 规范认为矩形钢管节点 T 形和 X 形节点具有相同的 SCF 值,因此,应将矩形钢管混凝土 T 形和 X 形节点统一分析,并给出统一的 SCF 参数计算公式,以 X 形节点为例,节点典型构造如图 5-51 所示。

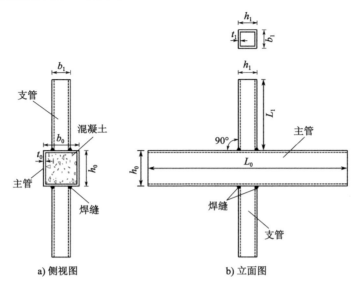

图 5-51 矩形钢管混凝土 X 形节点构造

CIDECT 规范中,矩形钢管 T 形和 X 形节点 SCF 参数计算公式的适用范围为: $0.35 \leqslant \beta \leqslant 1.0; 12.5 \leqslant 2\gamma \leqslant 25.0$ 和 $0.25 \leqslant \tau \leqslant 1.0$。选取相同的无量纲几何参数范围,参数设计见表 5-18。几何尺寸基于黄延桥节点,以确保计算结果适用于工程实际情况。保持主管宽度和高度不变,取为 $b_0 = h_0 = 400\mathrm{mm}$,主管厚度取为 $t_0 = 16 \sim 32\mathrm{mm}$,主管长度 $L_0 = 3\,000\mathrm{mm}$,支管宽度和高度保持一致,取为 $b_1 = h_1 = 160 \sim 400\mathrm{mm}$,支管厚度取为 $t_1 = 6.25 \sim 32\mathrm{mm}$,支管长度 $L_1 = 1\,200\mathrm{mm}$。

T 形和 X 形节点参数设计　　　　表 5-18

β	2γ	τ
0.40	12.5	0.25
0.55	16.0	0.50
0.70	20.0	0.75
0.82	25.0	1.00
1.00	—	—

表 5-19 中给出了参数分析中模型汇总。以第一个试件为例,试件编号含义如下:"C"代表主管;"400×32"表示主管截面尺寸,$b_0 = h_0 = 400\mathrm{mm}$,$t_0 = 32\mathrm{mm}$;"B"代表支管;"160×8"表示支管截面尺寸,$b_1 = h_1 = 160\mathrm{mm}$,$t_1 = 8\mathrm{mm}$。

矩形钢管混凝土 T 形和 X 形节点 SCF 有限元计算结果　　　表 5-19

编　号	β	2γ	τ	SCF_{FE} A	B	C	D	E
C400×32-B160×8	0.40	12.5	0.25	4.04	2.42	2.18	1.36	3.77
C400×32-B160×16	0.40	12.5	0.50	4.95	4.20	3.77	2.30	3.90
C400×32-B160×24	0.40	12.5	0.75	4.22	5.71	5.10	2.78	3.01
C400×32-B160×32	0.40	12.5	1.00	3.44	6.37	5.83	3.41	2.27
C400×25-B160×6.25	0.40	16.0	0.25	5.14	3.18	2.61	1.83	5.09
C400×25-B160×12.5	0.40	16.0	0.50	7.23	6.23	5.66	3.58	5.81
C400×25-B160×18.8	0.40	16.0	0.75	5.77	7.35	6.79	3.95	4.56
C400×25-B160×25	0.40	16.0	1.00	5.10	9.32	11.19	6.45	4.32
C400×20-B160×5	0.40	20.0	0.25	6.10	4.82	3.95	2.74	6.37
C400×20-B160×10	0.40	20.0	0.50	10.14	9.11	8.49	5.40	6.29
C400×20-B160×15	0.40	20.0	0.75	8.64	12.30	11.77	6.86	6.48
C400×20-B160×20	0.40	20.0	1.00	7.14	16.51	13.85	8.94	4.94
C400×16-B160×4	0.40	25.0	0.25	6.91	6.99	5.90	4.11	7.65
C400×16-B160×8	0.40	25.0	0.50	12.63	13.17	13.23	8.11	10.85
C400×16-B160×12	0.40	25.0	0.75	11.97	17.95	17.57	10.44	9.18
C400×16-B160×16	0.40	25.0	1.00	10.01	24.12	20.93	13.58	7.10
C400×32-B220×8	0.55	12.5	0.25	4.53	3.74	2.23	1.12	4.02
C400×32-B220×16	0.55	12.5	0.50	5.39	3.78	3.29	1.89	4.14
C400×32-B220×24	0.55	12.5	0.75	4.83	5.03	3.26	2.22	3.34
C400×32-B220×32	0.55	12.5	1.00	4.17	6.81	5.89	2.74	3.62
C400×25-B220×6.25	0.55	16.0	0.25	5.23	2.91	2.17	1.48	5.12
C400×25-B220×12.5	0.55	16.0	0.50	7.55	5.41	4.81	2.97	5.93
C400×25-B220×18.8	0.55	16.0	0.75	6.69	7.05	6.86	3.67	4.76
C400×25-B220×25	0.55	16.0	1.00	5.80	9.63	7.94	4.71	4.73
C400×20-B220×5	0.55	20.0	0.25	6.05	4.15	3.25	2.29	6.29
C400×20-B220×10	0.55	20.0	0.50	10.31	8.15	7.32	4.59	8.23
C400×20-B220×15	0.55	20.0	0.75	9.07	10.91	10.00	5.76	6.59
C400×20-B220×20	0.55	20.0	1.00	7.74	14.60	11.48	7.42	5.11
C400×16-B220×4	0.55	25.0	0.25	9.87	7.27	6.52	4.95	10.19

续上表

编 号	β	2γ	τ	SCF_{FE}				
				A	B	C	D	E
C400×16-B220×8	0.55	25.0	0.50	12.62	12.08	11.16	7.11	10.64
C400×16-B220×12	0.55	25.0	0.75	12.26	16.35	15.44	9.01	9.11
C400×16-B220×16	0.55	25.0	1.00	10.46	21.73	17.98	11.53	7.08
C400×32-B280×8	0.70	12.5	0.25	3.68	2.57	2.30	0.61	3.35
C400×32-B280×16	0.70	12.5	0.50	4.88	2.77	2.44	1.20	3.70
C400×32-B280×24	0.70	12.5	0.75	4.62	2.63	2.99	1.37	3.16
C400×32-B280×32	0.70	12.5	1.00	4.19	3.10	3.50	1.81	3.63
C400×25-B280×6.25	0.70	16.0	0.25	4.43	2.13	1.80	0.96	4.29
C400×25-B280×12.5	0.70	16.0	0.50	6.58	3.25	3.72	1.83	5.05
C400×25-B280×18.8	0.70	16.0	0.75	6.14	6.74	5.92	2.31	4.26
C400×25-B280×25	0.70	16.0	1.00	5.53	6.31	5.49	3.03	3.48
C400×20-B280×5	0.70	20.0	0.25	4.99	2.97	2.55	1.45	5.14
C400×20-B280×10	0.70	20.0	0.50	8.74	5.51	5.22	2.97	6.79
C400×20-B280×15	0.70	20.0	0.75	8.08	7.30	7.66	3.93	5.68
C400×20-B280×20	0.70	20.0	1.00	7.13	11.49	10.21	4.66	4.54
C400×16-B280×4	0.70	25.0	0.25	5.43	4.38	4.29	2.32	6.02
C400×16-B280×8	0.70	25.0	0.50	10.51	8.46	7.42	4.74	8.63
C400×16-B280×12	0.70	25.0	0.75	10.67	11.40	11.20	5.96	7.64
C400×16-B280×16	0.70	25.0	1.00	9.42	16.06	12.59	7.64	6.10
C400×32-B340×8	0.85	12.5	0.25	2.56	0.62	0.45	0.52	2.48
C400×32-B340×16	0.85	12.5	0.50	2.72	1.06	0.62	0.93	3.30
C400×32-B340×24	0.85	12.5	0.75	2.64	1.08	0.79	1.36	3.15
C400×32-B340×32	0.85	12.5	1.00	2.55	1.32	1.21	1.34	2.88
C400×25-B340×6.25	0.85	16.0	0.25	3.38	0.71	0.54	0.75	3.20
C400×25-B340×12.5	0.85	16.0	0.50	4.81	1.26	0.93	1.04	3.75
C400×25-B340×18.8	0.85	16.0	0.75	4.76	1.96	1.43	1.76	3.41
C400×25-B340×25	0.85	16.0	1.00	4.56	2.12	1.65	1.98	3.03
C400×20-B340×5	0.85	20.0	0.25	3.61	1.10	1.06	1.01	3.57
C400×20-B340×10	0.85	20.0	0.50	6.09	2.36	1.32	1.72	4.67

续上表

编　号	β	2γ	τ	SCF_{FE}				
				A	B	C	D	E
C400×20-B340×15	0.85	20.0	0.75	6.06	3.30	2.54	2.87	4.24
C400×20-B340×20	0.85	20.0	1.00	5.76	2.93	2.65	3.04	3.71
C400×16-B340×4	0.85	25.0	0.25	3.74	1.59	1.41	1.59	3.99
C400×16-B340×8	0.85	25.0	0.50	7.04	3.79	2.63	2.39	5.59
C400×16-B340×12	0.85	25.0	0.75	7.71	5.23	4.45	4.28	5.33
C400×16-B340×16	0.85	25.0	1.00	7.34	5.23	4.45	4.18	4.64
C400×32-B400×8	1.00	12.5	0.25	1.35	1.24	1.03	1.29	1.93
C400×32-B400×16	1.00	12.5	0.50	1.68	1.43	1.13	1.53	2.58
C400×32-B400×24	1.00	12.5	0.75	1.74	1.54	1.25	1.41	2.56
C400×32-B400×32	1.00	12.5	1.00	1.62	1.33	1.12	1.40	2.41
C400×25-B400×6.25	1.00	16.0	0.25	1.55	1.24	0.96	0.69	2.18
C400×25-B400×12.5	1.00	16.0	0.50	1.92	1.86	1.54	1.81	2.93
C400×25-B400×18.8	1.00	16.0	0.75	2.00	1.93	1.64	1.69	2.97
C400×25-B400×25	1.00	16.0	1.00	2.05	1.85	1.42	1.63	2.79
C400×20-B400×5	1.00	20.0	0.25	1.74	1.52	1.39	0.80	2.28
C400×20-B400×10	1.00	20.0	0.50	1.76	1.49	1.24	2.09	3.30
C400×20-B400×15	1.00	20.0	0.75	2.20	2.04	1.87	1.99	3.34
C400×20-B400×20	1.00	20.0	1.00	2.31	2.21	2.03	1.94	3.15
C400×16-B400×4	1.00	25.0	0.25	1.96	1.87	1.71	0.94	2.36
C400×16-B400×8	1.00	25.0	0.50	2.44	2.31	2.20	2.41	3.41
C400×16-B400×12	1.00	25.0	0.75	2.51	2.42	2.29	2.35	3.69
C400×16-B400×16	1.00	25.0	1.00	2.57	2.43	2.26	2.46	3.59

(2)荷载工况和边界条件

图 5-52 所示为 4 种基本荷载工况,分别为支管轴力(AB),支管面内弯矩(IB),主管轴力(AC)和主管面内弯矩(IC)。其中,对于支管轴力作用,T 形节点会产生主管附加弯矩和轴力,因此选用 X 形节点来模拟是学者们常用的做法;对于支管面内弯矩,为防止主管产生附加荷载,应对整个主管底部施加固结。模型中,在支管或主管端部施加产生 1MPa 名义应力的轴力或弯矩,以此计算得到的焊趾处热点应力值即为 SCF。共建立 320 个有限元模型,建立的矩形钢管混凝土 T 形和 X 形节点有限元模型如图 5-53 所示。

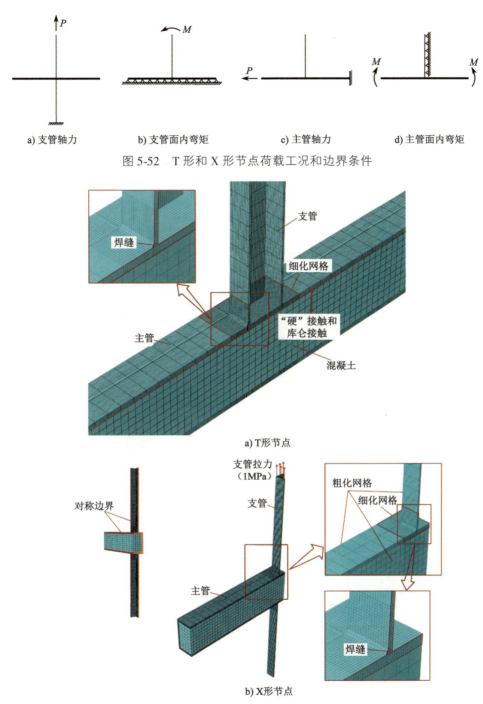

a) 支管轴力　　　b) 支管面内弯矩　　　c) 主管轴力　　　d) 主管面内弯矩

图 5-52　T 形和 X 形节点荷载工况和边界条件

a) T形节点

b) X形节点

图 5-53　矩形钢管混凝土 T 形和 X 形节点有限元模型

(3) 计算结果分析

矩形钢管混凝土 T 形和 X 形节点热点位置与矩形钢管节点 T 形节点一致,如图 5-53a)所示。表 5-18 中列出了矩形钢管混凝土 T 形和 X 形节点 SCF 有限元计算结果。从表中可以看出,对应不同的几何参数,节点最大 SCF 产生的位置并不相同,因此,有必要提出针对 A~E 点的 SCF 参数计算公式,可方便设计人员计算最大的 SCF 值和识别最大 SCF 产生的位置。

为了分析主管内填混凝土的作用,以 $\beta=0.7$、$2\gamma=20$ 和 $\tau=1$ 的矩形钢管混凝土节点为例,给出了其与相同参数的矩形钢管节点的变形和应力结果对比,如图 5-54 和图 5-55 所示。由图 5-54 可知,在支管拉力作用下,主管顶底板受拉产生外凸弯曲变形,相应的主管侧壁产生内凹变形,而主管内填混凝土后,顶底板的外凸变形减小,同时,由于混凝土的支撑作用,主管侧壁不会产生内凹变形。由图 5-55 可知,矩形钢管节点和矩形钢管混凝土节点的最大热点应力均发生在支管表面焊趾处,分别为 14.7MPa 和 11.2MPa,由于管内混凝土有效限制了节点变形,使相贯线处的应力集中程度也得到降低。

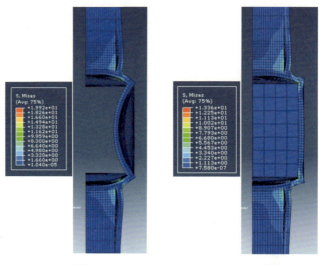

a) 矩形钢管节点　　　　　　　b) 矩形钢管混凝土节点

图 5-54　节点变形对比（$\beta=0.7$，$2\gamma=20$，$\tau=1$）

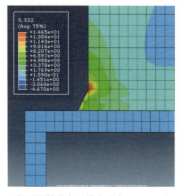 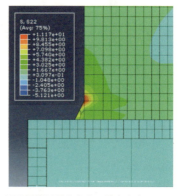

a) 矩形钢管节点（最大应力:14.7MPa）　　b) 矩形钢管混凝土节点（最大应力:11.2MPa）

图 5-55　节点支管方向应力分布对比（$\beta=0.7$，$2\gamma=20$，$\tau=1$）

5.5.3 矩形钢管混凝土 T 形和 X 形节点 SCF 参数计算公式

1) SCF 参数计算公式拟合

计算得到 320 个节点模型 A~E 点的 SCF 值，采用多重回归分析给出不同荷载工况下矩形钢管混凝土 T 形和 X 形节点 SCF 参数计算公式。既有文献给出了钢管节点 SCF 表达式形式，根据有限元计算结果，结合已有的表达式形式，确定合适的表达式为：

对于支管荷载
$$\mathrm{SCF} = (c_1 + c_2\beta + c_3\beta^2 + c_4 \cdot 2\gamma) \cdot (2\gamma)^{(c_5+c_6\beta+c_7\beta^2)} \cdot \tau^{(c_8+c_9\beta)} \quad (5\text{-}24)$$

对于主管荷载
$$\mathrm{SCF} = c_1 \cdot (2\gamma)^{c_5\beta} \cdot \tau^{c_8} \quad (5\text{-}25)$$

式中：$c_1 \sim c_9$——常数。通过回归分析得到，对于 A、B、C、E 点，$c_4 = 0$，对于 D 点，c_4 可能不为 0。

通过多重回归分析，拟合得到矩形钢管混凝土 T 形和 X 形节点 SCF 参数公式，汇总于表 5-20 中。

矩形钢管混凝土 T 形和 X 形节点 SCF 参数公式　　　表 5-20

位置	SCF 公式
	荷载工况（Ⅰ）：支管轴力（AB）
主管 (B、C、D)	$\mathrm{SCF}_B = (0.131 - 0.095\beta - 0.052\beta^2) \cdot (2\gamma)^{(1.512+0.734\beta-0.343\beta^2)} \cdot \tau^{0.927-0.128\beta}$
	$\mathrm{SCF}_C = (-0.069 + 0.537\beta - 0.526\beta^2 + 0.0005 \cdot 2\gamma) \cdot (2\gamma)^{(2.205-1.566\beta+1.161\beta^2)} \cdot \tau^{0.774+0.047\beta}$
	$\mathrm{SCF}_D = (0.108 - 0.241\beta + 0.150\beta^2) \cdot (2\gamma)^{(0.934+3.324\beta-2.651\beta^2)} \cdot \tau^{0.918-0.314\beta}$
支管 (A、E)	$\mathrm{SCF}_A = (-0.870 + 3.533\beta - 2.585\beta^2) \cdot (2\gamma)^{(2.372-3.380\beta+2.143\beta^2)} \cdot \tau^{-0.002+0.374\beta}$
	$\mathrm{SCF}_E = (-0.143 + 0.429\beta + 0.224\beta^2) \cdot (2\gamma)^{(2.276-2.205\beta+0.547\beta^2)} \cdot \tau^{-0.297+0.425\beta}$
	荷载工况（Ⅱ）：支管面内弯矩（IB）
主管 (B、C、D)	$\mathrm{SCF}_B = (-0.109 + 0.437\beta - 0.357\beta^2) \cdot (2\gamma)^{(3.750-5.933\beta+4.799\beta^2)} \cdot \tau^{0.740-0.139\beta}$
	$\mathrm{SCF}_C = (-0.436 - 1.121\beta + 1.617\beta^2 + 0.097 \cdot 2\gamma) \cdot (2\gamma)^{(-0.431+3.976\beta-3.708\beta^2)} \cdot \tau^{0.803-0.177\beta}$
	$\mathrm{SCF}_D = (0.133 - 0.355\beta + 0.281\beta^2) \cdot (2\gamma)^{(0.008+6.305\beta-5.407\beta^2)} \cdot \tau^{0.825-0.394\beta}$
支管 (A、E)	$\mathrm{SCF}_A = (0.635 - 1.849\beta + 1.495\beta^2) \cdot (2\gamma)^{(-1.349+8.650\beta-6.739\beta^2)} \cdot \tau^{-0.304+0.291\beta}$
	$\mathrm{SCF}_E = (0.196 - 0.998\beta + 1.689\beta^2) \cdot (2\gamma)^{(1.629-0.815\beta-0.498\beta^2)} \cdot \tau^{-0.274+0.113\beta}$
	荷载工况（Ⅲ）：主管轴力（AC）
主管 (B、C、D)	$\mathrm{SCF}_B = 0$
	$\mathrm{SCF}_C = 1.006 \cdot (2\gamma)^{0.243\beta} \cdot \tau^{0.047}$
	$\mathrm{SCF}_D = 1.416 \cdot (2\gamma)^{0.135\beta} \cdot \tau^{0.133}$
支管 (A、E)	$\mathrm{SCF}_A = \mathrm{SCF}_E = 0$

续上表

位置	SCF 公式
	荷载工况(Ⅳ):主管面内弯矩(IC)
主管 (B、C、D)	$SCF_B = 0$ $SCF_C = 0.491 \cdot (2\gamma)^{0.508\beta} \cdot \tau^{-0.164}$ $SCF_D = 1.343 \cdot (2\gamma)^{0.219\beta} \cdot \tau^{-0.030}$
支管 (A、E)	$SCF_A = SCF_E = 0$
适用范围:	$0.35 \leq \beta \leq 1.0; 12.5 \leq 2\gamma \leq 25.0; 0.25 \leq \tau \leq 1.0$

2) 拟合公式验证

采用表 5-20 的公式计算表 5-19 中 80 个试件表面 A~E 点的 SCF,与表 5-19 中有限元计算结果进行对比,见图 5-56。对比可知,对于支管轴力,拟合公式计算结果 $SCF_{proposed}$

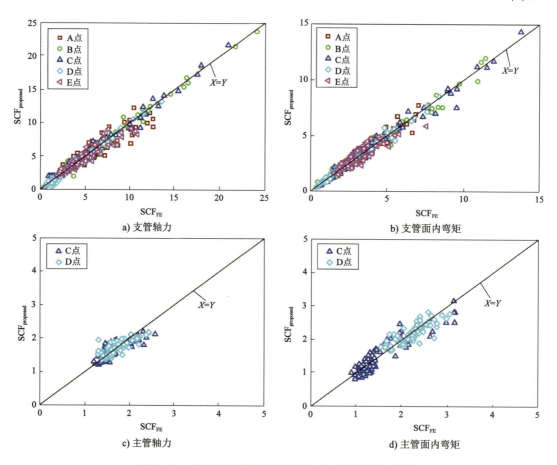

图 5-56 有限元计算结果与拟合公式计算结果对比

与有限元计算结果 SCF_{FE} 比值的均值 $\mu = 1.016$,均方差 $\sigma = 0.177$,变异系数 $\sigma/\mu = 0.174$;对于支管面内弯矩,$SCF_{proposed}$ 与 SCF_{FE} 比值的均值 $\mu = 1.006$,均方差 $\sigma = 0.129$,变异系数 $\sigma/\mu = 0.128$;对于主管轴力,$SCF_{proposed}$ 与 SCF_{FE} 比值的均值 $\mu = 1.010$,均方差 $\sigma = 0.106$,变异系数 $\sigma/\mu = 0.105$;对于主管面内弯矩,$SCF_{proposed}$ 与 SCF_{FE} 比值的均值 $\mu = 1.000$,均方差 $\sigma = 0.120$,变异系数 $\sigma/\mu = 0.120$,说明回归分析拟合得到的计算公式可以准确计算 A~E 点的 SCF。

3) SCF 图表法

基于表 5-20 的 SCF 计算公式,绘制矩形钢管混凝土 T 形和 X 形节点 A~E 点 SCF 与 β、2γ 和 τ 的关系曲线,分别见图 5-57~图 5-60。SCF 图表法可以更好地描绘 SCF 随几何参数变化的规律,同时,设计者在 SCF 计算时可以直接查图进行取值。

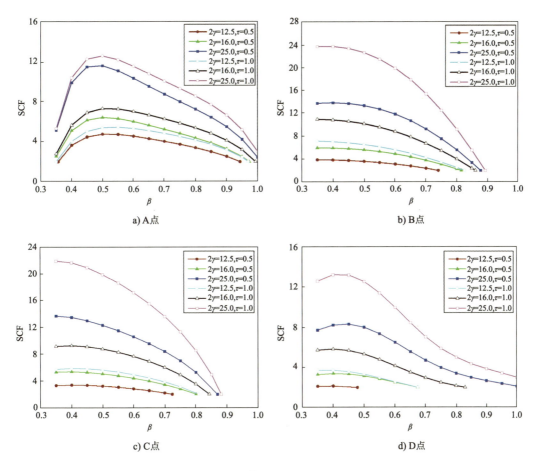

图 5-57

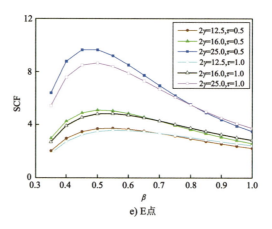

e) E点

图 5-57 支管轴力荷载工况下 SCF 图表法

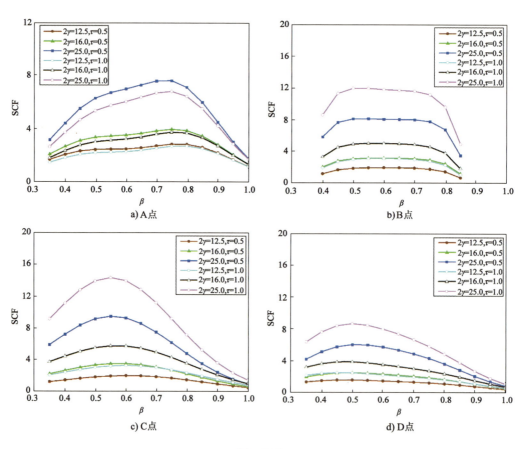

图 5-58

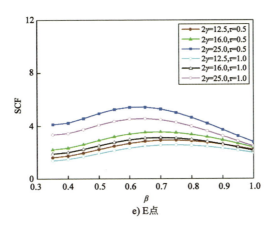

图 5-58　支管面内弯矩荷载工况下 SCF 图表法

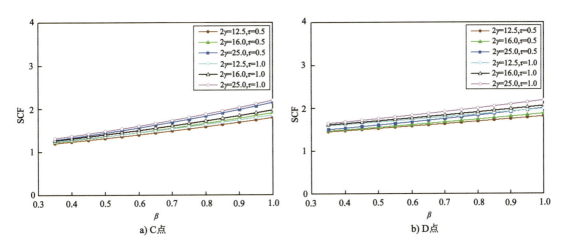

图 5-59　主管轴力荷载工况下 SCF 图表法

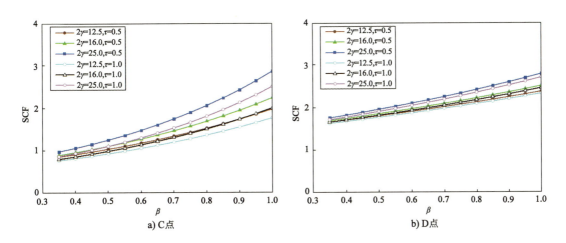

图 5-60　主管面内弯矩荷载工况下 SCF 图表法

(1) 支管轴力

图 5-57 所示为支管轴力荷载工况下 SCF 随几何无量纲参数的变化。由图可得以下结论：

①β 的影响：对于支管 A 点、E 点和主管 D 点，SCF 随 β 呈抛物线变化，且先增大后减小，在 β 为 0.4~0.5 间达到最大值，对于主管 B 点和 C 点，SCF 随着 β 增大而减小，这与主管顶板横向弯曲应力程度有关。

②$2\gamma$ 的影响：2γ 的值越大，表明钢管板厚越薄，对应的弯曲变形则越大，SCF 相应越大。当 2γ 值较大时($2\gamma = 25$)，最大 SCF 产生于 B 点或 C 点，当 2γ 值较小时($2\gamma < 16$)，支管和主管各点 SCF 基本相当，应该通过计算确定。

③τ 的影响：SCF 与 τ 呈正相关，τ 值越大，对应的 SCF 值也越大，支管 E 点则有相反的趋势。

(2) 支管面内弯矩

图 5-58 所示为支管面内弯矩荷载工况下 SCF 随几何无量纲参数的变化。由图可知，SCF 随 β、2γ 和 τ 的变化趋势与支管轴力工况基本一致，不同点在于，对于主管上 B 点和 C 点，SCF 随 β 同样呈抛物线变化，对于支管上 A 点，SCF 随 τ 呈负相关趋势。

(3) 主管轴力

图 5-59 所示为主管轴力荷载工况下 SCF 随几何无量纲参数的变化。由图可得以下结论：

①β 的影响：SCF 随着 β 值增大而增大，并且近似线性关系。

②$2\gamma$ 和 τ 的影响：SCF 与 2γ 和 τ 均呈正相关关系。

③3 个无量纲几何参数对 SCF 值的影响都比较小。

(4) 主管面内弯矩

图 5-60 所示为主管面内弯矩荷载工况下 SCF 随几何无量纲参数的变化。由图可知，SCF 随 β 和 2γ 变化趋势与主管轴力基本一致，但是随 τ 的变化与主管轴力相反，呈负相关关系，同时，3 个几何无量纲参数对 SCF 的影响程度比支管轴力大。

4) 矩形钢管节点和矩形钢管混凝土节点 SCF_{max} 对比

CIDECT 规范中给出了矩形钢管 T 形和 X 形节点 SCF 参数计算公式。为了定量分析主管内填混凝土后，节点焊趾处 SCF 的改变，分别采用 CIDECT 规范中的 SCF 参数计算公式和表 5-20 中公式对表 5-19 中的 80 个节点进行计算，对计算得到的矩形钢管和矩形钢管混凝土节点 SCF 进行对比，如图 5-61 所示。图中对于每种荷载工况，分别选取了两类节点支管和主管的 SCF_{max} 进行对比。

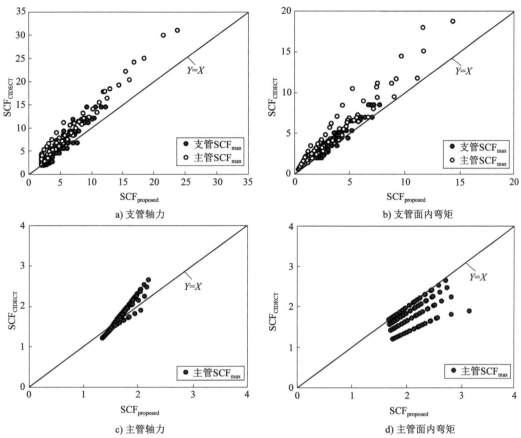

图 5-61 矩形钢管和矩形钢管混凝土 T 形和 X 形节点 SCF_{max} 对比

对图 5-61 中的结果统计分析可知,支管轴力荷载工况下,支管和主管表面矩形钢管混凝土节点计算结果 $SCF_{proposed}$ 与矩形钢管节点计算结果 SCF_{CIDECT} 比值均值分别为 0.875 和 0.734。支管面内弯矩荷载工况下,支管和主管表面 $SCF_{proposed}$ 与 SCF_{CIDECT} 比值均值分别 0.879 和 0.692。主管轴力荷载工况下,主管表面 $SCF_{proposed}$ 与 SCF_{CIDECT} 比值均值为 0.966。主管面内弯矩荷载工况下,主管表面 $SCF_{proposed}$ 与 SCF_{CIDECT} 比值均值为 1.196。总结可知,在矩形钢管节点主管内部填充混凝土后,其 SCF 分别发下如下变化:支管轴力作用下,支管和主管 SCF_{max} 分别下降 12.5% 和 26.6%;支管面内弯矩作用下,支管和主管 SCF_{max} 分别下降 12.1% 和 30.8%;主管轴力作用下,主管 SCF_{max} 下降 3.4%;主管面内弯矩作用下,主管 SCF_{max} 上升 19.6%。值得注意的是,支管荷载(轴力和面内弯矩)作用下产生的 SCF 量值远大于主管荷载(主管轴力和面内弯矩)作用下产生的 SCF 量值,虽然在主管面内弯矩作用下,矩形钢管混凝土节点 SCF_{max} 相比矩形钢管节点有提高趋势,但是在支管荷载和主管轴力荷载作用下,其支管和主管表面 SCF_{max} 均下降明显,可见主管内填混凝土可以明显降低应力集中程度。

5.5.4 矩形钢管混凝土 K 形节点参数分析

(1) 参数设计

矩形钢管混凝土 K 形节点典型构造如图 5-62 所示。CIDECT 规范中,矩形钢管 K 形节点 SCF 参数计算公式的适用范围为:$0.35 \leqslant \beta \leqslant 1.0$;$10 \leqslant 2\gamma \leqslant 35$;$0.25 \leqslant \tau \leqslant 1.0$;$30° \leqslant \theta \leqslant 60°$。选取相同的无量纲几何参数范围,参数设计见表 5-21。

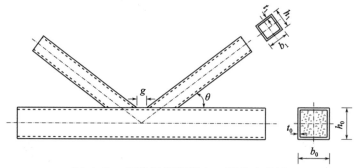

图 5-62 矩形钢管混凝土 K 形节点构造

K 形节点参数设计　　　　表 5-21

β	2γ	τ	$\theta(°)$
0.40	10	0.25	30
0.55	15	0.50	45
0.70	20	0.75	60
0.82	25	1.00	—
1.00	30	—	—
—	35	—	—

同时,在进行 K 形节点参数分析时,做以下假设:

①不考虑节点几何偏心,两支管中心线相交于主管中心线;

②两支管长度相同;

③两支管与主管夹角相等($\theta_1 = \theta_2$);

④不考虑钢管高宽比(h/b)对 SCF 的影响,假定主管和支管为方形截面;

⑤在桥梁工程中,通常采用间隙节点($g > 0$),因此,研究不考虑搭接节点($g < 0$)。

K 形节点两支管间隙 g 与主管厚度 t_0 的比值定义为无量纲参数 g',在给定节点几何尺寸后,即可计算得到。节点几何尺寸同样以黄延桥节点尺寸为基准,主管边长取为 $b_0 = h_0 = 400$mm,主管厚度取为 $t_0 = 11 \sim 40$mm,支管边长取为 $b_1 = h_1 = 160 \sim 400$mm,支管厚度取为 $t_1 = 3 \sim 40$mm。由表 5-21 参数设计,对应每种荷载工况应建立 360 个模型,但是,部分参数设计为搭接节点($g < 0$),应该忽略,如 $\beta = 0.55, 2\gamma = 30, \tau = 1, \theta = 60°$ 时,$g = -23$。由此,

对应每种荷载工况应该建立 190 个模型,共分析三种荷载工况,最终建立 570 个模型。

(2)荷载工况和边界条件

K 形节点参数分析应考虑三种荷载工况,分别为支管拉压平衡荷载、主管轴力和主管弯矩,如图 5-63 所示。荷载工况的考虑与 CIDECT 规范中矩形钢管 K 形节点一致,建立的有限元模型如图 5-64 所示。

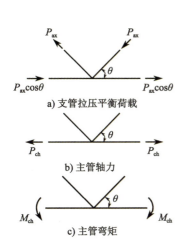

图 5-63 K 形节点荷载工况

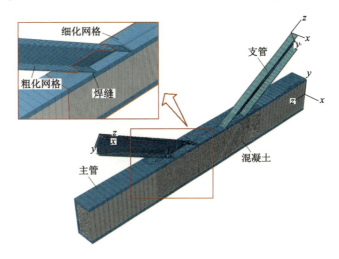

图 5-64 矩形钢管混凝土 K 形节点有限元模型

5.5.5 矩形钢管混凝土 K 形节点 SCF 参数计算公式

(1)SCF 参数计算公式拟合及验证

计算得到节点的 SCF 值,采用多重回归分析给出不同荷载工况下矩形钢管混凝土 K 形节点 SCF 参数计算公式。参照既有文献提出的矩形钢管 K 形节点 SCF 参数计算公式,确定公式通式如下:

$$\text{SCF} = (c_1 + c_2\beta + c_3\beta^2) \cdot (2\gamma)^{c_4} \cdot \tau^{c_5} \cdot (g')^{c_6} \cdot (\sin\theta)^{c_7} \quad (5\text{-}26)$$

通过多重回归分析,拟合得到矩形钢管混凝土 K 形节点 SCF 参数公式,汇总于表 5-22 中。

矩形钢管混凝土 K 形节点 SCF 参数公式　　　表 5-22

位置	系数						
	c_1	c_2	c_3	c_4	c_5	c_6	c_7
荷载工况(Ⅰ):支管拉压平衡荷载							
受拉支管焊跟侧 A 点	−0.113	0.795	−0.640	1.175	−0.405	−0.046	1.315
受拉支管焊跟侧 B 点	0.013	0.169	−0.215	1.857	0.629	−0.031	1.804

续上表

位 置	系 数						
	c_1	c_2	c_3	c_4	c_5	c_6	c_7
受拉支管焊跟侧 C 点	0.027	−0.014	−0.007	2.144	0.375	0.063	2.607
受拉支管焊跟侧 D 点	−0.626	1.908	−1.575	1.338	0.600	−0.110	1.869
受拉支管焊跟侧 E 点	−0.033	0.875	−0.605	1.145	−0.123	0.001	0.701
受拉支管焊趾侧 A 点	0.064	1.242	−1.186	0.665	−0.064	0.100	1.264
受拉支管焊趾侧 B 点	0.016	0.682	−0.647	1.050	0.796	0.685	2.638
受拉支管焊趾侧 C 点	−0.028	1.054	−0.676	0.729	0.440	1.194	4.437
受拉支管焊趾侧 D 点	0.217	0.621	−0.703	0.915	0.590	0.500	2.708
受拉支管焊趾侧 E 点	0.083	1.741	−1.785	0.802	0.158	0.117	1.701
受压支管焊跟侧 A 点	−0.806	−0.097	−0.166	0.088	0.056	−0.00004	−0.096
受压支管焊跟侧 B 点	−7.810	0.023	−0.254	−0.268	0.675	−0.0001	1.950
受压支管焊跟侧 C 点	0.075	0.044	0.018	0.596	0.358	−0.00005	−0.349
受压支管焊跟侧 D 点	0.140	−0.039	0.147	0.505	0.567	−0.00005	−1.347
受压支管焊跟侧 E 点	−1.377	−0.268	−0.459	0.193	0.240	−0.00005	0.085
受压支管焊趾侧 A 点	−1.756	−0.003	−0.059	−0.050	0.105	−0.00006	1.109
受压支管焊趾侧 B 点	−0.331	−0.195	0.013	0.354	0.874	−0.00005	1.241
受压支管焊趾侧 C 点	0.051	0.014	−0.070	1.136	0.134	−0.00004	0.340
受压支管焊趾侧 D 点	−0.371	0.304	0.004	1.228	0.628	−0.00004	2.525
受压支管焊趾侧 E 点	−1.340	0.188	−0.081	0.494	0.253	−0.00004	2.642
荷载工况(Ⅱ):主管轴力							
支管(A,E 点)	SCF = 0						
主管焊跟侧 B 点	−0.695	−0.914	0.682	0.003	−0.276	0.006	0.018
主管焊跟侧 C 点	0.511	−0.118	−0.046	0.362	−0.473	0.007	0.130
主管焊跟侧 D 点	1.376	0.527	0.249	0.145	−0.238	0.071	0.329
主管焊趾侧(B,C,D 点)	SCF = 0						
荷载工况(Ⅲ):主管弯矩							
支管(A,E 点)	SCF = 0						
主管焊跟侧 B 点	SCF = 0						
主管焊跟侧 C 点	0.633	0.012	−0.354	0.179	−0.503	−0.046	−0.518
主管焊跟侧 D 点	1.524	−0.605	−0.102	0.219	−0.127	−0.049	−0.472
主管焊趾侧(B,C,D 点)	SCF = 0						

适用范围:
$0.35 \leqslant \beta \leqslant 1.0; 10 \leqslant 2\gamma \leqslant 35; 0.25 \leqslant \tau \leqslant 1.0; 30° \leqslant \theta \leqslant 60°; 2\tau \leqslant g'; e/h_0 = 0$

为了验证拟合公式的可靠性,采用表 5-22 中拟合公式对 570 个模型 SCF 进行计算,并与有限元计算结果进行对比,如图 5-65 所示。值得注意的是,在不同的基本荷载工况下,以下热点位置存在压应力:支管拉压平衡荷载下,受拉支管焊跟侧 D 和 G 点,受压支管焊跟侧 A、B、E 和 F 点,受压支管焊趾侧 A、B、D、E、F 和 G 点;主管轴力荷载下,主管焊跟侧 B 点。因此,计算得到的这些位置 SCF 为负值,在图 5-65 中对比时取绝对值。

由图 5-65 中的对比可知,对于支管拉压平衡荷载,拟合公式计算结果 $SCF_{proposed}$ 与有限元计算结果 SCF_{FE} 比值均值 $\mu = 1.014$,均方差 $\sigma = 0.148$,变异系数 $\sigma/\mu = 0.146$;对于主管轴力,$SCF_{proposed}$ 与 SCF_{FE} 比值均值 $\mu = 1.034$,均方差 $\sigma = 0.206$,变异系数 $\sigma/\mu = 0.200$;对于主管弯矩,$SCF_{proposed}$ 与 SCF_{FE} 比值均值 $\mu = 1.022$,均方差 $\sigma = 0.115$,变异系数 $\sigma/\mu = 0.113$,说明拟合得到的 SCF 参数公式计算结果可靠。

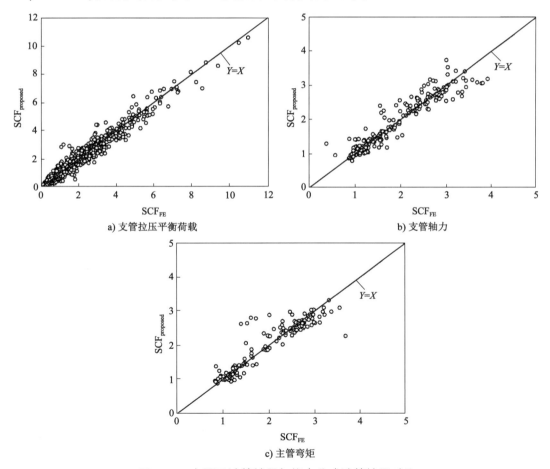

图 5-65 有限元计算结果与拟合公式计算结果对比

(2)SCF_{max} 参数计算公式拟合及验证

为了涵盖 K 形节点各热点位置,表 5-22 中给出了合计 26 个 SCF 参数计算公式,采用该参数公式计算,并对计算结果对比,可以判定 SCF_{max} 发生的位置。但是,对于设计者,计算量非常大,因此对 SCF 参数公式个数简化,拟合得到 SCF_{max} 参数公式,列于表 5-23 中。

矩形钢管混凝土 K 形节点 SCF_{max} 参数公式　　　　表 5-23

位　置	SCF_{max} 公　式
荷载工况（Ⅰ）:支管拉压平衡荷载	
主管	$SCF_{max} = (0.130 - 0.211\beta + 0.099\beta^2) \cdot (2\gamma)^{1.730} \cdot \tau^{0.577} \cdot (g')^{-0.075} \cdot (\sin\theta)^{0.810}$
支管	$SCF_{max} = (-0.003 + 0.590\beta - 0.407\beta^2) \cdot (2\gamma)^{1.160} \cdot \tau^{-0.130} \cdot (g')^{-0.007} \cdot (\sin\theta)^{0.703}$
荷载工况（Ⅱ）:主管轴力	
主管	$SCF_{max} = (1.239 + 0.007\beta - 0.673\beta^2) \cdot (2\gamma)^{0.210} \cdot \tau^{-0.452} \cdot (g')^{-0.002} \cdot (\sin\theta)^{0.162}$
支管	$SCF_{max} = 0$
荷载工况（Ⅲ）:主管弯矩	
主管	$SCF_{max} = (0.645 + 0.007\beta - 0.184\beta^2) \cdot (2\gamma)^{0.154} \cdot \tau^{-0.516} \cdot (g')^{-0.002} \cdot (\sin\theta)^{-0.299}$
支管	$SCF_{max} = 0$
适用范围:$0.35 \leq \beta \leq 1.0; 10 \leq 2\gamma \leq 35; 0.25 \leq \tau \leq 1.0; 30° \leq \theta \leq 60°; 2\tau \leq g'; e/h_0 = 0$	

同样,为了验证 SCF_{max} 拟合公式的可靠性,将拟合公式计算结果 $SCF_{proposed}$ 与有限元计算结果 SCF_{FE} 对比,如图 5-66 所示。由图可知,对于支管拉压平衡荷载,主管表面 $SCF_{proposed}$ 与 SCF_{FE} 比值均值 $\mu = 1.010$,均方差 $\sigma = 0.243$,变异系数 $\sigma/\mu = 0.240$,支管表面 $SCF_{proposed}$ 与 SCF_{FE} 比值均值 $\mu = 1.017$,均方差 $\sigma = 0.179$,变异系数 $\sigma/\mu = 0.175$;对于主管轴力,$SCF_{proposed}$ 与 SCF_{FE} 比值均值 $\mu = 1.007$,均方差 $\sigma = 0.256$,变异系数 $\sigma/\mu = 0.254$;对于主管面内弯矩,$SCF_{proposed}$ 与 SCF_{FE} 比值均值 $\mu = 1.014$,均方差 $\sigma = 0.236$,变异系数 $\sigma/\mu = 0.233$,可见拟合得到的 SCF_{max} 计算公式准确可靠。

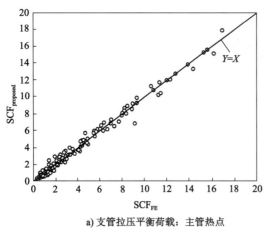 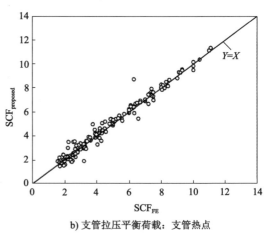

a) 支管拉压平衡荷载:主管热点　　　　b) 支管拉压平衡荷载:支管热点

图 5-66

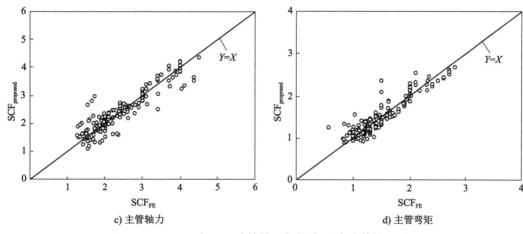

c) 主管轴力　　　　　　　　　　　d) 主管弯矩

图 5-66　SCF_{max} 有限元计算结果与拟合公式计算结果对比

（3）矩形钢管节点和矩形钢管混凝土节点 SCF_{max} 对比

CIDECT 规范公式给出了三种基本荷载工况下矩形钢管 K 形节点 SCF_{max} 参数计算公式。采用表 5-23 中提出的矩形钢管混凝土 K 形节点 SCF_{max} 参数公式进行计算，并与 CIDECT 规范公式计算结果进行对比，以研究主管内填混凝土对 K 形节点 SCF 的影响，如图 5-67 所示。

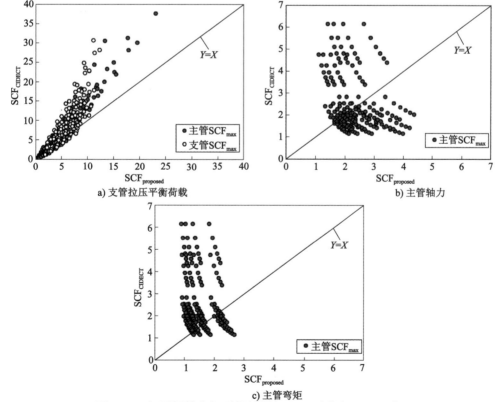

a) 支管拉压平衡荷载　　　　　　　b) 主管轴力

c) 主管弯矩

图 5-67　矩形钢管和矩形钢管混凝土 K 形节点 SCF_{max} 对比

由图 5-67 可知,在支管拉压平衡荷载作用下,支管和主管表面矩形钢管混凝土节点计算结果 $SCF_{proposed}$ 与矩形钢管节点计算结果 SCF_{CIDECT} 比值均值分别为 0.798 和 0.816,表明由于管内混凝土的作用,支管和主管表面 SCF_{max} 分别下降 20.2% 和 18.4%。在主管轴力和主管弯矩作用下,$SCF_{proposed}$ 与 SCF_{CIDECT} 比值均值分别 1.204 和 0.766,主管内填混凝土使 SCF_{max} 分别上升 20.4% 和下降 23.4%,值得注意的是,在支管拉压平衡荷载作用下,节点支、主管表面 SCF 明显高于主管荷载作用下的 SCF,因此,支管拉压平衡荷载对于节点疲劳更为不利,主管内填混凝土对于节点应力集中有明显的缓解作用。同时,也说明现行 CIDECT 规范公式无法准确预测矩形钢管混凝土 K 形节点 SCF_{max},对支管拉压平衡荷载和主管弯矩荷载作用下 SCF_{max} 计算过于保守,而对于主管轴力荷载作用下的 SCF_{max} 计算则偏危险。

第6章

CHAPTER SIX

钢管混凝土桥梁温度作用

桥梁长期处于露天环境中,由温度作用产生的应力与变形在桥梁设计作用效应中占有很大比例,可引发桥梁开裂、支座及伸缩装置破坏,甚至桥梁垮塌。特别是在我国西部高海拔地区,太阳辐射强、温差大、极端气象灾害频发,温度效应的影响更为显著,对桥梁的耐久性与安全运营有较大的潜在危害。不同于单一材料的混凝土桥或钢桥,钢管混凝土桥梁由导热性能相差50倍的钢和混凝土两种材料组成,温度分布更为复杂。日照作用下的钢-混温差引起界面脱黏,将显著影响钢管混凝土的套箍性能,而钢管混凝土桥梁采用先合龙钢管再灌注混凝土的施工方式,亦使得其合龙温度的确定有所不同。同时,钢管混凝土桥梁应用形式多样、构件空间分布多变,不仅可以作为桁架的水平弦杆,还常作为变倾角的拱肋以及竖直的墩柱或桥塔。因此,普通梁桥沿纵向温度分布均匀的假定不再成立,进一步增加了钢管混凝土桥梁温度作用分析的难度。钢管混凝土桥梁多采用桁架结构,杆件繁多,在日照作用下相互遮挡太阳辐射,使得桁架弦杆间、弦杆-腹杆间均存在较大的温差,这种温差产生的效应尚不十分明确,还需进一步展开研究。

现有关于桥梁温度作用和效应的研究众多,形成了较为系统的桥梁温度设计方法,但这些研究多围绕普通梁桥展开。由于结构形式、材料组成和施工方法的独特性等,钢管混凝土桥梁的温度作用及效应较普通梁桥有着较大的差异,已有的温度设计方法难以就钢管混凝土桥梁的特殊温度问题给出准确求解。而关于钢管混凝土桥梁温度作用的研究尚处于起步阶段,且多延续了针对普通梁桥的习惯,同时缺乏长期温度实测数据的积累和对钢管混凝土桁架温度作用规律更为深入的研究。随着交通基础设施建设向中西部山区高原挺进,钢管混凝土桥梁在极寒极热、山区峡谷等地理环境特殊的地区将得到更多的应用,但是相关研究相对滞后,难以满足如今全寿命周期设计理论及耐久性的实际需求。

本章总结了现有钢管混凝土桥梁温度作用的研究现状和当前研究面临的主要问题,展望了未来研究的发展趋势和主要方向。对钢管混凝土桥梁温度作用和效应的研究涉及桥梁工程、传热学、气象学、天文学等交叉学科,深远来说将有助于探索桥梁等基础设施与气候环境相互作用的共性和科学问题。

6.1 钢管混凝土的温度分布

6.1.1 时程变化规律

由于钢管混凝土桥梁总是建在露天环境中,因此直接受到周期性太阳辐射和气温以及不规则风等气象因素的影响。受周期性太阳辐射和气温的影响,钢管混凝土桥梁的温度时程在年周期和日周期内表现出明显的周期性变化特征,如图 6-1 所示。年周期内的温度时程近似为正弦或余弦曲线,由于太阳辐射和气温的日变化,钢管混凝土桥梁的实际温度围绕年曲线波动。至于日周期,傅立叶函数比单个三角函数更能准确地描述钢管混凝土桥梁温度的日变化。同样,由于不规则的风以及结构或地形对阳光的遮挡,实际温度也在傅立叶曲线周围波动。

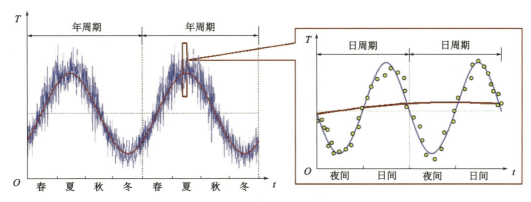

图 6-1 钢管混凝土桥梁的温度时程变化规律

太阳辐射和大气温度直接作用于钢管混凝土构件的钢管外表面,随后根据导热系数和比热容等热工性能,热量从外部向内部传递。由于钢的导热性好,混凝土的导热性差,钢管混凝土温度在靠近钢管外表面的部分变化快,在混凝土内部变化慢。因此,钢管混凝土沿径向不同位置处的温度时程存在时间滞后性,如图 6-2 所示。

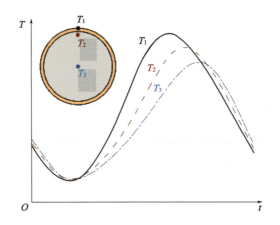

图 6-2 钢管混凝土截面不同位置温度的变化规律

6.1.2 空间分布规律

钢管混凝土温度的时滞性决定了空间温度分布的不均匀性,即纵向和横向的不均匀性。基于试验、实桥测试和数值模拟,研究人员分析了钢管混凝土构件的截面温度分布,主要集中在单管和哑铃形截面。图 6-3 给出了南北朝向的钢管混凝土单管构件典型日照温度分布。白天,太阳在早晨、中午和下午会分别从顶面东侧、顶面和顶面西侧照射到钢管混凝土外表面,被照射到的位置温度会显著升高,存在较大的温度梯度。钢管混凝土的底部一般会接收到一定的地面反射太阳辐射,因此也存在温度梯度。此时的混凝土内部温度要显著低于钢管外侧。在夜间无太阳照射时,受周围大气温度降低影响,钢管混凝土外侧温度下降明显快于混凝土内部,因此形成了同心圆的形状,在钢管混凝土径向形成了明显的负温度梯度。大量实测数据表明:钢管混凝土截面温度分布不均匀程度最高的时刻一般在太阳辐射最强的下午 13:00—15:00,管径越小则越接近日照最强的时刻,圆形截面的非线性温差可达 20℃ 以上,哑铃形的非线性温差则可达 25℃ 以上。日出之前的 1 个小时,钢管混凝土截面的温度分布最为均匀。实际常采用竖向和横向或者径向的一维分布函数来描述钢管混凝土温度的空间不均匀分布,即钢管混凝土的温度梯度模式,从而便于应用杆系模型计算钢管混凝土桥梁的温度效应。

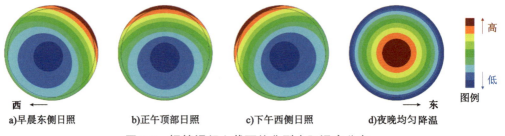

图 6-3 钢管混凝土截面的典型太阳温度分布

6.1.3 影响温度分布的因素

深刻认识桥梁温度分布的主要影响因素及其效应,是进行桥梁日照温度问题研究的重要基础。研究发现,影响桥梁结构温度场的因素包括桥梁结构因素、气候环境因素和地理环境因素三类,见图 6-4。由于钢管混凝土桥梁结构形式的独特性,以上三类因素,对其影响与普通桥梁有一些不同。

桥梁结构因素(如材料热工参数、截面形式、构件尺寸、桥梁走向等)对钢管混凝土桥梁温度场的影响与普通梁桥类似。除此之外,还包括钢管混凝土钢管外表面的涂装颜色,涂装颜色主要影响太阳辐射的吸收率。钢管混凝土外钢管常用白色、橘红色和灰色等颜色的涂料,对应的吸收率分别为 0.3、0.6 和 0.75。涂装颜色越深,钢表面太阳辐射吸收率越大,钢管混凝土截面的温度分布越不均匀,采用浅色涂装可以显著降低温度分布的不均匀性。钢管混凝土桥梁多采用哑铃形或桁式断面,杆件数量较多,构件间存在辐射遮挡。已有研究表明,日照和非日照下钢管表面的温差可能达到20℃左右。因此,钢管混凝土桥梁温度场的研究需要考虑遮挡效应的影响。

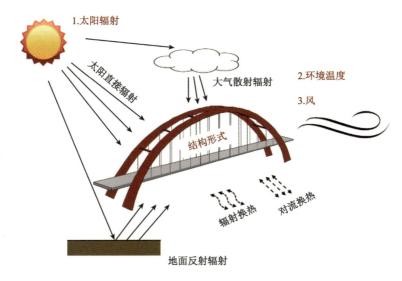

图6-4　钢管混凝土桥梁温度分布的影响因素

气候环境因素主要包括太阳辐射、大气温度、风速等,气候因素对钢管混凝土桥梁温度场的影响与一般桥梁并无太大区别。太阳辐射的影响最为显著,是钢管混凝土桥梁产生非线性温度分布的决定性因素;气温则主要影响桥梁温度分布的均匀程度;风速通过影响大气与结构表面的强制对流,使得结构温度趋近于气温。

地理环境因素则包括桥位的纬度、海拔、地表状况(地面反射率)等。纬度和海拔主要通过影响太阳辐射强度来影响钢管混凝土桥梁的温度分布,这在现有太阳辐射理论模型中有直观的体现。地表状况主要反映在地面反射率上,如水面和积雪的反射率可以达到 $0.6\sim0.8$,而普通地面的反射率为 0.2。地面反射率增大会增加桥梁底面接收的反射太阳辐射量,加剧底部温度分布的不均匀程度。近些年在中西部山区峡谷中修建了越来越多的钢管混凝土桥梁,地形遮挡阳光对温度场的影响逐渐显现,这也是地理环境因素的一种。

6.2　钢管混凝土温度分布的分析方法

6.2.1　试验测试

(1)钢管混凝土温度试验设计

以220m跨径的上承式钢管混凝土拱桥——苏龙珠黄河大桥为研究背景,开展了钢管混凝土构件日照温度场测试试验。试验地点位于我国青海省黄南藏族自治州,东经102°,北纬35.3°,在我国气候区地图中处于严寒地区与寒冷地区的交会点。需要注意的是,在试验场地的北部和东部,有一座山遮挡了部分太阳辐射,对试件在日出后约2h内的温度场有一定影响。

试验设置了4个钢管混凝土单管构件,所有构件的外形尺寸相同,长度为1700mm,钢管外径为426mm,钢管厚度为10mm,内部混凝土直径为406mm。构件均采用橙色涂装,表面辐射吸收系数为0.6。构件的示意图见图6-5,具体构造参数见表6-1。4个构件的朝向和倾斜角度各不相同,作为试验中的变化参数。C-0-WE为东西朝向水平放置构件(倾角为0°),C-0-NS为南北朝向水平放置构件(倾角为0°),这两个试件用于分析构件朝向对横向温度梯度的影响。C-0-NS、C-45-NS和C-90-NS分别是在南北方向上以0°、45°和90°倾角放置的构件,这3个试件用于分析构件倾角对竖向温度梯度的影响。为便于比较,在后文中C-90-NS的顶部和底部分别指南侧和北侧。

钢管混凝土构件参数 表6-1

构件编号	长度(mm)	钢管外径(mm)	钢管厚度(mm)	内部混凝土直径(mm)	朝向	倾角(°)	涂装颜色
C-0-WE	1700	426	10	406	从西向东	0	橙
C-0-NS	1700	426	10	406	从北向南	0	橙
C-45-NS	1700	426	10	406	从北向南	45	橙
C-90-NS	1700	426	10	406	从北向南	90	橙

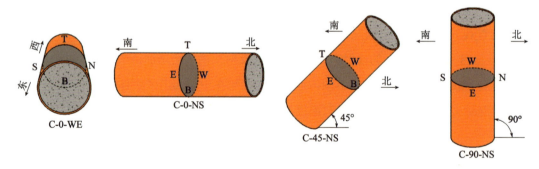

图6-5 钢管混凝土构件示意图

T、B-钢管混凝土构件的顶部、底部;E、W、S、N-钢管混凝土构件的东、西、南、北侧

试验还设置了1个钢管混凝土桁架节段模型,如图6-6所示。测试节段钢管表面涂装为橙色,南北朝向水平放置。桁架节段长度为5m,宽度为1.175m,高度为2.25m。节段模型的详细参数如表6-2所示。

钢管混凝土桁架节段模型参数 表6-2

构　件	钢管外径(mm)	钢管厚度(mm)	是否填混凝土
钢管混凝土弦杆	426	10	填
腹杆	219	10	无
平联杆	219	10	无

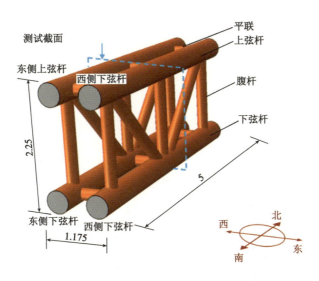

图 6-6　钢管混凝土桁架节段模型（尺寸单位：m）

钢管内填强度等级为 C50 的微膨胀混凝土,混凝土的材料配合比和热工参数如表 6-3 所示,水、水泥、碎砂、碎石砾和膨胀剂的混合比例分别为 6.74%,19.16%,27.49%,44.93% 和 1.68%。根据材料配合比计算,混凝土的密度为 2 592kg/m³,比热容为 0.898kJ/(kg・℃),导热系数为 10.584 kJ/(m・h・℃)。混凝土 7d 抗压强度为 50.8MPa,28d 抗压强度为 55.6MPa。

内填混凝土的配合比和热工参数 表6-3

材　料	密度 (kg/m³)	比热容 [kJ/(kg・℃)]	导热系数 [kJ/(m・h・℃)]	材料使用 (kg/m³)	百分比 (%)
水	1 000	4.187	2.16	160	6.74
水泥	3 100	0.456	4.446	455	19.16
碎砂	2 660	0.699	11.129	653	27.49
碎石砾	2 670	0.749	14.528	1 067	44.93
膨胀剂	—	—	—	40	1.68
C50 混凝土	2 592	0.898	10.584	—	—

(2)测点布置与测试流程

每个单管试件均在中间断面上布置了 17 个温度测点,包括 4 个钢测点和 13 个混凝土测点。由于截面外侧的温度变化更为显著,测点并未以等间距布置,在钢管附近布置更密集。单管试件的温度测点布置见图 6-7a),点 S1 位于 C-0-NS、C-45-NS、C-0-WE 的顶部和 C-90-NS 的南侧,点 S3 位于 C-0-NS、C-45-NS、C-90-NS 的西侧和 C-0-WE 的南侧。

钢管混凝土桁架节段同样在中间断面上布置了温度测点,其细节如图 6-7b)所示。共布置 66 个测点,其中弦杆和竖腹杆外表面布置测点 22 个,弦杆内混凝土布置测点 44 个。在每个弦杆上,分别在顶面、底面、东面和西面布置了 4 个钢测点。每个竖腹杆上布置 3 个测点。由于弦杆外部的温度变化更加剧烈,混凝土中的测点在靠近钢管处布置较密,在混凝土内部则较为稀疏。

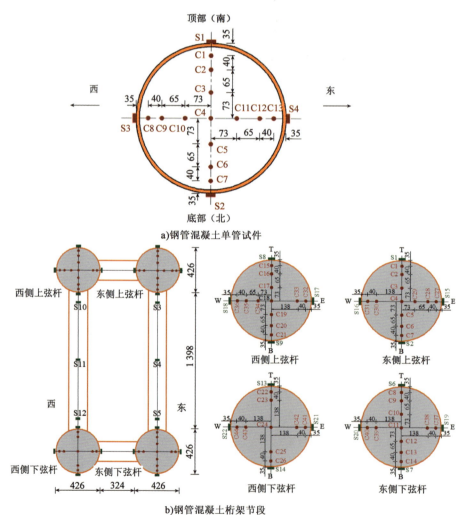

图 6-7 测点布置(尺寸单位:mm)
■-钢测点;●-混凝土测点

采用 DS18B20 数字温度传感器进行温度测量,测量范围为 -55 ~ +125℃,精度为 0.1℃。在试验现场还布置了带有太阳总辐射表、温湿度计、风速计和风向仪的移动气象站,同时进行气象数据(包括水平面太阳总辐射、地面反射太阳辐射、大气温度和湿度、风速和风向)的采集。2017 年 3 月 22 日—2018 年 6 月 30 日,每隔 5min 收集温度数据和气象数据,采用自制无线自动采集系统进行试验数据的远距离长期采集。钢管混凝土构件温度试验实景见图 6-8。

a) 钢管混凝土单管试件

b) 钢管混凝土桁架节段

c) 移动气象站

图 6-8 钢管混凝土构件温度试验实景

(3)气象参数

气象参数是钢管混凝土构件传热最重要的边界条件,图 6-9a)和图 6-9b)分别给出了测试期间每日的最高、最低气温以及日温差。试验期间记录的最高和最低气温分别为 35.91℃ 和 -12.20℃,出现时间分别为 2017 年 7 月 14 日和 2018 年 1 月 30 日。日气温变化最大值为 20.5℃,出现于 2018 年 5 月 14 日,最小值为 2.2℃,出现于 2017 年 7 月 27 日。

试验期间记录的水平面日总太阳辐射量见图 6-9c)。从全年来看,辐射量季节性差异明显,呈现出夏季强冬季弱的特征,其中辐射量最大出现在 2017 年 6 月 25 日,达到 36.61MJ/m²。

图 6-9d)为测试期间的日平均风速变化。可以看出日平均风速主要分布在 1 ~ 3m/s 的范围内,日平均风速最大值出现在 2018 年 2 月 10 日,达到 4.52m/s。

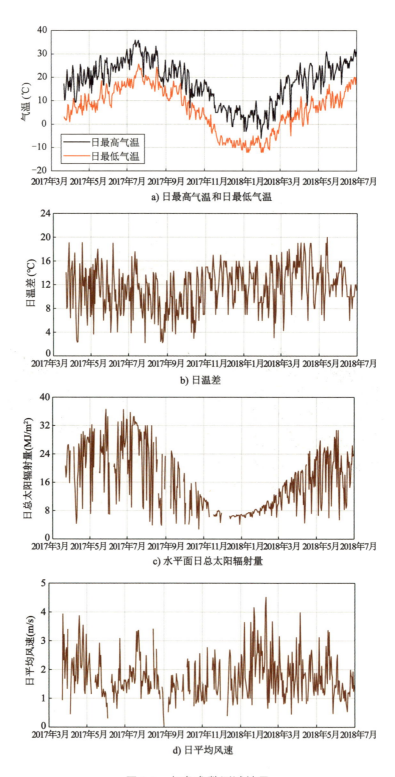

图 6-9 气象参数测试结果

6.2.2 数值模拟方法

早期学者进行桥梁结构温度场计算时多采用有限差分法或有限单元法自编程序进行计算。随着计算机技术的快速发展和商业通用有限元软件的逐渐成熟,基于有限元法的通用有限元软件(如 ABAQUS、ANSYS 等)已成为桥梁结构温度场数值模拟的主流工具。数值模拟方法可以避免试验研究在测试时间和测点数量上的局限性,可为试验提供前期指导,也可对试验结果进行补充,更便于进行温度场的变参数分析。只要边界条件选取得足够准确,计算结果就可以逼近真实的桥梁温度分布。

桥梁结构温度场的有限元数值模拟方法,需结合气象学、天体物理学、传热学和桥梁工程等多门学科,进行桥梁从施工水化热阶段到运营日照阶段的温度场计算,通过与试验测试结果进行对比、调整,验证模拟方法的可靠性和参数取值的准确性。

(1)导热微分方程

日照作用下,桥梁结构的温度分布取决于与外界的热交换和内部的热传导两方面,数值模拟准确与否也取决于此。结构内部的热传导遵循 Fourier 于 1822 年提出的导热微分方程:

$$\rho c \frac{\partial T}{\partial t} = k \left(\frac{\partial^2 T}{\partial x^2} + \frac{\partial^2 T}{\partial y^2} + \frac{\partial^2 T}{\partial z^2} \right) + q \tag{6-1}$$

式中:t、x、y、z——确定温度场所对应的时间和空间坐标;

T——桥梁结构在 t 时刻坐标(x, y, z)处的温度;

ρ、c、k——材料的密度、比热容和导热系数;

q——内部生热速率。

已有研究表明,沿桥梁长度方向的热传导可以忽略。进行桥梁运营阶段的日照温度场分析时,没有施工期混凝土水化热的影响,内部生热速率 q 为 0。基于以上假定,式(6-1)即可简化为式(6-2)所示的二维形式,大量的有限元数值模拟多作了如此简化。

$$\rho c \frac{\partial T}{\partial t} = k \left(\frac{\partial^2 T}{\partial x^2} + \frac{\partial^2 T}{\partial y^2} \right) \tag{6-2}$$

F. Kehlbeck 在研究影响混凝土桥梁结构日照温度分布的各种因素时,考虑了包括太阳直接辐射、大气散射太阳辐射、地面对太阳直射和散射的反射辐射等三种短波辐射,以及大气逆辐射、地表环境辐射等两种长波辐射,还有对外辐射换热和对流换热两种热交换方式在内的较为全面的热边界条件,通过计算板的一维日照温度分布对各因素进行了敏感性分析。通常认为大气逆辐射和地表环境辐射的影响较小,故可简化形成如下更为常用的日照边界模型：

$$q = q_s + q_c + q_r \tag{6-3}$$

式中：q_s——结构表面吸收的太阳辐射热流密度；

q_c——结构表面与外界对流换热的热流密度；

q_r——结构与外界辐射换热的热流密度。

（2）太阳辐射

太阳辐射穿过地球大气层到达地面的过程中，由于受到大气中各种成分（包括大气分子、水蒸气、汽溶胶等）的反射、散射和吸收等作用而衰减，而被大气散射的太阳辐射又有一部分会到达地面，同时太阳直接辐射和大气对太阳散射辐射的一部分又由于地面的反射到达结构表面。因此，桥梁表面所受到的太阳辐射包括直接辐射、散射辐射和反射辐射。桥梁结构吸收太阳辐射的热流密度可按式（6-4）计算：

$$q_s = \alpha(I_{b\theta} + I_{dS} + I_{rS}) \tag{6-4}$$

式中：α——结构表面材料对太阳辐射的短波吸收率，不同粗糙度的混凝土表面和采用不同涂料的钢结构表面的太阳辐射吸收率不尽相同；

$I_{b\theta}、I_{dS}、I_{rS}$——指定面上的太阳直射辐射强度、散射辐射强度和反射辐射强度。

其中，$I_{b\theta}$对结构温度场影响最大，I_{dS}次之，I_{rS}最小。

①太阳辐射角度的基本定义。

计算太阳直接辐射和散射辐射时，需要明确太阳相对于地球观测点的基本运行规律，确定太阳的相对位置。太阳相对位置的确定主要依赖于一系列角度的定义，图 6-10 给出了这些角度的示意图，表 6-4 给出了这些角度的定义和取值范围，具体计算公式如下。

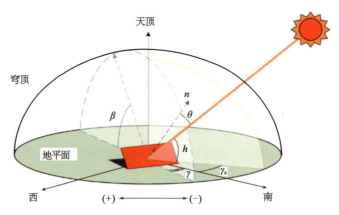

图 6-10　太阳辐射计算模型中各角度示意图

太阳辐射计算中各角度定义　　　　　　　　　　　　　　　　表 6-4

角　度	符号	定　义
赤纬角	δ	地球中心与太阳中心的连线与地球赤道平面的夹角,是计算太阳位置的一个参数,在北半球取正值,在南半球取负值,仅由日期决定
纬度	l	北半球为正,南半球为负,取值范围为 $-90°\sim 90°$
太阳高度角	h	地球表面上某点与太阳的连线(太阳光的入射方向)和地平面之间的夹角,取值范围为 $0°\sim 90°$
太阳方位角	γ_s	地球表面上某点与太阳的连线在水平面上的投影与正南方向(当地子午线)的夹角,偏东为负,偏西为正
太阳时角	τ	根据真太阳时 t 按 $\tau=(t-12)\times 15°$ 计算,正午 12:00 为 0°
倾角	β	倾斜面相对于水平面的倾角,取值范围为 $0°\sim 180°$。小于 90°,斜面朝上;大于 90°,斜面朝下
面方位角	γ	任意倾斜面的外法线在水平面上的投影与正南方向线的夹角,偏东为负,偏西为正(顺时针为正)
太阳入射角	θ	确定太阳空间方位的角度,即太阳入射线(观察点与太阳的连线)与受照平面外法线之间的夹角

赤纬角 δ 可按式(6-5)计算:

$$\delta = 23.45\sin\left(360\times\frac{284+N}{365}\right) \tag{6-5}$$

式中:N——日序数,即自 1 月 1 日起的日期序号,取值范围为 1~365,如 2 月 21 日的日序数 $N=52$。

太阳高度角 h 可按式(6-6)计算:

$$\sin h = \sin l\sin\delta + \cos l\cos\delta\cos\tau \tag{6-6}$$

太阳方位角 γ_s 可按式(6-7)计算:

$$\begin{cases}\sin\gamma_s = \dfrac{\sin\tau\cos\delta}{\cos h} \\ \cos\gamma_s = \dfrac{\sin h\sin l-\sin\delta}{\cos h\cos l}\end{cases} \tag{6-7}$$

任意斜面的太阳入射角 θ 可按式(6-6)计算:

$$\cos\theta = \cos\beta\sin h + \sin\beta\cos h\cos(\gamma_s-\gamma) \tag{6-8}$$

或

$$\begin{aligned}\cos\theta =\ & \cos\beta\sin l\sin\delta + \cos\beta\cos l\cos\delta\cos\tau + \sin\beta\sin\gamma\cos\delta\sin\tau + \\ & \sin\beta\sin l\cos\delta\cos\tau\cos\gamma - \sin\beta\cos\gamma\sin\delta\cos\delta\end{aligned} \tag{6-9}$$

对于水平面 $\beta = 0°$,则:

$$\cos\theta = \sin h \tag{6-10}$$

对于垂直面 $\beta = 90°$,则:

$$\cos\theta = \cos h \cos(\gamma_s - \gamma) \tag{6-11}$$

②太阳辐射计算模型——Hottel 模型。

Hottel 于 1976 年提出了一种以太阳高度角和海拔计算太阳辐射透射比的计算公式,建立了计算太阳辐射的 Hottel 模型,结合后续 Liu 和 Jordan 等的补充,形成了系统的计算方法。

大气层外切平面上的太阳辐射强度 I_0 由式(6-12)计算:

$$I_0 = G_{SC} \sin h \tag{6-12}$$

式中:G_{SC}——太阳常数,指在日地平均距离上,地球大气层上界垂直于太阳光线的单位面积上单位时间内接受的太阳辐射量,可按式(6-13)计算:

$$G_{SC} = 1\ 367 \left(1 + 0.033\cos\frac{360N}{365}\right) \tag{6-13}$$

水平面太阳直接辐射强度 I_{bH} 和太阳散射辐射强度 I_{dH} 按式(6-14)、式(6-15)计算:

$$I_{bH} = I_0 \times \tau_b \tag{6-14}$$

$$I_{dH} = I_0 \times \tau_d \tag{6-15}$$

式中:τ_b、τ_d——晴朗天气下太阳辐射直射透射比和散射透射比,可按 Liu 和 Jordan 提出的式(6-16)、式(6-17)计算:

$$\tau_b = a_0 + a_1 e^{-k/\sin h} \tag{6-16}$$

$$\tau_d = 0.271 - 0.294\tau_b \tag{6-17}$$

式中:a_0、a_1、k——适用于大气能见度高于 23km 的标准晴空大气的物理常数。

地面的反射辐射强度 I_r 按式(6-18)计算:

$$I_r = I_{gH} \times \rho \tag{6-18}$$

式中:ρ——地表物体的反射率,普通地面取 0.2,有雪覆盖地面时可取 0.7;

I_{gH}——水平面太阳总辐射强度,为直接辐射和间接辐射强度之和,按式(6-19)计算:

$$I_{gH} = I_{bH} + I_{dH} \tag{6-19}$$

根据以上公式可知,任意倾斜面实际吸收的太阳辐射热流密度 q_s 可按式(6-20)计算:

$$q_s = \alpha(I_{bH} \times R_b + I_{dH} \times R_d + I_r \times R_\rho) \tag{6-20}$$

式中: α——结构表面对太阳辐射的吸收率;

R_b、R_d、R_ρ——直接辐射修正因子、散射辐射修正因子和地面反射修正因子,可按式(6-21)计算:

$$R_b = \frac{\cos\theta}{\sin h}, R_d = \frac{1+\cos S}{2}, R_\rho = \frac{1-\cos S}{2} \tag{6-21}$$

③对流换热。

对流换热是指流体流经固体时,流体与固体表面之间的热量传递现象,对流换热的热流密度 q_c 可以通过牛顿换热公式计算,实质为热力学中的第三类边界条件,即:

$$q_c = -\lambda \frac{\partial T}{\partial n} = h_c(T_a - T) \tag{6-22}$$

式中:T_a、T——环境和桥梁结构表面的温度;

h_c——对流换热系数,其取值与结构表面的粗糙程度、风速及大气温度等因素有关,较简单的可按式(6-23)计算:

$$h_c = \begin{cases} 3.83v + 4.67 & \text{顶面} \\ 3.83v + 2.16 & \text{底面} \\ 3.83v + 3.67 & \text{侧面} \end{cases} \tag{6-23}$$

④辐射换热。

凡是温度高于绝对零度的物体都会以电磁波的方式向外界发射具有一定能量的粒子(光子),这个过程称为辐射。桥梁结构一般均处于 -30~60℃ 的温度范围,会向外界发射辐射能,这种物体间相互辐射和相互吸收能量的传递方式称为辐射换热。桥梁结构与外界大气环境间便存在这种辐射换热,相应的辐射换热热流密度 q_r 可按式(6-24)计算:

$$q_r = -\lambda \frac{\partial T}{\partial n} = \varepsilon C_s [(T_s + 273)^4 - (T_a + 273)^4] \tag{6-24}$$

式中:ε——结构表面的辐射率,一般取 0.85~0.95;

C_s——Stefan-Boltzmann 常数,可取为 $5.67 \times 10^{-8} \text{W}/(\text{m}^2 \cdot \text{K}^4)$。

6.3 钢管混凝土桥梁的温度作用模式

桥梁结构的温度场呈现出强烈的非线性特征,采用实际的温度场进行设计计算十分不便,通常需要提出相应的温度作用模式以简化桥梁温度效应计算,钢管混凝土桥梁亦是如此。

按产生温度作用的环境因素分类,一般可分为日照温度作用、骤然降温作用和年温变化作用三种类型,见表6-5。在现行的国内外规范体系中,对一般梁式桥温度作用的规定大多是基于上述分类的,钢管混凝土桥梁温度作用的研究也多沿用了上述分类方法。日照温度作用主要由太阳辐射引起,具有明显的局部性,对应于正温度梯度。骤然降温作用主要由寒潮(强冷空气)引起,使钢管混凝土截面外侧的温度低于内侧,对应于负温度梯度。年温变化引起桥梁结构温度变化为长期的缓慢作用,一般对应于桥梁的均匀温度作用。

温度作用分类及特点 表6-5

温度作用	主要影响因素	时间性	作用范围	分布状态	对结构的影响	复杂性
日照温度	太阳辐射	短时急变	局部	不均匀	局部应力大	最复杂
骤然降温	强冷空气	短时变化	整体	较均匀	应力较大	较复杂
年温变化	缓慢变温	长期缓慢	整体	均匀	整体位移	简单

我国《公路桥涵设计通用规范》(JTG D60—2015)主要规定了日照产生的正温度梯度、骤然降温产生的负温度梯度和年温度变化产生的均匀温度作用。对于梁桥,规定了竖向与横向温度梯度模式,认为纵向温度分布均匀;对于缆索承重体系桥梁,还需考虑日照引起的桥塔壁厚方向的温差,以及索、梁、塔等不同材料部件间的温差作用;对于系杆拱桥,欧洲规范还规定了15℃的拱肋-系杆温差作用。

现行规范中给出了钢管混凝土线膨胀系数取值以及合龙温度和温度梯度的计算方法,见表6-6。《钢管混凝土拱桥技术规程》(DBJ/T 13-136—2011)和《钢管混凝土拱桥技术规范》(GB 50923—2013)规定相同,考虑到空钢管与管内混凝土合龙时间的差异,以及混凝土强度缓慢形成与水化热的影响,钢管混凝土桥梁无确切的合龙温度,以上规范提出了计算合龙温度和组合线膨胀系数的概念,计算均匀温差效应。但它们仅按钢与混凝土截面积加权的方式计算组合线膨胀系数,未考虑材料弹性模量等参数的影响,有待完善。而《公路钢管混凝土拱桥设计规范》(JTG/T D65-06—2015)仅采用钢的线膨胀系数和钢管合龙温度计算均匀温差效应,显然更不合理。对于温度梯度作用模式,《公路钢管混凝土桥梁设计与施工指南》和《公路钢管混凝土拱桥设计规范》(JTG/T D65-06—2015)分别给出了不同的形式。由表6-6可见,各规范的规定尚不统一,且均未给出与钢管混凝土界面脱黏相对应的温度作用计算模式,以及不同材料部件间温差作用的计算方法,用于计算因太阳入射角连续变化引起钢管混凝土拱肋轴线偏位的温度作用模式在现有规范体系中亦未考虑。

现行规范关于温度作用的规定 表6-6

编号	规范	线膨胀系数	合龙温度	竖向温度梯度模式
1	《公路钢管混凝土桥梁设计与施工指南》(2008-08-30)	无规定	计算合龙温度,无资料时:升温,月平均气温;降温,月平均气温加4~5℃	
2	《钢管混凝土拱桥技术规程》(DBJ/T 13-136—2011)	组合线膨胀系数(面积加权)	计算合龙温度,按经验公式计算,与管径、28d平均气温有关	无规定
3	《钢管混凝土拱桥技术规范》(GB 50923—2013)	同上	同上	同上
4	《公路钢管混凝土拱桥设计规范》(JTG/T D65-06—2015)	钢材的线膨胀系数	主拱钢管节段合龙时的环境温度	单管 哑铃形或桁架式

6.3.1 均匀温度作用

(1) 计算合龙温度

桥梁结构的基准温度是结构受到约束时的温度,或者结构形成时温度变形为零和超静定结构温度次内力为零时的温度。一般梁桥通常以结构合龙温度作为基准温度,认为结构在合龙时的温度内力为0。然而,不同于一般梁桥,钢管混凝土桥梁采用的是钢管混凝土组合结构。特别是采用先架设空钢管再灌注管内混凝土方法施工的钢管混凝土拱肋,在组合截面形成的过程中,钢管和管内混凝土受到约束的时间不同。空钢管先合龙,之后管内混凝土的截面刚度和强度是逐步形成的,当混凝土达到强度形成钢管混凝土结构时,受水泥水化热和环境温度的影响,已在钢管和混凝土内积累了温度应力,拱肋也产生了相应的变形。因此,空钢管的合龙温度不能视为钢管混凝土拱肋的基准温度,实际上钢管混凝土拱肋也不存在时间维度上的合龙温度,如图 6-11 所示。因此,钢管混凝土拱桥采用了计算合龙温度的概念,即由管内混凝土形成强度时截面的平均温度值和此时的结构内力反算结构内力为零时对应的温度值作为基准温度,见式(6-25)。

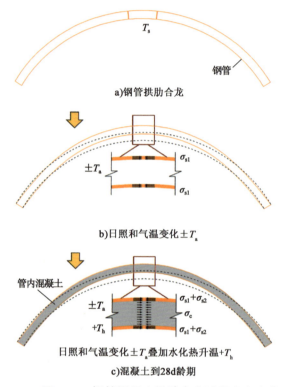

图 6-11　钢管混凝土拱肋合龙过程内力变化

$$T_c = T_{a,28} + \frac{D - 0.85}{0.2} + T_0 \tag{6-25}$$

式中:T_c——计算合龙温度;

$T_{a,28}$——浇筑后 28d 的平均气温;

D——管径(m);

T_0——温度附加值,由混凝土水化热引起,取 3~5℃,冬季取小值,夏季取大值,强度等级低于 C40 的混凝土,减 1℃。

(2)有效温度

混凝土桥梁的导热性能较差,其有效温度主要受年气温变化的影响。钢结构桥梁的导热性能良好,太阳辐射作用下升温明显,确定最高有效温度时考虑太阳辐射的影响更为准确。钢管混凝土由于截面的构成、材料、尺寸等与纯混凝土和纯钢的桥梁结构有所不同,而与钢-混组合梁作为桥面板相比,钢管混凝土为外部钢管直接受到太阳辐射,且一般尺寸相对较小,对气温和辐射的反应速度较快。因此,钢管混凝土桥梁的有效温度有其自身的特殊性。

《钢管混凝土拱桥技术规范》(GB 50923—2013)中规定钢管混凝土桥梁的最高与最低有效温度可取当地最高与最低气温,《公路钢管混凝土拱桥设计规范》(JTG/T D65-06—2015)则规定钢管混凝土的有效温度按《公路桥涵设计通用规范》(JTG D60—2015)进行取值。林春姣认为钢管混凝土中的混凝土占绝大部分,结构的平均温度变化主要取决于混凝土的温度,因此有效温度可以按混凝土桥梁的温度进行取值。黄福云和刘振宇等分别对哑铃形拱肋和桁架拱肋温度场进行了实测和数值模拟,考虑地理位置和钢管涂装颜色的影响,给出了福建省钢管混凝土拱桥有效温度的取值建议,随后被福建省地方标准《钢管混凝土拱桥技术规程》(DBJ/T 13-136—2011)所采用,取值见表 6-7。范丙臣对黑龙江年温差和日温差均较大地区的钢管混凝土拱桥进行了分析,认为最高有效温度可取最高日平均气温加 4~6℃,最低有效温度可取最低日平均气温减 3~5℃。

福建省钢管混凝土拱桥最高和最低有效温度取值 表 6-7

所处地区	北部滨海地区	南部滨海地区	山区
$T_{e,min}$(℃)	1.5(0.5)	3.5(2.5)	0.0(-1.0)
$T_{e,max}$(℃)	深色涂装(红色、灰色):极端最高气温;浅色涂装(白色、银色):极端最高气温减2℃		

注:当管径小于 0.75m 时,$T_{e,min}$ 取括号内的值。

钢管混凝土桥梁的有效温度直接受气温和太阳辐射等气象参数的影响,而气象参数有着明显的地域差异性,以往学者的研究和结论都是在特定地区做了简单的短期测试和参数分析,在进行结构设计计算时显得过于粗糙。

6.3.2 温度梯度模式

针对钢管混凝土桥梁温度作用及其效应的理论与试验研究主要集中在国内。刘振宇等、彭友松等和任志刚等对钢管混凝土单管和哑铃形构件进行了温度场数值模拟计算,指出日照温度作用是引起钢管混凝土界面脱黏的重要原因。徐长武等通过开展太阳辐射作用下钢管混凝土界面性能试验,研究了钢管混凝土柱的脱黏规律,发现向阳面的脱黏明显大于背阳面。涂光亚等的研究表明钢-混界面完全脱黏会使钢管混凝土桁架拱桥的钢管内力增大,结构刚度下降,拱肋的面内极限承载力最大降低64%。陈宝春等则通过试验进一步发现界面脱黏对钢管混凝土构件温度场有着不可忽视的影响。可见,温度作用对钢管混凝土桥梁的力学性能影响显著。

基于模型和实桥温度测试,陈宝春等发现日照作用下钢管混凝土构件的径向温度梯度近似于3次多项式分布;刘扬等获取了寒流下腊八斤特大桥钢管混凝土组合桥墩的温度测试数据,拟合得到钢管混凝土截面径向温度梯度近似于3次多项式分布,组合墩腹板厚度方向的温度梯度近似于指数分布;Peng等对干海子大桥钢管混凝土组合桁梁截面的竖向温度梯度进行了测试,提出了多折线的分布模式。上述对钢管混凝土温度梯度作用的研究仍延续了梁桥的思路,尚未涉及钢管混凝土界面沿环向分布的温差、杆件轴向温差及空间任意位置钢管混凝土结构温度分布规律等问题,仅采用实测数据拟合分析的手段,缺乏对气象相关性的研究,同时还存在实测数据少、时间跨度短等缺陷。

(1)钢管混凝土构件

钢管混凝土构件的温度梯度是指沿测量的钢管混凝土截面特定方向上的温差(TD),可以采用式(6-26)计算:

$$\begin{cases} TD^+ = T - T_{\min} \\ TD^- = T - T_{\max} \end{cases} \tag{6-26}$$

式中:TD^+、TD^-——计算点的正温差和负温差;

T——计算点的温度;

$T_{\min}$、$T_{\max}$——特定方向上的最低温度和最高温度。

在桥梁结构中,主要需要考虑4个温度梯度作用,分别为竖向正温度梯度、竖向负温度梯度、横向正温度梯度和横向负温度梯度,来进行钢管混凝土桥梁温度梯度效应的分析。获得上述桥梁温度梯度模式有两个步骤:第一步是确定温度梯度曲线的形式,第二步是计算温度梯度曲线中的温差代表值。在第一步中,根据试验数据采用曲线拟合来确定温度梯度曲线形式,并且要确定温度梯度曲线中特征性的温差。

通过对钢管混凝土单圆管构件的长期温度场测试发现,构件截面不仅存在正温度梯度,还存在一定的负温度梯度,如图6-12所示。白天在日照、气温升高等因素影响下,截面外部升温快,内部升温相对滞后,形成正温度梯度;夜间气温降低,截面外部先降温,内部降温相对滞后,形成负温度梯度。

采用式(6-27)~式(6-30)所示的幂函数对单圆管构件截面温度梯度进行拟合,得到在不同直径方向上钢管混凝土单圆管构件的正、负温度梯度模式,如图6-13所示。其中,D_t表示温度梯度分段点即极值点的坐标;指数参数n_1、n_2、m_1和m_2通过最小二乘法拟合确定,决定了温度梯度的非线性程度;T_1、T_2和T_3、T_4分别为截面边缘的温差特征值。

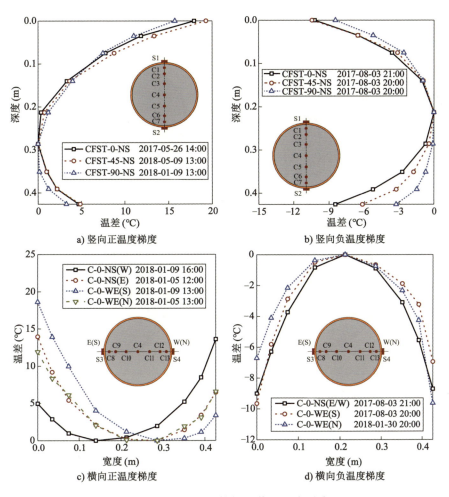

图 6-12 实测单圆管构件截面温度梯度

对于竖向正温度梯度：

$$T^{+}(y) = \begin{cases} T_1^{+}\left(\dfrac{D_t^{+}-y}{D_t^{+}}\right)^{n_1^{+}} & 0 \leqslant y \leqslant D_t^{+} \\ T_2^{+}\left(\dfrac{y-D_t^{+}}{D-D_t^{+}}\right)^{n_2^{+}} & D_t^{+} < y \leqslant D \end{cases} \quad (6\text{-}27)$$

对于竖向负温度梯度：

$$T^{-}(y) = \begin{cases} T_1^{-}\left(\dfrac{D_t^{-}-y}{D_t^{-}}\right)^{n_1^{-}} & 0 \leqslant y \leqslant D_t^{-} \\ T_2^{-}\left(\dfrac{y-D_t^{-}}{D-D_t^{-}}\right)^{n_2^{-}} & D_t^{-} < y \leqslant D \end{cases} \quad (6\text{-}28)$$

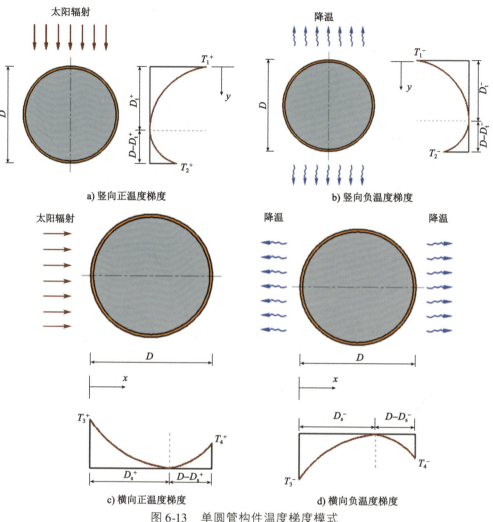

图 6-13 单圆管构件温度梯度模式

对于横向正温度梯度：

$$T^+(x) = \begin{cases} T_3^+ \left(\dfrac{D_s^+ - x}{D_s^+}\right)^{m_1^+} & 0 \leqslant x \leqslant D_s^+ \\ T_4^+ \left(\dfrac{x - D_s^+}{D - D_s^+}\right)^{m_2^+} & D_s^+ < x \leqslant D \end{cases} \quad (6\text{-}29)$$

对于横向负温度梯度：

$$T^-(y) = \begin{cases} T_3^- \left(\dfrac{D_s^- - x}{D_s^-}\right)^{m_1^-} & 0 \leqslant x \leqslant D_s^- \\ T_4^- \left(\dfrac{x - D_s^-}{D - D_s^-}\right)^{m_2^-} & D_s^- < x \leqslant D \end{cases} \quad (6\text{-}30)$$

（2）钢管混凝土桁架

钢管混凝土桁架截面上任意的温度分布可以分解为两类温度作用：钢管混凝土桁架的整体温度作用和单个钢管混凝土弦杆的温度作用，如图6-14所示。其中钢管混凝土桁架整体温度作用包括均匀温度 ΔT_{tu}、上下侧弦杆之间的竖向整体温差 ΔT_{tz} 和左右侧弦杆之间的横向整体温差 ΔT_{ty}，分别按式(6-31)～式(6-33)计算：

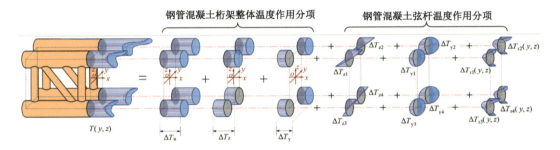

图 6-14　钢管混凝土桁架的温度作用分解

$$\Delta T_{tu} = \frac{\sum_{i=1}^{n} \Delta T_{ui}}{n} \tag{6-31}$$

$$\Delta T_{tz} = \Delta \overline{T}_{u,upper} - \Delta \overline{T}_{u,bottom} \tag{6-32}$$

$$\Delta T_{ty} = \Delta \overline{T}_{u,left} - \Delta \overline{T}_{u,right} \tag{6-33}$$

式中：n——杆件数量；

$\Delta \overline{T}_{u,upper}$、$\Delta \overline{T}_{u,bottom}$、$\Delta \overline{T}_{u,left}$、$\Delta \overline{T}_{u,right}$——上侧弦杆、下侧弦杆、左侧弦杆和右侧弦杆的平均温度。

上述温度作用分别会对钢管混凝土桁架产生不同类型的温度效应：桁架整体均匀温度 ΔT_{tu} 使桁架整体产生纵向伸长或缩短；桁架整体竖向温差 ΔT_{tz} 和横向温差 ΔT_{ty} 使桁架整体分别产生竖向和横向弯曲变形；弦杆竖向线性温差 ΔT_{zi} 和横向线性温差 ΔT_{yi} 使弦杆产生竖向和横向弯曲变形；弦杆残余温度 $\Delta T_{ri}(y,z)$ 直接对应温度自应力。钢管混凝土桁架温度作用的详细内容将在第6.4节阐述。

6.3.3　基于统计分析的温度作用代表值

温度作用是一种可变作用，温度作用的极值可以通过在设计基准期内对温度作用进行统计分析来确定。我国规范中规定的桥梁设计基准期为100年，假设温度作用的重现期即为100年，可以得到温度作用极值的超越概率：

$$p = \frac{1}{100 \times n} \tag{6-34}$$

式中：n——一年中采集数据的样本量。

要统计分析得到 100 年设计基准期内具有一定保证率的温度作用极值，需要足够容量的温度作用样本。然而，如此长时间的温度场数据记录是难以实现的。极值分析是一种专注于预测极值而不是完整的样本总体的方法，它已在很多领域中被用于确定极值。广义极值分布（GEVD）是在极值分析中应用最为广泛的统计模型，本节将采用该方法确定各温度梯度曲线中的温差代表值。

广义极值分布是 Gumbel 分布（Ⅰ型）、Frechet 分布（Ⅱ型）和 Weibull 分布（Ⅲ型）的统一表达，可用位置参数 μ、比例参数 σ 和形状参数 k 参数化。当 k 接近 0、大于 0 和小于 0 时，广义极值分布分别对应于 Gumbel 分布、Frechet 分布和 Weibull 分布。广义极值分布的累积概率分布函数可表示为：

$$H(T;\mu,\sigma,k) = \exp\left[-\left(1+k\frac{T-\mu}{\sigma}\right)^{-\frac{1}{k}}\right], 1+k\frac{T-\mu}{\sigma} > 0 \tag{6-35}$$

式中：$H(T;\mu,\sigma,k)$——广义极值分布的累积概率分布函数；

T——温差。

广义极值分布的概率密度函数可表示为：

$$h(T;\mu,\sigma,k) = \frac{1}{\sigma}H(T;\mu,\sigma,k)\left(1+k\frac{T-\mu}{\sigma}\right)^{-(1+\frac{1}{k})}, 1+k\frac{T-\mu}{\sigma} > 0 \tag{6-36}$$

式中：$h(T;\mu,\sigma,k)$——广义极值分布的概率密度函数。

可以由式（6-37）确定温差极值 T_e：

$$p = 1 - H(T_e;\mu,\sigma,k) = \int_{T_e}^{+\infty} h(T;\mu,\sigma,k)\mathrm{d}T \tag{6-37}$$

（1）钢管混凝土构件

采用如下方式选择统计样本：①选取一年内（2017 年）实测构件温度梯度曲线中特征位置处（截面顶底部和两侧）的温差日最大值和日最小值；②2017 年因设备故障缺失的数据用 2018 年对应时期的数据补充；③剔除异常数据，最终每种温差的有效样本数量均超过 300 个。各试件的温差日极值时程曲线如图 6-15 所示。

实测单管构件的温差日极值频率分布直方图和采用广义极值分布按最大似然估计法拟合的概率密度曲线如图 6-16 和图 6-17 所示。由于广义极值分布对样本数值较大一侧的尾端估计更准确，因此负温差需通过乘以 -1 转换为相反数。可以看到，对于各试验构件的各类温差，拟合的概率密度曲线和实测温差的频率直方图吻合良好。

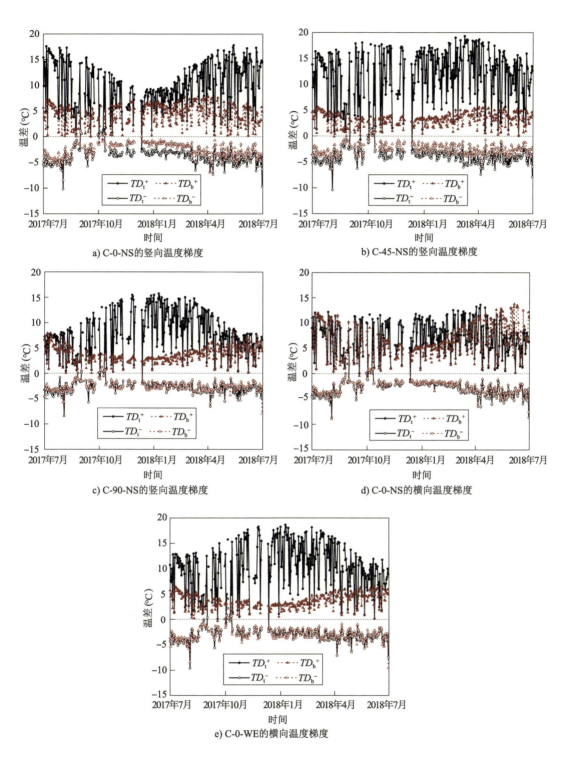

图 6-15 单管构件温差日极值时程曲线

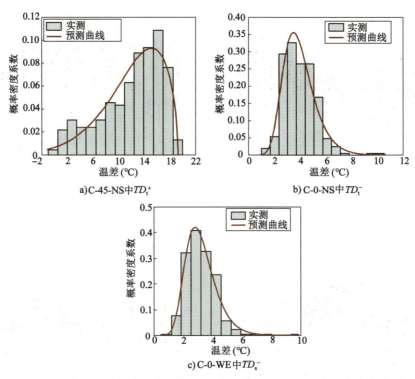

图 6-16 实测单管构件温差日极值频率分布直方图和拟合概率密度曲线

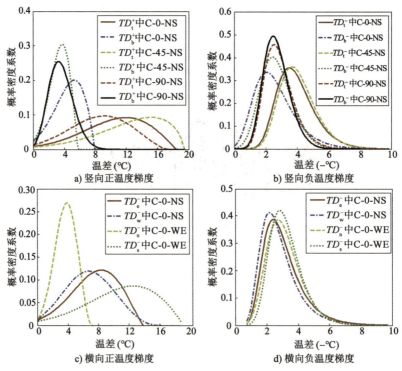

图 6-17 实测单管构件温差日极值广义分布概率密度曲线

表 6-8 给出了钢管混凝土构件各类温差的广义极值分布参数和 100 年重现期对应的温差代表值。可以看到,竖向正、负温度梯度及横向正温度梯度中的温差均服从 Weibull 分布。竖向负温度梯度中的温差形状参数 k 明显小于竖向正温度梯度和横向正温度梯度,意味着竖向负温度梯度中的温差更接近 Gumbel 分布。横向负温度梯度中的温差更服从 Gumbel 分布且广义极值参数取值相近,故温差代表值也较为接近。在各温差代表值中,C-45-NS 的顶部温差是最大的,达到 19.32℃,C-45-NS 的底部温差是最小的,为 5.72℃。

广义极值分布参数和 100 年重现期对应的温差代表值　　表 6-8

试件编号	温差	广义极值分布类型	分布参数			温差代表值 (℃)
			k	μ	σ	
竖向正温度梯度						
C-0-NS	TD_t^+	Weibull	−0.509	9.169	4.665	18.28
	TD_b^+	Weibull	−0.550	3.884	2.220	7.91
C-45-NS	TD_t^+	Weibull	−0.646	11.240	5.225	19.32
	TD_b^+	Weibull	−0.495	2.904	1.405	5.72
C-90-NS	TD_t^+	Weibull	−0.415	7.145	4.194	17.12
	TD_b^+	Weibull	−0.178	2.967	1.468	9.91
竖向负温度梯度						
C-0-NS	TD_t^-	Weibull	−0.067	3.428	1.036	−11.14
	TD_b^-	Weibull	−0.065	1.719	0.977	−9.06
C-45-NS	TD_t^-	Weibull	−0.105	3.568	1.026	−10.03
	TD_b^-	Weibull	−0.155	2.283	0.925	−7.05
C-90-NS	TD_t^-	Weibull	−0.069	2.468	0.805	−8.43
	TD_b^-	Weibull	−0.134	2.364	0.751	−6.57
横向正温度梯度						
C-0-NS	TD_e^+	Weibull	−0.466	6.507	3.447	13.84
	TD_w^+	Weibull	−0.308	5.577	3.255	15.71
C-0-WE	TD_n^+	Weibull	−0.378	3.183	1.484	7.03
	TD_s^+	Weibull	−0.529	9.482	5.061	19.00
横向负温度梯度						
C-0-NS	TD_e^-	Gumbel	0.000	2.551	0.907	−11.92
	TD_w^-	Gumbel	0.000	2.829	0.920	−12.33
C-0-WE	TD_n^-	Gumbel	0.000	2.632	0.922	−12.16
	TD_s^-	Gumbel	0.000	2.860	0.955	−12.73

三个不同倾角的钢管混凝土构件中,对于竖向正温度梯度,C-45-NS 中 TD_t^+ 最大为 19.32℃,C-90-NS 中 TD_b^+ 最大为 9.91℃。对于竖向负温度梯度,C-0-NS 中 TD_t^- 和 TD_b^- 均最大,分别为 -11.14℃ 和 -9.06℃。两种不同朝向的钢管混凝土构件中,对于横向正温度梯度,C-0-WE 的 TD_s^+ 最大达到了 19.00℃。对于横向负温度梯度,温差代表值均相近。

(2) 钢管混凝土桁架

本节对钢管混凝土桁架的试验测试数据进行统计分析,推算包括桁架整体均匀温度、整体竖向温差和整体横向温差在内的桁架整体温度作用的代表值。图 6-18a) 和 b) 分别给出了桁架节段模型东、西侧弦杆的整体竖向温差日极值。整体竖向正温差一般是太阳辐射加热上弦杆造成的。由于夏季太阳辐射较强,夏季的整体竖向正温差明显大于冬季。东、西侧弦杆的最大整体竖向正温差分别为 7.23℃ 和 5.90℃,均发生在 2018 年 5 月 14 日下午 15:00。夜间至日出前,下弦杆受到少量地面热辐射和反射辐射加热,形成了较小的整体竖向负温差,即下弦杆温度高于上弦杆。测得的桁架整体竖向负温差均在 2℃ 以内,远小于整体竖向正温差。

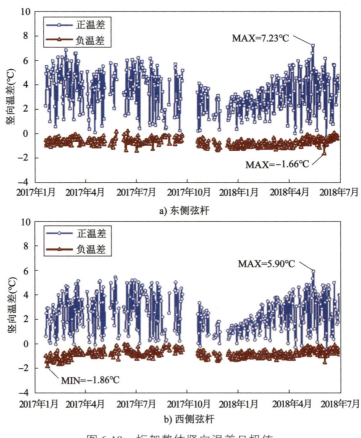

图 6-18 桁架整体竖向温差日极值

图6-19a)和b)分别给出了桁架节段模型上、下侧弦杆的整体横向温差日极值,它是由太阳辐射加热横向两个弦杆中的一个引起的。整体横向正温差定义为东侧弦杆温度比西侧弦杆高,反之亦然。可以看出,上侧弦杆的整体横向温差最小,在2℃以内,这主要是由于两个上弦杆在同一时刻接收的太阳辐射总是大致相同的。而下弦杆当一个受太阳辐射,另一个总是处在其他杆件形成的阴影中,所以下侧弦杆的整体横向温差明显大于上侧弦杆。记录的最大整体横向正温差为3.01℃,发生在2017年5月19日上午11:00,最大整体横向负温差为-4.98℃,发生在2017年3月8日18:00。东部山脉的遮挡导致东侧下弦杆受日照的时长相对于西侧下弦杆要短,所以整体横向正温差比整体横向负温差要小。

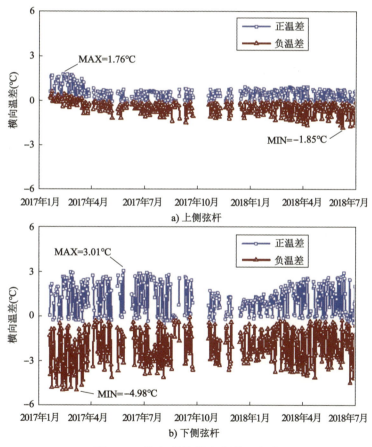

图6-19 桁架整体横向温差日极值

为得到钢管混凝土桁架足够多的整体温度作用年极值样本,先采用高斯混合模型(GMM)估计桁架整体作用日极值的概率分布,再基于日极值的底分布进行蒙特卡洛模拟,得到足够年份内的桁架整体温度作用日极值,最后取年极值样本按广义极值分布进行概率分布估计。限于篇幅，在此仅给出数值模拟得到的年极值做统计分析的结果，图 6-20 给出了桁架整体均匀温度年极值的频率分布直方图和拟合的广义极值分布曲线，表 6-9 给出了桁架整体温度作用概率分布以及 50 年重现期对应的代表值汇总结果。通过显著性水平为 5% 的 K-S 检验，所有的概率分布都具有良好的拟合优度，几乎所有的温度作用都符合 Gumbel 分布和 Weibull 分布。

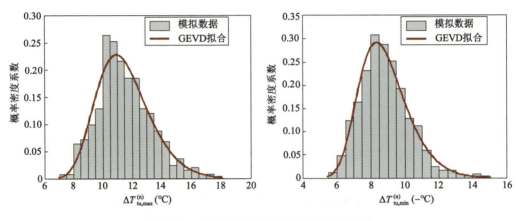

图 6-20　桁架整体均匀温度的 GEVD 拟合

桁架整体温度作用的 GEVD 拟合结果　　　　表 6-9

温度作用		极值分布类型	广义极值分布参数			50 年重现期的统计极值(℃)	实测极值(℃)
			k	μ	σ		
$\Delta T_{tu,max}^{(n)}$		Weibull（类型Ⅲ）	−0.126	9.714	1.027	12.88	10.52
$\Delta T_{tu,min}^{(n)}$		Gumbel（类型Ⅰ）	0.000	8.221	1.266	−13.16	−9.35
$\Delta T_{tz}^{(+)}$	东侧	Weibull（类型Ⅲ）	−0.128	7.110	0.461	8.53	7.23
	西侧	Gumbel（类型Ⅰ）	0.000	5.463	0.251	6.44	5.90
	平均	Weibull（类型Ⅲ）	−0.112	6.570	0.471	8.06	6.56
$\Delta T_{tz}^{(-)}$	东侧	Weibull（类型Ⅲ）	−0.117	1.538	0.119	−1.91	−1.66
	西侧	Weibull（类型Ⅲ）	−0.130	1.621	0.093	−1.91	−1.57
	平均	Gumbel（类型Ⅰ）	0.000	1.618	0.105	−2.03	−1.61
$\Delta T_{ty}^{(+)}$	上侧	Gumbel（类型Ⅰ）	0.000	0.944	0.047	1.13	0.92
	下侧	Gumbel（类型Ⅰ）	0.000	2.904	0.108	3.32	2.90
	平均	Frechet（类型Ⅱ）	0.151	1.873	0.104	2.43	1.81
$\Delta T_{ty}^{(-)}$	上侧	Gumbel（类型Ⅰ）	0.000	1.869	0.145	−2.43	−1.85
	下侧	Weibull（类型Ⅲ）	−0.127	4.363	0.176	−4.90	−4.51
	平均	Gumbel（类型Ⅰ）	0.000	3.280	0.209	−4.10	−3.12

从表 6-9 可以看出,所有温度作用的统计极值都大于实测极值,这在一定程度上证明了极值分析结果的合理性和可靠性。将具有概率意义的温度作用代表值与实测温度极值进行回归分析,两者之间通常存在着较强的线性关系,如图 6-21 所示。

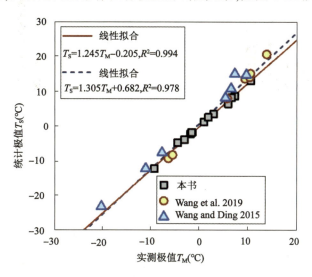

图 6-21　温度作用代表值与实测极值的关系

不同学者和本研究的拟合公式见式(6-38)~式(6-40)。图 6-21 中红色实线为仅本次试验数据的拟合直线,蓝色虚线为所有数据的拟合直线。

Wang 2015:
$$T_S = 1.300 T_M + 2.674 \tag{6-38}$$

Wang 2019:
$$T_S = 1.454 T_M - 0.268 \tag{6-39}$$

本书:
$$T_S = 1.245 T_M - 0.205 \tag{6-40}$$

温度作用分解后存在一个重新组合问题,在此主要考虑不同温度作用极值发生的时间,对发生时间重合率较高的温度作用进行组合。图 6-22 给出了桁架整体横向温差极值的发生日期和发生时刻的频率分布,当不同的温度作用发生时间重合率较高时就可以将它们进行组合。根据该方法最终确定了 3 种不同的桁架整体温度作用组合,如图 6-23 所示,分别为最高均匀温度 + 整体竖向正温差 + 整体横向正温差、最高均匀温度 + 整体竖向正温差 + 整体横向负温差以及最低均匀温度 + 整体竖向负温差。

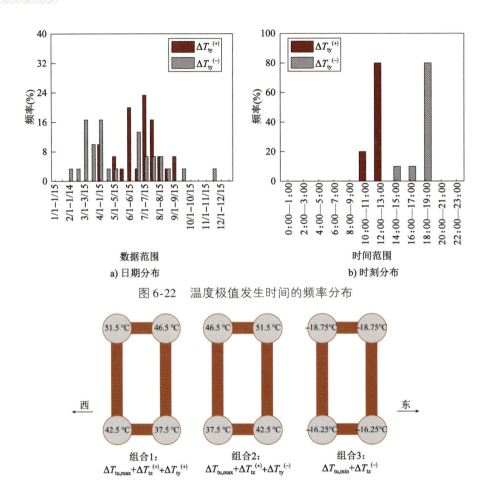

a) 日期分布　　　　　　　　b) 时刻分布

图 6-22　温度极值发生时间的频率分布

图 6-23　桁架整体温度作用组合

根据式(6-41)可由钢管混凝土桁架的温度作用分解结果计算出各弦杆的温度取值：

$$\begin{cases} T_1 = \Delta T_{tu} + \frac{1}{2}\Delta T_{tz} + \frac{1}{2}\Delta T_{ty} \\ T_2 = \Delta T_{tu} + \frac{1}{2}\Delta T_{tz} - \frac{1}{2}\Delta T_{ty} \\ T_3 = \Delta T_{tu} - \frac{1}{2}\Delta T_{tz} + \frac{1}{2}\Delta T_{ty} \\ T_4 = \Delta T_{tu} - \frac{1}{2}\Delta T_{tz} - \frac{1}{2}\Delta T_{ty} \end{cases} \quad (6\text{-}41)$$

由钢管混凝土桁架各弦杆的温度和外部约束条件形成时桥梁的初始温度，就可以计算钢管混凝土桁架桥梁的温度效应。需要指出的是，前述温度作用是在试验场址处对钢管混凝土桁架节段模型实测得到的，因此可能只适用于我国青海省的钢管混凝土桁架桥梁。但是计算温度作用代表值和确定温度作用组合的方法不受区域限制,其他地区钢管混凝土桁架桥梁温度作用及效应计算也可参考。

6.3.4 考虑空间形态的钢管混凝土温差计算

一般梁桥的主梁均是水平或近似水平放置,温度梯度不受主梁倾斜角度的影响。然而,钢管混凝土结构可以在梁桥中用作水平构件,也可以在拱桥中用作倾斜构件,还可以在桥墩和桥塔中用作竖直构件。太阳以不同的入射角 θ 照射在倾斜或垂直的钢管混凝土构件上,将导致构件表面接收的太阳辐射量存在显著差异,如图 6-24 所示。由于太阳辐射是形成温度梯度的决定性因素,因此构件倾角的影响不容忽视,但是现有规范并没有考虑这种影响。钢管混凝土拱桥从拱脚到拱顶,倾角由倾斜渐变至水平,温度梯度将发生较大变化。如果不考虑倾角对拱肋温度梯度的影响,计算的温度效应可能难以正确反映拱桥的真实温度响应。

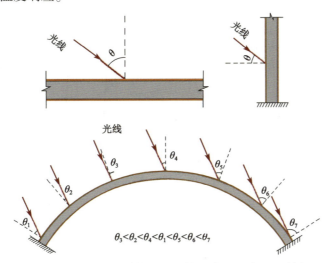

图 6-24 不同倾角钢管混凝土构件表面的太阳入射角

(1) 倾角对温度梯度的影响

图 6-25 为试验测得的不同倾角钢管混凝土构件的顶部温差日极值时程曲线。可以看出,受太阳入射角影响,C-0-NS 构件在冬季的温差小于其他季节,C-90-NS 构件在冬季的温差则大于其他季节,在不同季节 C-45-NS 构件的温差没有明显差别。

图 6-26 为不同季节钢管混凝土构件的顶部温差时程曲线。可以看出,倾角对温度梯度的影响是随季节变化的。具体表现为:在春季,C-45-NS 的顶部温差最大,C-0-NS 次之,C-90-NS 最小;在夏季,C-0-NS 最大,C-45-NS 次之,C-90-NS 最小;在秋季和冬季,C-45-NS 最大,C-90-NS 次之,C-0-NS 最小。以上可以明显看到受太阳入射角影响,在同

一时刻不同倾角钢管混凝土构件的顶部温差存在显著差异,不同季节最大温差存在于不同倾角的构件上,对顶部温差取值时考虑构件倾角影响是十分必要的。

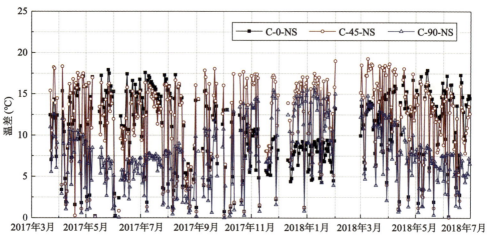

图 6-25　不同倾角钢管混凝土构件的顶部温差日极值时程曲线

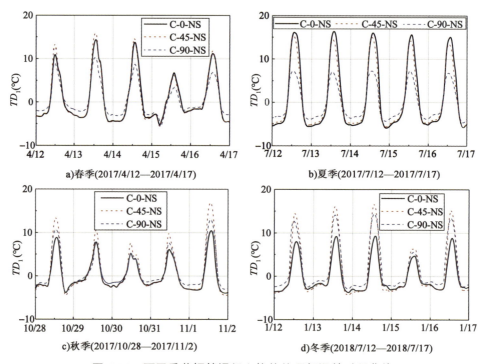

图 6-26　不同季节钢管混凝土构件的顶部温差时程曲线

(2)顶面温差气象相关性分析

钢管混凝土构件的顶部温差日极值与太阳辐射和气温有关,对于南北朝向水平放置的 C-0-NS 构件,建立日最大顶部温差预测公式如下:

$$TD_{1,0} = (-0.011H^2 + 0.789H) + 0.378VT + (0.036v^3 - 0.405v^2 + 0.656v - 2.942)$$
(6-42)

试验测试和公式计算的温差对比结果如图 6-27 所示,可以看出,数据点集中在对角线两侧,表明公式拟合效果较好。

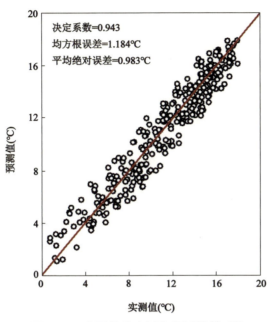

图 6-27　水平构件实测和预测温差对比

(3) 任意倾角构件的日最大竖向温差预测公式

图 6-28 和图 6-29 给出了不同倾角和不同季节对构件顶部温差日极值的影响,可以看到,倾角为 90°时,太阳入射角比值在夏季明显偏小,在冬季偏大。为减小这一偏差,引入温差修正系数 k_D 进行修正,不同月份的温差修正系数 k_D 取值见表 6-10。

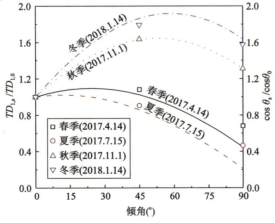

图 6-28　倾角与温差的关系

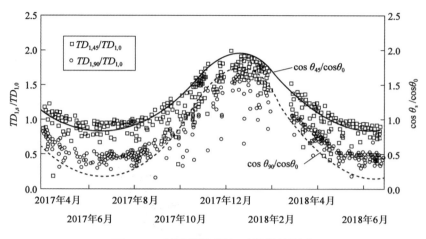

图 6-29 试验期间倾角对温差的影响

温差综合修正系数 k_D 表 6-10

日　　期	倾角(°)		
	0	45	90
1月15日	1	0.95	0.92
2月15日	1	0.97	1
3月15日	1	0.99	1.15
4月15日	1	1.02	1.45
5月15日	1	1.06	1.95
6月15日	1	1.08	2.25
7月15日	1	1.06	1.95
8月15日	1	1.02	1.45
9月15日	1	0.99	1.15
10月15日	1	0.97	1
11月15日	1	0.95	0.92
12月15日	1	0.95	0.9

根据上述分析，提出基于水平放置 C-0-NS 构件的任意倾斜角度构件的日最大顶部温差的预测公式：

$$TD_{1,s} = k_D k_{\theta_s} TD_{1,0} \tag{6-43}$$

式中：$TD_{1,s}$——倾角为 s 的钢管混凝土构件的顶部温差；

$TD_{1,0}$——水平钢管混凝土构件的顶部温差；

k_D——环境气温与风速的综合修正系数,通过实测或经验确定,可按表6-10取值;

$k_{\theta s}$——倾角修正系数,按式(6-44)、式(6-45)计算:

$$k_{\theta_s} = \cos S + k_{1,\delta} \sin S \quad (6\text{-}44)$$

$$k_{1,\delta} = \frac{\sin l \cos\delta - \sin\delta\cos\delta}{\sin l \sin\delta + \cos l \cos\delta} \quad (6\text{-}45)$$

试验测得的和按式(6-43)计算的45°和90°倾角试件顶部温差日极值如图6-30所示,可以验证,该预测公式具有较好的拟合效果。

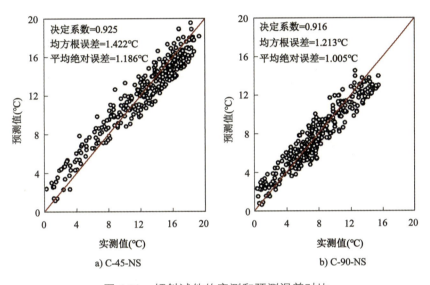

图6-30 倾斜试件的实测和预测温差对比

6.4 钢管混凝土桥梁的温度效应

6.4.1 钢管混凝土的线膨胀系数取值

钢管混凝土构件截面由钢和混凝土两种材料组成,两者的线膨胀系数 α_s 和 α_c 分别为 1.2×10^{-5} 和 1.0×10^{-5},相差20%。桥梁整体温度效应一般通过杆系模型计算,此时钢管混凝土构件的线膨胀系数如何取值成为问题。《公路钢管混凝土拱桥设计规范》(JTG/T D65-06—2015)建议钢管混凝土构件的线膨胀系数可以偏安全地取为钢的线膨胀系数。《钢管混凝土拱桥技术规范》(GB 50923—2013)则建议在计算钢管混凝土构件均匀温差效应时,钢管混凝土组合线膨胀系数可将钢和混凝土的线膨胀系数按各自面积加权的方式进行计算,即 $\alpha_{sc} = (\alpha_s A_s + \alpha_c A_c)/(A_s + A_c)$。可见,现有规范并未达成统一意见,但是显然钢管混凝土的线膨胀系数应介于钢和混凝土之间。

考虑钢管混凝土构件分别受到均匀温差和截面线性温度梯度作用,纵向纤维产生伸缩变形,假定钢管和混凝土交界面完全黏结,变形后的截面仍保持为平面,如图 6-31 所示。其中,ΔT_u、ΔT_d 分别为均匀温差和截面线性温差,虚线为钢管和混凝土自由变形后的位置,由于钢和混凝土的线膨胀系数不同,故两者存在变形差,实线为实际变形后的位置。

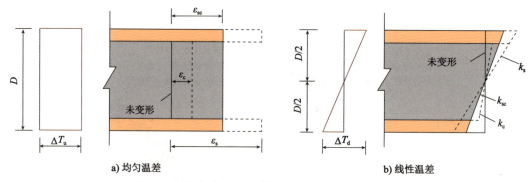

图 6-31　温度作用下钢管混凝土构件的截面变形

截面在均匀温差作用下的自由应变 ε_s、ε_c 和线性温差作用下的自由曲率 k_s、k_c 分别为:

$$\varepsilon_s = \alpha_s \Delta T_u, \varepsilon_c = \alpha_c \Delta T_u \tag{6-46}$$

$$k_s = \alpha_s \frac{\Delta T_d}{D}, k_c = \alpha_c \frac{\Delta T_d}{D} \tag{6-47}$$

式中:α_s、α_c——钢和混凝土的线膨胀系数;

　　　D——截面直径。

将截面发生的实际应变 ε_{sc} 和实际曲率 k_{sc} 分别表示为:

$$\varepsilon_{sc} = \alpha_{sc,u} \Delta T_u \tag{6-48}$$

$$k_{sc} = \alpha_{sc,d} \frac{\Delta T_d}{D} \tag{6-49}$$

式中:$\alpha_{sc,u}$、$\alpha_{sc,d}$——计算均匀温差效应和截面线性温差效应时钢管混凝土的组合线膨胀系数。

实际变形与自由变形之差为钢管和混凝土中温度自内力产生的约束变形,而截面上的总内力为零,即:

$$E_s A_s (\varepsilon_{sc} - \varepsilon_s) + E_c A_c (\varepsilon_{sc} - \varepsilon_c) = 0 \tag{6-50}$$

$$E_s I_s (k_{sc} - k_s) + E_c I_c (k_{sc} - k_c) = 0 \tag{6-51}$$

式中：E_s、E_c——钢和混凝土的弹性模量；

A_s、A_c——钢管和混凝土的截面面积；

I_s、I_c——钢管混凝土的截面惯性矩。

将式(6-46)、式(6-48)带入式(6-50)，式(6-47)、式(6-49)带入式(6-51)得到：

$$\alpha_{sc,u} = \frac{E_s A_s \alpha_s + E_c A_c \alpha_c}{E_s A_s + E_c A_c} \tag{6-52}$$

$$\alpha_{sc,d} = \frac{E_s I_s \alpha_s + E_c I_c \alpha_c}{E_s I_s + E_c I_c} \tag{6-53}$$

组合线膨胀系数与相应温度作用的乘积表征了无外部约束时钢管混凝土截面的变形，对于超静定结构将引起温度次内力。无论是静定结构还是超静定结构，材料线膨胀系数差异将在钢管和混凝土截面产生温度自内力，如式(6-50)、式(6-51)所示。从式(6-52)、式(6-53)可以看到，计算均匀温差效应时钢管混凝土的组合线膨胀系数为将两种材料的线膨胀系数按截面轴向刚度加权求和，计算截面线性温差效应时为按截面抗弯刚度加权求和。

钢管混凝土的组合线膨胀系数与钢管和混凝土的截面刚度比有关，钢管混凝土拱桥中常用强度等级的钢材弹性模量基本一致，而混凝土弹性模量则随混凝土强度等级的提高而增加，故确定钢管混凝土组合线膨胀系数的主要影响因素为混凝土强度和截面含钢率。两种因素对钢管混凝土组合线膨胀系数的影响规律如图 6-32 所示，可以看出随混凝土强度的提高，组合线膨胀系数降低，随截面含钢率的增加，组合线膨胀系数增大，后者对组合线膨胀系数的影响更为显著。同时可以看到，国标将钢管混凝土的组合线膨胀系数取为将钢和混凝土线膨胀系数按钢管和混凝土的面积加权求和，由于混凝土的面积远大于钢管，故该项组合线膨胀系数接近于混凝土的线膨胀系数，行标将钢管混凝土的组合线膨胀系数取为钢的线膨胀系数，按式(6-52)、式(6-53)计算的钢管混凝土组合线膨胀系数介于两者之间。

对于钢管混凝土无铰拱桥，均匀温差和截面竖向线性温差作用下将产生温度次内力，采用"弹性中心法"进行计算的拱肋的基本体系如图 6-33 所示。其中，y_s 为弹性中心距拱顶的距离；Δl_t^1、Δl_t^2 为温度作用下拱肋基本结构在拱顶的位移，由组合线膨胀系数和相应的温度作用计算；δ_{11}、δ_{22} 为载常数；H_t^1、H_t^2 为多余约束力，由力法方程求得，如式(6-54)、式(6-55)所示。可以看到温度次内力与组合线膨胀系数成正比，组合线膨胀系数取值偏差将引起同等程度的温度次内力计算误差。计算出钢管混凝土拱肋的温度次内力后，按刚度分配可求出钢管和混凝土的温度次内力分量，与温度自内力叠加得到总的温度内力，具体计算如式(6-56)~式(6-58)所示。

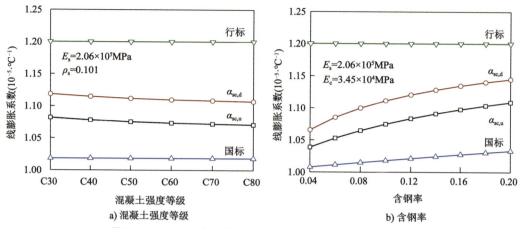

图6-32 不同因素对钢管混凝土组合线膨胀系数的影响

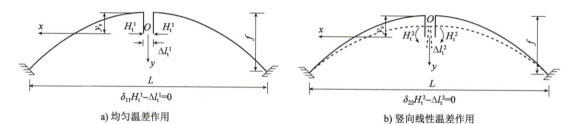

a) 均匀温差作用 b) 竖向线性温差作用

图6-33 拱肋的基本体系

$$H_t^1 = \frac{\Delta l_t^1}{\delta_{11}} = \frac{\alpha_{sc,u}\Delta T_u L}{\int_s \frac{y^2}{EI}ds + \int_s \frac{\cos^2\varphi}{EA}ds} \quad (6\text{-}54)$$

$$H_t^2 = \frac{\Delta l_t^2}{\delta_{22}} = EI\frac{\alpha_{sc,d}\Delta T_z}{D} \quad (6\text{-}55)$$

总内力：

$$\begin{cases} N_t^1 = H_t^1 \cos\varphi \\ M_t^1 = H_t^1 y \end{cases}, M_t^2 = H_t^2 \quad (6\text{-}56)$$

钢管内力：

$$\begin{cases} N_{t,s}^1 = \dfrac{E_s A_s}{EA}N_t^1 + E_s A_s(\alpha_{sc,u}-\alpha_s)\Delta T_u \\ M_{t,s}^1 = \dfrac{E_s I_s}{EI}M_t^1 \end{cases}, M_{t,s}^2 = E_s I_s \dfrac{\alpha_s \Delta T_{d,z}}{D} \quad (6\text{-}57)$$

混凝土内力：

$$\begin{cases} N_{t,c}^1 = \dfrac{E_c A_c}{EA}N_t^1 + E_c A_c(\alpha_{sc,u}-\alpha_c)\Delta T_u \\ M_{t,c}^1 = \dfrac{E_c I_c}{EI}M_t^1 \end{cases}, M_{t,c}^2 = E_c I_c \dfrac{\alpha_c \Delta T_{d,z}}{D} \quad (6\text{-}58)$$

以二次抛物线钢管混凝土拱肋为例,应用组合线膨胀系数计算拱肋在20℃均匀温差和10℃截面竖向线性温差作用下的内力,算例尺寸如图6-34所示。组合线膨胀系数分别按本书、国标和行标三种方法取值,进行温度内力的理论计算。同时,采用桥梁专用有限元程序MIDAS/CIVIL建立杆系有限元模型,进行有限元数值计算,使用双单元和联合截面两种方法建模,对比计算结果。

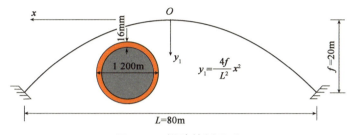

图6-34 拱肋算例尺寸

采用本节组合线膨胀系数计算的钢管和混凝土的自内力、次内力结果如表6-11所示。均匀温差作用下的自内力为轴力,升温时钢管和混凝土中分别产生自生压力和拉力;次生轴力为压力,从拱顶到拱脚减小,次生弯矩在拱顶为负、拱脚为正;自生轴力远大于次生轴力,拱脚处钢管的自生轴力是次生轴力的约80倍,混凝土的自生轴拉力沿跨径均大于次生轴压力,使合轴力为拉力。竖向线性温度梯度作用下的自内力为弯矩,正温差时钢管和混凝土中分别产生自生正弯矩和负弯矩;次生内力只有弯矩,且沿跨径相等。

温度效应计算结果　　　　表6-11

项 目		均匀温差(20℃)			竖向线性温差(10℃)
		拱顶	L/4	拱脚	
钢管轴力 (kN)	自生	-368.261			—
	次生	-6.432	-5.743	-4.548	—
钢管弯矩 (kN·m)	自生	—			21.295
	次生	-76.645	-24.299	132.739	193.579
混凝土轴力 (kN)	自生	368.261			—
	次生	-19.394	-17.346	-13.713	—
混凝土弯矩 (kN·m)	自生	—			-21.295
	次生	-112.425	-35.642	194.705	283.948

均匀温差作用下不同方法计算的温度内力结果如图6-35所示。总轴力、总弯矩即温度次内力与组合线膨胀系数成正比,因此相比于本书结果,国标结果偏小,行标结果偏大;MIDAS/CIVIL联合截面法将混凝土换算成钢材,材料的线膨胀系数取的是钢的线膨胀系数,故次内力计算结果与行标结果相同;双单元法计算结果与本书结果完全吻合。钢管和

混凝土的弯矩是总弯矩按抗弯刚度分配计算得到的,规律与总内力完全相同。钢管轴力采用行标组合线膨胀系数计算不产生自生轴力,MIDAS/CIVIL 联合截面法不计算自生轴力,故两者相等且最小;采用国标组合线膨胀系数计算的自生轴力最大,所以总的钢管轴力最大;本书组合线膨胀系数计算结果和双单元法计算结果一致。混凝土轴力采用行标组合线

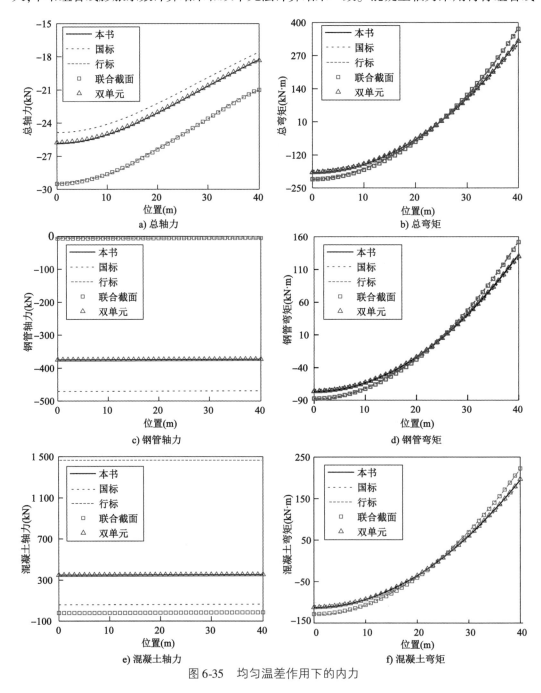

图 6-35 均匀温差作用下的内力

膨胀系数计算的自生轴力最大,所以总的轴力最大;采用国标组合线膨胀系数计算有较小的自生轴力,故总的轴力与 MIDAS/CIVIL 联合截面法计算的次生轴力略有不同。

竖向线性温度梯度作用下拱肋仅产生沿跨径相等的自生弯矩和次生弯矩,不同方法计算的温度内力结果如图 6-36 所示。基于相同的原因,相比于本书组合线膨胀系数计算结果,总弯矩国标计算结果偏小而行标计算结果偏大;MIDAS/CIVIL 联合截面法计算结果与行标相同,双单元法计算结果与本书相同。钢管和混凝土的弯矩按式(6-57)、式(6-58)计算,其与组合线膨胀系数无关,故 3 种方法计算结果相同。MIDAS/CIVIL 双单元法计算结果与理论值完全一致;联合截面法由于采用了钢的线膨胀系数且钢管和混凝土的内力分量是次内力按抗弯刚度分配计算得到的,故钢管的弯矩计算结果与理论值一致而混凝土的弯矩计算结果偏大。

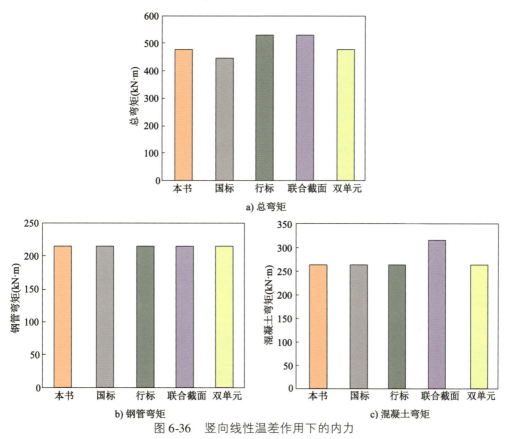

图 6-36 竖向线性温差作用下的内力

6.4.2 温度效应的分解计算方法

基于平截面假定可将钢管混凝土单管截面上任意分布的温度作用 $\Delta T(y,z)$ 分解为均匀温度 ΔT_u、横向线性温差 ΔT_y、竖向线性温差 ΔT_z 和残余温度 $\Delta T_r(y,z)$,如图 6-37

所示,计算公式如式(6-59)~式(6-62)所示。通过上述温度作用分解,均匀温度带来的钢管混凝土构件轴向效应(静定结构中的轴向变形和超静定结构中的次轴力)可采用组合线膨胀系数 $\alpha_{sc,u}$ 按结构力学方法求解,线性温差带来的钢管混凝土构件弯曲效应(静定结构中的弯曲变形和超静定结构中的次弯矩)则可采用组合线膨胀系数 $\alpha_{sc,d}$ 按结构力学求解,残余温度可直接代入式(6-63)计算温度自应力,该温度自应力由截面非线性温度分布和材料线膨胀系数差异两种因素引起,不会产生构件内力和变形。以上温度效应求和即可得到任意温度分布下钢管混凝土构件的温度效应。

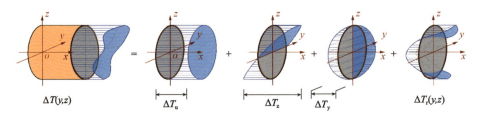

图 6-37　钢管混凝土单管截面温度场分解

$$\Delta T_{ui} = \frac{E_s \alpha_s \int_{A_s} \Delta T_i(y,z) dA + E_c \alpha_c \int_{A_c} \Delta T_i(y,z) dA}{E_s A_s \alpha_s + E_c A_c \alpha_c} \quad (6\text{-}59)$$

$$\Delta T_{yi} = D \frac{E_s \alpha_s \int_{A_s} \Delta T_i(y,z) y dA + E_c \alpha_c \int_{A_c} \Delta T_i(y,z) y dA}{E_s I_s \alpha_s + E_c I_c \alpha_c} \quad (6\text{-}60)$$

$$\Delta T_{zi} = D \frac{E_s \alpha_s \int_{A_s} \Delta T_i(y,z) z dA + E_c \alpha_c \int_{A_c} \Delta T_i(y,z) z dA}{E_s I_s \alpha_s + E_c I_c \alpha_c} \quad (6\text{-}61)$$

$$\Delta T_{ri}(y,z) = \Delta T_i(y,z) - \frac{\alpha_{sc,u}}{\alpha(y,z)} \Delta T_{ui} - \frac{\alpha_{sc,d}}{\alpha(y,z)} \left(\frac{y}{D} \Delta T_{yi} + \frac{z}{D} \Delta T_{zi} \right) \quad (6\text{-}62)$$

$$\sigma(y,z) = -E(y,z) \alpha(y,z) \Delta T_{ri}(y,z) \quad (6\text{-}63)$$

式中:E_s、E_c——钢和混凝土的弹性模量;

α_s、α_c——钢和混凝土的线膨胀系数;

$\alpha_{sc,u}$、$\alpha_{sc,d}$——钢管混凝土的两类组合线膨胀系数;

D——截面直径;

A_s、A_c——钢管和混凝土的截面面积;

I_s、I_c——钢管和混凝土截面惯性矩;

y、z——以截面中心为原点的横向和竖向坐标。

对于钢管混凝土桁式结构,可先按式(6-59)~式(6-62)将各弦杆截面的温度场进行分解,然后弦杆间的均匀温度差异将导致桁架产生整体温度效应,根据产生的效应可将

弦杆的均匀温度 ΔT_{ui} 整合为桁架的整体均匀温度 ΔT_{tu}、整体横向温差 ΔT_{ty} 和整体竖向温差 ΔT_{tz}，如图 6-38 所示，计算公式如式（6-64）~式（6-66）所示。通过上述对桁架温度作用的分解，可以将温度在钢管混凝土桁架中产生的效应分为 3 个体系。体系 1 为各弦杆的温度自应力，通过残余温度按钢和混凝土各自的线膨胀系数计算；体系 2 为各弦杆的温度次弯矩，由弦杆竖向和横向线性温差采用弯曲组合线膨胀系数按结构力学求解；体系 3 为桁架整体次效应，由均匀温度 ΔT_u 采用伸缩组合线膨胀系数、竖向弦杆整体温差 ΔT_z 和横向弦杆整体温差 ΔT_y 采用弯曲组合线膨胀系数按结构力学求解。显然，若将钢管混凝土桁架作为整体，体系 1 和体系 2 产生的温度效应则为桁架的温度自生效应，不引起桁架整体的内力和变形。

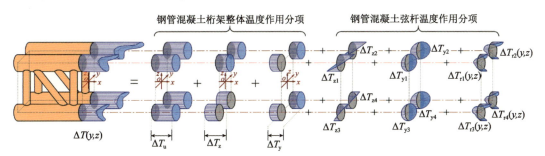

图 6-38 钢管混凝土桁式截面温度场分解

$$\Delta T_{tu} = \frac{\sum_{i=1}^{4} \Delta T_{ui}}{4} \tag{6-64}$$

$$\Delta T_{ty} = \Delta \overline{T}_{u,\text{east}} - \Delta \overline{T}_{u,\text{west}} \tag{6-65}$$

$$\Delta T_{tz} = \Delta \overline{T}_{u,\text{upper}} - \Delta \overline{T}_{u,\text{bottom}} \tag{6-66}$$

6.4.3 钢管混凝土界面非均匀热脱空高度计算方法

日照作用下钢管和混凝土的温度沿环向是非均匀分布，势必会导致钢管混凝土界面产生沿环向的不均匀脱空，如图 6-39 所示。

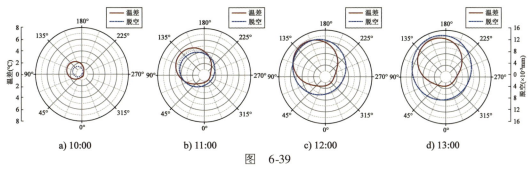

a) 10:00　　　b) 11:00　　　c) 12:00　　　d) 13:00

图 6-39

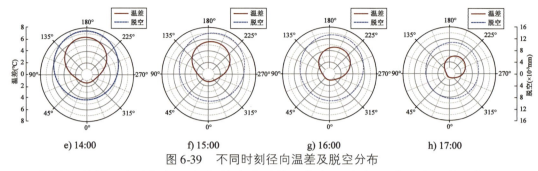

图 6-39 不同时刻径向温差及脱空分布

钢管和混凝土除了存在温差外，线膨胀系数也存在差异，钢的线膨胀系数一般取 $1.2 \times 10^{-5}/℃$，混凝土的线膨胀系数一般取 $1.0 \times 10^{-5}/℃$。为综合考虑温差及热膨胀系数的差异对脱空的影响，引入等效径向温差 TD 的概念，任意角度径向温差 TD_θ 可用下式计算：

$$TD_\theta = 1.2\Delta t_{s,\theta} - \Delta t_{c,\theta} \tag{6-67}$$

式中：$\Delta t_{s,\theta}$、$\Delta t_{c,\theta}$——沿环向不同角度钢管和混凝土平均温度与初始温度的差值。

任意时刻径向温差沿环向的分布可用如下余弦函数表示：

$$TD_\theta = \frac{TD_{\max} + TD_{\min}}{2} + \frac{TD_{\max} - TD_{\min}}{2}\cos\left[\frac{\pi(\theta - \theta_{\max})}{150}\right] \tag{6-68}$$

式中：TD_θ——任意角度的径向温差；

$TD_{\max}$、$TD_{\min}$——径向温差沿环向的最大值、最小值；

$\theta_{\max}$——最大径向温差所对应的角度。

环向任意位置处的径向脱空高度 d_θ 可按式(6-69)计算：

$$d_\theta = r_c \times 10^{-5}\left\{(0.418TD_{\max} + 0.643TD_{\min}) + (0.259TD_{\max} - 0.440TD_{\min})\cos\left[\frac{\pi(\theta - \theta_{\max})}{150}\right]\right\} \tag{6-69}$$

不同时刻径向脱空分布函数如图 6-40 和表 6-12 所示，可以看出，式(6-68)和式(6-69)的分布函数能准确计算不同时刻沿环向不同位置的径向温差和脱空高度。

不同时刻等效径向温差及径向脱空拟合曲线参数 R^2 表 6-12

时刻	$TD_{\max}$(℃)	$TD_{\min}$	$\theta_{\max}$(℃)	R^2	
				TD_θ	d_θ
11:00	6.87	0.40	2.36	0.91	0.94
13:00	10.18	1.91	2.75	0.96	0.98
15:00	9.66	2.69	3.34	0.96	0.98
17:00	7.31	2.64	3.73	0.92	0.93

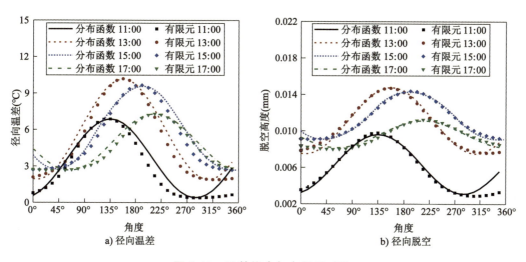

图 6-40 函数拟合与有限元对比

6.5 基于日照阴影识别的钢管混凝土桥梁温度效应精细化计算

6.5.1 基于光线追踪算法的桥梁阴影识别技术

光线追踪技术是一种具有高度真实感的图形绘制技术,其基本思想是基于几何光学的原理,通过模拟光线的传播路径来确定反射、折射和阴影。该方法识别阴影的原理如图 6-41 所示:首先从待判断点发出与太阳光线平行的射线,然后判断射线与结构表面是否存在交点(待判断点除外)。若存在交点,则待判断点处在阴影区域;否则,待判断点处在光照区域。图 6-41 中,A 点处在光照区域,B 点处在他阴影区域(交点为 C 点、D 点,被腹杆遮挡)。

图 6-41 阴影识别原理图

阴影识别的核心是判断射线与结构表面是否存在除起点外的其他交点,结构表面的几何方程不易建立,难以通过联立射线方程和结构表面方程的方法直接求解交点。利用有限元技术可将结构表面离散为网格,射线与结构表面的相交计算可转化为射线与有限个网格的相交计算。以往研究均采用叉积符号法判断射线和网格是否相交,即通过求解射线与网格所在平面的交点并判断交点与网格的相对位置来识别阴影区域。该判断过程涉及大量叉积运算,不利于处理器的高效执行。通过引入三角形重心坐标可以有效避免叉积运算,在一定程度上提高计算效率。三角形重心坐标法的判断原理如图 6-42 所示,图中点 A 和点 P 为待判断点,射线 AA'、PP' 与阳光照射方向平行,d 为与射线同向的单位向量,三角形 BCD 为结构表面网格。

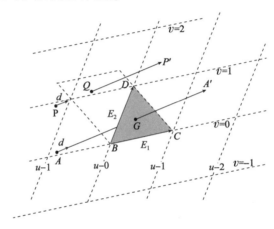

图 6-42 三角形重心坐标法阴影识别原理图

G 点与网格共面,其坐标可用 B 点坐标及网格邻边构成的向量表示:

$$G = B + uE_1 + vE_2 \tag{6-70}$$

式中:G、B——节点坐标;

E_1、E_2——网格邻边组成的基向量;

u、v——G 点对应的三角形重心坐标。

G 点位于射线 AA' 上,其坐标亦可用起点坐标 A 及单位向量 d 表示,即:

$$G = A + td \tag{6-71}$$

式中:t——G 点的参数坐标。

联立上述方程进而通过克拉默法则可同时求解出 t、u、v 三个参数:

$$\begin{bmatrix} t \\ u \\ v \end{bmatrix} = \frac{1}{|\ -d\ \ E_1\ \ E_2\ |} \begin{bmatrix} |\ T\ \ E_1\ \ E_2\ | \\ |\ -d\ \ T\ \ E_2\ | \\ |\ -d\ \ E_1\ \ T\ | \end{bmatrix} \tag{6-72}$$

式中:$T = A - B$,A为射线起点坐标,B为基向量起点坐标。

通过判断参数t、u、v可确定射线与网格的关系,判断流程如图6-43所示。若$|-d\ E_1\ E_2|=0$,则射线与网格平行,两者无交点。若$|-d\ E_1\ E_2|\neq 0$时,$t\leq 0$,网格背离射线方向,两者无交点;当$t>0$时,说明射线与网格所在平面有交点,需进一步判断交点和网格的相对位置。若u、$v\in[0,1]$且$(u+v)\leq 1$,则交点位于网格边线或内部,判断点被网格遮挡(图6-42中A点),否则判断点不会被网格遮挡(图6-42中P点,该点:$t>0$,$-1<u<0$,$v>1$)。

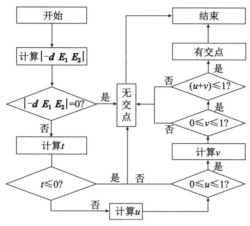

图6-43 三角形重心坐标法遮挡判断流程图

6.5.2 数值模拟方法及验证

借助ABAQUS提供的DFLUX子程序可实现考虑日照阴影的桥梁温度场计算。该子程序可以定义与节点位置、计算时间、积分坐标等信息相关的热源方程,在DFLUX子程序中编写基于栅格加速结构的阴影识别算法,即可根据阴影分布范围自动添加合理的太阳辐射边界条件,实现结构三维日照温度场的准确计算,具体计算流程见图6-44,其中flux(ZS)、flux(SS)、flux(FS)为太阳直射辐射强度、散射辐射强度和地面反射辐射强度,flux(1)为太阳总辐射强度。首先,根据网格信息将结构体所在空间剖分为多个立方体栅格并将不同位置的图元信息装入其中。然后,利用前文公式计算日、地位置参数并利用太阳高度角及入射角两个判别条件初步识别光照区域与自阴影区域。再然后,利用上一部分中介绍的算法计算识别他阴影区域并采用Hottel模型计算太阳总辐射强度flux(1)。最后,通过风速、大气温度、辐射率、吸收率等参数确定边界条件,进而代入有限元模型中求解结构三维日照温度场。

选取2017年12月31日13时05分计算结构吸收的太阳直接辐射热流,导入

Tecplot 软件中绘制直接辐射热流分布图。将热流大于 0 的区域设置为白色,热流小于 0 的区域设置为黑色,即可得到结构日照阴影分布图,如图 6-45 所示。对比实拍阴影照片可以看出,模型的阴影分布范围与实际阴影基本一致,说明本书提出的方法可以准确识别复杂结构的日照阴影。

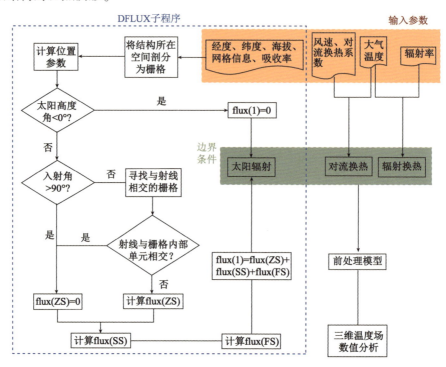

图 6-44 ABAQUS 三维日照温度场数值模拟流程图

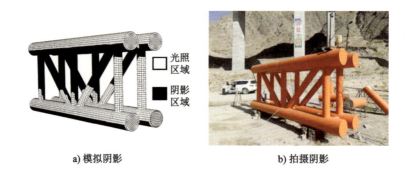

a) 模拟阴影　　　　　　　　b) 拍摄阴影

图 6-45 阴影对比图

为分析阴影对钢管混凝土桁架结构日照温度场的影响规律,分别计算了考虑阴影和不考虑阴影两种情况下桁架节段模型的温度场,部分代表性测点的温度时程如图 6-46 所示。可以看到,阴影对下弦杆温度场有不容忽视的影响,考虑阴影后温度历程显著改变,日照时段温度大幅下降。对于东侧下弦杆,顶部受阴影影响最大。考虑阴影后该区域在13:00、15:00和16:00左右分别受到东侧上弦杆、西侧上弦杆、腹杆的遮挡,导致温度降低,温度呈现出先上升后下降的规律,形成三个明显的峰值,有、无阴影的计算结果最大相差10.1℃,出现在15:00。对于西侧下弦杆,同样顶部受阴影影响最大。上午10:00—12:00,顶部处在东侧上弦杆与腹杆的阴影中,升温十分缓慢。中午13:00左右,顶部处在西侧上弦杆的阴影中,温度逐渐下降,有、无阴影的计算结果最大相差10.0℃,出现在13:30。结合温度时程和阴影示意,可以看到温度计算结果与日照阴影分布形态吻合。

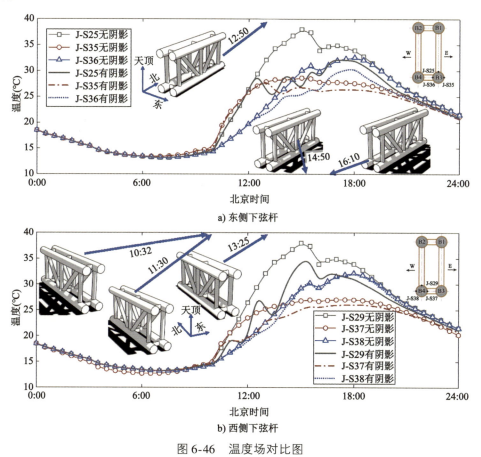

图 6-46 温度场对比图

图 6-47 为实测温度和数值模拟结果的对比情况,可以看到测点温度计算值和实测值随时间变化的规律基本相同,温度峰值及其出现的时间基本一致,所有测点平均偏差仅为 1.0℃。由于对该类结构对流换热系数的研究尚不充分,模型对流换热系数取值可能与实际存在一定偏差,导致计算值略低于实测值,最大偏差为 3.1℃,出现在 16:00 左右 J-S25 测点处。

根据以上分析,本节提出的计算方法可以准确地识别桥梁日照阴影,计算的温度变化规律与日照阴影分布规律吻合,温度计算结果可满足工程精度要求,可以实现复杂结构三维日照温度场的精细化模拟。

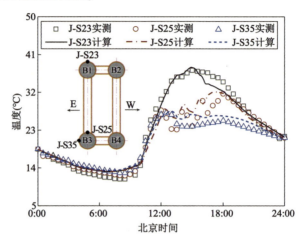

图 6-47　实测温度值与计算温度值对比图

6.5.3　实桥温度分布及效应三维精细化模拟

(1) 工程背景及模型建立

苏龙珠黄河特大桥为一座净跨径220m的上承式钢管混凝土拱桥,净矢跨比为1/5.5,拱轴线为悬链线,拱轴系数为2.2。拱肋由两榀高4.5m、宽2.35m的桁架组成,弦杆直径850mm,腹杆直径400mm,横联直径400mm。两道拱肋之间设有19道横撑以保证拱肋横向稳定,横撑主管直径400mm,腹管直径350mm。桥梁结构形式如图6-48所示。

为明确日照阴影对温度效应的影响,建立了考虑阴影与不考虑阴影两种状态下桁式拱肋(未灌注混凝土工况)温度场和温度效应计算模型。温度场计算模型中钢管采用三节点/四节点传热壳单元DS3/DS4模拟,材料热工参数、边界条件及计算日期的选取同前一部分。温度场计算完毕后将单元类型改为三节点/四节点通用壳单元S3/S4,利用预定义场功能导入温度场并将拱脚截面设为固定约束后计算温度效应。模型共建立了2 075 132 个单元,1 992 101 个节点,网格划分如图6-49所示。

(2) 日照温度场分析

图6-50给出了典型时刻上、下弦杆顶部温度纵向分布。可以看出:对于上弦杆,9:00太阳位于正东方向,太阳入射角由东向西逐渐减小,顶部温度由东向西逐渐降低,纵向最大温差为16.6℃;13:00太阳处于正南方向,太阳入射角由中间向两侧逐渐减小,温度呈中部高、两侧低分布,纵向最大温差降低为10.3℃;17:00太阳位于正西方向,太阳入射角由西向东逐渐减小,上弦杆上缘温度由西向东逐渐降低,最大温差为18.3℃。

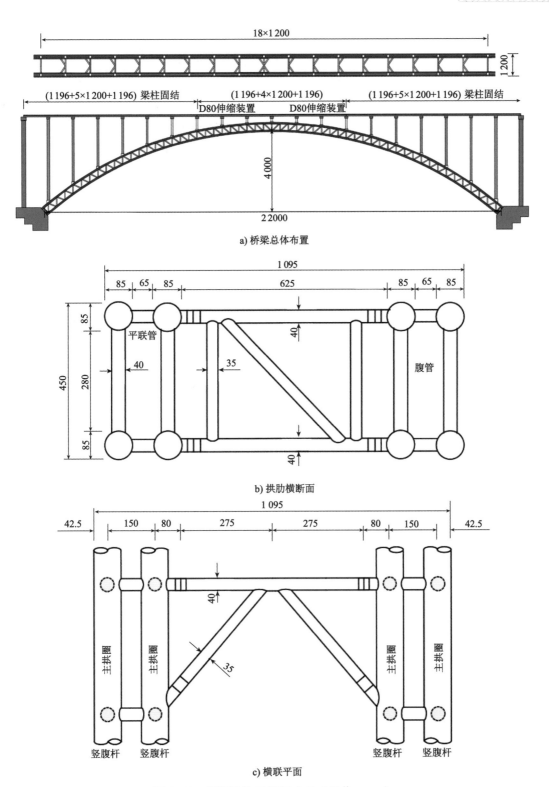

图 6-48 桥梁结构示意图（尺寸单位：cm）

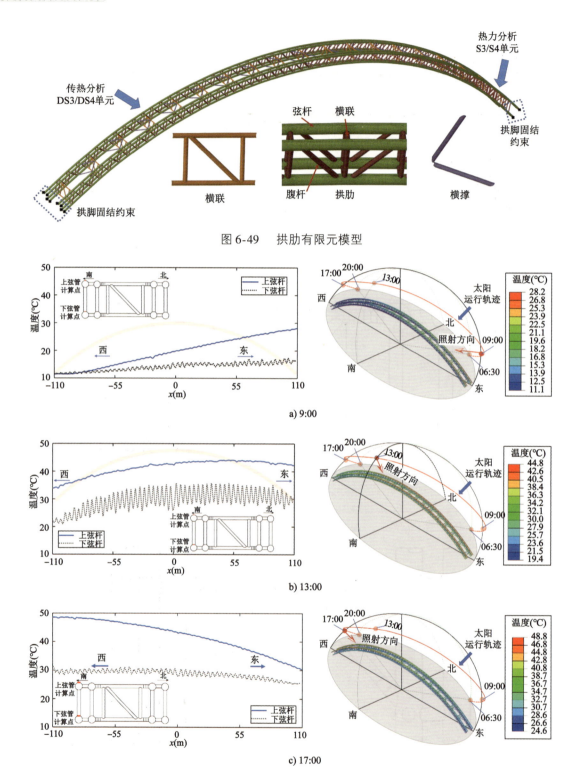

图 6-49 拱肋有限元模型

a) 9:00

b) 13:00

c) 17:00

图 6-50 拱肋温度纵向分布

对于下弦杆,由于腹杆的遮挡,下弦杆顶部光照区域与阴影区域交替出现。光照区域接收的太阳辐射热流多,阴影区域接收的太阳辐射热流少,故下弦杆温度沿纵向波动十分明显。9:00 时,东侧波动幅度大于西侧,邻近的阴影区域与光照区域温差可达 2.9℃;14:00 时,随着太阳辐射强度的增加,温度沿纵向的波动愈加明显,相邻的阴影区域与光照区域温差可达 13.0℃;17:00 时,西侧波动幅度大于东侧,邻近的阴影区域与光照区域温差可达 3.1℃。由于上弦杆的遮挡,下弦杆顶缘温度显著低于上弦杆。9:00 时,两者温差由东向西逐渐减小,最大温差为 12.7℃;13:00 时,两者温差基本稳定在 15℃,最大温差为 18.5℃;17:00 时,两者温差由西向东逐渐减小,最大温差为 20.2℃。

由以上分析可知,日照阴影导致弦杆温度的数值、分布模式发生显著变化,在复杂结构桥梁日照温度场分析中,日照阴影的影响不容忽视。

(3)日照温度效应分析

图 6-51 为 5 月 26 日的拱顶竖向位移图,可以看出:有、无阴影两种情况下拱肋位移时程规律基本一致,0:00—6:00 拱肋逐渐下挠,6:00 拱顶位移最小,为 -23mm;6:00—15:00 拱肋逐渐上拱,15:00 拱顶位移最大,无阴影状态下为 64mm,考虑阴影后,拱肋整体温度降低,最大位移减小为 53mm,两者相差约 19%;15:00—次日 0:00,拱肋逐渐下挠,次日 0:00 拱顶位移基本为 0mm。《公路桥涵施工技术规范》(JTG/T 3650—2020)规定:钢管混凝土拱肋拱圈施工允许误差不能超过 50mm。拱圈合龙后拱顶的日照温度变形幅度(考虑阴影)达到了 76mm,比规范大 26mm,将给拱上立柱以及桥道系的安装带来困难。在施工过程中,结构刚度尚未完全形成,日照位移的变化幅度势必增加。因此,准确计算日照温度效应是保证拱肋施工线形的重要前提。

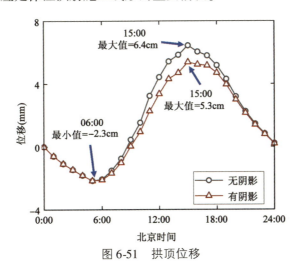

图 6-51 拱顶位移

图 6-52 给出了有、无阴影两种情况下弦杆的顶部正应力,为减少应力集中的影响,结果提取路径避开了杆件相交、曲率突变等位置。可以看出:两种情况下,上弦杆顶部均处于受压状态,且压应力由跨中向两侧逐渐减小,这与该时刻的温度分布状态是一致的;考虑日照阴影后,上弦杆顶部压应力减小,应力差值由拱顶向拱脚逐渐减小,最小应力差值为 2.8MPa,出现于拱脚位置,最大差值为 12MPa,出现于拱顶附近。

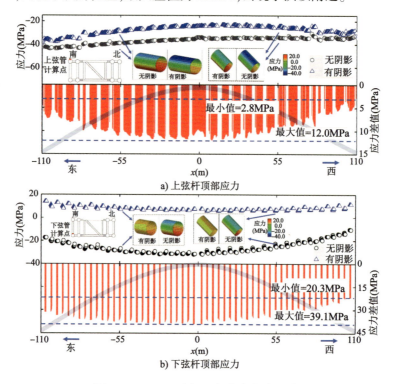

图 6-52 14:00 弦杆顶部应力纵向分布

相比于上弦杆,下弦杆应力受日照阴影的影响十分显著。不考虑阴影,上弦杆顶部处于受压状态;考虑阴影后,下弦杆顶部变成受拉状态。最小应力差为 20.3MPa,出现在东侧拱脚;最大应力差为 39.1MPa,出现于拱顶位置。这是因为日照阴影导致下弦杆温度降低,拱肋承受竖向正温度梯度,在拱肋上弦杆产生压应力,下弦杆产生拉应力。

表 6-13 给出了考虑日照阴影的拱肋弦杆温度应力,并给出了自重应力作为对比。可以看到:上弦杆最大温度应力出现在西侧拱脚,为 -58.7MPa;下弦杆最大温度应力出现在西侧拱顶,为 -31.1MPa。拱肋各位置的温度应力均大于自重应力,在西侧拱脚、东侧拱顶等位置的温度应力甚至达到自重应力的 3 倍左右。由此可见在某些工况下日照温度作用可能取代恒载成为结构的控制荷载,其对结构应力状态的影响需格外重视。

最大温度应力 表6-13

位 置		温度应力(MPa)	自重应力(MPa)	位 置		温度应力(MPa)	自重应力(MPa)
西侧拱脚	上弦杆	-58.7	-19.8	东侧拱脚	上弦杆	-48.1	-19.8
	下弦杆	-27.1	-26.4		下弦杆	-22.3	-26.4
西侧1/4拱顶	上弦杆	-39.7	-16.7	东侧1/4拱顶	上弦杆	-40.9	-16.7
	下弦杆	-29.5	-24.5		下弦杆	-27.3	-24.5
西侧拱顶	上弦杆	-37.2	-29.6	东侧拱顶	上弦杆	-36.2	-29.6
	下弦杆	-31.1	-9.6		下弦杆	-30.7	-9.6

CHAPTER SEVEN 第7章

钢管混凝土界面性能

在钢管混凝土拱桥中,桥面荷载一般通过吊杆或拱上立柱先传递到拱肋的钢管,再通过钢管与混凝土界面的相互作用使钢管与混凝土共同受力;钢管混凝土桁架拱肋中腹杆与弦杆节点部位力的传递,都涉及钢管与混凝土界面的黏结滑移问题。目前钢管混凝土研究方法大多将钢管与混凝土作为一种材料处理,或在有限元模型中将钢管与混凝土单元处理为共节点,或将界面处理为接触单元,采用何种单元或处理方式迄今仍没有成熟的模型,很难反映钢管混凝土在界面上的传力机理。钢管与混凝土之间的黏结滑移是钢管混凝土结构最基本的理论问题之一,黏结滑移性能的研究对于完善钢管混凝土设计理论具有重要的理论意义和工程实用价值。

对此,本章分别开展圆形、矩形和 PBL 加劲型钢管混凝土界面推出试验,采用声发射技术,对钢-混界面状态进行追踪,提出各类钢管混凝土构件界面黏结-滑移本构关系。同时,开展 PBL 连接件本身的静力和疲劳推出试验研究,提出 PBL 连接件抗剪强度计算方法,并给出其疲劳评估方法。此外,本章还研究了界面状态对钢管混凝土构件抗弯性能的影响以及温度作用对钢管混凝土界面状态的影响。

7.1 钢管混凝土柱界面黏结-滑移本构关系

7.1.1 试验概述

为研究钢管表面的应变分布来研究界面黏结应力的分布规律,探讨界面黏结-滑移本构关系,并分析钢管混凝土界面的黏结强度及其主要影响因素,设计制作了 5 根方钢管混凝土试件和 5 根圆钢管混凝土试件进行界面抗剪黏结性能的推出试验,如图 7-1 所示。

图 7-1 推出试验

试件参数见表 7-1。

试件几何与物理参数及试验结果 表 7-1

试件类型	试件编号	$D \times t \times L$ (mm×mm×mm)	$\dfrac{D}{t}$	$\dfrac{L}{D}$	f_{cu} (MPa)	N_u (kN)	τ_u (MPa)
方钢管混凝土	FG1	82×3×330	27.33	4.02	31.1	48.5	0.48
	FG2	82×3×335	27.33	4.08	31.1	52.5	0.55
	FG3	100×4×300	25.00	3.00	31.1	51.8	0.47
	FG4	100×3×420	33.33	4.20	31.1	78.0	0.49
	FG5	100×3×440	33.33	4.40	31.1	84.2	0.50
	FG6	100×4×450	25.00	4.50	31.1	100.0	0.60
圆钢管混凝土	YG1	φ115×4×470	28.75	4.09	22.4	186.0	1.23
	YG2	φ115×4×470	28.75	4.09	27.4	189.0	1.25
	YG3	φ115×4×470	28.75	4.09	32.3	179.0	1.18
	YG4	φ115×4×470	28.75	4.09	41.8	201.0	1.33
	YG5	φ115×4×470	28.75	4.09	51.4	190.0	1.26

7.1.2 界面黏结应力沿长度方向的分布规律

图 7-2 为在轴心荷载作用下试件 FG5 纵向应变沿长度的分布曲线,图中纵坐标为试件高度,横坐标为各测试点在不同荷载作用下的应变值,N 为试验加载值。由图 7-2 可以看出在试件加载初期,钢管表面纵向应变值相对较小,表明钢管和核心混凝土之间的应变是连续的,随着压力逐步增大,中轴位置的钢管底部纵向应变和顶部纵向应变差值逐步扩大,表明钢管与混凝土应变的连续性遭到破坏,两者之间发生相对滑移,其钢管表面最大应变值出现在试件最底部,纵向应变沿长度方向近似呈三角形分布,且保持在弹性范围内。因此,可以认为黏结力沿界面长度方向均匀分布。

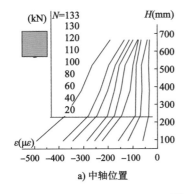
a) 中轴位置

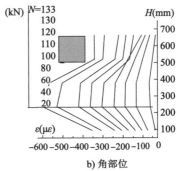
b) 角部位

图 7-2

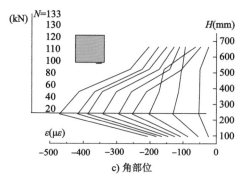

c) 角部位

图 7-2　FG5 纵向应变沿长度的分布

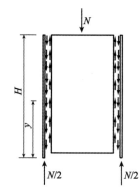

图 7-3　界面抗剪传递简图

图 7-3 为核心混凝土上的荷载通过界面抗剪黏结力传递给钢管示意图。

钢管上的纵向压应变可以表示为：

$$\varepsilon_s = \frac{\int_y^H \tau(y) l \mathrm{d}y}{l \cdot t \cdot E_s} = \frac{\int_y^H \tau(y) \mathrm{d}y}{t \cdot E_s} \tag{7-1}$$

假设界面抗剪黏结应力沿钢管与混凝土接触面均匀分布，则式（7-1）可改写为：

$$\varepsilon_s = \frac{\tau(H-y)}{tE_s} = a - by \tag{7-2}$$

式中：ε_s——钢管所受纵向压应力；

$\tau(y)$——界面抗剪黏结应力；

E_s——钢管的弹性模量；

l——钢管横截面周长；

t——钢管壁厚；

$a = \dfrac{\tau H}{tE_s}$；

$b = \dfrac{\tau}{tE_s}$。

由式（7-2）可见，若界面黏结应力沿钢管混凝土界面均匀分布，则钢管纵向压应变沿钢管长度方向呈三角形分布，与试验结论一致。

7.1.3　矩形钢管混凝土界面黏结-滑移本构关系

根据上述钢管表面应变测试结果可假定，在整个加载过程中，黏结应力沿界面均匀分布，定义钢管混凝土界面平均黏结应力的计算公式和单位长度相对滑移量 s 分别为：

$$\tau = \frac{N}{A} \text{和} s = \frac{S}{L} \qquad (7-3)$$

式中：N——推出荷载；

A——钢管与混凝土接触面积；

S——钢管与混凝土之间的相对滑移量；

L——界面长度。

根据定义，可得到方钢管混凝土试件的 τ-s 曲线，如图 7-4 所示，将对应于图中曲线的峰值点或滑移开始迅速发展的起点作为黏结破坏的标志，相应地定义钢管混凝土界面抗剪黏结强度：

$$\tau_u = \frac{N_u}{A} \qquad (7-4)$$

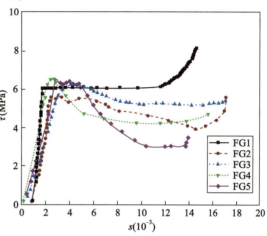

图 7-4 方钢管混凝土推出试验 τ-s 曲线

方钢管混凝土试件在界面平均黏结应力达到黏结强度之前，曲线基本呈线性关系，定义其斜率为钢管混凝土界面黏结-滑移剪切模量 G_s：

$$G_s = \frac{d\tau}{ds} \qquad (7-5)$$

取方钢管混凝土试件 τ-s 曲线的平均值，得到如图 7-5 所示曲线，在达到破坏前，剪切模量 G_s 基本为常数，这与界面抗剪黏结应力沿钢管混凝土界面均匀分布相吻合。

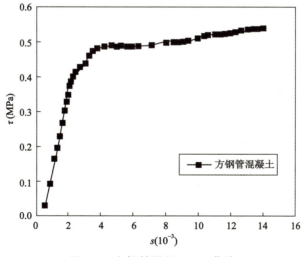

图 7-5 方钢管混凝土 τ-s 曲线

定义钢管混凝土的黏结-滑移本构关系为钢管与混凝土界面上的平均剪应力和钢管与混凝土间的相对滑移 s 之间的相互关系。当黏结应力小于黏结强度时,黏结应力与相对滑移曲线呈线性关系;当黏结应力大于黏结强度时,黏结应力还能缓慢增长,但增幅很小。故可将钢管与核心混凝土之间的平均黏结应力-相对滑移关系曲线简化为上升和平直两个阶段,如图 7-6 所示。故建议对未进行特殊处理的钢管混凝土的平均黏结应力-相对滑移关系本构关系简化如下:

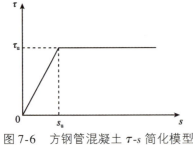

图 7-6　方钢管混凝土 τ-s 简化模型

$$\tau = G_s s \quad (s \leqslant s_u) \tag{7-6}$$

$$\tau = \tau_u \quad (s > s_u) \tag{7-7}$$

式中:G_s——黏结-滑移剪切模量,建议方钢管混凝土取 $G_s = 0.165\mathrm{MPa}$;

τ_u——平均黏结强度。若以 95% 的保证率取黏结强度的标准值,根据试验结果,则方钢管混凝土的黏结强度标准值 τ_u 为 $0.462\mathrm{MPa}$。

7.1.4　圆形钢管混凝土界面黏结-滑移本构关系

如图 7-7 所示,圆形钢管混凝土试件在界面平均黏结应力达到黏结强度之前,曲线也基本呈线性关系,定义其斜率为钢管混凝土界面黏结-滑移剪切模量 G_s:

$$G_s = \frac{\mathrm{d}\tau}{\mathrm{d}s} \tag{7-8}$$

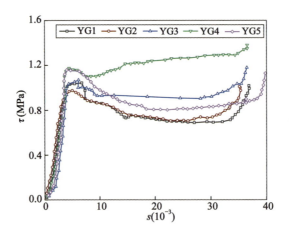

图 7-7　圆形钢管混凝土推出试验 τ-s 曲线

取圆形钢管混凝土试件 τ-s 曲线的平均值,得到如图 7-8 所示曲线,在达到破坏前,剪切模量 G_s 基本为常数,这与界面抗剪黏结应力沿钢管混凝土界面均匀分布相吻合。

同上可将钢管与核心混凝土之间的平均黏结应力-相对滑移关系曲线简化为上升和平直两个阶段,如图 7-9 所示。故建议将未进行特殊处理的钢管混凝土的平均黏结应力-相对滑移关系本构关系简化如下:

$$\tau = G_s s \quad (s \leqslant s_u) \tag{7-9}$$

$$\tau = \tau_u \quad (s > s_u) \tag{7-10}$$

式中:G_s——黏结-滑移剪切模量,建议圆形钢管混凝土取 $G_s = 0.165 \text{MPa}$;

τ_u——平均黏结强度。若以 95% 的保证率取黏结强度的标准值,根据试验结果,则圆形钢管混凝土的黏结强度标准值 τ_u 为 1.25MPa。

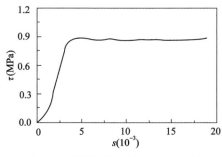

图 7-8　圆形钢管混凝土 τ-s 曲线

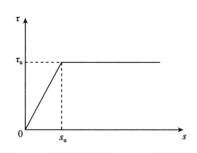

图 7-9　圆形钢管混凝土 τ-s 简化模型

7.2　PBL 加劲型矩形钢管混凝土界面黏结-滑移本构关系

7.2.1　PBL 界面性能试验

(1)试验概述

本节以是 PBL 加劲肋开孔孔径和开孔孔距为变化参数,将矩形钢管混凝土推出试验的试件分为三类共计 12 个 PBL 加劲型矩形钢管混凝土试件。其中,PSC 类指设 PBL 加劲肋的矩形钢管混凝土,LSC 类和 SC 类为对比试验,分别指设不开孔钢板加劲肋的矩形钢管混凝土和无肋的矩形钢管混凝土。试件的典型构造形式如图 7-10 所示,几何尺寸如表 7-2 所示,试验方法如图 7-11 所示。

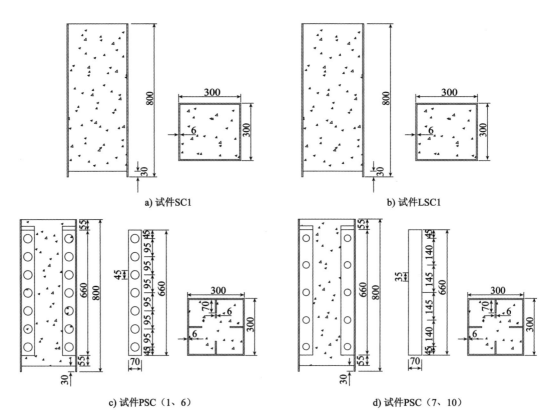

图 7-10 试件的构造形式（尺寸单位：mm）

试件的几何尺寸 表 7-2

试件编号	H(mm)	B(mm)	t(mm)	肋板长度 l_s(mm)	肋板高度 B_s(mm)	肋板厚度 t_s(mm)	开孔直径 d(mm)	开孔间距 a_s(mm)	抗压强度 f_c(MPa)
SC1	800	300	6	660	—	—	—	—	26.07
LSC1	800	300	6	660	70	6	—	—	26.07
PSC1	800	300	6	660	70	6	35	95	26.07
PSC2	800	300	6	660	70	6	35	95	26.07
PSC3	800	300	6	660	70	6	35	95	26.10
PSC4	800	300	6	660	70	6	35	95	26.10
PSC5	800	300	6	660	70	6	35	95	26.04
PSC6	800	300	6	660	70	6	35	95	26.04
PSC7	800	300	6	660	70	6	45	95	26.07
PSC8	800	300	6	660	70	6	45	95	26.07
PSC9	800	300	6	660	70	6	35	130	26.07
PSC10	800	300	6	660	70	6	35	130	26.07

（2）试验结果

试验通过加载钢块将荷载加载到 PBL 加劲型矩形钢管混凝土试件的核心混凝土表面，作用在核心混凝土上的竖向剪力通过孔内混凝土榫的连接作用，将作用力传递给开孔钢板和钢管管壁。加载初期，混凝土和开孔钢板均处于弹性状态下，加载端的滑移并不明显，可以听到轻微的响声。在加载到 $0.8N_u$ 左右时，滑移开始增大，不时有明显的混凝土撕裂声，并伴有大量混凝土碎屑掉落，直到试件界面发生破坏。混凝土破坏后，可以发现钢管管壁与核心混凝土之间发生了明显的滑移，如图 7-12 和图 7-13 所示。

图 7-11 试验装置

图 7-12 混凝土顶面与开孔钢板相对滑移

图 7-13 混凝土底面与管壁相对滑移

图 7-14 给出了各试件的荷载与滑移曲线。由图可知，矩形钢管混凝土、设纵肋矩形钢管混凝土和 PBL 加劲型矩形钢管混凝土在推出试验过程均经历了 3 个阶段：①弹性工

作阶段,荷载与滑移量呈线性关系,随着滑移量的增加,黏结力也呈增加的趋势。孔内混凝土与钢管均处于弹性工作状态。②弹塑性阶段,荷载随滑移量的增加而增加,但增加幅值明显减小,孔内混凝土进入塑性工作阶段。③破坏阶段,随着滑移量的增加,荷载呈减小的趋势,孔内混凝土发生剪切或压碎破坏。

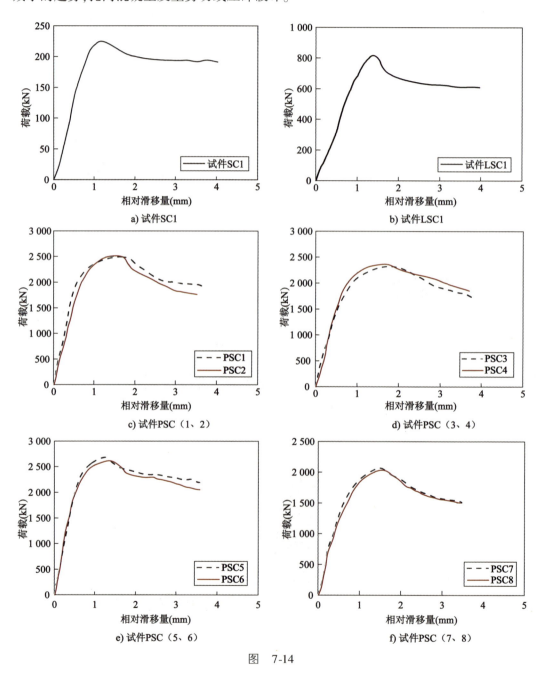

图 7-14

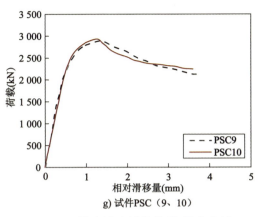

g) 试件PSC（9、10）

图 7-14　推出试验试件荷载-滑移曲线

根据构件的剪切作用力与滑移量的关系曲线，规定：抗剪刚度 K_s 为相对滑移 0.2mm 处的割线斜率，抗剪极限承载力 V_u 为加载过程中达到的最大荷载值，使用状态承载力 V_y 为相对滑移 0.2mm 时对应的荷载。根据试验测试结果，求出各试件的抗剪极限承载力的平均值 V_u、极限承载力对应的滑移量、使用状态承载力和抗剪刚度 k_s。各试件的抗剪刚度、使用状态承载力和极限承载力如表 7-3 所示。

承载力和抗剪刚度试验值　　表 7-3

试件编号	k_s (kN/mm)		V_y (kN)		V_u (kN)		V_u 对应极限滑移 (mm)	
SC1	200		40		228		1.20	
LSC1	655		131		819		1.37	
PSC1	3 855	3 487	771	724	2 499	2 512	1.60	1.58
PSC2	3 390		678		2 525		1.56	
PSC3	3 360	3 075	680	619	2 334	2 355	1.74	1.72
PSC4	2 790		558		2 376		1.69	
PSC5	3 961	4 032	792	806	2 692	2 663	1.30	1.34
PSC6	4 103		821		2 634		1.37	
PSC7	3 225	3 145	645	672	2 074	2 055	1.51	1.53
PSC8	3 065		613		2 036		1.54	
PSC9	4 725	4 537	945	907	2 908	2 924	1.37	1.34
PSC10	4 350		870		2 941		1.30	

(3) 影响界面性能的因素

①有无加劲肋的影响。

为分析纵向加劲肋对矩形钢管混凝土界面黏结性能的影响,提取了试件 SC1 和试件 LSC1 的荷载-滑移曲线,如图 7-15 所示。无论设置纵肋与否,矩形钢管混凝土界面黏结滑移量随荷载的变化规律基本一致;设纵肋矩形钢管混凝土界面的极限位移值略大于矩形钢管混凝土;矩形钢管混凝土中设置纵肋后,极限承载力提高了 2.6 倍,正常使用状态下抗剪承载力和抗剪刚度提高了 2.3 倍。其原因主要为两个方面:一方面,由于设置纵肋后,加劲肋与混凝土双面接触,钢与混凝土接触面积有了较大增加;另一方面,由于钢管对混凝土的约束作用,加劲肋与混凝土在黏结滑移过程中界面摩擦力增大。故设置加劲肋可以提高矩形钢管混凝土界面黏结性能。

②加劲肋类型的影响。

为分析加劲肋类型对承载力性能的影响,提取了试件 LSC1 和试件 PSC(1、2)的荷载-滑移曲线,如图 7-16 所示。矩形钢管混凝土加劲肋类型对界面黏结滑移量随荷载的变化规律有一定影响。设纵肋矩形钢管混凝土在达到极限荷载以后,荷载随滑移量的增加呈逐渐减小趋势,矩形钢管混凝土在达到极限荷载以后,荷载滑移量基本保持不变。设 PBL 加劲肋的构件极限承载力提高了 2.06 倍,正常使用状态下抗剪承载力和抗剪刚度提高了 4.56 倍。因为孔内混凝土形成的混凝土榫抗剪承载力和抗剪刚度较大,对钢管和管内核心混凝土之间的相对滑移有很大的抑制作用。故设置 PBL 加劲肋可以极大地提高矩形钢管混凝土界面黏结性能。

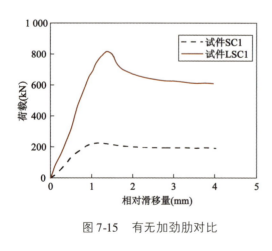

图 7-15 有无加劲肋对比　　图 7-16 纵肋是否开孔对比

③开孔孔径的影响。

为分析 PBL 加劲肋的开孔孔径对承载力性能的影响,提取了试件 PSC(1、2)和试件

PSC(7、8)的荷载-滑移曲线,如图7-17所示。试验结果表明,随着开孔孔径的增大,PBL加劲型矩形钢管混凝土试件的极限荷载越大,对应的极限滑移值越小。开孔孔径由35mm增大到45mm,构件使用状态承载力和抗剪刚度提高了25.2%,极限承载力提高了16.4%。因为开孔孔径增大,混凝土榫受剪截面面积增大,进而有效提高其界面抗剪承载力。

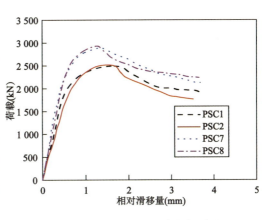

图7-17 不同开孔直径对比

④开孔间距的影响。

为分析开孔间距对承载力性能的影响,提取了试件PSC(1、2)和试件PSC(9、10)的荷载-滑移曲线,如图7-18所示。在图7-19的基础上,为保证开孔间数一致,将试件PSC(1、2)和试件PSC(9、10)按简单叠加的方法求得单孔的荷载-滑移曲线,如图7-19所示。由试验结果可知,开孔孔距越大,试件的极限荷载越大,正常使用状态承载力和抗剪刚度也越大。

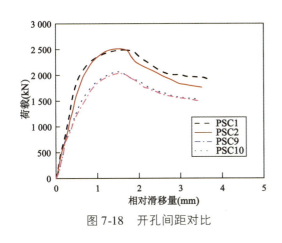

图7-18 开孔间距对比

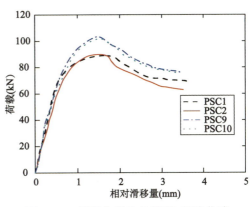

图7-19 折算为单孔的荷载-滑移曲线

7.2.2 极限抗剪承载力

《钢-混凝土组合桥梁设计规范》(GB 50917—2013)在PBL剪力连接件推出试验的基础上,提出了钢-混组合梁中PBL剪力连接件的抗剪承载力计算公式和构造要求,该公式可适用于开孔钢板内有钢筋和无钢筋两种情况。目前我国尚无计算钢管混凝土中PBL加劲肋抗剪承载力的公式。为评价矩形钢管混凝土中PBL加劲肋抗剪承载力水平,本书列出了近年来PBL剪力连接件推出试验结果,并将本书试验得到的构件极限抗剪承载力折算为单孔PBL的平均抗剪承载力,如表7-4所示。

单孔 PBL 承载力试验值和计算值 表 7-4

来源	d(mm)	t(mm)	f_{ck}(MPa)	V_u(kN)	V_c(kN)	V_u/V_c	备注
本书	35	6	20.86	138	36	3.85	PBL剪力连接件用于矩形钢管混凝土
	35	6	20.86	121	36	3.38	
	35	6	20.88	120	36	3.35	
	35	6	20.88	100	36	2.78	
	35	6	20.83	141	36	3.96	
	35	6	20.83	147	36	4.10	
	45	6	20.86	161	59	2.73	
	45	6	20.86	153	59	2.59	
	35	6	20.86	169	36	4.72	
	35	6	20.86	155	36	4.34	
刘玉擎	50	20	35.69	205	125	1.64	PBL剪力连接件用于钢-混组合梁
	50	20	35.69	167	125	1.34	
	50	20	35.69	238	125	1.91	
古内仁上田	50	12	28.45	144	100	1.45	
	44	12	28.45	135	77	1.75	
	50	22	30.39	132	106	1.24	
	50	12	25.48	55	89	0.62	
	30	12	30.31	28	38	0.73	
	50	12	29.88	118	105	1.13	
	50	12	28.02	141	98	1.44	
	50	12	11.85	76	41	1.83	
	50	12	38.01	149	133	1.12	
	50	12	29.88	132	105	1.26	
蛯名	80	22	47.65	606	427	1.42	
	60	22	47.39	426	239	1.78	
富水	60	12	28.37	148	143	1.04	
	60	12	32.16	176	162	1.09	
	60	12	31.7	138	160	0.86	
新谷	80	22	41.37	603	371	1.63	
	60	22	42.94	410	216	1.89	
	80	22	42.61	556	382	1.46	
	60	22	40.52	382	204	1.87	
	40	22	40.46	249	91	2.75	

续上表

来源	d(mm)	t(mm)	f_{ck}(MPa)	V_u(kN)	V_c(kN)	V_u/V_c	备注
永田	70	19	28.56	235	196	1.20	
	70	19	28.56	255	196	1.30	
	70	19	28.56	267	196	1.36	
	70	19	28.56	220	196	1.12	
	70	19	28.56	228	196	1.16	
	70	19	28.56	225	196	1.15	
	70	22	28.56	241	196	1.23	
	70	22	28.56	254	196	1.30	
	70	22	28.56	224	196	1.14	
	70	22	28.56	234	196	1.19	
	70	22	28.56	236	196	1.20	
	70	22	28.56	255	196	1.30	PBL剪力连接件用于钢-混组合梁
Hosaka	35	16	30.59	76	52	1.45	
	35	16	30.59	55	52	1.05	
	35	16	30.59	60	52	1.14	
	35	12	30.59	37	52	0.71	
	35	12	30.59	57	52	1.09	
	35	12	30.59	60	52	1.14	
	35	8	30.59	55	52	1.05	
	35	8	30.59	51	52	0.97	
	35	8	30.59	55	52	1.05	
	35	16	30.59	64	52	1.22	
	35	16	30.59	62	52	1.18	
	35	16	30.59	67	52	1.28	

注：V_c-按照《钢-混凝土组合桥梁设计规范》(GB 50917—2013)公式计算得到的单孔PBL抗剪承载力计算值；V_u-推出试验得到的单孔PBL抗剪承载力试验值。

由表7-4可知,本书矩形钢管混凝土单孔PBL抗剪承载力试验值显著大于规范计算值,两者比值的平均值为3.58。而相关研究的PBL推出试验值与规范计算值比值为1.30。可见,按照《钢-混凝土组合桥梁设计规范》(GB 50917—2013)公式计算易过低地估计矩形钢管混凝土中PBL加劲肋的抗剪承载力。相关研究试验结果表明,混凝土轴心抗压强度与PBL剪力连接件极限承载力呈线性变化关系,开孔孔径与PBL剪力连接件极限承载力呈二次方变化关系。基于此假定,本书提出矩形钢管混凝土PBL加劲肋的极限抗剪承载力计算公式：

$$V_c = a \times f_{ck} \times d^2 \tag{7-11}$$

式中：a——未知参数，通过对本书试验数据的统计分析，取均值减去 2 倍标准差的下限，拟合得到参数 a 的取值为 3.3。

由式(7-11)得到本书矩形钢管混凝土单孔 PBL 的极限抗剪承载力并与试验值进行对比，如图 7-20 所示。

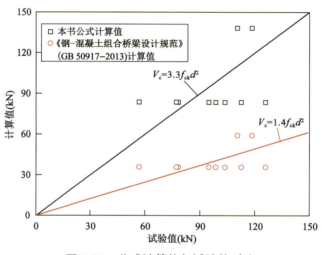

图 7-20 公式计算值与试验值对比

由图 7-20 可知，按本书公式计算得到的矩形钢管混凝土中单孔 PBL 抗剪承载力比按《钢-混凝土组合桥梁设计规范》(GB 50917—2013)公式计算的值与试验值吻合更好。该公式的提出，为矩形钢管混凝土中 PBL 加劲肋的设计提供了依据。受试件数量和参数范围限制，该公式的计算精度尚待后续大量试验验证。

7.2.3 抗剪刚度

采用文克尔弹性地基梁模型分析弹性阶段 PBL 连接件的抗剪机理，即 PBL 孔处承受集中剪力作用，PBL 孔内混凝土及其沿形心轴方向两侧混凝土作为文克尔弹性地基上的等截面梁，周围混凝土看作线性弹簧提供约束反力，分析模型如图 7-21 所示。该模型应满足以下假定：①不考虑开孔纵肋与混凝土间黏结摩擦的影响；②等

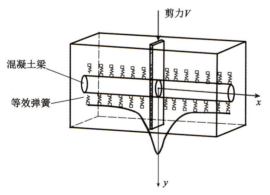

图 7-21 PBL 剪力连接件的弹性地基梁模型

截面梁表面任一点压力与该点的变形成正比;③孔内混凝土及两侧混凝土应变符合平截面假定;④周围混凝土弹簧刚度与混凝土弹性模量成正比。

图 7-21 中孔内混凝土及两侧混凝土为等截面梁,与之相连的周围混凝土为连续弹性弹簧,开孔钢板传递的剪力等效为集中力 V。剪力由等截面梁承担,圆孔处剪力最大,离圆孔越远剪力越小。周围混凝土等效弹簧刚度取为 $k = AE_c$,其中 A 为与混凝土相关的常数。以圆孔形为坐标原点,沿圆孔轴向方向为 x 轴,沿开孔板长度方向为 y 轴,形成直角坐标系。

根据图 7-21 所示直角坐标系,可得到 PBL 剪力连接件弹性地基梁微段分析模型,如图 7-22 所示。由图 7-22 可知,微段两端截面分别受剪力 Q、$Q + \mathrm{d}Q$ 和弯矩 M、$M + \mathrm{d}M$ 作用,弹性地基提供反力 p。

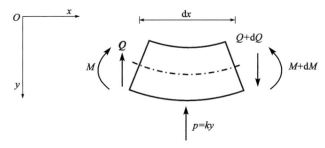

图 7-22　PBL 剪力连接件微段分析模型

依据微段的内力平衡条件可得:

$$\begin{cases} \dfrac{\mathrm{d}Q}{\mathrm{d}x} = p \\ \dfrac{\mathrm{d}M}{\mathrm{d}x} = Q \end{cases} \tag{7-12}$$

$$p = ky \tag{7-13}$$

考虑到混凝土梁处于弹性阶段,根据平截面假定,弯矩与曲率成正比,即:

$$E_c I_c \frac{\mathrm{d}^2 y}{\mathrm{d}x^2} = -M \tag{7-14}$$

式中:I_c——混凝土梁的截面惯性矩,$I_c = \dfrac{\pi}{64} d^4$。

将式(7-14)代入式(7-12),可得到微段截面剪力 Q 与地基变形 y 的关系为:

$$Q = -E_c I_c \frac{\mathrm{d}^3 y}{\mathrm{d}x^3} \tag{7-15}$$

联立式(7-12)~式(7-15),并整理可得:

$$\frac{\mathrm{d}^4 y}{\mathrm{d}x^4} + \frac{k}{E_c I_c} y = 0 \tag{7-16}$$

令 $\lambda = \sqrt[4]{k/(4E_c I_c)}$，式(7-16)为含常系数 λ 的一元四次微分方程，其通解为：

$$y = e^{\lambda x}(c_1 \cos\lambda x + c_2 \sin\lambda x) + e^{-\lambda x}(c_3 \cos\lambda x + c_4 \sin\lambda x) \tag{7-17}$$

式中：c_1、c_2、c_3、c_4——待定系数。

当 $x \to \infty$ 时，$y \to 0$，则系数 $c_1 = 0$，$c_2 = 0$。式(7-17)可简化为：

$$y = e^{-\lambda x}(c_3 \cos\lambda x + c_4 \sin\lambda x) \tag{7-18}$$

根据对称性，混凝土梁的挠曲线在原点处的转角为 $0°$，且剪力 V 由原点处两侧梁体均分，则边界条件应满足：

$$\left.\frac{dy}{dx}\right|_{x=0} = 0 \tag{7-19}$$

$$\left.E_c I_c \frac{d^3 y}{dx^3}\right|_{x=0} = \frac{1}{2}V \tag{7-20}$$

将式(7-18)分别代入式(7-19)和式(7-20)，并整理后可得：

$$c_3 = c_4 = \frac{\lambda V}{2k} = \frac{V}{2}\sqrt[4]{\frac{k^3}{4E_c I_c}} \tag{7-21}$$

将式(7-21)代入式(7-18)，并整理后可得：

$$y = \frac{\lambda V}{2k} e^{-\lambda x}(\cos\lambda x + \sin\lambda x) \tag{7-22}$$

令式(7-22)中的 $x = 0$，可得原点处的变形：

$$y|_{x=0} = \frac{\lambda V}{2k} = \frac{V}{2}\sqrt[4]{\frac{k^3}{4E_c I_c}} \tag{7-23}$$

由式(7-23)可得，剪力与原点处变形之比为 PBL 剪力连接件的抗剪刚度 k_s：

$$k_s = \frac{2k}{\lambda} = \sqrt[4]{\frac{\pi A^3}{4}} E_c d \tag{7-24}$$

式中，令 $b = \sqrt[4]{\pi A^3 / 4}$，$b$ 为待定系数，可用试验拟合方法得到。

《钢-混凝土组合桥梁设计规范》（GB 50917—2013）规定 PBL 剪力连接件的抗剪刚度 k_s 取值为相对滑移量 0.2mm 对应的割线刚度，并提出了相应的计算公式，该公式仅适用于开孔板内设有贯通钢筋的情况。此外，还有学者在进行栓钉的抗剪刚度研究时，建议取 $1/2V_u$ 对应的割线刚度或 $1/3V_u$ 对应的割线刚度作为 PBL 剪力连接件的抗剪刚度。表 7-5 给出了三种定义抗剪刚度的计算结果。图 7-23 给出了典型的三种定义抗剪刚度的比较结果。结合表 7-5 和图 7-23 可知，采用以上三种方法得到的抗剪刚度非常接近，这与既有文献得到的结论不同。而在钢-混组合梁中 PBL 剪力连接件滑移量为 0.2mm 时对应的割线刚度最小，$1/2V_u$ 对应的割线刚度次之，$1/3V_u$ 对应的割线刚度最大。本书

取抗剪刚度试验值 k_s 为相对滑移量 0.2mm 对应的割线刚度。

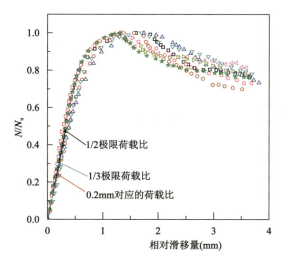

图 7-23 抗剪刚度的取值

抗剪刚度取值方法比较 表 7-5

试件编号	$k_{s-1/2}$(kN/mm)	$k_{s-1/3}$(kN/mm)	$k_{s-0.2}$(kN/mm)	$k_{s-文献}$(kN/mm)	$k_{s-0.2}/k_{s-文献}$
PSC1	130	134	144	267	0.54
PSC2	115	116	117	267	0.44
PSC3	107	120	124	267	0.46
PSC4	115	110	95	267	0.36
PSC5	145	146	146	267	0.55
PSC6	165	160	162	267	0.61
PSC7	129	155	164	267	0.61
PSC8	129	160	160	267	0.60
PSC9	182	177	191	342	0.56
PSC10	159	158	159	342	0.46

注:$k_{s-1/2}$-$1/2V_u$ 对应割线刚度;$k_{s-1/3}$-$1/3V_u$ 对应割线刚度;$k_{s-0.2}$-滑移量 0.2mm 对应割线刚度;$k_{s-文献}$-既有文献计算得到的抗剪刚度。

由表 7-5 可知,本书矩形钢管混凝土中 PBL 连接件的抗剪刚度试验值约为既有文献计算值的 0.52 倍,可见既有文献过高地估计了矩形钢管混凝土中 PBL 连接件的抗剪刚度,有必要针对矩形钢管混凝土中 PBL 连接件的抗剪刚度展开深入研究。

利用本书抗剪刚度试验值,拟合得到系数 b 取为 0.14。图 7-24 给出了抗剪刚度试验值和计算值对比结果。由图 7-24 可知,本书抗剪刚度计算值比既有文献计算值与试验值吻合得更好。

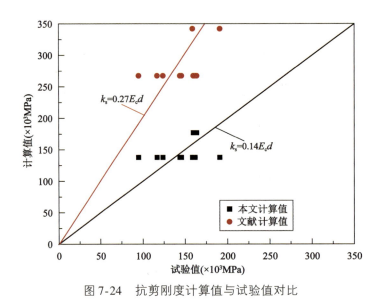

图 7-24 抗剪刚度计算值与试验值对比

7.2.4 PBL 剪力件的黏结-滑移特征曲线

在非线性有限元分析中，将 PBL 剪力连接件作为一种弹簧单元是一种有效的简化分析方法。只有确定 PBL 剪力连接件的荷载-滑移特征曲线，才能定义弹簧单元的荷载-位移关系。PBL 剪力件的荷载-滑移特征曲线由三部分构成：线弹性阶段、弹塑性阶段和破坏段阶段。线弹性阶段，剪力件的荷载随滑移量呈线性变化，剪力件的刚度保持不变；弹塑性阶段，剪力件的刚度逐渐退化，荷载增量随滑移量的增加呈衰减的趋势；破坏阶段，剪力件出现负刚度情况，荷载随滑移量的增加呈减小趋势。基于本书试验的回归分析，假定线弹性阶段荷载-滑移曲线采用直线段，弹塑性阶段采用抛物线，破坏阶段服从线性衰减规律，矩形钢管混凝土 PBL 件的荷载-滑移曲线可表示如下：

$$F = \begin{cases} k_s u & u \leq u_0 \\ -Au^2 + Bu + C & u_0 < u \leq u_1 \\ V u [1 - 0.15(u - u_1)] & u_1 < u \end{cases} \quad (7-25)$$

式中，$u_0 = 0.5 V_u / k_s$，$u_1 = 1 + u_0$，$A = 0.45 V_u / (u_1 - u_0)^2$，$B = 2 A u_1$，$C = 0.5 V_u + A u_0^2 - B u_0$。

根据式(7-25)，得到开孔孔径为 35mm 的一组试件的拟合曲线，并与试验值对比，如图 7-25 所示。由图 7-25 可知，按照本书提出的矩形钢管混凝土 PBL 剪力件的荷载-滑移本构关系能够反映试验实测的荷载-滑移曲线变化趋势，整体吻合较好，可用于定义非线性弹簧单元的荷载-位移关系。

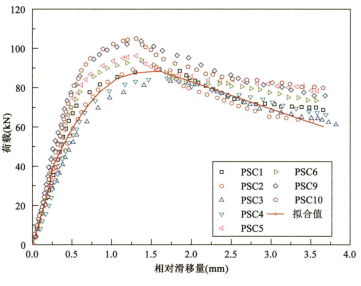

图 7-25 荷载-滑移曲线拟合

同上可将钢管与核心混凝土之间的平均黏结应力-相对滑移关系曲线简化为上升和平直两个阶段,如图 7-26 所示。故建议将 PBL 加劲型钢管混凝土的平均黏结应力-相对滑移关系的本构关系简化如下:

$$\tau = G_s s \quad (s \leqslant s_u) \quad (7\text{-}26)$$

$$\tau = \tau_u \quad (s > s_u) \quad (7\text{-}27)$$

式中:G_s——黏结-滑移剪切模量,建议 PBL 加劲型钢管混凝土取 $G_s = 0.5 \sim 1.0 \text{MPa}$;

τ_u——平均黏结强度,建议 PBL 加劲型矩形钢管混凝土的黏结强度标准值 τ_u 取 $1.1 \sim 2.3 \text{MPa}$。

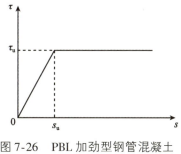

图 7-26 PBL 加劲型钢管混凝土 $\tau\text{-}s$ 简化模型

7.3 基于弹性理论的钢管混凝土界面剪切模型与声发射试验研究

7.3.1 钢管混凝土界面剪应力分布

(1) 基本假定

对于考虑轴压作用下的钢管混凝土柱,荷载首先作用于钢管或核心混凝土,再通过钢管混凝土界面剪应力向对方传递,最终两者协同工作。为简化分析计算,不考虑钢管套箍效应对钢管混凝土界面黏结的影响,并可作如下假定:

①将钢管混凝土界面的传递力过程简化为一维受力问题,只考虑沿钢管混凝土柱方向的轴向位移 u,忽略泊松效应。

②假设荷载 N 作用在核心混凝土柱轴线上,并通过钢管混凝土界面的剪切力逐渐传递到外部钢管上,直至钢管和混凝土变形协调。

③若钢管混凝土界面上的变形协调,两者的轴向应变相等,此时钢管和混凝土不再相互传递外力,即界面的剪应力为零。

④钢管和混凝土均处于弹性工作阶段,未发生材料屈服行为。

(2)钢管混凝土界面传递荷载模型

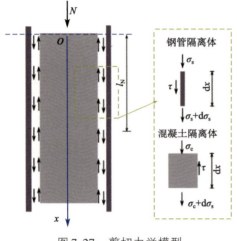

图 7-27 剪切力学模型

以荷载作用点为坐标原点,传递力方向作为 x 轴,如图 7-27 所示。假设钢管混凝土界面发生变形一致的位置与坐标原点的距离为 l_N,并定义 l_N 为界面传递力荷载长度。l_N 与荷载轴压力 N 成正比,N 越大则 l_N 越长,直至核心混凝土与外部钢管发生整体滑移。

在 l_N 范围内,任意位置 x 处的钢和混凝土的位移分别为 u_s 和 u_c,则钢管混凝土界面的相对滑移量 s 应为:

$$s = u_c - u_s \tag{7-28}$$

以受压为正,根据弹性理论的几何方程,可得钢管和混凝土在任意位置 x 处的应变量 ε_s 和 ε_c:

$$\varepsilon_s = -\frac{du_s}{dx} \tag{7-29}$$

$$\varepsilon_c = -\frac{du_c}{dx} \tag{7-30}$$

对式(7-28)求一阶导后得:

$$\frac{ds}{dx} = \varepsilon_s - \varepsilon_c \tag{7-31}$$

对式(7-31)再次求导,有:

$$\frac{d^2 s}{dx^2} = \frac{d\varepsilon_s}{dx} - \frac{d\varepsilon_c}{dx} \tag{7-32}$$

根据弹性理论的物理方程,可得钢管和混凝土的轴向应力 σ_s、σ_c 的微分关系:

$$\frac{d\sigma_s}{dx} = E_s \frac{d\varepsilon_s}{dx} \tag{7-33}$$

$$\frac{d\sigma_c}{dx} = E_c \frac{d\varepsilon_c}{dx} \tag{7-34}$$

式中：E_c、E_s——钢管和混凝土的弹性模量。

分别取钢管和混凝土为隔离体，分析各微段的受力状态，见图 7-27。分别对隔离体取平衡条件，有：

$$C\tau = A_s \frac{d\sigma_s}{dx} \tag{7-35}$$

$$C\tau = -A_c \frac{d\sigma_c}{dx} \tag{7-36}$$

式中：τ——dx 段上的钢管混凝土黏结剪应力；

C——试件截面上钢管混凝土黏结界面周长；

A_s、A_c——钢管和核心混凝土的截面面积。

将式(7-35)和式(7-36)代入式(7-33)和式(7-34)，整理得：

$$\frac{d\varepsilon_s}{dx} = \frac{C}{A_s E_s}\tau \tag{7-37}$$

$$\frac{d\varepsilon_c}{dx} = -\frac{C}{A_c E_c}\tau \tag{7-38}$$

将式(7-37)和式(7-38)代入式(7-32)，整理得：

$$\frac{d^2 s}{dx^2} = \left(\frac{C}{A_s E_s} + \frac{C}{A_c E_c}\right)\tau \tag{7-39}$$

钢管混凝土接触面上的黏结滑移行为，可按照文克尔弹性地基模型考虑，即界面剪应力与该位置处的滑移量成正比。然而，文克尔模型仅对 l_N 范围内的界面黏结滑移有效，界面传力在荷载作用点附近不连续，即忽略了荷载作用点外的黏结作用。实际上，受力以外的接触区域也会传递黏结作用。因此，直接使用文克尔理论将导致荷载作用位置的相对滑移 s 的高阶导数出现奇异现象，这与弹性理论的连续性条件不符。钢筋在混凝土中的黏结锚固测试结果均反映了这种边界区域的理论偏差。应将这种偏差解释为钢筋的黏结锚固刚度不是常量，而是沿长度方向呈非线性变化，并通过试验数据拟合了刚度系数的变化规律。基于此，文中给出钢管混凝土界面的修正黏结滑移关系，即：

$$\tau = \varphi(x)s \tag{7-40}$$

式中：$\varphi(x)$——剪切刚度系数。

根据上述分析，加载边界位置处相对滑移 s 的二阶导数应为零。为满足该条件，采用双曲函数逼近剪切刚度系数，即：

$$\varphi(x) = \tanh(\beta x) k_u \tag{7-41}$$

式中：β——边界刚度衰减系数，该系数反映钢管混凝土界面传递荷载效率，界面传力越快则 β 值越大；

k_u——钢管混凝土界面平均剪切刚度，其数值等于钢管混凝土推出试验的剪切滑移曲线弹性段斜率。

联立式(7-40)和式(7-41)，并代入式(7-39)，可得钢管混凝土界面黏结滑移的控制方程：

$$s'' - \left(\frac{C}{A_s E_s} + \frac{C}{A_c E_c}\right) \tanh(\beta x) k_u s = 0 \tag{7-42}$$

式(7-42)为二阶微分方程，至少需要两个边界条件求解。根据传递荷载长度 l_N 长度范围内的变形协调条件，相对滑移 s 应满足如下边界条件：

$$\begin{cases} s_{x=l_N} = 0 \\ s''_{x=l_N} = 0 \end{cases} \tag{7-43}$$

式中：l_N——界面传递荷载长度。l_N 为变量，需通过荷载 N 确定。

在轴压力 N 作用下，钢管与混凝土在 l_N 长度范围内变形协调，两者应变均为 ε_u，变形协调应变 ε_u 和荷载 N 的关系式为：

$$\varepsilon_u = \frac{N}{A_s E_s + A_c E_c} \tag{7-44}$$

对钢管取隔离体，其平衡条件为：

$$C \int_0^{l_N} \tau \mathrm{d}x = A_s E_s \varepsilon_u \tag{7-45}$$

将式(7-44)代入式(7-45)，整理得到：

$$N = C \left(1 + \frac{E_c A_c}{E_s A_s}\right) \int_0^{l_N} \tau \mathrm{d}x \tag{7-46}$$

式(7-46)为传递荷载长度 l_N 与轴压力 N 的关系式，该式同样含有未知变量 τ，需联合式(7-42)求解 l_N。由于微分方程式(7-42)的 s 系数项包含变量 x，难以得到界面传递荷载长度 l_N 的解析解，需使用迭代方法求解。

将式(7-46)进行等效积分处理，提出 l_N 项，整理得：

$$N = J(\tau) l_N \tag{7-47}$$

式中：$J(\tau)$——界面剪应力 τ 的等效积分，使用式(7-40)的数值积分获取。

基于牛顿迭代法，给出式(7-47)的增量迭代格式，即：

$$\begin{cases} l_{N(k+1)} = l_{N(k)} + \Delta l_{N(k)} \\ \Delta l_{N(k)} = J_{(k)}^{-1} [N - N_{(k)}] \end{cases} \tag{7-48}$$

式中：$l_{N(k)}$——l_N 的第 k 步迭代值；

$\Delta l_{N(k)}$——l_N 的第 k 步迭代增量；

$J_{(k)}$——迭代方程在第 k 步的系数项；

$N_{(k)}$——迭代运算得到荷载项。

l_N 的初值根据如下条件计算：

$$l_{N(0)} = \frac{N}{C\left(1 + \dfrac{E_c A_c}{E_s A_s}\right)\tau_u} \tag{7-49}$$

式中：τ_u——钢管混凝土界面的平均剪切强度，等于最大剪切荷载与面积的比值，见表 7-1。

将初值 $l_{N(0)}$ 代入边界条件式(7-43)，进行迭代运算，见图 7-28。当传递荷载长度 l_N 的相对增量绝对值小于 10^{-2} 时，认为结果收敛。

钢管混凝土界面的剪应力 τ 分布在加载点附近将出现陡增趋势。传统应变测量的分辨率较难准确反映该位置处的黏结分布规律。若钢管与混凝土黏结界面出现损伤破坏，则该位置将以弹性波形式释放剪切应变能 U_τ，并且声波能量与释放的剪切能量成正比例关系。声发射仪将钢管与混凝土黏结界面的剪切应变能以声波形式转化为可识别信号。因此，使用声发射仪对钢管混凝土界面剪切破坏过程的声波进行定位采集，可对本书理论模型进行验证。

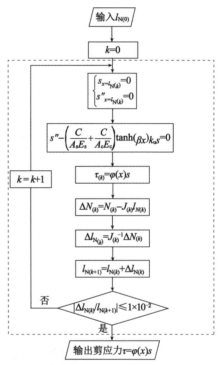

图 7-28 剪应力迭代求解流程

7.3.2 试验概述

(1)试件设计

试验中设计了 3 个钢管混凝土试件，编号为 HS-1～HS-3，对其进行推出试验，用以观测钢管混凝土界面黏结应力的纵向分布。试件为缩尺方形截面的钢管混凝土短柱，试件高宽比为 3∶1，其设计尺寸宽 B 为 150mm，高 H 为 450mm。浇筑混凝土时，两端各预留 25mm 空隙，钢管混凝土界面的有效接触长度 l 为 400mm。受钢管加工和混凝土浇筑误差的影响，试件的实测参数见表 7-6。

试件的材料力学性能实测值见表 7-7。采用 C35 混凝土，为保证混凝土拌和强度，采用粒径分布为 5~20mm 的碎石作为粗集料,并添加适量减水剂。经 28d 养护后,测得标准立方体试块的平均抗压强度为 40.4MPa。根据实测强度,混凝土弹性模量 E_c 可参考规范取为 3.25×10^4 MPa。为避免壁板连接处角焊缝对界面性能的影响,外包钢管通过 Q235 钢板整体冷弯加工而成,并在拼接处对焊后打磨光滑。钢板公称厚度为 4.0mm,实测厚度见表 7-6。钢材的屈曲强度 f_y 为 292.6MPa,抗拉强度 f_u 为 425.5MPa,其弹性模量 E_s 取 210GPa。

实测试件参数 表 7-6

试件编号	钢管尺寸			L(mm)	N_u(kN)	τ_u(MPa)	k_u(N/mm³)
	H(mm)	B(mm)	t(mm)				
HS-1	453	151	3.7	404	206.7	0.90	0.65
HS-2	449	150	3.8	406	224.8	0.97	0.75
HS-3	450	153	3.8	405	219.5	0.95	0.75

混凝土配合比 表 7-7

混凝土	材料用量(kg/m³)					抗压强度(MPa)
	水泥	砂	石	水	减水剂	
C35	349	646	1 255	150	0.768	40.4

(2)加载方案及测点布置

推出试验加载方案见图 7-29。在试件顶端安置刚性垫块,将压力机荷载直接传递到核心混凝土,再通过钢管混凝土界面的剪切作用施加于矩形钢管,直至混凝土与钢管发生相对滑移。加载设备为电液伺服压力试验机,位移加载速率设置为 0.018mm/s。当相对滑移超过 10mm 时,停止加载。

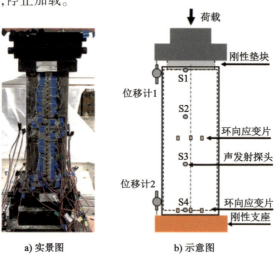

a) 实景图   b) 示意图

图 7-29 试验加载装置

为测定钢与混凝土的相对滑移,在加载端和支座处分别布置全桥式位移计,测量精度 0.01mm。为得到钢管混凝土传力情况,沿钢管壁板中线贴置 26 个纵向应变片,平均间距 16mm。此外,为避免偏心加载,方便加载对中检测,沿各管壁贴置环向应变片。应变片布置方案见图 7-30。

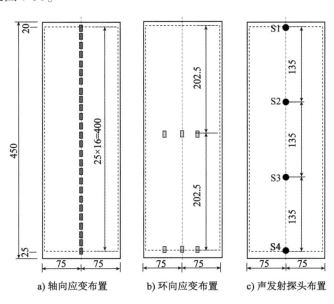

图 7-30 传感器测点布置(尺寸单位:mm)

声发射采集设备为 AMSY-6 型声发射仪,前置放大增益为 34dB,探头的采集频率范围为 20~450kHz,采样率 10MHz。为消除环境噪声的影响,设置噪声阈值 40dB,调整时间 0.4ms,持续时间 200μs。沿钢管壁板中轴线等间距布置 4 个声发射探头,各探头间距 135mm,见图 7-30c)。其中,S1 探头位于混凝土顶面水平线上,并以 S1 作为定位坐标原点,坐标轴竖直向下,各探头均位于坐标轴上。

7.3.3 试验结果与分析

(1) 钢管混凝土界面的黏结作用

钢管混凝土界面的黏结作用一般通过平均剪应力与相对滑移 s 的关系进行评估,见图 7-31。其中,τ 为轴向力 N 与钢管混凝土接触面积的比值,s 为加载端和自由端位移差值。由图 7-31 可知,当黏结滑移曲线到达剪应力峰值后,随着滑移量增加,剪应力保持平稳,没有出现明显的下降波动。根据 Virdi 等的建议,黏结滑移曲线在到达峰值后不会再次升高,说明钢管制作加工误差较小,管径尺寸沿管长方向均匀一致,不会发生钢管对核心混凝土的宏观楔形锁效应。同时,在灌注混凝土前,已对钢管内壁进行了抛光处理,因混凝土水化产生的化学黏结效应占比较低,因此黏结滑移曲线也无明显下降趋势。可见,管壁与核心混凝土之间的黏结作用以界面摩擦力为主,将黏结滑移曲线峰值点对应的剪应力作为钢管混凝土界面的黏结强度均值 τ_u。作为参考,图 7-31 同时给出了 Tao 等提出的矩形钢管混凝土界面黏结-滑移曲线。

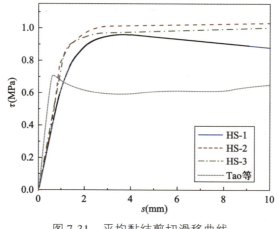

图 7-31 平均黏结剪切滑移曲线

经比较发现,Tao 等试件的界面剪切强度略大,而剪切刚度相对较小,这是受试件尺寸、材料等参数差异的影响所致。各试件的界面黏结强度和剪切刚度均值见表 7-3。

图 7-32 为监测到钢管混凝土界面在剪切过程中的声发射振铃计数 R 的时程变化分布。由图可知,声发射振铃数在加载初期随荷载增大而逐渐增多,并且数量急剧上升。这说明加载初期的钢管混凝土界面黏结失效面积与荷载大小呈正比,直至界面出现滑移,此时声发射振铃数量变化较小,甚至出现下降趋势。需要说明的是,声发射振铃计数最大增幅出现在极限荷载之前,说明界面滑动行为稍滞后于黏结损伤。

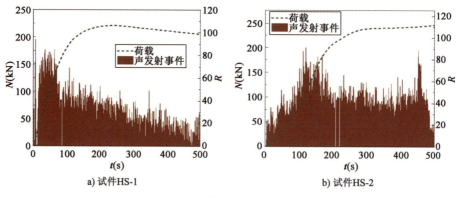

图 7-32

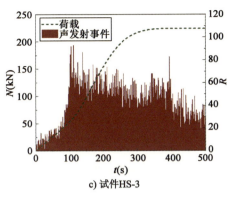

c) 试件HS-3

图 7-32　声发射振铃计数的时程分布

钢管与混凝土的黏结界面的损伤以弹性波形式释放出应变能,这种黏结界面的损伤情况可以用声发射信号能量来衡量。图 7-33 为声发射信号能量参数随加载过程的时程变化分布,其中 U_e 和 U_{ec} 分别为声发射瞬时释放能量和声发射累计释放能量。由图 7-33 可见,加载过程单次声发射能量分布呈现峰值间隔交替的不连续形式。这是由于钢管混凝土界面黏结能量得到一次释放后,应力重新传递,界面继续承受剪力。随着应力进一步增大,试件再次释放能量,声发射再次活跃。在推出过程中,经过多次的能量释放和应力重新分配。

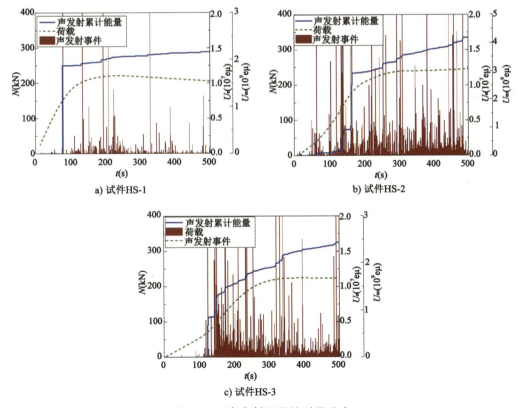

图 7-33　声发射能量的时程分布

总体上,黏结界面的损伤释放出的能量累加不断增加,当达到 $0.8N_u$ 时,累计能量出现陡升。当达到黏结破坏荷载 N_u 时,界面黏结破坏累计释放能量出现拐点。随着继续施加荷载,核心混凝土开始发生滑动摩擦,声发射累计能量时程曲线趋于平缓。

(2) 钢管混凝土界面剪切破坏的声频特征

钢管混凝土界面黏结剪切破坏的声源可能来源于混凝土表面应力释放声能、钢管管壁应力释放声能以及钢管混凝土界面化学胶结失效声能。Du 等将钢管混凝土界面剪切损伤的声源频率划分在 150~400kHz 区间内,并认为低于 150kHz 的声发射振铃来源于核心混凝土自身破坏。声发射声源频域主要与材料力学性能有关。一般,损伤声频随弹性模量增大而增加。例如,Gutkin 等在声发射试验中发现,纤维破坏声发射频域明显大于胶结层的脱黏声发射频域。对于钢管混凝土试件,核心混凝土的表面应力释放能的声发射频域应低于钢管管壁应力释放能的声发射频域。此外,本书试件的黏结滑移曲线在到达峰值点后,下降趋势并不明显,说明钢管混凝土界面的化学胶结效应作用所占份额很小。因此,钢管混凝土界面黏结剪切破坏的声发射频率应主要集中在 100kHz 和 300kHz。图 7-34 为推出试验的声发射频率分布,其中,$\bar{R}$ 为声发射振铃计数的正则化计算结果,f 为声发射信号频率。由图可见,钢管混凝土界面黏结破坏的声发射频率主要集中在 100kHz 和 300kHz。

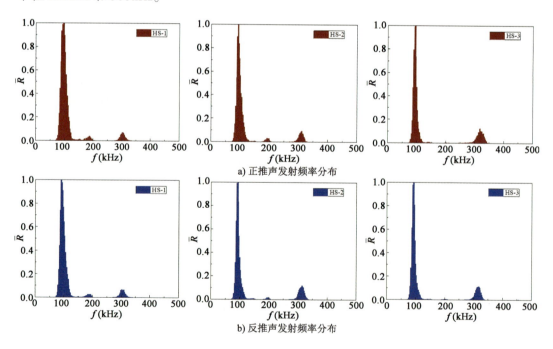

图 7-34 试件推出过程的声发射频率分布

为验证界面化学胶结效应对推出试件的声发射频域分布影响较小,试验中对钢管混凝土分别进行了正推、反推两次加载。正推加载时首先使钢管混凝土界面的化学胶结完全失效,之后再反推试件重新进行声发射采集。经对比发现,两次试验的声发射频率分布基本一致。另外,第二次推出试验的高频区能量比第一次推出的低,说明钢管混凝土界面化学胶结损伤的释放能量集中在高频区域。

将各试件的推出试验声发射频率分布进行叠加,取95%置信区间,得到钢管混凝土试件的界面剪切破坏声发射频域范围,见图 7-35。该频域区间主要分为混凝土表面的应力释放能声发射频域(范围在 70~150kHz 区间内),以及钢管管壁的应力释放能声发射频域(范围在 280~320kHz 区间内)。在加载过程中,高频区的声源相对较少,并且集中在剪应力较大区域;而低频区声源相对密集,沿整个黏结界面均有分布,见图 7-36。当轴压力达到 $0.6N_u$ 时,高频区声源和低频区声源才开始贯通整个黏结界面。

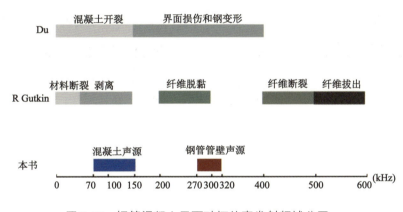

图 7-35 钢管混凝土界面破坏的声发射频域分区

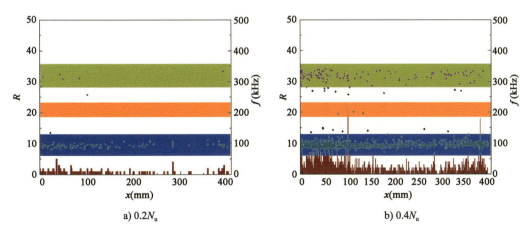

图 7-36

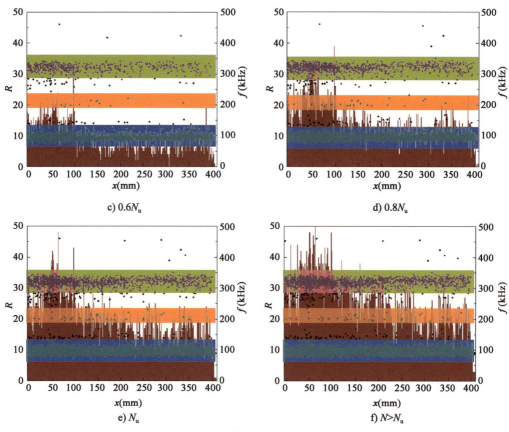

图 7-36 不同加载阶段的声发射信号分布规律

(3) 黏结模型理论与试验结果对比

根据应变片测量数据,可得钢管混凝土界面相关参数在剪切过程中的应力应变分布规律,见图 7-37。其中图 7-37a)为钢管混凝土管壁沿试件轴向的实测剪应变分布曲线。可以看出,管壁剪应变沿试件长度方向基本单调增加,核心混凝土加载端荷载通过钢管混凝土界面的剪切作用逐步传递到钢管上。在各加载阶段,管壁剪应变均呈现非线性增加趋势,说明钢管混凝土界面上的剪应力沿传递方向分布不均匀。同时可以看到,在加载初期,轴向应变分布曲线在试件底端出现拐点,曲线在该位置处有略微下降趋势。这是由于试件底部的约束力全部作用在钢管上,钢管会产生面外变形的鼓曲力,导致其与核心混凝土法向分离,使得界面剪应力在该区域较大,组合效应在该边界区域提前衰减。

钢管混凝土界面剪应力的分布,可以通过求出钢管轴向剪应变分布的变化率获得。为此,需对钢管管壁轴向应变测量数据进行长度方向的多项式拟合。为精确描述界面剪应力的分布规律,应尽可能使用高次多项式进行数据拟合,从而避免求导运算带来的误差噪声。经试算发现,可使用 5 次多项式进行钢管轴向应变分布的拟合。其中,舍掉对

剪应变计算贡献很小的常数项、一次项,以微应变为基准单位,拟合表达式为:

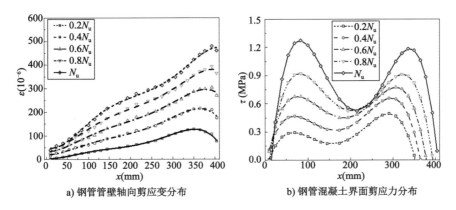

图 7-37 钢管混凝土界面应力应变分布

$$f(x) = 1\,000 \sum_{i=2}^{5} a_i \left(\frac{x}{l}\right)^i \tag{7-50}$$

式中:l——试件界面黏结长度;

a_i——拟合系数,各加载阶段的 a_i 取值见表 7-8。

钢管轴向应变分布拟合系数　　　　　表 7-8

加载阶段	a_5	a_4	a_3	a_2	R^2
$0.2N_u$	3.686	-7.774	5.611	-1.660	0.998
$0.4N_u$	3.960	-8.612	6.441	-1.976	0.997
$0.6N_u$	4.366	-10.181	8.311	-2.813	0.996
$0.8N_u$	5.115	-12.778	11.244	-4.090	0.996
N_u	7.084	-18.518	16.967	-6.332	0.998

不同加载阶段钢管混凝土界面剪应力分布曲线见图 7-37b)。在加载初期,由于试件与加载底座接触不实,采集到 350～400mm 区间的应变数据偏大,致使试件底部最大界面剪应力出现上移的情况。随着荷载增加,试件与加载底座接触密实,上述误差逐渐消失。由图 7-37b)可知,在各加载阶段,界面剪应力沿试件长度方向呈现明显双峰分布趋势,且非线性程度较高。可见,在以往研究中用平均剪应力反映钢管混凝土界面的黏结性能,扣除了界面剪应力最大值、最小值以及分布规律等重要力学指标。

对于钢管混凝土推出试验,试件底端的核心混凝土悬空,所施加的荷载由钢管全部承担。在推出加载过程中,试件在钢管混凝土界面上相当于发生了两次界面黏结剪切传递力行为,即顶部混凝土向钢管传递荷载,以及底部钢管向混凝土传递荷载。因此,钢管混凝土界面剪应力呈现双峰分布模式。

根据本书提出的钢管混凝土界面剪切模型,可对试件界面的剪应力分布和剪切能量分布进行验证。当推出荷载接近 N_u 时,根据试件受力的对称性可知,此时钢管混凝土界面传递荷载长度 l_N 应为试件总界面长度的 1/2。以此刻的边界条件求得钢管混凝土界面剪切参数分布的理论解,见图 7-38。其中,图 7-38a) 为钢管混凝土界面剪应力分布的理论解,其剪应力峰值与分布变化趋势基本符合试验结果。剪应力的峰值位置与钢管混凝土界面的剪切刚度有关。对于本书试验,界面剪应力峰值出现在距加载端部 $0.2l$ 位置处,其最大剪应力为 1.24MPa,约为试件平均剪切强度的 1.25 倍。

沿试件长度方向上的钢管混凝土界面剪切能分布理论解如图 7-38b) 所示。该理论曲线分布趋势基本符合试件推出过程中的界面声发射能量定位分布规律。由于声发射能量释放是间断不连续的,为此,在对比分析时需参考声发射能量定位的峰值轮廓线。由图 7-38 可以发现,试验中的钢管混凝土界面的黏结剪切能位于加载端部 $0.15l$ 处,略小于最大界面剪应力位置,说明钢管混凝土界面在受剪过程中,其界面黏结蓄能要先于最大剪应力的传递。

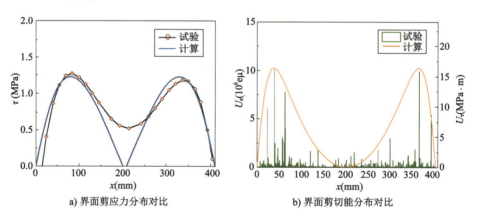

a) 界面剪应力分布对比　　　b) 界面剪切能分布对比

图 7-38　峰值荷载时理论与试验结果对比曲线

7.4　PBL 连接件抗剪性能

7.4.1　PBL 连接件静力性能

对 PBL 加劲型矩形钢管混凝土构件进行两组推出试验,以 PBL 加劲肋的开孔孔距、开孔孔径和孔径内粗集料尺寸为变化参数,未设加劲肋及设置普通加劲肋的钢管混凝土构件为对比试验,以揭示 PBL 加劲型矩形钢管混凝土这种新型组合结构的界面力学性能,确定 PBL 加劲肋的合理开孔孔径、开孔孔距,提出针对粗集料粒径的 PBL 抗剪承载力的修正公式。

(1) 试验概述

为考察 PBL 加劲肋孔径内粗集料含量对钢管混凝土界面黏结性能的影响,设计了 6 组共计 16 个矩形钢管混凝土短柱试件,试件参数见表 7-9,试件构造见图 7-39,加载方法见图 7-40。

试 件 参 数　　　　表 7-9

试件编号	试件个数	钢管尺寸 $H \times B \times t$ (mm × mm × mm)	加劲肋尺寸 $B_s \times t_s$ (mm × mm)	孔径 (mm)	孔间距 (mm)	f_c (MPa)	粗集料粒径 (mm)	破坏荷载(kN)			
								试件1	试件2	试件3	均值
SC	1	800×300×8	75×8	—	—	23.53	10~20	808	—	—	808
SP-1	3	800×300×8	75×8	35	100	23.58	5~10	1 619	1 576	1 536	1 577
SP-2	3	800×300×8	75×8	35	100	23.53	10~20	1 780	1 826	1 902	1 836
SP-3	3	800×300×8	75×8	35	100	23.50	20~25	2 237	2 174	2 098	2 170
SP-4	3	800×300×8	75×8	35	135	23.53	10~20	1 474	1 392	1 321	1 396
SP-5	3	800×300×8	75×8	45	100	23.53	10~20	2 808	2 742	2 707	2 752

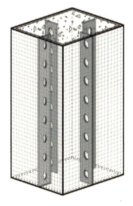 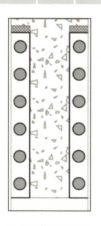  

a) PBL加劲型试件示意图　　b) 细部构造示意图　　c) PBL加劲肋　　d) 整体拼焊

图 7-39　推出试件构造

(2) 试验结果与分析

加载过程中,钢管混凝土的界面抗剪黏结力和加劲肋孔内混凝土榫共同承担外部荷载。在达到极限荷载之前,试件局部有细微响声,并逐渐变得密集,直至出现明显的混凝土断裂声。此后,钢管管壁与核心混凝土开始产生明显滑移,PBL 中的混凝土榫失效,试件整体抗剪承载力降低。在整个加载阶段,未见钢管管壁出现明显局部屈曲现象,钢管应变值基本在弹性范围内,表明钢管未到达材料屈服阶段。试件破坏后切开管壁,发现 PBL 加劲肋与核心混凝土发生明显错动,加劲肋整体保持完好,没有明显变形。破坏模式主要表现为 PBL 孔中混凝土榫被剪断,粗集料石子出现光滑剪切面,见图 7-41。

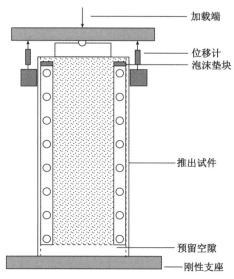

图 7-40 加载装置

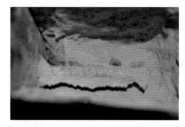 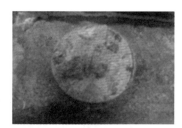

图 7-41 PBL 加劲肋剪切破坏模式

加劲肋开孔后,试件的界面抗剪承载力显著增加,承载力随加劲肋孔中混凝土榫参数改变,见图 7-42。各试件荷载-滑移曲线形状一致,可分为线性段、破坏段和下降段三个阶段。另外,加劲肋开孔后的荷载-滑移曲线线性段斜率要明显大于参考试件,说明 PBL 连接件可提高试件界面抗剪刚度。

钢管与混凝土间的界面性能可用平均黏结强度衡量。由荷载-位移曲线可得试件在剪切破坏时的极限滑移量 S_u,将 S_u 除以核心混凝土与管壁黏结长度,可得试件单位长度相对滑移量 s。在达到 τ_u 之前,界面平均黏结应力基本随 s 呈线性增长,其斜率定义为黏结-滑移剪切模量 G_s,研究表明普通矩形钢管混凝土的界面剪切模量在 0.2GPa 左右。表 7-10 为各类试件的界面黏结性能参数,同时给出 12 组试件的推出试验结果进行对比。由表可知,设置加劲肋的试件界面黏结强度稍大于普通钢管混凝土,黏结强度提高不明显,加劲肋开孔后,孔中混凝土榫提供抗剪承载,试件的界面黏结强度明显提高,其增强效果受混凝土榫的参数影响。值得指出的是,设置 PBL 加劲肋的试件相对滑移参数 s 没有明显变化,说明其发生破坏时的相对滑移与普通钢管混凝土接近。

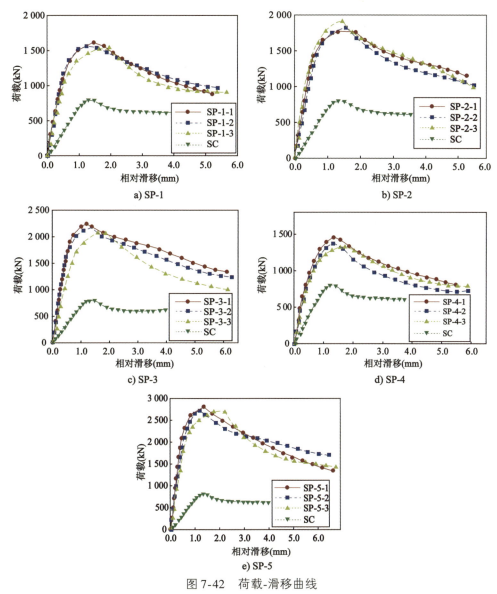

图 7-42 荷载-滑移曲线

为便于比较,分别将同类试件的试验数据进行平均,可得各组 PBL 加劲型试件的荷载-滑移拟合曲线,见图 7-43。试件的界面抗剪承载力包括两部分:钢管和混凝土之间的黏结力,以及 PBL 孔内混凝土榫的销栓力。考虑到材料和几何参数一致,各组试件的钢管和混凝土黏结力应校正,可使用参考试件 SC 的抗剪承载力。各组试件的界面抗剪承载力主要受 PBL 孔内混凝土榫影响,混凝土榫的数量越多、承剪截面面积越大,则其抗剪承载力越高。当 PBL 加劲肋的开孔间距由 135mm 减小到 100mm 时,相当于各加劲肋沿纵向的开孔数量由 5 个增加 7 个,试件的抗剪承载力增加了 37% 左右,见图 7-43a)。若将加劲肋开孔孔径从 35mm 增大到 45mm,则试件抗剪承载力增加 42% 左右,见图 7-43b)。此外,随着开孔数量和开孔孔径的增加,试件的界面抗剪刚度有增大的趋势。可见,PBL 连接件的抗剪强度对该类试件界面黏结性能影响较大。

矩形钢管混凝土界面黏结性能　　　　　表 7-10

试件类型	试件编号	钢管尺寸 $H \times B \times t$ (mm×mm×mm)	加劲肋 $B_s \times t_s$ (mm×mm)	f_c (MPa)	B (t)	N_u (kN)	τ_u (MPa)	S_u (mm)	$s \times 10^{-3}$	G_s (GPa)
本书试件	SC	800×300×8	75×8	23.5	37.5	808	0.65	1.4	2.00	0.33
	SP-1	800×300×8	75×8	23.6	37.5	1 577	1.27	1.6	2.29	0.56
	SP-2	800×300×8	75×8	23.5	37.5	1 836	1.48	1.4	2.00	0.74
	SP-3	800×300×8	75×8	23.5	37.5	2 170	1.75	1.6	2.29	0.77
	SP-4	800×300×8	75×8	23.5	37.5	1 396	1.12	1.4	2.00	0.56
	SP-5	800×300×8	75×8	23.5	37.5	2 752	2.25	1.4	2.00	1.13
文献中试件	FG1	330×82×3	—	31.1	27.3	49	0.48	0.9	2.73	0.17
	FG2	420×100×3	—	31.1	33.3	78	0.49	0.9	2.14	0.22
	FG3	440×100×3	—	31.1	33.3	84	0.50	1.0	2.27	0.21
	FG4	550×82×3	—	31.1	27.3	104	0.63	1.1	2.00	0.30
	FG5	550×100×3	—	31.1	33.3	123	0.58	1.0	1.82	0.31
	FG6	300×100×4	—	31.1	25.0	52	0.47	1.0	3.33	0.13
	FG7	335×82×3	—	31.1	37.5	53	0.55	1.1	3.28	0.16
	FG8	450×100×4	—	31.1	25.0	100	0.60	0.9	2.00	0.29
	FG9	550×100×3	—	31.1	33.3	114	0.57	1.2	2.18	0.25
	FG10	440×82×3	—	31.1	27.3	88	0.61	1.2	2.73	0.21
	FG11	580×100×4	—	31.1	25.0	132	0.63	1.3	2.24	0.27
	FG12	580×100×4	—	31.1	25.0	133	0.63	1.7	2.93	0.21

赵晨和刘玉擎对 55 个 PBL 连接件推出试件进行回归分析,发现 PBL 连接件的抗剪强度取决于开孔孔径和混凝土强度,其承载力拟合计算式为:

$$N_c = 1.38 d^2 f_c \tag{7-51}$$

式中:d——开孔板孔径;

f_c——混凝土强度。

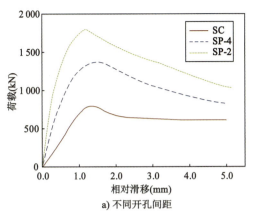 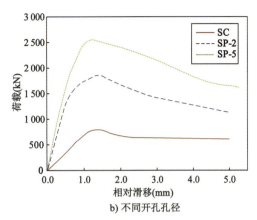

a) 不同开孔间距   b) 不同开孔孔径

图 7-43 荷载-滑移曲线

使用该计算式计算试件抗剪强度与实测值的对比见表 7-11。

单孔 PBL 抗剪承载力对比　　　　　　　　　　表 7-11

试件编号	孔径 (mm)	f_c (MPa)	实测承载力 N_e (kN)	计算承载力 N_c (kN)	N_e/N_c
SP-1	35	23.58	27.5	39.9	0.7
SP-2	35	23.53	36.7	39.8	0.9
SP-3	35	23.50	48.6	39.7	1.2
SP-4	35	23.53	29.4	39.8	0.7
SP-5	45	23.53	69.4	65.8	1.1

由表可见，粗集料粒径级配在 10~20mm 的试件 PBL 抗剪强度实测值与计算值较为接近。当改变混凝土的粗集料粒径后，实测承载力与理论值将出现一定偏差。保持开孔孔径不变，分别选用 5~10mm、10~20mm、20~25mm 粗集料粒径级配，其界面抗剪承载力曲线对比见图 7-44。随着混凝土中粗集料粒径的增加，试件的抗剪强度和刚度有增加趋势。其中，若以 10~20mm 的粗集料粒径作为参照，5~10mm 粗集料粒径的抗剪承载力下降了 17%，20~25mm 粗集料粒径的抗剪承载力增长了 13%。

PBL 加劲型试件的界面抗剪承载力受核心混凝土粗集料粒径影响，其本质是不

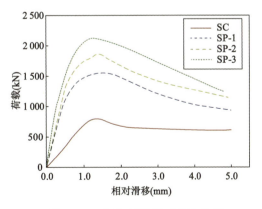

图 7-44 粗集料粒径对界面抗剪承载力的影响

同粒径的粗集料在灌注混凝土时进入混凝土榫的比例发生了变化。当开孔板孔内混凝土榫承受剪切荷载时,粗集料石子的抗剪强度明显大于胶结水泥浆体的强度。若受剪粗集料含量越多、粒径越大、排列越紧密,则 PBL 连接件的抗剪承载力应相应提高。在开孔孔径、混凝土强度确定的前提下,针对粗集料参数对 PBL 抗剪承载力进行修正:

$$\overline{N}_c = 1.38 d^2 \gamma_c f_c \quad (7\text{-}52)$$

式中:γ_c——混凝土粗集料修正系数,该系数主要受剪混凝土榫中粗集料含量的影响。

将破坏试件切开,可统计开孔加劲肋混凝土榫剪切面的粗集料面积比 A_g/A_c,其中 A_g 为受剪粗集料的横截面面积,A_c 为开孔加劲板的混凝土榫横截面面积。各组试件的粗集料分布参数 A_g/A_c 与修正系数 γ_c 的对应关系见图 7-45。假定 γ_c 与 A_g/A_c 在一定范围内呈线性关系,对图 7-45 数据进行拟合,可得粗集料修正系数的拟合公式:

$$\gamma_c = 2.6 \frac{A_g}{A_c} + 0.3 \quad (7\text{-}53)$$

如图 7-45 所示,当开孔板内混凝土榫的粗集料含量 A_g/A_c 超过 30% 时,矩形钢管混凝土试件的单孔 PBL 抗剪承载力略大于理论计算值;当 A_g/A_c 小于 25% 时,其抗剪承载力低于理论计算值。该式考虑了混凝土粗集料对 PBL 加劲型矩形钢管混凝土界面抗剪性能的影响。

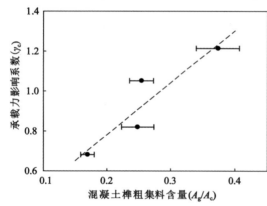

图 7-45 粗集料含量对承载力影响系数的影响

7.4.2 PBL 连接件的疲劳性能

(1)试验概述

本部分共设计 10 个试件,分为两组,包括单孔无筋连接件 SPC1 ~SPC3、单孔有筋连接件 SRC1 ~SRC7。试件参数见表 7-12,试件构造见图 7-46,加载装置见图 7-47。

试件几何参数(单位:mm)   表 7-12

试件型号	试件个数	长	宽	高	钢板厚度	贯通钢筋直径	孔径	孔洞个数
SPC	3	212	200	200	12	0	33	1
SRC	7	212	200	200	12	10	33	1

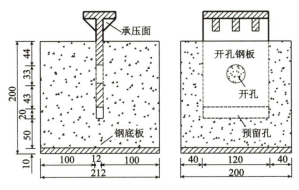

a) SPC类素混凝土试件

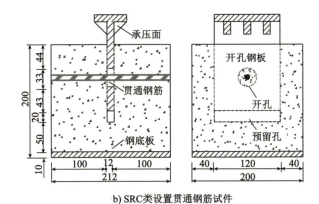

b) SRC类设置贯通钢筋试件

图 7-46 PBL 单孔试件构造（尺寸单位：mm）

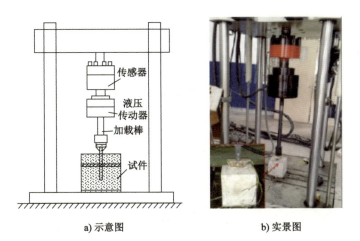

a) 示意图　　　　　　　b) 实景图

图 7-47 疲劳试验加载装置

试验机施加常幅正弦脉动荷载，各试件疲劳试验加载参数及破坏时的承载次数见表 7-13。

各试件疲劳试验参数　　　　　表7-13

试件编号	静力破坏荷载(kN)	加载频率(Hz)	疲劳荷载(kN) 下限	疲劳荷载(kN) 上限	疲劳加载幅值(kN)	疲劳加载(万次)	加载工况
SPC-01	68	—	—	—	—	—	静载
SPC-02	57	7	5	35	30	200	疲劳后静载
SPC-03	60	4	5	45	40	600	疲劳后静载
SRC-01	107	—	—	—	—	—	静载
SRC-02	131	4	5	50	45	200	疲劳后静载
SRC-03	—	4	5	55	50	382	疲劳
SRC-04	—	4	5	65	60	199	疲劳
SRC-05	—	3	5	75	70	72	疲劳
SRC-06	—	3	5	80	75	18	疲劳
SRC-07	—	3	5	85	80	8	疲劳

(2) 试验结果及分析

① 未设置贯通钢筋。

未设置贯通钢筋试件 SPC-02、SPC-03 的疲劳荷载上限分别为其受剪承载力的61%和75%，试件在200万次疲劳循环后均未发生破坏。疲劳试验结束后，对试件进行静载破坏试验，试件 SPC-02 的破坏状态见图7-48。

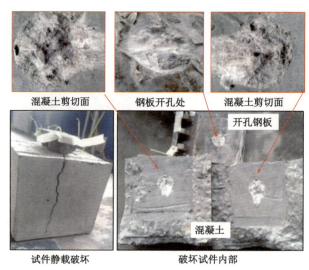

图 7-48　试件 SPC-02 疲劳后静载破坏

未设置贯通钢筋试件的荷载-滑移曲线见图7-49。由图可见，疲劳加载对试件的受剪承载力影响不大。这是由于试件的受剪性能主要受钢板孔洞内混凝土应力状态的影响,疲劳作用对该部位混凝土损伤不明显。另外,静力加载试件 SPC-01 的荷载-滑移曲线为线性增长;疲劳加载的试件 SPC-02、SPC-03 的荷载-滑移曲线呈非线性增长。

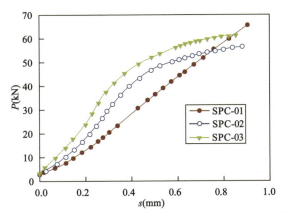

图 7-49　未设置贯通钢筋试件的极限承载力-滑移曲线

②设置贯通钢筋。

设置贯通钢筋试件 SRC-02 进行了 200 万次循环加载,疲劳荷载上限为受剪承载力的 38%,试件表面未见损伤。疲劳试验后进行静载破坏试验,其破坏模式与试件 SRC-01 的静载破坏模式基本相同。试件 SRC-03~SRC-07 在疲劳加载过程中发生破坏,各试件破坏模式相似,均为贯通钢筋在钢板开孔位置出现疲劳裂缝。图 7-50 为试件 SRC-03 的疲劳破坏状态。

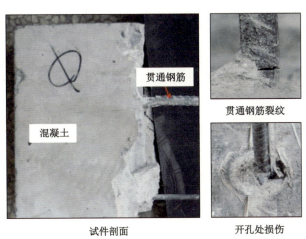

图 7-50　试件 SRC-03 疲劳破坏

试件 SPC-02 和 SRC-02 疲劳加载过程中分别在 10 万、20 万、40 万、80 万、120 万、160 万、200 万次进行一次静载试验,施加荷载分别为受剪承载力的 61% 和 42%。图 7-51 为两组试件在各次循环加载结束后所得的荷载-滑移曲线。由图可见,随着加载次数的增加,各次静载试验曲线基本重合,试件在剪力作用下的相对滑移量无明显变化。值得注意的是，未设置贯通钢筋试件的静载曲线斜率随加载次数增加而略有增加趋势，试件的剪切刚度略微增强。这可能是由于 PBL 件中的素混凝土榫在循环疲劳荷载作用下，混凝土内部孔隙被压实，导致材料刚度增强。

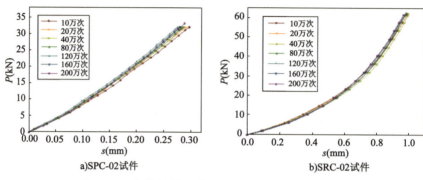

图 7-51　疲劳加载后试件静载下的剪力-滑移曲线

③疲劳损伤累积。

尽管各次疲劳循环后的静载-位移曲线形状基本一致，但每一次循环都有相应的疲劳变形增量，设第 i 次疲劳加卸载后产生微小变形增量为 δ_i，前 i 次加载循环后的累积不可恢复残余变形定义为 Δ_p^i，如图 7-52 所示。随着疲劳循环次数的增加，单周循环加卸载的荷载-位移曲线不断向变形增大方向流动，卸载后的残余变形逐渐增加，累积损伤随之产生。由于难以度量 PBL 连接件中混凝土榫和贯通钢筋各自的损伤程度，本节使用能量法建立宏观损伤指标。假定图 7-52 中第 i 次循环加卸载的荷载-位移曲线所围面积为单周循环滞回能 ω_i，试件前 i 次循环加卸载的累积滞回能总和为 W_p^i，则第 i 次疲劳循环下的损伤变量可定义为：

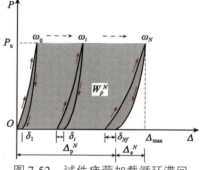

图 7-52　试件疲劳加载循环滞回能量变化特征

$$D = \frac{W_p^i}{W_p^N} = \frac{\sum_{k=1}^{i}\omega_k}{\sum_{k=1}^{N}\omega_k} \tag{7-54}$$

式中：W_p^N——试件最终疲劳破坏时的总累积滞回能。

为简化计算，W_p^i 近似等于图 7-52 骨架曲线所围成的阴影部分面积：

$$W_p^i = P_u \times \Delta_p^i - \left[P_u \times \Delta_e^1 - \int_0^{\Delta_e^1} f_1(\Delta)\mathrm{d}\Delta\right] + \left[P_u \times \Delta_e^i - \int_0^{\Delta_e^i} f_i(\Delta)\mathrm{d}\Delta\right] \tag{7-55}$$

式中：P_u——施加的疲劳荷载幅值上限；

Δ_e^i——第 i 次加载到 P_u 时试件的弹性变形；

$f_i(\Delta)$——试件第 i 次循环加载的荷载-位移函数。

试验发现，各次循环下的荷载-位移曲线基本为直线，因此假设其斜率为 K_i，则有：

$$f_i(\Delta) = K_i \times \Delta = \frac{P_u}{\Delta_e^i} \times \Delta \tag{7-56}$$

进而可得：

$$W_p^i = \frac{1}{2} P_u \times (2\Delta_p^i - \Delta_e^1 + \Delta_e^i) \tag{7-57}$$

式中，累积残余变形量和弹性变形量由试验获得，并且该损伤指标满足 $0 \leq D \leq 1$。试件 SPC-02 和 SPC-03 在疲劳加卸载作用下未达到极限破坏，无法通过公式计算 W_p^N，可使用试件疲劳后静载破坏的塑形变形能近似代替。

图 7-53a) 为未设置贯通钢筋试件 SPC-03 在间隔一定加卸载次数下的荷载-位移曲线。由图可见，试件在卸载至疲劳荷载幅值下限时产生残余滑移量，且残余变形随疲劳次数增加而逐渐增加，但增加速度逐渐放缓，荷载-位移曲线在位移增加方向上逐渐由稀变密。图 7-53b) 为累积损伤变量 D 随循环加载次数的分布情况，图中 n 为外加荷载循环次数，N_s 为未设置贯通钢筋试件疲劳试验最终停机的外加荷载次数。由图可见，在整个疲劳循环过程中，尽管疲劳加载上限 P_u 已接近试件极限承载力的 70%，但其累积损伤指标 D 低于 0.5，远未到达极限损伤状态，无法发生疲劳破坏。

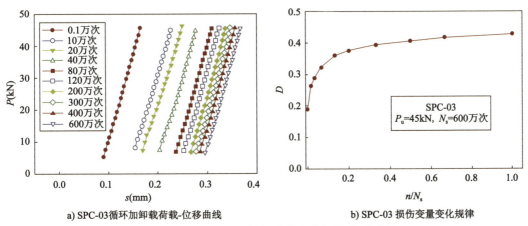

a) SPC-03 循环加卸载荷载-位移曲线　　b) SPC-03 损伤变量变化规律

图 7-53　未设置贯通钢筋试件疲劳损伤发展过程

设置贯通钢筋后，试件受剪承载力随疲劳循环加卸载的变化较为明显，除 SRC-02 在加卸载 200 万次后停机静载破坏外，其余试件均在疲劳循环过程达到完全损伤破坏。图 7-54a) 为 SRC-03 在间隔一定加卸载次数下的荷载-位移曲线，图 7-54b) 为试件累积

损伤变量 D 随加载次数的分布情况,图中 N_f 为设置贯通钢筋试件疲劳破坏时的外加荷载次数。由图可见,在疲劳循环后期,试件残余变形增加迅速,该阶段贯通钢筋的裂缝产生并扩展,导致试件整体损伤破坏。

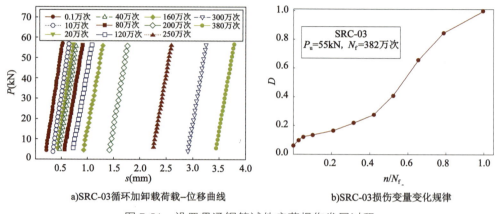

a) SRC-03循环加卸载荷载–位移曲线　　b) SRC-03损伤变量变化规律

图 7-54　设置贯通钢筋试件疲劳损伤发展过程

通过以上分析可以发现,试件的疲劳损伤由 PBL 孔洞中的混凝土榫损伤和贯通钢筋损伤两部分组成。在疲劳荷载作用下,混凝土榫处于较为复杂的压剪应力状态,内部裂缝损伤在达到一定程度后发展缓慢,试验过程中没有发现明显的疲劳破坏;而贯通钢筋在循环荷载作用下产生微裂缝,并不断扩展最终形成宏观裂缝,导致试件整体受剪失效。在此过程中,试件每次循环卸载后都产生相应的残余变形,且残余变形与试件的累积损伤变量相关。

7.5　界面状态对钢管混凝土构件抗弯性能的影响

7.5.1　钢管混凝土界面滑移的影响

为研究钢管管壁与核心混凝土界面滑移情况,对矩形钢管混凝土受弯梁的两端不做盖板封闭处理,构件受弯破坏后的界面黏结、滑移情况见图 7-55。试验发现,受弯试件在弹性阶段的变形量较小,钢管与核心混凝土之间的剪力尚未超过黏结强度,界面滑移可忽略不计,当荷载继续增大时,由于钢管内混凝土未设置劲性钢骨或未进行配筋处理,受拉区的核心混凝土发生开裂且无法阻止裂缝向中和轴发展,此时开裂区域的界面黏结作用失效。另一方面,在加载过程中钢管混凝土构件管壁首先受到外界荷载作用,再通过钢管与混凝土界面的黏结力传递到核心混凝土上。若界面黏结力失效,则混凝土无法与钢管协同变形,此时两者仅能在竖直方向上保持一致,而沿构件长度方向会出现混凝土与钢管间的错动。对于足够长的钢管混凝土受弯构件,即使构件端头的核心混凝土不外露,也会因核心混凝土的开裂而在构件长度方向上与钢管发生错动。

a) 钢管与混凝土完全黏结　　　　b) 钢管与混凝土界面滑移

图 7-55　核心混凝土与钢管的界面黏结滑移

这种界面错动可归因于钢管混凝土界面黏结失效后,钢管与混凝土在同截面上转动曲率不再一致,而是绕各自的中和轴发生弯曲转动,见图 7-56。若钢管混凝土界面不发生黏结失效,则钢管混凝土截面作为整体,绕统一的中和轴转动。增大弯矩后,核心混凝土受拉区开始出现塑性变形,其拉应力分布渐成曲线,直至为零,而钢管和受压区的混凝土仍为线性分布。为保持截面水平方向合力平衡,必有中和轴上移、弯曲曲率增长变快的趋势。若钢管混凝土界面无黏结作用而能自由滑动,则钢管与核心混凝土将绕各自截面的中和轴发生转动,而混凝土的极限拉应变小于钢材,混凝土受拉区开裂后,其截面的中和轴明显上移,此时钢管截面的中和轴始终位于截面的几何形心处。因此,即使竖向位移协同变形,核心混凝土与钢管的弯曲曲率将出现差别,并且混凝土的曲率增加有变快的趋势。核心混凝土曲率的快速增长将导致其抗弯能力过早失效,而仅有钢管承受外部荷载。可见,当核心混凝土与钢管之间的黏结力失效而出现滑移时,构件的整体抗弯刚度和承载力将有减小趋势。

7.5.2　界限弯矩-曲率关系

参考钢筋混凝土受弯梁的典型裂缝和变形过程,可将矩形钢管混凝土构件从开始受弯直至破坏分为三个受力阶段。各阶段的性能特征如下:

①混凝土开裂前阶段($M \leq M_{cr}$)。

试件刚开始加载弯矩很小,构件截面中和轴和形心基本重合,受压区高度为 $h_c = h/2$,截面的应力为线性分布,钢管与核心混凝土均处于弹性受力阶段,两者曲率随弯矩增大成比例增大。当受拉区混凝土的应变达到开裂应变值 ε_t 时,受拉区混凝土出现裂缝,此时试件的弯矩为开裂弯矩 M_{cr}。

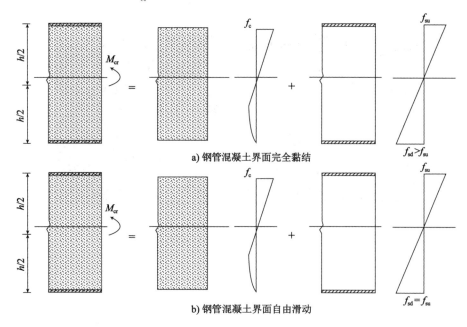

图 7-56 两种极限界面状态下弯曲中和轴变化

②带裂缝工作阶段($M_{cr} < M < M_y$)。

核心混凝土受压区域由于开裂逐渐退出工作,而受压区面积逐渐减小。钢管应力在弹性阶段持续增加,直至边缘出现屈服,此时的弯矩为钢管屈服弯矩 M_y。若钢管混凝土界面完全黏结,则中和轴上移,使得钢管下边缘受拉区域首先发生屈服;若钢管混凝土界面自由滑移,则钢管拉、压边缘同时屈服。

③弹塑性阶段($M_y \leqslant M < M_u$)。

随着弯矩的增加,钢管的屈服区域进一步增大,而核心混凝土受压区域的应力趋近于抗压强度 f_c。受压侧的钢管混凝土界面失效可能发生在该阶段,这是由于受压区域的混凝土达到抗压强度而发生破坏,导致界面黏结力降低,混凝土沿着钢管内壁整体错动,此时的抗弯承载力达到峰值 M_u。若继续施加荷载,则构件仅为钢管承受弯矩,其抗弯承载力无法继续显著增加。

对上述典型阶段的控制弯矩进行推导,为简化计算,模型中钢管的本构关系采用二折线模型,核心混凝土的本构关系采用 Rusch 模型,其典型应力-应变曲线见图 7-57。

各个阶段的截面总抗弯承载力可以表示为:

$$M = M_s + M_c \tag{7-58}$$

式中:M_s、M_c——钢管和混凝土的弯矩。

假定钢管与混凝土的界面完全黏结的 M-φ 曲线，即保证在受力过程中是符合平截面假定的，则各个阶段的曲率可以根据式(7-59)计算：

$$\varphi = \frac{\varepsilon}{y_0} \tag{7-59}$$

式中：ε——该未屈服点的应变；

y_0——该点到中和轴的距离。

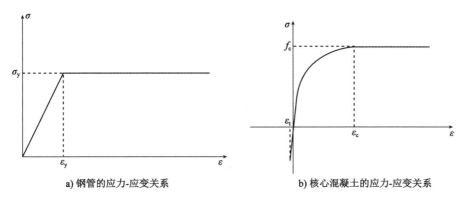

a) 钢管的应力-应变关系   b) 核心混凝土的应力-应变关系

图 7-57   材料本构模型

（1）抗弯承载力计算模型混凝土开裂前阶段

①界面完全黏结。

如图 7-58 所示，此时全截面有效，钢管与混凝土均处于弹性阶段，受拉区混凝土受拉达到极限拉应变时，截面抗弯承载力可分别考虑钢管与混凝土的贡献，计算有如下的关系：

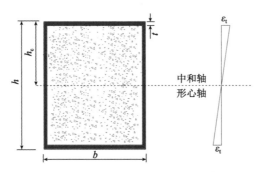

图 7-58   界面完全黏结混凝土开裂时刻截面示意图

该阶段钢管截面的弯矩：

$$M_s = 2\varepsilon_t E_s \left[bt(h_c - 0.5t) + \frac{2}{3}t(h_c - t)^2 \right] \tag{7-60}$$

式中：ε_t——混凝土极限拉应变，取 $\varepsilon_t = f_t / E_c$；

f_t——混凝土抗拉强度标准值；

E_s、E_c——钢材弹性模量和混凝土弹性模量；

b——截面的宽度；

t——钢管厚度；

h_c——该阶段中和轴距钢管上边缘的高度，即受压区高度，根据各阶段截面力平衡方程 $N_c = N_s$ 可以求出 h_c 的取值，其中 N_c 和 N_s 分别为钢管混凝土截面的总压力和总拉力。

此时混凝土抗弯承载力可以表示为：

$$M_c = \frac{1}{3}f_t(b-2t)(h_c-t)^2 \tag{7-61}$$

②界面自由滑动。

不考虑界面黏结力的钢管混凝土，相当于一种钢管与混凝土的叠合梁，各自绕着自身的中和轴进行挠曲变形，如图 7-59 所示。当混凝土达到开裂弯矩时刻时，该阶段的混凝土抗弯承载力表示为：

$$M_c = \frac{1}{3}f_t(b-2t)\left(\frac{1}{2}h-t\right)^2 \tag{7-62}$$

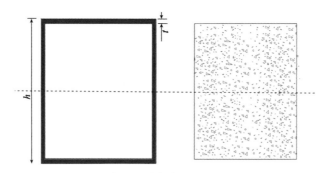

图 7-59 界面自由滑动钢管与混凝土界面示意图

由于在弹性范围内两者的挠度相等，折算该曲率下钢管的弹性弯矩与混凝土的抗弯承载力之和即为该阶段未考虑界面黏结力的抗弯承载力。

(2) 抗弯承载力计算模型带裂缝工作阶段

①界面完全黏结。

由于混凝土开裂而退出工作，组合截面的中和轴向受压区移动，直至钢管受拉区下边缘达到屈服，而受压区混凝土未达到极限压应变，且在此阶段不考虑受拉区混凝土参与受力，如图 7-60 所示。

该阶段钢管截面的弯矩：

$$M_s = f_y t \left[b(h - h_c - 0.5t) + \frac{2}{3}(h - h_c - t) \right] + \varepsilon_{c1} E_s \left[bt(h_c - 0.5t) + \frac{2}{3}t(h_c - t)^2 \right]$$
(7-63)

式中：f_y——钢材屈服强度；

ε_{c1}——折算到受压区的压应变，取 $\varepsilon_{c1} = \varepsilon_y \dfrac{h_c}{h - h_c}$，$\varepsilon_{c1} < \varepsilon_c$；

ε_y——钢材屈服应变，取 $\varepsilon_y = f_y / E_s$。

此时，混凝土受压区弯矩可以表示为：

$$M_c = \frac{1}{3} \varepsilon_{c1} E_c (b - 2t)(h_c - t)^2$$
(7-64)

则在此阶段的截面总抗弯承载力可以代入式(7-64)来计算。

② 界面自由滑动。

在不考虑界面黏结力的情况下，认为混凝土受拉开裂，开裂后的混凝土不参与受力，混凝土界面的中和轴由于混凝土的开裂而不断上移，钢管仍绕原来的中和轴产生挠曲，如图 7-61 所示。

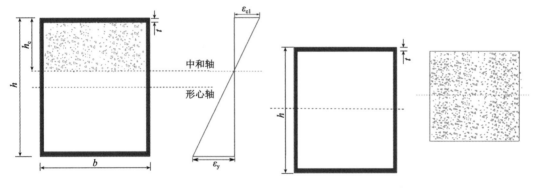

图 7-60　界面完全黏结弹性阶段　　　　图 7-61　界面自由移动混凝土
　　　　截面应变示意图　　　　　　　　　　　　开裂后截面

(3) 抗弯承载力计算模型弹塑性阶段

① 钢管受拉区钢管部分屈服。

由于在上阶段钢管受拉区边缘屈服，受压区混凝土未达到极限压应变，随着荷载的增加，受压区钢材边缘先于受压区混凝土达到屈服，受拉区钢管已经部分屈服，如图 7-62 所示。此时钢管管壁的弯矩可以表示为：

$$M_s = \frac{2}{3} f_y t \left[y^2 + (h_c - t)^2 + h_c^2 + \frac{1}{3}(h - 2h_c - t)(h - t) \right] + f_y bt(h - t)$$
(7-65)

式中：y——钢管受拉屈服段到中和轴的距离，取 $y = h_c$。

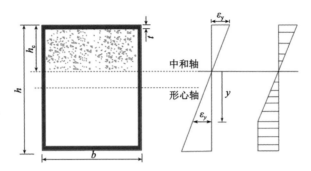

图 7-62　受拉区钢管部分屈服应变示意图

受压区混凝土的弯矩为：

$$M_c = \frac{1}{2} E_c \varepsilon_y (b - 2t)(h_c - t)^2 \tag{7-66}$$

则在此阶段的截面总抗弯承载力可以代入式(7-66)来计算。

②钢管受拉区和受压区部分屈服。

当受压区混凝土达到极限压应变时，受压区钢管已经发生了部分屈服，如图 7-63 所示。此时钢管未屈服部分的弯矩表达式为：

$$M_s = f_y t \left[\frac{4}{3} y^2 + b(h-t) + (h - h_c - t - y)(h - h_c - t + y) + (h_c - t - y)(h_c - t + y) \right] \tag{7-67}$$

式中：y——钢管侧壁受压(拉)屈服点到中和轴的距离，取 $y = \dfrac{\varepsilon_y}{\varepsilon_{cu}}(h_c - t)$。

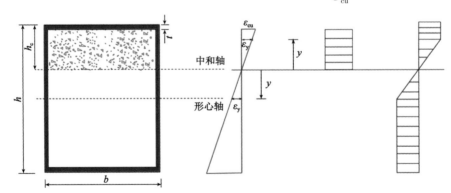

图 7-63　钢管受拉区和受压区部分屈服计算示意图

混凝土受压破坏后的弯矩表达式：

$$M_c = \frac{1}{2} f_c (b - 2t)(h_c - t)^2 \tag{7-68}$$

则在此阶段的截面总抗弯承载力可以代入式(7-68)来计算。

③钢管完全屈服。

由于钢管对混凝土的约束,钢管内混凝土达到破坏后仍能继续受力,直至钢管截面全截面屈服,即钢管的受拉区和受压区均发生屈服,如图7-64所示。此时钢管截面的弯矩为:

$$M_s = f_y t \left[(h_c - t)^2 + (h - h_c - t)^2 + b(h - t) \right] \quad (7-69)$$

此时破坏的混凝土继续分担弯矩可以表示为:

$$M_c = \frac{1}{2} f_c (b - 2t)(h_c - t)^2 \quad (7-70)$$

则在此阶段的截面总抗弯承载力可以代入式(7-70)来计算。

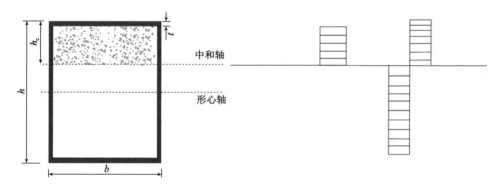

图7-64 全截面屈服应变示意图

7.5.3 高宽比对抗弯承载力的影响

对比两种高宽比不同、含钢率相同的钢管混凝土截面理论的 M-φ 边界曲线,其截面的具体尺寸见表7-14。

试件的截面参数 表7-14

编号	t(mm)	$b \times h$(mm×mm)	h/b	α
f-1	4	200×200	1	0.085 1
f-2	4	150×302	2	0.085 1

采用Q235钢管,内填C70混凝土,材料性能如前文所述,以满足前文所述的混凝土极限压应变大于钢管屈服应变的要求,结果对比见图7-65。

由图7-65可以看出:在保证含钢率不变的情况下,增加试件高宽比,提高了钢管混凝土梁整体的抗弯承载力,且高宽比越大,界面的黏结力对抗弯承载力的影响越大。M-φ曲线的斜率为组合梁的抗弯刚度,由图7-65可以看出,截面的界面黏结力和高宽比均为抗弯刚度的影响因素。

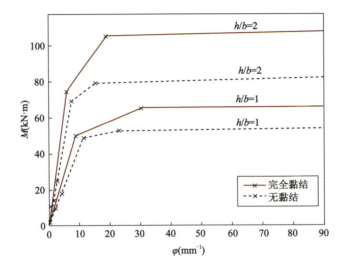

图7-65　不同高宽比试件的边界M-φ曲线

7.5.4　界面黏结力失效影响

(1)混凝土脱黏高度h_t

在实际应用中,钢管混凝土界面存在黏结力,以保证在受力过程中两种材料共同作用,发挥组合结构的优势。但随着荷载的增加,钢管混凝土界面的剪应力超过界面黏结破坏荷载,钢管与混凝土之间的黏结力失效,混凝土会沿着钢管的接触面发生错动。此时混凝土受压区高度为脱黏高度h_t,黏结力与受压区混凝土作用平衡:

$$N_{st} = N_{sc} + N_u \tag{7-71}$$

式中:N_{st}——组合截面受拉区钢管合力;

N_{sc}——组合截面受压区钢管合力;

N_u——钢管混凝土截面的黏结力,不考虑受拉区混凝土的作用。

其中$N_u = A\tau_u$,τ_u取参考文献试验得方钢管的界面抗剪黏结强度平均值为0.515MPa;A为钢管与混凝土接触面积,A是h_t的函数。由于混凝土脱黏发生在钢管边缘受拉屈服之后、钢管全截面屈服之前,此时混凝土高度h_t应小于该弹塑性阶段混凝土受压区高度,该时刻的截面弯矩小于完全黏结时刻弯矩值。由图7-66知,钢管内核心混凝土受压区边缘未达到受压强度,钢管与混凝土之间的黏结力就已经失效,混凝土与钢管发生错动,承载力下降,即未能充分利用混凝土的抗压性能。

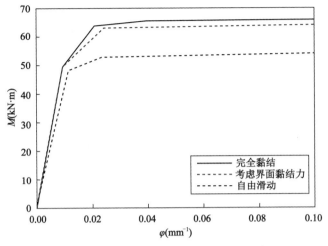

图 7-66　考虑界面黏结力的 M-φ 曲线

由图 7-67 可以看出,当钢管混凝土梁未受弯时,抗弯刚度为截面初始抗弯刚度,随着荷载的增加、混凝土的开裂、截面中和轴的上升,截面的抗弯刚度不断减小,当钢管混凝土截面达到全截面屈服后,其截面的抗弯刚度保持不变。由于界面黏结力的存在,在抗弯承载力相同时刻,完全黏结的钢管混凝土抗弯刚度大于不考虑黏结作用的钢管混凝土梁。而界面的完全黏结是截面的理想状态,由于界面黏结力的存在,钢管与混凝土在抗弯承载力达到一个限值时,钢管与混凝土即会发生错动,此时截面抗弯刚度的极限值小于完全黏结时刻的极限抗弯刚度。

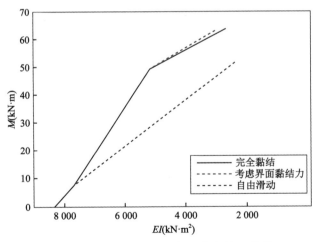

图 7-67　抗弯刚度与抗弯承载力关系曲线

(2)结果对比

选择钢管混凝土梁的受弯试验极限承载力结果与考虑界面黏结力的极限抗弯承载

力计算结果进行对比,见表 7-15。

试验与理论结果对比　　　　　　　　表 7-15

$b \times h \times t$ (mm×mm×mm)	f_{cu} (MPa)	f_y (MPa)	M_{ue} (kN·m)	M_{uc} (kN·m)	M_{uc}/M_{ue}
120×120×3.84	37.30	330.10	29.34	29.60	1.01
120×120×5.86	31.30	321.10	40.90	40.90	1.00
100×100×1.90	81.30	282.00	10.83	9.80	0.90
140×140×3.00	62.60	235.00	29.40	24.40	0.83

注:M_{ue}-试验结果值;M_{uc}-理论计算值。

上表为考虑钢管与混凝土的界面黏结力的抗弯承载力理论值与试验值的对比结果,从表中可以看出,理论计算值几乎均小于设有盖板的试验值,与事实相符。

7.6 温度作用对钢管混凝土界面状态的影响

7.6.1 温度作用引起的界面脱黏

服役状态下,钢管混凝土桥梁构件长期暴露在日照作用下。混凝土的温度线膨胀系数为 1.0×10^{-5},钢材的温度线膨胀系数为 1.2×10^{-5},两者线膨胀系数基本相等,在温度同步变化下,钢和混凝土的变形基本协调,温度效应可忽略不计。但是,钢材的导热系数是混凝土的 50 倍左右,当日照或气温快速变化时,外部钢管快速升温,内部混凝土的温度则缓慢变化,从而在钢管混凝土构件上产生了较大的截面温差,进而引起混凝土与钢管的径向脱黏。现有研究指出:温度影响是引起界面脱空的主要原因,当构件尺寸达 1.0m 时,由温度作用产生的径向脱空间隙可达 0.4mm。对钢管混凝土拱桥来说,这样的脱空值足以破坏钢管与混凝土界面上的黏结作用,使结构固有的套箍效应不能发挥,如果脱空发生在立柱与拱肋的节点连接处,不仅影响剪力传递,节点受力也将受到严重影响。既有文献从施工角度分析,认为不同管径的构件其表面脱黏临界温差不同,并推测:浇筑时,当现场气温高于浇筑温度 10~15℃时界面便存在脱黏现象,同时实际情况下钢管混凝土结构在多数时间内存在脱黏现象,尤其是在太阳辐射强烈的夏季,构件界面将发生更为明显的脱黏现象。

对于设 PBL 加劲肋的钢管混凝土拱桥构件在温度作用下构件界面的力学状态以及混凝土榫在温度作用下的使用状态等问题,均没有相关研究分析。本章在介绍了热传导基本理论后,通过 ABAUQS 有限元程序建立钢管混凝土构件的瞬态温度场,得到在日照辐射下的温度分布,并以典型温差工况下的温度为已知条件,进行热应力分析,从日照辐射对钢管混凝土截面温度分布及受力性能的影响出发,得到无开孔和开孔加劲肋构件的界面力学状态,分析设 PBL 加劲肋对钢管混凝土在日照温度下界面状态的改善程度,以及在日照下 PBL 榫对构件力学性能的影响。

7.6.2 温度场计算

准确计算钢管混凝土构件温度效应的前提是把握其温度场分布状态,而温度场受日照、气温和风速变化等环境因素的影响,往往呈非线性分布,且在时间上连续变化,温度场分布规律非常复杂。因此,本节将采用有限元计算方法,首先计算钢管混凝土构件在日照下的温度分布。

1) 温度场有限元模型的建立

通过 ABAQUS 有限元程序,建立矩形钢管混凝土构件的三维温度场,并以其为已知条件进行界面问题的有限元分析。

(1) 材料尺寸的选取

温度作用对界面状态的影响与构件的尺寸密切相关,随着大跨、重载桥梁结构的不断涌现,大尺寸截面钢管混凝土构件的应用越来越广泛,我国钢管混凝土拱桥拱肋构件的直径一般可达 1.0~1.8m。为了直观表征温度作用的影响,本章以某设 PBL 加劲肋的矩形钢管混凝土人行拱桥为工程背景,选取拱顶部位 4m 长的拱肋节段进行分析,并忽略节段纵向弯曲,以直线节段处理。同时与相同截面尺寸,但加劲肋并未开孔的普通钢管混凝土试件进行对比分析。桥梁总体布置及拱肋试件截面尺寸如图 7-68、图 7-69 所示。

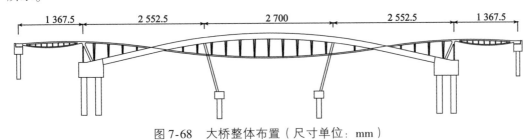

图 7-68 大桥整体布置(尺寸单位:mm)

(2) 材料热工性能参数的选取

钢材的热工性能按照参考文献中提供的数据选取,混凝土的热工性能与其组成材料的热工性能相关,拱肋构件实际中所采用的是 C50 混凝土,由于作者研究能力的局限性,并没有核心混凝土的具体配合比,在此按参考文献数据取用。钢管与混凝土的热工性能参数见表 7-16。

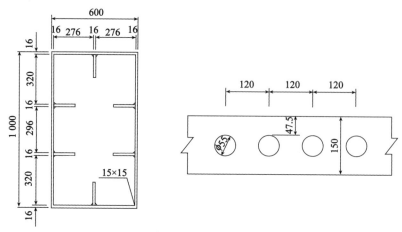

图 7-69 拱肋构件截面(尺寸单位:mm)

钢管与混凝土的热工性能 表 7-16

材 料	密度 (kg/m³)	导热系数 (J/m·℃)	比热容 (J/kg·℃)	弹性模量 (N/mm²)	泊松比	线膨胀系数
钢管	7 850	49.9	480	2.06×10^5	0.3	1.2×10^{-5}
混凝土	2 500	2.94	960	3.45×10^4	0.2	1.0×10^{-5}

(3)热流密度的设定

①太阳辐射热流密度 q_s。

构件表面所受的太阳辐射热流密度与其所在的地理环境密切相关,并且受季节、天气以及时间的影响,在没有实测数据的情况下,本书采用参考文献中统计得出的夏季东南西北垂直面和水平面朝向上的逐时太阳辐射热流密度。提取背景工程所在地区——西安夏季太阳辐射热流密度,见表 7-17。

西安夏季太阳辐射热流密度(W/m²) 表 7-17

朝向	地方太阳时												
	6	7	8	9	10	11	12	13	14	15	16	17	18
S	24	60	94	180	267	325	345	325	267	180	94	60	24
E(W)	24	60	94	122	141	153	157	344	496	591	607	523	332
N	119	139	111	122	141	153	157	153	141	122	111	139	119
	98	282	486	672	819	914	945	914	819	672	486	282	98

注:钢管表面对太阳辐射的吸收系数 α 与钢管表面颜色和光洁度有关,本书取 $\alpha=0.8$。

②大气对流热流密度 q_c。

既有文献给出了固体在空气中的换热系数 h_c,如表 7-18 所示。对流换热系数主要受风速的影响,风速越大,换热系数越大。

固体在空气中的换热系数 h_c (W/m² · ℃)　　　　表 7-18

风速(m/s)	h_c		风速(m/s)	h_c	
	光滑表面	粗糙表面		光滑表面	粗糙表面
0	5.13	5.85	5.0	25.04	26.87
0.5	7.97	8.71	6.0	28.68	30.83
1.0	9.93	10.73	7.0	32.24	34.69
2.0	13.72	14.72	8.0	35.72	38.46
3.0	17.53	18.77	9.0	39.10	32.15
4.0	21.31	22.84	10.0	42.41	45.87

③钢管辐射换热密度 q_r。

钢管辐射换热密度采用 $q_r = eC_s[(T_1+273)^4-(T_s+273)^4]$ 计算,金属材料表面辐射率 e 取 0.9。则表面总的热流密度 $q=q_s+q_c+q_r$。分析构件选取为拱顶附近节段,因此各面朝向可简化,如图 7-70 所示。其中顶板近似为水平朝向,两侧面分别为南北朝向,底板视为无太阳日照辐射,只存在对流换热和辐射换热,两端板为环境温度边界条件,非受热面。

(4) 单元类型的选择及网格划分

热传导分析需要选取特定的传热单元,选择 DC3D8 线形积分单元进行分析,既可以避免因为计算量过大造成不收敛,又有效保证了精度及计算时间。网格密度为:钢管 PBL 加劲肋开孔附近单元尺寸约为 5mm,其他部位最大单元尺寸为 60mm,混凝土基本尺寸为 60mm。设 PBL 加劲肋的钢管混凝土构件有限元模型如图 7-71 所示。

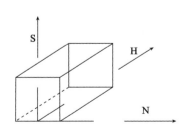

图 7-70　试验构件各截面朝向示意图

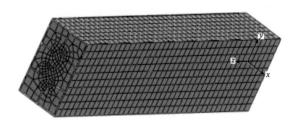

图 7-71　热传导有限元模型

(5) 初始条件和边界条件的选择

模型计算以夏季日出前、日照辐射尚未开始的 6:00 平均温度作为计算初始条件。本书分析的工程背景桥梁位于西安,根据当地夏季 6:00 平均温度统计,取 18℃ 作为构件全截面温度初值。

钢管外表面的边界条件视为第三类边界条件;钢管与核心混凝土之间的界面边界视为第四类边界条件。

2) 温度场计算结果分析

将总的热流密度分时刻作为热荷载,对 PBL 构件和设普通加劲肋构件分别进行热传导分析,得到在 6:00—18:00 典型时刻的截面温度场分布,经比较,加劲肋是否开孔对温度分布的影响很小,因此此处仅给出 PBL 加劲肋构件的温度场分布云图,如图 7-72 所示。

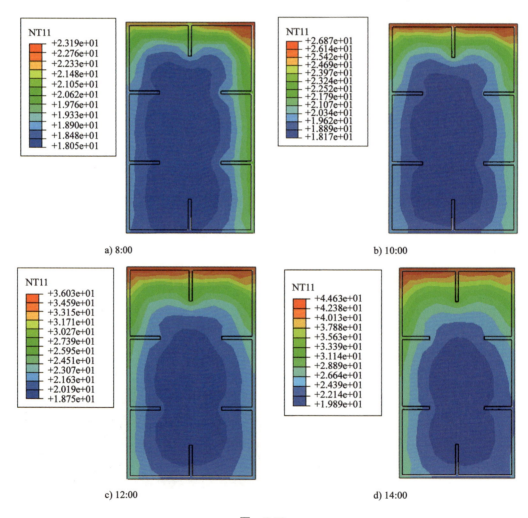

图 7-72

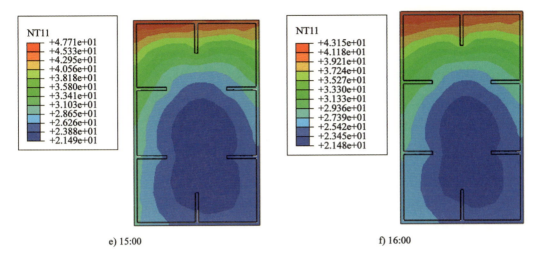

图 7-72 试件截面各时刻温度场分布

从上面各图可以知道钢管混凝土构件在白天日照下截面温度场的变化趋势，温度分布呈明显的非线性特性。在日照下，钢材的导热系数远大于混凝土，因此钢管温度上升明显，大约在 15:00 向阳处钢管表面温度达到最高值，计算值为 48℃，如图 7-72e)所示。随着日照强度的消退，钢管表面温度开始降低，如图 7-72f)所示，在 16:00 时钢管的温度已经小于 15:00 时的温度。由于西安夏季日平均最高气温为 34℃ 左右，最高气温出现时刻为 14:00 左右，因此可以说明钢管表面温度的升高与环境温度升高相比有一定的延后性。

核心混凝土由于导热性差且截面面积远大于钢管，因此其温度变化不大。构件中心处的变化值在 3.5℃ 左右。对构件截面整体而言，内表温差最大达到 27℃。还可以看出，由于构件加劲肋的存在，在其附近混凝土的温度大于同一深度处无加劲肋的混凝土的温度，这说明构件通过加劲肋可以使温度更好地传递至混凝土中。

7.6.3 温度效应计算

(1) 温度作用的有限元分析方法

本节将以得到的温度梯度为温度作用，进行构件日照温度效应分析。在 ABAQUS 中以温度为初始条件计算其产生的应力和变形的分析称为热-力耦合分析。软件是通过前后差分的方法（Backward-Difference）把温度场整合到牛顿非线性求解中，即形成热-力耦合的牛顿求解，其精确求解算法为：

$$\begin{bmatrix} k_{uu} & k_{u\theta} \\ k_{\theta u} & k_{\theta\theta} \end{bmatrix} \begin{Bmatrix} \Delta_u \\ \Delta_\theta \end{Bmatrix} = \begin{Bmatrix} R_u \\ R_\theta \end{Bmatrix} \tag{7-72}$$

式中：Δ_u、Δ_θ——位移增量和温度增量的修正系数；

k_{ij}——完全耦合雅比克矩阵的子矩阵；

R_u、R_θ——力和温度的残余矢量。

（2）有限元模型的建立

①热力学参数。

根据《钢筋混凝土结构抗热设计规程》的规定，钢材和普通混凝土的弹性模量、抗压强度、线膨胀系数与温度的关系如表7-19所示。

温度对材料性能的影响　　　　　　表7-19

温度(℃)	钢材			混凝土		
	$E_s^t(E_s)$	$f_y^t(f_y)$	$\alpha(1.0\times10^{-5})$	$E_c^t(E_c)$	$f_y^t(f_y)$	$\alpha(1.0\times10^{-5})$
20	1.0	1.0	11.4	1.0	1.0	10
60	1.0	1.0	11.6	0.85	0.90	10
100	1.0	1.0	12.0	0.75	0.85	10
150	0.97	0.9	12.4	0.65	0.80	10
200	0.95	0.85	12.8	0.55	0.70	10

由7-19表可见，温度对混凝土性能的影响较大，而对钢材的影响较小。随着温度的升高，混凝土的抗压强度和弹性模量皆下降。根据上节分析，日照温度下钢管和混凝土的温度变化幅值并不是很大，最大值仅为27℃，因此可假定，在日照温度下钢材与混凝土的力学性能均不变。

②边界条件。

热力学分析不同于热传导分析，热传导分析需要的传热学边界条件上文已经阐述，而热力学分析则需要合适的力学边界条件。钢管混凝土拱桥在实际中作为超静定结构，在不均匀的日照温度作用下，由于纤维之间温度的不同，不仅产生温度自应力；同时由于边界条件的约束，还会产生温度次应力。本书分析的主要对象为界面的力学状态，因此主要为自应力的影响，故假定构件两端为铰接约束，忽略边界次应力的影响，模型边界条件如图7-73所示。

图 7-73　试件热力学分析时的边界条件

③钢管混凝土界面处理。

热力学分析时,构件界面模型采用基于面的接触定义,法向行为定义为硬接触。由 7.6.1 节分析可知,温度作用引起的界面脱黏足以破坏界面的黏结强度,因此分析时可忽略界面切向的黏结强度,认为界面光滑无摩擦。

(3) 计算结果分析

有限元模型构件为两端铰接的静定结构,温度内力和变形沿纵向各截面不尽相同,结果提取时特选取跨中截面结果,对于设立 PBL 加劲肋的构件,跨中截面与两相邻开孔位置对称,恰为非开孔处。

①变形结果分析。

图 7-74 给出了 15:00 时两构件跨中截面横向位移的分布云图。从图中可以看出,设普通加劲肋的钢管混凝土构件长边横向最大变形约为 0.3mm,最大值发生在截面中间位置,且沿长边整体脱黏明显。设 PBL 加劲肋的钢管混凝土构件界面结合状态良好,钢管长边与混凝土均保持黏结状态,仅在角隅处有 0.2mm 的变形值。

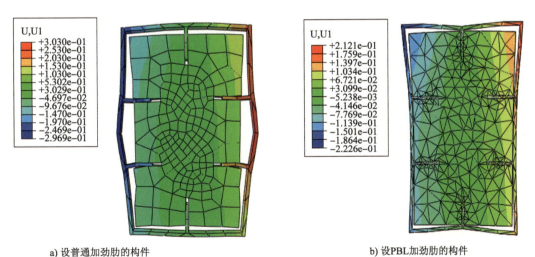

a) 设普通加劲肋的构件　　　　b) 设PBL加劲肋的构件

图 7-74　横向位移对比

图 7-75 给出了 15:00 时沿截面竖向的位移分布云图。从图中可以看出，设普通加劲肋构件和设 PBL 加劲肋构件跨中截面的竖向变形均不大，这主要是由于顶底面均为短边，加劲肋和角隅处的刚度均较大，因此可以说明设 PBL 加劲肋对短边的变形影响较小。

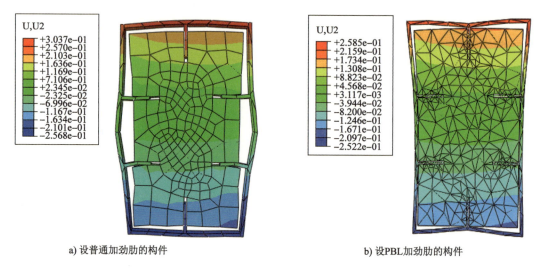

a) 设普通加劲肋的构件　　　　b) 设PBL加劲肋的构件

图 7-75　竖向位移对比图

综上可知：在日照作用下，设普通加劲肋构件的径向脱空明显，矩形拱肋构件的脱空值最大为 0.3mm。在加劲肋上开孔后，钢管混凝土构件的界面状态大为改善，除角隅处产生间隙外，界面整体结合状态良好。

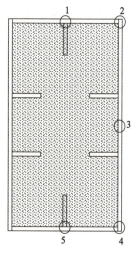

图 7-76　应力提取位置示意图

② 受力结果分析。

为分析应力结果，特在跨中截面选取特定部位的应力值进行提取，分别为钢管加劲肋处 (1、5)，钢管角隅处 (2、4)，钢管竖向中心处 (3)；混凝土加劲肋处 (1、5)，混凝土角隅处 (2、4)，混凝土竖向中心处 (3)。具体位置如图 7-76 所示。

图 7-77 为两构件相同位置处的钢管应力对比图。从图中可见，对钢管而言，设 PBL 加劲肋后钢管的应力明显大于设普通加劲肋构件的钢管应力，这是因为：开孔位置处钢管与核心混凝土的结合较好，两孔之间的钢管处于榫的固结约束下。在温度作用下钢管纤维膨胀受到混凝土榫的限制，在榫的固结支撑下会产生一部分的温度次应力；而普通加劲肋构件的钢管纤维在此处与混凝土脱离，仅产生温度自应力。图 7-78 为相同

位置处混凝土的应力对比图,可以看出设 PBL 加劲肋构件混凝土的压应力稍小于同一位置处设普通加劲肋构件的混凝土压应力,这说明 PBL 加劲肋构件外钢管膨胀对核心混凝土起到了一定的拉伸作用,使得混凝土的压应力变小。

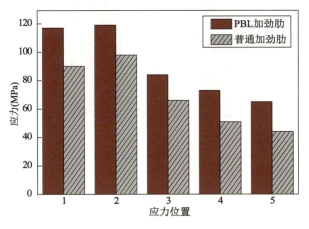

图 7-77　钢管应力对比

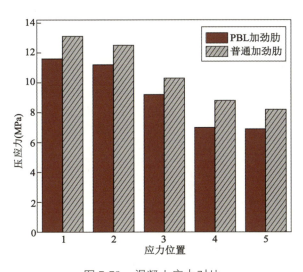

图 7-78　混凝土应力对比

可以看出,由于开孔加劲肋和混凝土榫的作用,钢管和混凝土连接更为紧密,在温度作用下,钢管不仅产生温度自应力,因为榫的约束,还产生温度次应力,其核心混凝土则受到钢管的拉伸作用,压应力稍微降低。

图 7-79 为两构件跨中截面轴向内力对比图,可以看出设 PBL 加劲肋构件的钢管内力大于设普通加劲肋构件的内力,混凝土内力小于普通构件的内力。这说明 PBL 加劲肋构件在日照作用下,其钢管承担了较多的内力,即混凝土的温度内力有一部分通过混凝土榫传递至钢管中。

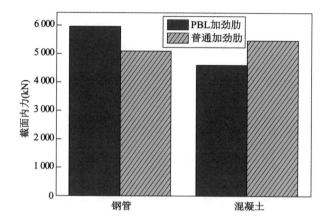

图 7-79　构件轴向内力对比

CHAPTER EIGHT
第8章

钢管混凝土套箍作用

钢管混凝土结构的工作性能优势表现在钢管对其核心混凝土的约束作用,使混凝土处于侧向围压状态,轴压强度得以提高。同时,混凝土的存在阻止或延缓了钢管发生面外局部屈曲,保证了钢材性能充分发挥。目前,针对钢管混凝土轴压构件的极限状态研究主要集中在套箍效应计算方法,即核心混凝土强度的提高模式,而对此时钢管的应力状态则关注不足。钢管混凝土短柱极限状态时,钢管管壁除主轴方向的纵向应力外,还受核心混凝土径向压力产生的环向应力,因此钢管处于多向应力状态。受金属材料体积畸变的影响,环向应力的产生将导致钢管纵向应力的折减。

实际工程中,钢管混凝土结构多在钢管管壁上设置节点进行传力。如钢管混凝土上承式拱桥的桥面荷载通过立柱先传递到拱肋的钢管表面。若此时承受轴压的拱产生套箍作用,钢管的纵向容许应力由于环向应力的增加而逐渐减小,则钢管可能在未完成与混凝土界面传力时就出现纵向屈服破坏。另一方面,钢管混凝土轴压构件的验算往往忽略钢管环向应力的影响,此时得到的钢管管壁纵向承载力未做相应折减,导致结构设计低于真实的应力状态。对此,本书通过引入钢管纵向容许应力折减系数,对钢管混凝土中钢管应力状态、轴压承载力进行理论分析,并研究钢管混凝土轴压受力全过程中钢管与混凝土应力变化,给出钢管与混凝土纵向应力-应变关系曲线简化计算方法,进而得到两者的轴力-应变关系。

8.1 钢管混凝土套箍作用机理

8.1.1 钢管混凝土组合作用分析

施加荷载初期,钢管混凝土处于弹性阶段,由于泊松比差异,钢管的侧向膨胀变形略大,两者之间无约束,均处于单向受力状态。随着荷载增大,混凝土产生微裂缝且泊松比增大,其侧向膨胀超过钢管的侧向膨胀,两者之间发生挤压,核心混凝土处于三向受压状态,钢管则处于纵压 σ_{s1}-环拉 σ_{s2} 双向应力状态(径向压应力 σ_{s3} 较小,可忽略不计),如图8-1所示。研究表明,钢管在达到屈服前,钢管混凝土组合作用不明显,钢管与混凝土间相互挤压力较小,钢管和混凝土受力状态可近似为单轴应力状态,且在工程常用材料参数范围内,可近似认为钢管和混凝土纵向应力达到 f_y 和 f_c 时应变相同。随着荷载继续增大,钢管进入塑性阶段,双向应力沿

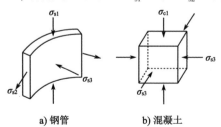

图 8-1 钢管和混凝土应力状态

屈服包络线运动(常用 Von Mises 屈服条件),如图 8-2 所示。环向拉应力不断增大,纵向压应力不断减小,在钢管和混凝土间产生纵向压力的重分布。一方面,钢管承受的压力不断减小;另一方面,核心混凝土受到钢管较大的环向约束而具有更高的抗压强度。最后,当钢管和混凝土所能承担的荷载达到最大值时,钢管混凝土即达到极限状态。之后承载力不断下降,达到破坏。

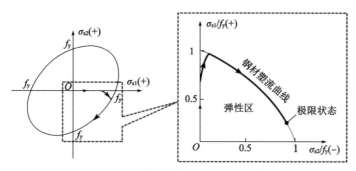

图 8-2　钢管屈服包络图和应力路径

钢管混凝土达到极限承载阶段时,σ_{s1} 也称为钢管纵向容许应力,该值低于钢材的屈服强度。同样,受钢管套箍作用的影响,核心混凝土的纵向应力 σ_{c1} 应大于其单轴抗压强度,基于上述状态,引入修正系数,则钢管混凝土短柱的承载力表达式写为:

$$N_0 = \sigma_{s1}A_s + \sigma_{c1}A_c = k_s f_y A_s + k_c f_c A_c \tag{8-1}$$

式中:N_0——钢管混凝土短柱的承载力;

f_y——钢材屈服强度;

f_c——混凝土单轴抗压强度;

k_s——钢管纵向容许应力折减系数;

k_c——混凝土抗压强度提高系数。

8.1.2　圆形钢管混凝土短柱轴压承载力

(1)钢管容许应力折减系数

当组合作用产生时,混凝土三向受压,钢管处于纵向受压和环向受拉状态,钢管的应力增量和应变增量具有以下关系:

$$\begin{Bmatrix} \mathrm{d}\sigma_{s1} \\ \mathrm{d}\sigma_{s2} \end{Bmatrix} = D^P \begin{Bmatrix} \mathrm{d}\varepsilon_{s1} \\ \mathrm{d}\varepsilon_{s2} \end{Bmatrix} \tag{8-2}$$

式中:D^P——塑性刚度矩阵;

ε_{s1}——钢管纵向应变;

ε_{s2}——钢管环向应变,应变值以受拉为正。

定义钢管环向应变增量与纵向应变增量比值 β 为:

$$\beta = \frac{d\varepsilon_{s2}}{d\varepsilon_{s1}} \tag{8-3}$$

随着纵向应变的增加,钢管的纵向应力将减小,同时环向应力不断增加,可认为极限状态下两者趋于恒定,即:

$$d\sigma_{s1} = d\sigma_{s2} = 0 \tag{8-4}$$

将式(8-4)和式(8-3)代入式(8-2)可得:

$$\beta = \frac{2\sigma_{s2} - \sigma_{s1}}{2\sigma_{s1} - \sigma_{s2}} \tag{8-5}$$

此时钢管满足 Von Mises 屈服准则:

$$\sigma_{s1}^2 - \sigma_{s1}\sigma_{s2} + \sigma_{s2}^2 = f_y^2 \tag{8-6}$$

由式(8-5)和式(8-6)可得钢管混凝土极限状态的 σ_{s1} 和 σ_{s2} 为:

$$\sigma_{s1} = \frac{\beta + 2}{\sqrt{3(1 + \beta + \beta^2)}} f_y \tag{8-7}$$

$$\sigma_{s2} = \frac{2\beta + 1}{\sqrt{3(1 + \beta + \beta^2)}} f_y \tag{8-8}$$

可得钢管纵向容许应力折减系数 k_s:

$$k_s = \frac{\beta + 2}{\sqrt{3(1 + \beta + \beta^2)}} \tag{8-9}$$

(2)混凝土抗压强度提高系数

约束混凝土峰值应力 σ_{c1}^{max} 的计算采用 Mander 屈服条件:

$$\sigma_{c1}^{max} = f_c \left(-1.254 + 2.254\sqrt{1 + \frac{7.94\sigma_{s3}}{f_c}} - 2\frac{\sigma_{s3}}{f_c} \right) \tag{8-10}$$

假设钢管混凝土的约束应力沿管壁均匀分布,如图 8-3 所示。

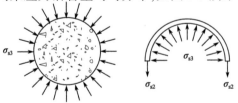

a)核心混凝土受力简图 b)钢管受力简图

图 8-3 钢管受力分析示意图

由力的平衡关系,可建立 σ_{s3} 与环向应力 σ_{s2} 的关系式:

$$\sigma_{s3} = -\frac{2t\sigma_{s2}}{D-2t} \tag{8-11}$$

式中:D——圆形钢管混凝土直径;

t——钢管厚度。

将式(8-11)代入式(8-10)可得混凝土峰值应力:

$$\sigma_{c1}^{max} = f_c \left[(-1.254 + 2.254\sqrt{1-\frac{15.88t\sigma_{s2}}{(D-2t)f_c}} + \frac{4t\sigma_{s2}}{(D-2t)f_c} \right] \tag{8-12}$$

由式(8-1)、式(8-8)和式(8-12)可得核心混凝土抗压强度提高系数 k_c:

$$k_c = -1.254 + 2.254\sqrt{1-\frac{15.88(2\beta+1)t}{\sqrt{3(1+\beta+\beta^2)}(D-2t)}\frac{f_y}{f_c}} + \frac{4(2\beta+1)t}{\sqrt{3(1+\beta+\beta^2)}(D-2t)}\frac{f_y}{f_c} \tag{8-13}$$

上述各式中 β 可由 Tomii 试验实测结果取值:

$$\beta = 0.9\left(\frac{\xi}{\xi+1}\right) - 1.4 \tag{8-14}$$

式中:ξ——套箍指标,$\xi = f_y A_s / f_c A_c$。

考虑极限情况,当 $k_s = 0$ 时,则钢管环向应力 $\sigma_{s2} = f_y$,成为钢管约束混凝土结构,由式(8-1)和式(8-12)可得 k_c:

$$k_c = -1.254 + 2.254\sqrt{1-\frac{15.88tf_y}{(D-2t)f_c}} + \frac{4tf_y}{(D-2t)f_c} \tag{8-15}$$

(3)钢管容许应力折减系数和混凝土抗压强度提高系数的化简

选取不同钢管混凝土参数范围代入式(8-9)和式(8-13)分析可知,当 $\xi = 0.2 \sim 4.0$ 时,k_c 与 ξ 呈对数关系变化,对计算值拟合得:

$$\left.\begin{array}{l} k_s = 0.184\ln\xi + 0.623 \\ k_c = 0.427\ln\xi + 2.156 \end{array}\right\} \tag{8-16}$$

8.1.3 方形钢管混凝土短柱轴压承载力分析

推导方钢管混凝土轴压承载力计算公式的关键是确定极限状态 k_s 和 k_c 的取值。其中,极限状态时方钢管混凝土中钢管所受环向应力的取值是个难点,在此可认为其能达到圆钢管的环向应力水平,即钢管纵向容许应力也相当。因此,方钢管混凝土 k_s 可按式(8-16)计算。下文将推导给出 k_c 的计算方法。

与圆钢管混凝土相比,虽然极限状态时钢管环向应力水平相当,但核心混凝土约束机理不同。方钢管以弯曲应力为主,钢管中部的管壁弯曲变形最大,而钢管角部刚度大,产生变形最小。因此,方钢管对核心混凝土的角部和截面中心产生有效的约束,而对角部之间的边缘部分则不能产生有效的约束,如图8-4所示。

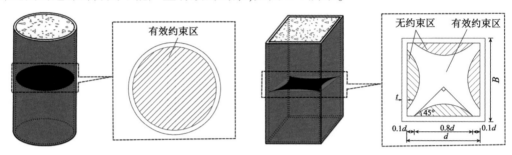

a) 圆钢管的核心有效约束区　　　　b) 方钢管的核心有效约束区

图 8-4　钢管混凝土有效约束区

t-钢管壁厚；B-钢管宽度；d-钢管内壁宽度

假定核心混凝土距角部0.1倍的边长范围内为有效约束区,而边缘0.8倍边长范围内为无约束区,无约束区的抛物线为1/4圆弧,如图8-4b)所示。方钢管混凝土有效环向约束应力可按式(8-17)计算。

$$\sigma_{s3}^* = k_e \sigma_{s3} \tag{8-17}$$

式中:k_e——有效约束系数。

$$k_e = \frac{A_e}{A_c} \tag{8-18}$$

$$A_e = A_c - A_u \tag{8-19}$$

$$A_c = d^2 \tag{8-20}$$

$$A_u = (\pi - 2) \times \left(0.8d \times \frac{\sqrt{2}}{2}\right)^2 \tag{8-21}$$

式中:A_e——有效约束面积；

A_u——无约束区混凝土面积；

d——核心混凝土边长,$d = B - 2t$；

B——方钢管边长；

t——钢管厚度。

经几何计算可得有效约束系数 $k_e = 0.635$,代入式(8-17)可得有效约束应力:

$$\sigma_{s3}^* = 0.635 \sigma_{s3} \tag{8-22}$$

式中:σ_{s3}——钢管径向压应力,可根据极限状态钢管环向拉应力 σ_{s2} 计算:

$$\sigma_{s3} = -\frac{2t\sigma_{s2}}{B - 2t} \tag{8-23}$$

其中,极限状态钢管环向拉应力 σ_{s2} 采用式(8-24)计算:

$$\sigma_{s2} = \frac{2\beta+1}{\sqrt{3(1+\beta+\beta^2)}} f_y \tag{8-24}$$

核心混凝土的强度准则同样采用 Mander 屈服准则:

$$\sigma_{c1}^c = f_c \left(-1.254 + 2.254\sqrt{1 + \frac{7.94\sigma_{s3}^*}{f_c}} - 2\frac{\sigma_{s3}^*}{f_c} \right) \tag{8-25}$$

式中:σ_{c1}^c——混凝土峰值应力;

σ_{s3}^*——有效约束应力。

将式(8-22)~式(8-24)代入式(8-25),可得极限状态方钢管混凝土中核心混凝土峰值应力:

$$\sigma_{c1}^c = f_c \left[-1.254 + 2.254\sqrt{1 - 0.635\frac{15.88t}{(B-2t)}\frac{2\beta+1}{\sqrt{3(1+\beta+\beta^2)}}\frac{f_y}{f_c}} + \\ 0.635\frac{4t}{(B-2t)}\frac{2\beta+1}{\sqrt{3(1+\beta+\beta^2)}}\frac{f_y}{f_c} \right] \tag{8-26}$$

进而可得方钢管混凝土中核心混凝土抗压强度提高系数 k_c:

$$k_c = -1.254 + 2.254\sqrt{1 - 0.635\frac{15.88t}{(B-2t)}\frac{2\beta+1}{\sqrt{3(1+\beta+\beta^2)}}\frac{f_y}{f_c}} + \\ 0.635\frac{4t}{(B-2t)}\frac{2\beta+1}{\sqrt{3(1+\beta+\beta^2)}}\frac{f_y}{f_c} \tag{8-27}$$

选取不同钢管混凝土参数范围代入式(8-27)计算可知,当 $\xi = 0.2 \sim 4.0$ 时,k_c 与 ξ 呈对数关系变化,对计算值拟合得:

$$k_c = 0.377\ln\xi + 1.741 \tag{8-28}$$

可得方钢管混凝土轴压承载力计算公式:

$$\left.\begin{aligned} N_{us} &= k_s f_y A_s + k_c f_c A_c \\ k_s &= 0.184\ln\xi + 0.623 \\ k_c &= 0.377\ln\xi + 1.741 \end{aligned}\right\} \tag{8-29}$$

式中:N_{us}——方钢管混凝土轴压承载力。

8.1.4 PBL加劲型矩形钢管混凝土短柱轴压承载力分析

(1)钢管容许应力折减系数

推导过程同上,钢管纵向容许应力折减系数 k_s:

$$k_s = \frac{\beta + 2}{\sqrt{3(1+\beta+\beta^2)}} \qquad (8\text{-}30)$$

（2）混凝土抗压强度提高系数

PBL 加劲型方形钢管混凝土轴压短柱试验结果表明：PBL 完全加劲情况下，可有效限制钢管壁板的鼓曲，且 PBL 可直接参与纵向受力。以方钢管四块钢板中部分别布置单排 PBL 为例进行轴压承载力公式推导，PBL 加劲型方钢管混凝土核心有效约束区见图 8-5。

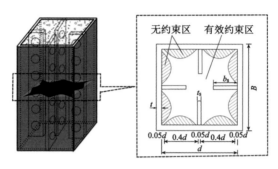

图 8-5　PBL 加劲型方钢管混凝土有效约束区

由图 8-5 所示，若在钢板壁板中部设置 PBL，中部位置可得到有效加劲而不产生弯曲变形，而 PBL 与钢管管壁间仍可产生弯曲变形。假设在 PBL 两端 0.4 倍边长范围内分别为无约束区，无约束区的抛物线为 1/4 圆弧。经几何计算，核心混凝土有效约束区的面积公式为：

$$A_e = 0.818 A_c \qquad (8\text{-}31)$$

式中：A_e——核心混凝土有效约束区面积；

A_c——核心混凝土面积。

可求得钢管对核心混凝土的有效约束应力为：

$$\sigma_{s3}^* = 0.818 \sigma_{s3} \qquad (8\text{-}32)$$

式中：σ_{s3}^*——方钢管对核心混凝土的有效约束应力；

σ_{s3}——方钢管对核心混凝土的约束应力，$\sigma_{s3} = -\dfrac{2t\sigma_{s2}}{D-2t}$。

约束混凝土峰值应力 σ_{c1}^{max} 的计算采用 Mander 屈服条件：

$$\sigma_{c1}^{max} = f_c \left(-1.254 + 2.254 \sqrt{1 + \frac{7.94 \sigma_{s3}^*}{f_c}} - 2\frac{\sigma_{s3}^*}{f_c} \right) \qquad (8\text{-}33)$$

可得 PBL 加劲型方钢管混凝土中核心混凝土抗压强度提高系数 k_c 为：

$$k_c = -1.254 + 2.254\sqrt{1 - 0.818\frac{15.88t}{B-2t}\frac{2\beta+1}{\sqrt{3(1+\beta+\beta^2)}}\frac{f_y}{f_c}} + \qquad (8\text{-}34)$$

$$0.818\frac{4t}{B-2t}\frac{2\beta+1}{\sqrt{3(1+\beta+\beta^2)}}\frac{f_y}{f_c}$$

（3）钢管容许应力折减系数和混凝土抗压强度提高系数

选取不同钢管混凝土参数范围代入式中计算可知,当 $\xi = 0.2 \sim 4.0$ 时,k_c 与 ξ 呈对数关系变化,对计算值拟合得：

$$\left.\begin{array}{l}k_s = 0.184\ln\xi + 0.623 \\ k_c = 0.426\ln\xi + 2.001\end{array}\right\} \qquad (8\text{-}35)$$

（4）PBL 加劲型方钢管混凝土轴压承载力计算公式

在计算 PBL 加劲型方钢管混凝土轴压承载力时,应考虑 PBL 直接分担荷载的作用,在计算时不考虑开孔的影响。由此可得 PBL 加劲型方钢管混凝土轴压承载力计算公式：

$$N_{0\text{PBL}} = (k_s + \eta)f_y A_s + k_c f_c A_c \qquad (8\text{-}36)$$

式中：η——考虑 PBL 承担轴向荷载作用的系数,$\eta = A_{\text{PBL}}/A_s$。

8.1.5 钢管混凝土轴压承载力统一计算公式

综合以上分析,本书给出了钢管混凝土轴压承载力统一计算公式,表达式形式见式(8-37),各系数取值列于表 8-1 中。

$$N_u = (k_s + \eta)f_y A_s + k_c f_c A_c \qquad (8\text{-}37)$$

钢管混凝土轴压承载力统一计算公式系数取值　　表 8-1

圆钢管混凝土	方钢管混凝土	PBL 加劲型方钢管混凝土
$k_s = 0.184\ln\xi + 0.623$	$k_s = 0.184\ln\xi + 0.623$	$k_s = 0.184\ln\xi + 0.623$
$k_c = 0.427\ln\xi + 2.156$	$k_c = 0.377\ln\xi + 1.741$	$k_c = 0.426\ln\xi + 2.001$
$\eta = 0$	$\eta = 0$	$\eta = A_{\text{PBL}}/A_s$

8.2 钢管混凝土轴压短柱试验及公式验证

8.2.1 圆形钢管混凝土试验数据及公式验证

钢管混凝土结构具有良好的性能,在国内外应用广泛,因此国内外学者对于钢管混凝土短柱轴压承载力进行了非常多的试验。其中,圆形钢管混凝土的应用最为广泛,实验数据十分翔实。为验证本书提出的简化公式的正确性,一共选取了 324 个圆形钢管混凝土轴压短柱试验数据和 16 个圆形钢管约束混凝土轴压短柱试验数据进行对比,见表 8-2。

钢管混凝土轴压试验数据   表 8-2

数据来源		D(mm)	t(mm)	f_c(MPa)	f_y(MPa)
钢管混凝土	Ellobody	238~361	4.5	21.1~61.6	507~525
	Sakino	108~337	2.9~9	15.5~61.6	249~853
	Gardnher	168~169	2.6~5	15.6~30.2	200~338
	Luksha	159~1 020	5~13	13.2~37.3	291~382
	Cheng	48~165	3.5~4.5	27	223~304
	Wang	131~134	2.4~6.2	15~21.9	235
	Goode	86~89	2.7~4	24.7~38.8	227
	Kilpatrick	76~102	2.2~2.4	45.7	380~390
	Bridge	165	2.8	39~86	363
	Yamamoto	101~319	3~10	19.4~41.9	335~452
	Giakoumelis	114	4~5	20.8~67.1	343
	韩林海	111~200	2~6.3	53.4	323~484
	钟善桐	101~265	1.5~5.4	15.8~34.8	265~410
	蔡绍怀	96~320	4~12	24.3~37.7	250~410
	谭克锋	127~133	2~7	84.8	258~429
	汤关祚	77~210	2~4.5	17.1~39	232~603
	李云飞	159~164	3.8~6.3	20.2	342~379
	王玉银	133~168	3.3~5.4	29.1~49.4	325~392
钢管约束混凝土	张素梅	133~159	3.3~6.1	70~75	332~392

对比结果如图 8-6 所示,对于钢管混凝土,计算值与试验值比值均值为 $\mu=0.967$,均方差 $\sigma=0.127$,变异系数 $\sigma/\mu=0.131$;对于钢管约束混凝土,计算值与试验值比值均值为 $\mu=0.993$,均方差 $\sigma=0.071$,变异系数 $\sigma/\mu=0.071$。钢管混凝土极限状态承载力计算值与试验值基本吻合,表明 k_s、k_c 的简化公式计算模型是可靠的。

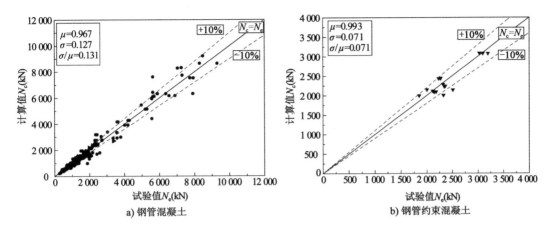

图 8-6 计算值与试验值对比

8.2.2 方形钢管混凝土试验数据及公式验证

方形钢管混凝土在桁架桥梁结构和钢管混凝土拱桥结构中应用广泛,且发展十分迅速。对于方钢管混凝土结构的轴压试验研究,国内外学者也做了大量的工作。为验证本书提出的简化公式的正确性,一共选取 319 个方钢管混凝土轴压短柱试验数据,采用本书计算方法计算其轴压承载力,并与试验数据进行对比,试验数据见表 8-3。

方钢管混凝土轴压试验数据　　　　　　　　表 8-3

数据来源	$B(mm)$	$t(mm)$	$f_c(Mpa)$	$f_y(Mpa)$	试件数目
Neogi	114	4.4~9.6	26.5	258	2
Zhang	100	2~5	26.4	240~403	36
Tomii	100	2.2~4.3	16.8~26	194~339	8
Grauers	250	8	26.8~72.8	379	2
Inai	120~323	4.4~9.5	21.1~72.9	262~835	44
Varma	305	5.8~8.9	88	259~660	4
Lu	152	4.4~9	35.5~38.2	377~432	4
Yamamoto	100~301	2.2~6.1	21.2~51	300~395	16
Lam	100	4~9.6	20.5~63.3	289~400	15
Liu	98~200	4~5.8	44.9~73.6	300~550	30
Guo	120~149	2.7~3.7	11.1~25.8	284~340	8
Schneider	127	3.2~7.5	19.9~24.9	312~357	5
韩林海	70~200	2.9~7.6	8.3~38.3	194~330	44
张正国	98~201	1.5~7.8	21.2~31	192~294	50

续上表

数据来源	B(mm)	t(mm)	f_c(Mpa)	f_y(Mpa)	试件数目
吕西林	200~300	5	20~30	227	6
叶再利	101~149	2~5.2	36.4~46.9	255~347	45
合计	70~323	1.5~9.6	11.1~95.2	192~835	319

其中国外文献给出的混凝土强度为圆柱体抗压强度 f_c'，f_c' 与 f_c 的换算关系见表8-4。

混凝土强度换算关系（MPa） 表8-4

强度等级	C30	C40	C50	C60	C70	C80	C90
f_c	20	26.8	33.5	41	48	56	64
f_c'	24	33	41	51	60	70	80

轴压承载力计算值与试验值对比结果如图8-7所示。图中 N_c 和 N_e 分别为方钢管混凝土轴压承载力计算值和试验值，虚线分别为计算值高于或低于试验值的10%。由计算结果可知，轴压承载力计算值与试验值比值的均值 $\mu=0.998$，均方差 $\sigma=0.155$，变异系数 $\sigma/\mu=0.155$，两者吻合较好，说明本书计算方法可用于方钢管混凝土轴压承载力计算。

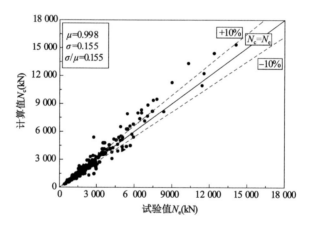

图8-7 方钢管混凝土轴压承载力计算值与试验值对比

8.2.3 PBL加劲型钢管混凝土试验数据及公式验证

为了研究PBL加劲型钢管混凝土结构的轴压承载性能，本书设计并完成了12个四边设置单排PBL的方钢管混凝土轴压短柱试验。所有试件中，仅PSC7试件的破坏形式为钢管壁板发生整体鼓曲，因此，选取其余11个PBL加劲型方钢管混凝土轴压短柱试验数据验证本书计算方法，并将计算结果与试验数据进行对比，对比结果见表8-5和图8-8。

短柱计算结果与试验结果对比　　　　　　表 8-5

试件编号	B(mm)	t(mm)	BS(mm)	t_s(mm)	f_y(MPa)	f_c(MPa)	N_{0e}(kN)	N_{0c}(kN)	N_{0c}/N_{0e}
PSC1	200	4	60	4			4 122	3 795	0.92
PSC2	200	4	60	4			3 874	3 795	0.98
PSC3	200	4	60	4			3 955	3795	0.96
PSC4	300	4	90	4			7 793	7 284	0.93
PSC5	300	4	90	4			7 088	7 284	1.03
PSC6	300	4	90	4	345	43.1	6 954	7 284	1.05
PSC8	300	3	90	3			5 969	6 535	1.09
PSC9	300	3	90	3			6 111	6 535	1.07
PSC10	300	8	90	8			10 096	9 631	0.95
PSC11	300	8	90	8			9 566	9 631	1.01
PSC12	300	8	90	8			8 777	9 631	1.10

注：N_{0e}-试验测得的轴压承载力；N_{0c}-计算得到的轴压承载力。

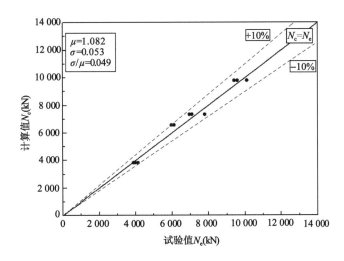

图 8-8　PBL 加劲型方钢管混凝土轴压承载力计算值与试验值对比

轴压承载力计算值与试验值对比结果如图 8-8 所示。由计算结果可知，轴压承载力计算值与试验值比值的均值 $\mu = 1.082$，均方差 $\sigma = 0.053$，变异系数 $\sigma/\mu = 0.049$，两者吻合较好，说明本书计算方法可用于 PBL 加劲型方钢管混凝土轴压承载力计算。

8.3 钢管混凝土拱肋轴力-应变关系

8.3.1 钢管混凝土组合作用分析

在轴压荷载作用下,钢管混凝土受力过程具有几个典型阶段,可通过轴向荷载-应变(轴力-应变)曲线和材料应力途径反映,如图 8-9 所示。其中,N 为荷载,N_y 为钢管混凝土中钢管屈服对应荷载,N_u 为钢管混凝土极限荷载,ε 为应变,ε_y 为钢管混凝土中钢管屈服对应应变,ε_u 为钢管混凝土极限应变。σ_{s1}、σ_{s2} 和 σ_{s3} 分别为钢管的纵向、环向和径向应力,σ_{c1} 为混凝土的纵向应力,f_y 为钢材屈服强度,f_c 为混凝土抗压强度。

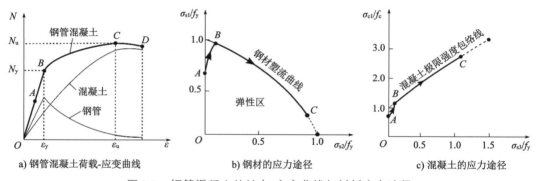

a) 钢管混凝土荷载-应变曲线　　b) 钢材的应力途径　　c) 混凝土的应力途径

图 8-9　钢管混凝土的轴力-应变曲线与材料应力途径

8.3.2 钢管和混凝土纵向应力-应变关系

(1) 基本假定

基于上述分析,在推导钢管和混凝土应力-应变关系时做如下假定:

①轴压荷载作用下,钢管和混凝土共同受力,变形协调,两者纵向应变相同,应力沿构件长度均匀分布,其与自身截面的乘积为各自所承担的轴压荷载。

$$N = N_s + N_c = \sigma_{s1} A_s + \sigma_{c1} A_c \tag{8-38}$$

式中:N_s、N_c——钢管和混凝土承担的轴压荷载;

A_s、A_c——钢管和混凝土的横截面面积。

②核心混凝土本构关系不考虑收缩徐变的影响,选用 Saenz 提出的约束混凝土本构关系,极限(屈服)条件采用 Richart 提出的线性方程。

$$f_{cc} = f_c + k \sigma_{s3}^c \tag{8-39}$$

式中:f_{cc}——约束混凝土抗压强度;

σ_{s3}^c——极限状态混凝土环向约束应力;

k——系数,取 4.3。

③钢材本构关系不考虑强化阶段,即钢材屈服后保持理想的塑性状态,且双向应力满足 Von Mises 屈服条件。

$$\sigma_{s1}^2 - \sigma_{s1}\sigma_{s2} + \sigma_{s2}^2 = f_y^2 \tag{8-40}$$

④钢管混凝土达到极限状态后[图8-9a)曲线 CD 段],钢管发生皱曲,混凝土被压碎,实际应力状态变得十分复杂,本书对此不进行讨论。

(2) 混凝土纵向应力-应变关系

试验研究表明,与素混凝土相比,约束混凝土的抗压强度和峰值应力对应应变都有所增加,约束和无约束混凝土典型应力-应变关系曲线见图8-10。

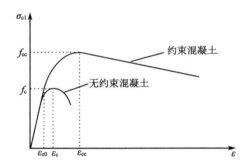

图 8-10 约束和无约束混凝土典型应力-应变关系曲线

由 Saenz 约束混凝土本构关系,可得混凝土纵向应力表达式为:

$$\sigma_{c1} = \frac{E_c \varepsilon}{1 + (R + R_E - 2)\left(\dfrac{\varepsilon}{\varepsilon_{cc}}\right) - (2R-1)\left(\dfrac{\varepsilon}{\varepsilon_{cc}}\right)^2 + R\left(\dfrac{\varepsilon}{\varepsilon_{cc}}\right)^3} \tag{8-41}$$

式中:$R = \dfrac{R_E(R_\sigma - 1)}{(R_\varepsilon - 1)^2} - \dfrac{1}{R_\varepsilon}$;

$R_E = \dfrac{E_c \varepsilon_{cc}}{f_{cc}}$;

$R_\sigma = 4$;

$R_\varepsilon = 4$;

ε_{cc}——约束混凝土峰值应力对应应变,即图8-9a)中 ε_u;

E_c——混凝土弹性模量。

约束混凝土峰值应力对应应变 ε_{cc} 按式(8-42)计算:

$$\varepsilon_{cc} = \varepsilon_c \left[1 + 5\left(\dfrac{f_{cc}}{f_c} - 1\right)\right] \tag{8-42}$$

式中:ε_c——无约束混凝土峰值应力对应应变;$\varepsilon_c = 0.002$。

混凝土弹性模量 E_c 按美国混凝土协会 ACI 规范公式计算：

$$E_c = 4\,700\sqrt{f_{cc}} \tag{8-43}$$

约束混凝土抗压强度 f_{cc} 按式(8-39)计算，其中极限状态混凝土环向约束应力未知。文献给出了极限状态钢管环向拉应力 σ_{s2}^c 表达式为：

$$\sigma_{s2}^c = \frac{2\beta+1}{\sqrt{3(1+\beta+\beta^2)}}f_y \tag{8-44}$$

式中：$\beta = 0.9\xi/(\xi+1) - 1.4$；

ξ——套箍指标，$\xi = f_y A_s/(f_c A_c)$。

根据图 8-11 中力的平衡关系可得：

$$\sigma_{s3} = -\frac{2t\sigma_{s2}}{D-2t} \tag{8-45}$$

式中：D——圆形钢管直径；

t——钢管厚度。

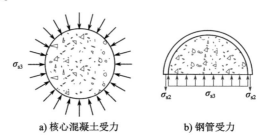

a) 核心混凝土受力　　　b) 钢管受力

图 8-11　钢管与混凝土力的相互作用关系

将式(8-44)代入式(8-45)可得极限状态混凝土环向约束应力。

$$\sigma_{s3}^c = -\frac{2t}{D-2t} \cdot \frac{2\beta+1}{\sqrt{3(1+\beta+\beta^2)}}f_y \tag{8-46}$$

将式(8-46)代入式(8-39)可得：

$$f_{cc} = f_c - \frac{8.6t}{D-2t} \times \frac{2\beta+1}{\sqrt{3(1+\beta+\beta^2)}}f_y \tag{8-47}$$

选取不同钢管混凝土参数范围代入式(8-47)计算，当 $\xi = 0.2 \sim 4.0$ 时，混凝土提高系数 f_{cc}/f_c 与 ξ 呈对数关系变化，对计算值拟合得：

$$f_{cc} = (0.631\ln\xi + 2.148)f_c \tag{8-48}$$

在其他文献中，混凝土极限条件选用的是 Mander 提出的非线性方程，得到的约束混凝土抗压强度表达式为：

$$f_{cc} = (0.427\ln\xi + 2.156)f_c \tag{8-49}$$

选取 $\xi=0.2\sim4.0$ 分别代入式(8-48)和式(8-49),计算得到混凝土提高系数 f_{cc}/f_c 与 ξ 的关系见图 8-12。实际工程中,拱肋常用 C50 混凝土和 Q345 钢材,规范中规定截面含钢率宜取 4%~20%,计算可得工程中套箍指标 $\xi=0.28\sim1.73$。由图 8-12 可知,在工程常用套箍指标范围内,本书计算得到的极限状态混凝土提高系数与其他文献计算结果接近,因此,本书混凝土极限条件选用线性方程是合宜的,同时使推导得到的表达式形式更简洁。

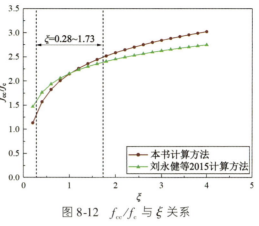

图 8-12 f_{cc}/f_c 与 ξ 关系

(3)钢管纵向应力-应变关系

在钢管屈服之前,钢管纵向应力不断增加,直到钢管屈服时,钢管纵向应力达到最大值 f_y,随着荷载继续增加,由于混凝土的径向膨胀挤压作用,钢管环向应力增加,纵向应力减小。因此,在推导钢管纵向应力-应变关系时,以钢管屈服点为分界点,分为两段计算,考虑双向应力状态的钢管典型纵向应力-应变关系见图 8-13。

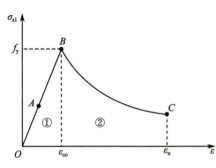

图 8-13 考虑双向应力状态的钢管典型纵向应力-应变关系

当钢管纵向应力达到 f_y 时,混凝土纵向应力达到 f_c,根据变形协调,两者应变都为 ε_{co},ε_{co} 是约束混凝土达到 f_c 应力值时对应的应变,将不同钢管混凝土参数代入式(8-41),得到不同参数下 ε_{co} 值,其主要与混凝土抗压强度 f_c 有关,拟合得到其计算表达式为:

$$\varepsilon_{co} = 0.58 f_c^{1/4} \times 10^{-3} \tag{8-50}$$

对应区域①,即弹性阶段 σ_{s1} 计算表达式为:

$$\sigma_{s1} = \frac{f_y}{\varepsilon_{co}} \times \varepsilon = \frac{\varepsilon f_y}{0.58 f_c^{1/4}} \times 10^3 \tag{8-51}$$

对应区域②,钢管达到屈服而开始塑流,纵向压力 σ_{s1} 和环向拉力 σ_{s2} 满足 Von Mises 屈服准则,由式(8-40)可得:

$$\sigma_{s1} = 0.5(\sigma_{s2} + \sqrt{4f_y^2 - 3\sigma_{s2}^2}) \tag{8-52}$$

钢管屈服后,假设混凝土提高程度始终与环向应力呈线性关系,且满足式(8-39)表

达式,可得:

$$\sigma_{s3} = \frac{\sigma_{c1} - f_c}{k} = \frac{\sigma_{c1} - f_c}{4.3} \tag{8-53}$$

将式(8-53)代入式(8-45)得 σ_{s2}:

$$\sigma_{s2} = \frac{D - 2t}{2t} \cdot \frac{f_c - \sigma_{c1}}{4.3} \tag{8-54}$$

将式(8-54)代入式(8-52)可得塑性阶段 σ_{s1} 计算表达式为:

$$\sigma_{s1} = \frac{(D-2t)(f_c - \sigma_{c1})}{17.2t} + \sqrt{f_y^2 - 3\left[\frac{(D-2t)(f_c - \sigma_{c1})}{17.2t}\right]^2} \tag{8-55}$$

(4)钢管和混凝土纵向应力-应变表达式

对上述推导公式进行整理,得到钢管纵向应力 σ_{s1}-应变 ε 关系和混凝土纵向应力 σ_{c1}-应变 ε 关系,列于表8-6中。

钢管和混凝土纵向应力-应变关系表达式　　表8-6

项　目	表　达　式
σ_{s1}-ε	$\sigma_{s1} = \begin{cases} \dfrac{\varepsilon f_y}{\varepsilon_{co}} & \varepsilon \leq \varepsilon_{co} \\ \dfrac{(D-2t)(f_c - \sigma_{c1})}{17.2t} + \sqrt{f_y^2 - 3\left[\dfrac{(D-2t)(f_c - \sigma_{c1})}{17.2t}\right]^2} & \varepsilon > \varepsilon_{co} \end{cases}$
σ_{c1}-ε	$\sigma_{c1} = \dfrac{E_c \varepsilon}{1 + (R + R_E - 2)\left(\dfrac{\varepsilon}{\varepsilon_{cc}}\right) - (2R-1)\left(\dfrac{\varepsilon}{\varepsilon_{cc}}\right)^2 + R\left(\dfrac{\varepsilon}{\varepsilon_{cc}}\right)^3}$

$f_{cc} = (0.631 \ln \xi + 2.148) f_c$

$\varepsilon_{co} = 0.58 f_c^{1/4} \times 10^{-3}, \varepsilon_{cc} = \varepsilon_c \left[1 + 5\left(\dfrac{f_{cc}}{f_c} - 1\right)\right]$

$E_c = 4\,700\sqrt{f_{cc}}, \xi = \dfrac{f_y A_s}{f_c A_c}$

$R = \dfrac{R_E(R_\sigma - 1)}{(R_\varepsilon - 1)^2} - \dfrac{1}{R_\varepsilon}, R_E = \dfrac{E_c \varepsilon_{cc}}{f_{cc}}, R_\sigma = 4, R_\varepsilon = 4$

8.3.3 公式验证

表8-6给出了钢管和混凝土纵向应力-应变表达式,将其代入式(8-37)可以得到各自的轴力-应变曲线。选取轴压短柱试验荷载 N-应变 ε 曲线,对比全过程阶段本书计算值与试验值的吻合程度,以验证表8-6计算公式的正确性。

采用表8-6方法计算得到轴力-应变曲线,并与试验得到的曲线进行对比,选取其中径厚比 $D/t = 20 \sim 70$ 的7个具有代表性的试验曲线,试件参数见表8-7。

圆形钢管混凝土轴压试验数据　　　　　表 8-7

编　号	D(mm)	t(mm)	D/t	f_y(MPa)	f_c(Mpa)
CU-22	140	6.5	22	313	19.9
CU-33-1	100	3	33	303.5	37.9
CU-33-2	100	3	33	303.5	37.9
CU-40	200	5	40	265.8	22.4
CU-67-1	200	3	67	303.5	37.9
CU-67-2	200	3	67	303.5	37.9
CU-70	280	4	70	272.6	25.4

图 8-14 为试验与计算荷载-应变曲线对比。图 8-14a)、c)、d)中,计算与实测曲线吻合较好。图 8-14b)、d)中,分别给出了相同试验参数的两个试件的实测结果,由图可见,试验本身具有一定的离散性,而本书计算结果基本介于两实测曲线之间,说明本书计算公式可以很好地反映试验规律。因此,采用本书计算公式可以较好地计算圆形钢管混凝土受力全过程中的钢管和混凝土应力。

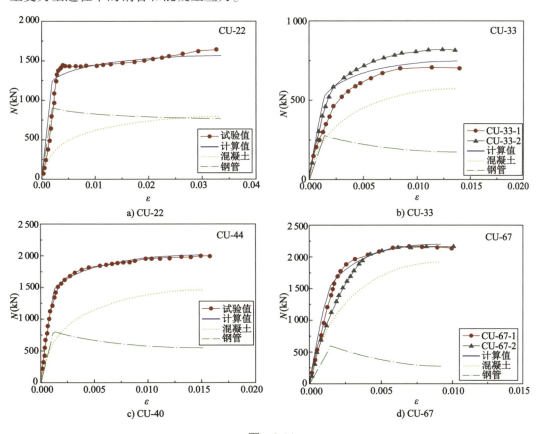

图 8-14

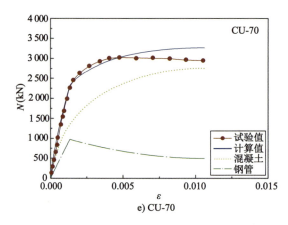

图 8-14 圆形钢管混凝土计算曲线与试验曲线对比

8.3.4 算例应用分析

以均布荷载 q 作用下的抛物线纯压无铰拱为例,计算示意图如图 8-15 所示。拱轴线形为二次抛物线,其方程为 $y = \dfrac{4f}{L^2}x(L-x)$,跨径 $L = 80\text{m}$,矢高 $f = 20\text{m}$,矢跨比 $f/L = 1/4$。钢管混凝土拱肋为单圆管截面,直径 $D = 1\,200\text{mm}$,钢管壁厚 $t = 16\text{mm}$,混凝土强度等级为 C50,其抗压强度 $f_c = 50\text{MPa}$,钢材等级为 Q345,其屈服强度 $f_y = 345\text{MPa}$。采用表 8-6 中给出的钢管和混凝土应力-应变表达式,推算钢管混凝土拱肋设计控制截面的荷载-应变关系,并分析不同均布荷载作用下钢管与混凝土轴力分担比例。分析时忽略拱肋二阶效应,且不考虑弹性压缩变形对拱肋产生弯矩的影响。

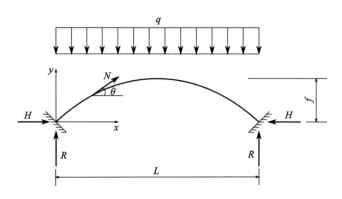

图 8-15 抛物线纯压拱计算示意图

由分析易知,均布荷载作用下抛物线纯压拱在拱脚处轴力最大,为拱肋设计控制截面,对应 $\theta = 45°$。按表 8-6 公式可得拱脚截面钢管和混凝土纵向应力-应变关系,进而可推算出钢管混凝土及各部分荷载-应变关系,如图 8-16 所示。

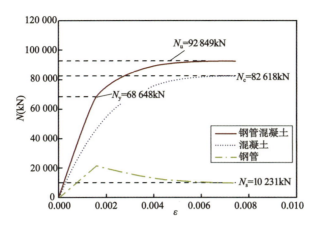

图 8-16　钢管混凝土拱肋拱脚截面荷载-应变关系

由图 8-16 可知,拱脚截面的钢管屈服时,钢管混凝土承受的轴压荷载 $N_y = 68\ 648\text{kN}$;极限状态时,钢管混凝土轴压极限荷载 $N_u = 92\ 849\text{kN}$,此时钢管承担的荷载为 $N_s = 10\ 231\text{kN}$,混凝土承担的荷载为 $N_c = 82\ 618\text{kN}$。截面钢管屈服和破坏时对应的均布荷载 q_y 和 q_u 为:

$$q_y = \frac{N_y \cdot 8f\cos 45°}{L^2} = 1\ 213\text{kN/m} \qquad (8\text{-}56)$$

$$q_u = \frac{N_u \cdot 8f\cos 45°}{L^2} = 1\ 641\text{kN/m} \qquad (8\text{-}57)$$

根据图 8-16 受力全过程荷载-应变曲线,可以得到钢管和混凝土分担荷载与均布荷载的关系,并与工程中双单元弹性模型计算结果对比,如图 8-17 所示。

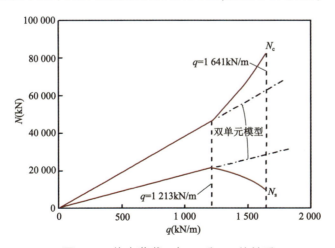

图 8-17　均布荷载 q 与 N_s 和 N_c 的关系

由图 8-17 可以看出,当施加在拱肋上的均布荷载 q 从 0 增加到 1 213kN/m 时,钢管混凝土拱肋处于弹性阶段,两种方法计算结果一致,此时拱脚截面钢管与混凝土所承担的荷载按刚度分配,呈线性增长。当均布荷载 $q>1\ 213$kN/m 时,钢管与混凝土应力-应变关系进入塑性阶段,两者所承担荷载比例发生变化,混凝土纵向应力提高,所承担荷载比例增加,而钢管纵向应力折减,所承担荷载比例减小。但是若按双单元弹性模型计算,钢管与混凝土轴力仍按刚度分配,则过高地估计了钢管承担荷载的能力,对工程设计人员产生误导,使得设计偏危险。

CHAPTER NINE 第9章

钢管混凝土桥梁设计方法

基于对钢管混凝土壁板屈曲性能、节点静力和疲劳性能、桥梁温度作用、界面性能和套箍作用的研究成果,形成钢管混凝土桥梁设计方法。本章从结构分析、构件强度计算、连接件构造和强度计算、节点疲劳计算、温度作用等方面对钢管混凝土桥梁计算方法进行阐述,并从拱桥、桁梁桥、桥塔(墩)等角度进一步论述钢管混凝土桥梁结构构造和设计要点。

9.1 结构分析

在进行结构分析时,可采用结构简化计算(手算)和有限元计算(电算)。对于简单的桥梁结构可采用简化计算分析;当桥梁超静定次数比较高时,简化计算往往难以实施,需要采用有限元计算。有限元模型通常可分为三种:第一种为杆系有限元模型,所有杆件均采用梁单元等杆系单元来进行模拟;第二种为多尺度有限元模型,其中重点关注的区域采用板壳和实体单元,其余区域采用梁单元等杆系单元以提高计算效率;第三种为三维实体有限元模型,整个桥梁采用板壳和实体单元进行模拟,计算成本非常高,不适合桥梁工程设计人员采用。

本节以黄陵至延安高速公路里程 K15+644.312 处跨线桥(以下简称"黄延桥")为工程背景来阐述杆系有限元和多尺度有限元的建模思路。桥型布置和结构构造详见11.2 节。

9.1.1 杆系有限元

钢管混凝土杆系有限元模型中钢管混凝土桁架杆件采用梁单元模拟,桁架杆件在节点处采用共节点的方式进行连接。桥面板同样采用梁单元进行模拟。当桥面板横向宽度较大时可采用多片梁单元模拟,同时采用虚拟梁单元(只计刚度、不计重量)模拟其横向刚度。桥面板和主桁通过埋入的方式连接时,可采用共节点的模拟方法;当通过剪力连接件的方式进行连接时,可采用弹性连接来模拟,对应的切向和法向弹簧刚度根据剪力连接件截面尺寸计算得到。

对于钢管混凝土杆件,当需要对管内混凝土灌注这一施工阶段进行模拟时,建议采用施工阶段联合截面来进行模拟。仅进行成桥阶段的分析或无须模拟管内混凝土灌注时,则可采用双单元模型进行模拟。对于受拉钢管混凝土杆件,可以保守地采用钢管单元模拟。以黄延桥为工程背景,建立的全桥杆系有限元模型如图 9-1 所示。

杆系有限元模型适用于对全桥的整体力学性能进行分析,相对于实体有限元模型具有建模速度快、分析效率高等特点,但杆系有限元模型无法准确模拟桁架节点等受力较为复杂区域的受力状态。

图 9-1　全桥杆系有限元模型

9.1.2　多尺度有限元

(1) 多尺度有限元模型的特点

根据分析对象尺度不同,钢管混凝土组合桁梁桥的有限元分析可分为用于全桥力学性能分析的杆系有限元模型和用于节点等局部构造精细化分析的板壳和实体有限元模型两种,前者无法分析结构复杂区域的详细受力状态,而后者则计算成本较大。真实的桥梁结构既具有结构尺度的受力行为,同时又兼有构件尺度的力学响应,并且两者相互影响、紧密联系,用单一尺度的有限元模型模拟多尺度的真实结构是传统有限元模型存在的一个主要问题。

在上述情况下,全桥多尺度有限元模型应运而生,其优势主要有以下两点:其一,可对关注区域建立精细化的有限元模型,在未受关注区域建立简化模型,故可在一个多尺度模型中同时对桥梁不同尺度结构的力学性能进行分析,具有较高的计算效率;其二,全桥多尺度有限元模型可以较好地模拟构件、结构在实桥受力状况下的边界条件以及荷载作用形式,有限元计算结果具有较高的精度。

(2) 多尺度有限元模型的建立

同样以黄延桥为工程背景,并根据实桥试验测试内容,采用 ABAQUS 建立全桥多尺度有限元模型,如图 9-2 所示。该模型包含了全桥、桥面板以及桁架杆件三个尺度。

在全桥尺度上,除受关注的桥面板以及测试杆件外,其余的桁架杆件以及桥墩均采用 B34 梁单元来模拟,钢管混凝土杆件则根据刚度等效的原则将其折算为混凝土截面来模拟,全桥尺度的网格尺寸大小在 600mm 左右。

在桥面板尺度上,桥面板采用 C3D8R 实体单元进行模拟,并对桥面板测试断面处的网格进行加密处理。同时为了准确模拟桥面板的受力状态,还采用 B34 梁单元建立了钢筋骨架,采用 C3D8R 实体单元建立了桥面铺装层。桥面铺装层与桥面板采用绑定(Tie)命令进行连接,钢筋骨架则采用埋入(embedded)命令置于桥面板单元内部,桥面板实体单元与全桥尺度的上弦杆 B34 单元则同样采用埋入(embedded)命令进行连接。桥面板及桥面铺装网格尺寸为 100~300mm。

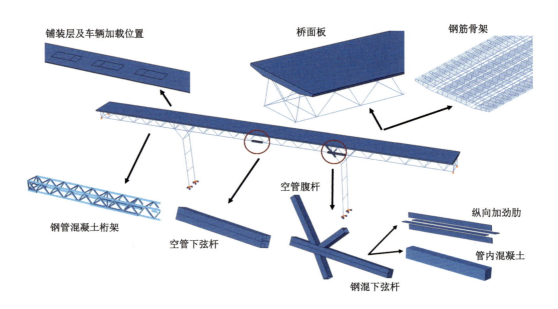

图 9-2　全桥多尺度有限元模型

在杆件尺度上,工况 1、3 分别对跨中下弦空钢管、墩顶下弦钢管混凝土杆件以及墩顶受压腹杆空钢管的轴向应变进行了测量,这 3 根杆件的钢管及管内加劲肋均采用 S4R 壳单元进行建模,墩顶下弦杆内混凝土采用 C3D8R 实体单元模拟。管内加劲肋采用埋入(embedded)命令与管内混凝土单元形成整体,管内混凝土则采用接触对的形式与钢管壁内部连接,其中法向采用硬接触,切向采用库仑摩擦模型,临界黏结强度按 0.462MPa 计取,界面摩擦系数取为 0.6。受关注杆件与其余梁单元建立的杆件之间采用耦合(coupling)方式进行连接,以凝聚掉多余的自由度。为避免圣维南效应的影响,适当加长了各个杆件的模型长度,使其测试断面距离单元耦合处达到了 3 倍的弦杆截面尺寸。钢管杆件及管内混凝土网格尺寸大小为 25mm 左右。

车辆荷载按实桥试验的加载位置施加于桥面铺装单元上。有限元模型忽略桥墩底部桩土的相互作用,墩底采用固结连接。桥梁两端设置了滑动支座,故在模型中仅对其竖向位移进行约束。初始模型中管内混凝土及桥面板混凝土的弹性模量均取为 3.5×10^4 MPa,泊松比为 0.2;钢材的弹性模量取为 2.06×10^5 MPa,泊松比为 0.3。

为对多尺度有限元模型计算效率和精度进行横向对比,本书同样建立了由相似网格密度的实体与板壳单元组成的常规有限元模型(下称"实体模型"),其划分后的单元数量和计算效率对比见表9-1,两种模型的有限元分析结果相对于实测结果误差对比见图9-3。

多尺度模型与实体模型计算效率对比   表 9-1

有限元模型类别	单元数量			计算时间(min)
	板壳单元	实体单元	梁单元	
多尺度模型	20 752	30 655	19 640	12
实体模型	34 462	497 215	15 764	152

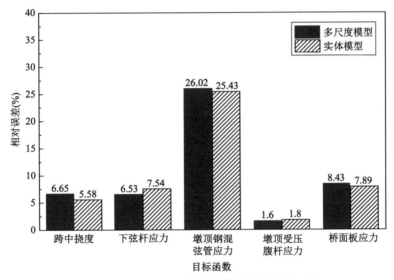

图 9-3 多尺度模型与实体模型计算结果对比

由表9-1和图9-3可知,多尺度有限元模型通过简化大大减少了单元数量,提高了有限元分析的效率,同时保证了关注区域有限元计算结果的准确性,因此多尺度有限元全桥模型可同时对桥梁结构整体和局部的力学性能进行分析,具有高效、高精度的特点。

9.2 构件强度计算

本节给出了不同截面钢管混凝土杆件的强度和稳定承载力计算方法。

9.2.1 轴压强度

圆形钢管混凝土构件受压承载力按式(9-1)验算:

$$\gamma N \leqslant N_u \tag{9-1}$$

$$N_u = k_s f_d A_s + k_c f_{cd} A_c \tag{9-2}$$

$$k_s = 0.184\ln\xi + 0.623 \tag{9-3}$$

$$k_c = 0.427\ln\xi + 2.156 \tag{9-4}$$

矩形钢管混凝土构件受压承载力：

$$k_s = 0.184\ln\xi + 0.623 \tag{9-5}$$

$$k_c = 0.377\ln\xi + 1.741 \tag{9-6}$$

PBL加劲型矩形钢管混凝土构件受压承载力可按式(9-7)验算：

$$\gamma N \leqslant (k_s + \eta)f_d A_s + k_c f_{cd} A_c \tag{9-7}$$

$$k_s = 0.184\ln\xi + 0.623 \tag{9-8}$$

$$k_c = 0.426\ln\xi + 2.001 \tag{9-9}$$

$$\eta = \frac{A_{PBL}}{A_s} \tag{9-10}$$

式中：N——轴压力设计值；

N_u——轴心抗压强度设计值；

f_{cd}——混凝土抗压强度设计值；

f_d——钢材抗压强度设计值；

A_s——钢管截面面积；

A_{PBL}——PBL截面面积；

η——考虑PBL承担轴向荷载作用的系数；

ξ——套箍指标，$\xi = f_y A_s / f_c A_c$；

k_s——钢管纵向容许应力折减系数；

k_c——混凝土抗压强度提高系数。

当钢管截面有削弱时，其净截面承载力应满足式(9-11)的要求：

$$\gamma N \leqslant k_s f_d A_{sn} + k_c f_{cd} A_c \tag{9-11}$$

PBL加劲型矩形钢管截面有削弱时，其净截面承载力应满足式(9-12)的要求：

$$\gamma N \leqslant (k_s + \eta)f_d A_{sn} + k_c f_{cd} A_c \tag{9-12}$$

式中：A_{sn}——钢管的净截面面积。

钢管混凝土受压构件的稳定性应满足式(9-13)的要求：

$$\gamma N \leqslant \varphi N_u \tag{9-13}$$

$$\varphi = \begin{cases} 1 - 0.65\lambda_0^2 & \lambda_0 \leq 0.215 \\ \dfrac{1}{2\lambda_0^2}[(0.965 + 0.3\lambda_0 + \lambda_0^2) - \sqrt{(0.965 + 0.3\lambda_0 + \lambda_0^2)^2 - 4\lambda_0^2}] & \lambda_0 > 0.215 \end{cases}$$

(9-14)

式中：φ——轴心受压构件的稳定系数；

λ_0——相对长细比。

钢管混凝土受压构件的相对长细比按式(9-15)计算：

$$\lambda_0 = \frac{\lambda}{\pi}\sqrt{\frac{f_y}{E_s}} \tag{9-15}$$

$$\lambda = \frac{l_0}{r_0} \tag{9-16}$$

$$r_0 = \sqrt{\frac{I_s + I_c E_c / E_s}{A_s + A_c f_{cd}/f_d}} \tag{9-17}$$

式中：λ——钢管混凝土轴心受压构件的长细比；

l_0——轴心受压构件的计算长度；

r_0——钢管混凝土轴心受压构件截面的当量回转半径。

9.2.2 受弯强度

圆形钢管混凝土构件的受弯承载力设计值应按下列公式计算：

$$M_u = \gamma_m W_{sc} f_{sc} \tag{9-18}$$

$$W_{sc} = \frac{\pi(r_0^4 - r_{ci}^4)}{4r_0} \tag{9-19}$$

$$\gamma_m = (1 - 0.5\varphi)(-0.483\theta + 1.926\sqrt{\theta}) \tag{9-20}$$

式中：f_{sc}——钢管混凝土抗压强度设计值；

γ_m——塑性发展系数，对实心圆形截面取1.2；

W_{sc}——受弯构件的截面模量，应采用考虑局部屈曲的有效截面计算；

r_0——等效圆半径；

r_{ci}——空心半径，对实心构件取0。

矩形钢管混凝土构件的受弯承载力设计值应按下列公式计算：

$$M_u = f_d[0.5A_s(h - 2t - d_n) + bt(t + d_n)] \tag{9-21}$$

$$d_n = \frac{A_s - 2bt}{(b - 2t)\dfrac{f_{cd}}{f_d} + 4t} \tag{9-22}$$

式中：M_u——只有弯矩作用时净截面的受弯承载力设计值；

t——钢管壁厚；

b、h——矩形钢管截面平行、垂直于弯曲轴的边长；

d_n——管内混凝土受压区高度，如图9-4所示。

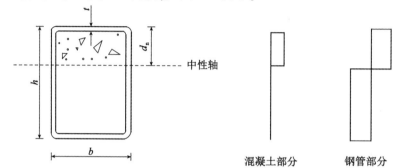

图9-4 极限状态下矩形钢管混凝土截面应力分布

9.2.3 压弯强度

钢管混凝土构件压弯承载力应按下式验算：

$$\gamma \left[\frac{N}{N_u} + (1 - \alpha_c) \frac{M}{M_u} \right] \leq 1 \tag{9-23}$$

弯矩作用在一个主平面内的钢管混凝土压弯构件，其稳定性应按下式验算：

$$\gamma \left[\frac{N}{\varphi_x N_u} + (1 - \alpha_c) \frac{M_x}{\left(1 - 0.8 \dfrac{N}{N'_{Ex}}\right) M_{ux}} \right] \leq 1 \tag{9-24}$$

$$N'_{Ex} = \frac{N_{Ex}}{1.1} \tag{9-25}$$

$$N_{Ex} = N_u \frac{\pi^2 E_s}{\lambda_x^2 f_d} \tag{9-26}$$

并应满足下式的要求：

$$\gamma \left[\frac{M_x}{\left(1 - 0.8 \dfrac{N}{N'_{Ex}}\right) M_{ux}} \right] \leq 1 \tag{9-27}$$

同时，弯矩作用平面外的稳定性应按下式验算：

$$\gamma \left(\frac{N}{\varphi_y N_u} + \frac{M_x}{1.4 M_{ux}} \right) \leq 1 \tag{9-28}$$

式中：N_{Ex}——欧拉临界力；

φ_x——弯矩作用平面内的轴心受压稳定系数；

φ_y——弯矩作用平面外的轴心受压稳定系数；

M_{ux}——绕 x 轴的截面受弯承载力设计值；

M_x——绕主轴 x 轴作用的弯矩设计值。

弯矩作用在两个主平面内的双轴压弯钢管混凝土构件，其承载力应按下式验算：

$$\gamma\left[\frac{N}{N_u} + (1-\alpha_c)\frac{M_x}{M_{ux}} + (1-\alpha_c)\frac{M_y}{M_{uy}}\right] \leq 1 \tag{9-29}$$

同时应满足下式的要求：

$$\gamma\left(\frac{M_x}{M_{ux}} + \frac{M_y}{M_{uy}}\right) \leq 1 \tag{9-30}$$

式中：M_y——绕主轴 y 轴作用的弯矩设计值；

M_{uy}——绕 y 轴的截面受弯承载力设计值。

双轴压弯钢管混凝土构件绕主轴 x 轴的稳定性，应满足下式的要求：

$$\gamma\left[\frac{N}{\varphi_x N_u} + (1-\alpha_c)\frac{M_x}{\left(1-0.8\dfrac{N}{N'_{Ex}}\right)M_{ux}} + \frac{M_y}{1.4M_{uy}}\right] \leq 1 \tag{9-31}$$

同时应满足下式的要求：

$$\gamma\left[\frac{M_x}{\left(1-0.8\dfrac{N}{N'_{Ex}}\right)M_{ux}} + \frac{M_y}{1.4M_{uy}}\right] \leq 1 \tag{9-32}$$

双轴压弯钢管混凝土构件绕主轴 y 轴的稳定性，应满足下式的要求：

$$\gamma\left[\frac{N}{\varphi_y N_u} + \frac{M_x}{1.4M_{ux}} + (1-\alpha_c)\frac{M_y}{\left(1-0.8\dfrac{N}{N'_{Ey}}\right)M_{uy}}\right] \leq 1 \tag{9-33}$$

同时应满足下式的要求：

$$\gamma\left[\frac{M_x}{1.4M_{ux}} + \frac{M_y}{\left(1-0.8\dfrac{N}{N'_{Ey}}\right)M_{uy}}\right] \leq 1 \tag{9-34}$$

9.3 连接件构造和计算

钢管混凝土组合桁梁的剪力连接件应能够承担钢桁和混凝土板间的纵桥向剪力及横桥向剪力，同时应能抵抗混凝土与主桁的掀起作用，剪力连接件可采用圆柱头焊钉或 PBL 连接件。钢管混凝土构件内壁也可设置 PBL，形成 PBL 加劲型钢管混凝土结构，以改善构件和节点的力学性能。

9.3.1 连接件构造

(1)焊钉连接件的构造应符合下列要求：

①焊钉连接件的材料、机械性能以及焊接要求应满足现行《电弧螺柱焊用圆柱头焊钉》(GB/T 10433)的规定；

②焊钉连接件的间距不宜超过300mm；

③焊钉连接件剪力作用方向上的间距不宜小于焊钉直径的5倍，且不得小于100mm，剪力作用垂直方向的间距不宜小于焊钉直径的2.5倍，且不得小于50mm；

④焊钉连接件的外侧边缘与钢板边缘的距离不应小于25mm。

(2)PBL连接件的构造应符合下列要求：

①PBL连接件多列布置时，相邻PBL的间距不宜小于板高的3倍；

②PBL连接件的钢板厚度不宜小于12mm；

③PBL连接件孔径不宜小于集料最大粒径之和；

④PBL连接件相邻两孔最小边缘间距应满足下列要求：

$$e > \frac{V_{pu}}{tf_{vd}} \tag{9-35}$$

式中：e——PBL连接件相邻两孔最小边缘间距；

V_{pu}——承载能力极限状态下连接件抗剪承载力设计值；

t——PBL连接件的板厚；

f_{vd}——钢板抗剪强度设计值。

(3)当钢管混凝土构件内设置PBL时，其构造建议按下列要求取值：

①PBL板厚不宜小于钢管壁厚；

②PBL板高建议取1/4~1/3的钢管高度；

③PBL的开孔孔径建议取1/2~3/4的PBL板高；

④PBL的开孔孔距(孔间净距)建议取PBL板高；

⑤建议在弦杆中部或三分点处设置PBL。

9.3.2 连接件承载力

(1)圆柱头焊钉连接件。

$$V_{sud} = \min\{0.43A_{s1}\sqrt{E_c f_{cd}}, 0.7A_{s1}f_{su}\} \tag{9-36}$$

式中：A_{s1}——圆柱头焊钉连接件杆部截面面积；

V_{sud}——圆柱头焊钉连接件受剪承载力设计值；

f_{su}——圆柱头焊钉极限抗拉强度最小值。

（2）PBL 连接件。

$$V_{sud} = 1.38 d \gamma_c f_{cd} \qquad (9-37)$$

$$\gamma_c = 2.6 \frac{A_g}{A_c} + 0.3 \qquad (9-38)$$

式中：d——PBL 的圆孔直径；

γ_c——混凝土粗集料修正系数；

A_g——受剪粗集料的横截面面积；

A_c——开孔加劲肋的混凝土榫横截面面积。

进行完全抗剪连接件设计时，每个剪跨区段内需要的连接件总数 n_f 按下式计算：

$$n_f = \frac{V_s}{V_{sud}} \qquad (9-39)$$

式中：V_s——每个剪跨区段内钢梁与混凝土桥面板交界面的纵向剪力。

剪跨区的划分应以弯矩绝对值最大点及零弯矩点为界限逐段进行，按图9-5 所示进行划分，剪跨区的纵向剪力 V_s 由下列公式确定：

①位于正弯矩最大点到边支座区段，即 m_1 区段：

$$V_s = \min\{A_s f_d, b_e h_{c1} f_{cd}\} \qquad (9-40)$$

②位于正弯矩最大点到中支座（负弯矩最大点）区段，即 m_2 和 m_3 区段：

$$V_s = \min\{A_s f_d, b_e h_{c1} f_{cd}\} + A_{st} f_{st} \qquad (9-41)$$

式中：A_{st}——负弯矩区混凝土翼板有效宽度范围内的纵向钢筋截面面积；

f_{st}——钢筋抗拉强度设计值；

h_{c1}——桥面板厚度；

b_e——板件有效宽度。

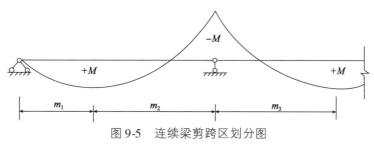

图 9-5 连续梁剪跨区划分图

位于负弯矩区段的抗剪连接件，其受剪承载力设计值 V_{sud} 应乘以折减系数 0.9（中间支座两侧）或 0.8（悬臂部分）。连接件应在剪跨区段内均匀布置，当在此剪跨区段内有较大集中荷载作用时,应将连接件个数 n_f 按剪力图面积比例分配后再各自均匀布置。

9.4 节点计算

9.4.1 节点强度

桥梁中桁架设计应遵循"强节点、弱构件"的设计理念,节点是钢管桁架的薄弱部分,很容易在桁架杆件达到极限状态之前首先发生破坏。此时的桁架材料利用率较低,对应承载力也较低,应予以避免。主管内填混凝土之后,节点的力学性能得到了一定的改善,在支管受拉和受压荷载作用下也呈现出不同的受力特性。本节总结圆形和矩形钢管混凝土节点支管受拉、受压及受弯力学性能研究成果,给出其相应的承载力计算方法。

1)圆形钢管混凝土节点

圆形钢管混凝土节点承载力按表 9-2 所列公式计算。

圆形钢管混凝土节点承载力计算公式汇总 表 9-2

节点类型	计 算 公 式	
受拉 T 形节点	$N_{ut} = \min \begin{cases} 2.6(1+6.8\beta^2)\gamma^{0.2}f_y t_0^2 & \text{屈服线破坏} \\ \dfrac{f_y l_s t_0}{1-\sqrt{1-\beta^2}} & \text{冲剪破坏} \\ \dfrac{0.58 f_y l_s t_0}{\beta} & \text{侧板受拉破坏} \end{cases}$	相贯线长度 l_s: $l_s = \dfrac{\sqrt{2}\pi d}{\sqrt{1+\sqrt{1-\beta^2}}}$
受压 T 形、Y 形节点	$N_{uc} = (1+k_s)k_c f_{ck} A_b$	钢管参与混凝土横向承压承担工作系数 k_s: $k_s = \dfrac{f_y}{\sigma_s} = \dfrac{f_y 2t}{f_c(D-2t)}$ 混凝土局部承压提高系数 k_c: $k_c = \sqrt{\dfrac{8\sin^2\theta D + \pi d}{\sin\theta \pi d}}$
K 形节点	$N_{uK} = \min \begin{cases} f_{y1} t_1 l_{b,eff} & \text{支管有效宽度破坏} \\ \dfrac{0.58 f_{y0} t_0}{\sin\theta} l_{eff} & \text{冲剪破坏} \end{cases}$	$l_{b,eff} = \pi(d_1 - t_1)$ $l_{p,eff} = \pi k_a d_1, k_a = (1+\sin\theta)/(2\sin\theta)$

2)矩形钢管混凝土节点

矩形钢管混凝土节点承载力计算方法如下。

(1)矩形钢管混凝土 T、Y 和 X 形节点承载力计算

①受压腹杆的节点承载力设计值可按下式计算。

$$N_{u1} = (1 + k_s)\beta_1\beta_c f_{cd} A_1 \tag{9-42}$$

$$k_s = \frac{3f_{y0}\left(\beta_c\beta_1\dfrac{h_1}{h_0}\right)^2}{\nu_c f_{ck}\left(\dfrac{h_0}{t_0}\right)^2} \tag{9-43}$$

$$A_1 = \frac{b_1 h_1}{\sin\theta_1} \tag{9-44}$$

$$\beta_c = \frac{200 - f_{cu}}{150}\,(且\,\beta_c \leqslant 1) \tag{9-45}$$

$$\beta_1 = \sqrt{\frac{A_b}{A_1}} \tag{9-46}$$

当 $b_1 \leqslant h_1/\sin\theta_1$ 时：

$$A_b = m\left(\frac{h_1}{\sin\theta_1} + 2b_1\right) \tag{9-47}$$

$$m = \min\{3b_1, b_0\} \tag{9-48}$$

当 $b_1 > h_1/\sin\theta_1$ 时：

$$A_b = m \cdot \frac{3h_1}{\sin\theta_1} \tag{9-49}$$

式中：N_{u1}——矩形钢管混凝土受压腹杆节点承载力；

k_s——钢管参与横向局部承压工作系数，按式(9-43)计算；

A_1——局部受压面积；

ν_c——混凝土的泊松比，取 0.23；

β_c——混凝土强度影响系数，按式(9-45)计算；

β_1——管内混凝土局部受压强度提高系数，按式(9-46)计算；

f_{cd}——混凝土抗压强度设计值；

f_{cu}——边长 150mm 立方体混凝土试块强度；

f_{ck}——混凝土抗压强度标准值；

A_b——局部受压计算底面积，按式(9-47)或式(9-49)计算见图 9-6。

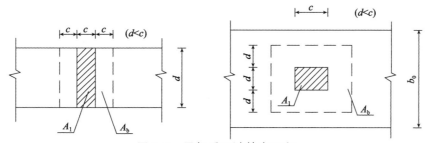

图 9-6 局部受压计算底面积

②受拉腹杆的节点承载力设计值可按下式计算。

当 $\beta \leqslant 0.85$ 时：

$$N_{u2} = \frac{f_d t_0^2}{(1-\beta)\sin\theta_2}\left[\frac{2h_2}{b_0\sin\theta_2} + 4\left(1 - \frac{b_2}{b_0}\right)^{0.5}\right] \qquad (9\text{-}50)$$

当 $0.85 < \beta < 1$ 时，N_{u2} 取式(9-51)和式(9-52)的较小值：

$$N_{u2} = f_{d2}t_2(2h_2 - 4t_2 + b_2 + b_{e2}) \qquad (9\text{-}51)$$

$$N_{u2} = \frac{\sqrt{3}}{3} f_{d0} t_0 \frac{2h_2/\sin\theta_2 + b_2 + b_{ep}}{\sin\theta_2} \qquad (9\text{-}52)$$

$$b_{e2} = \frac{10}{b_0/t_0} \cdot \frac{f_{y0} t_0}{f_{y2} t_2} \cdot b_2 \leqslant b_2 \qquad (9\text{-}53)$$

$$b_{ep} = \frac{10}{b_0/t_0} \cdot b_2 \leqslant b_2 \qquad (9\text{-}54)$$

(2) 矩形钢管混凝土 K、N 形间隙节点承载力计算

①受压腹杆的节点承载力设计值可按式(9-42)计算。

②受拉腹杆的节点承载力设计值按下列方法确定：

当 $b_2/b_0 < 0.85$ 且 $g \geqslant 0.5 b_0 \sqrt{1 - b_2/b_0}$ 时，N_{u2} 可按式(9-50)计算；

当 $0.85 \leqslant b_2/b_0 \leqslant 1$ 或 $b_2/b_0 < 0.85$ 但 $g < 0.5 b_0 \sqrt{1 - b_2/b_0}$ 时，N_{u2} 可按式(9-51)和式(9-52)计算，取两者中较小值。

3) PBL 加劲型矩形钢管混凝土节点

节点主要发生腹杆受拉破坏，故仅需验算受拉节点承载力。PBL 加劲型矩形钢管混凝土 Y 形受拉节点承载力应按照下列公式进行计算。

当 $0.85 < \beta \leqslant 1$ 时，N_{u2} 可按矩形钢管混凝土 Y 形受拉节点承载力计算；

当 $0.6 \leqslant \beta \leqslant 0.85$，$\tau \leqslant 1.2$ 时，N_{u2} 可按下式计算：

$$N_{u2} = \frac{f_{y0}}{3.1(1-\beta)\sin\theta_2}\left[2\frac{h_2}{b_0\sin\theta_2} + 4(1-\beta)^{0.5}\right] + \frac{f_{y0}t_0}{1.1\sqrt{3}\sin\theta_2}\left(\frac{h_2}{\sin\theta_2} + b_2\right) + \frac{f_{yp}t_p h_2}{4}$$
$$(9\text{-}55)$$

当 $0.75 \leqslant \beta \leqslant 0.85$，$\tau > 1.2$ 时，N_{u2} 可按下式计算：

$$N_{u2} = \frac{f_{y0}t_0^2[1 + 6(1.2/\tau)^2]}{11.7(1-\beta)\sin\theta}\left[2\frac{h_2}{b_0\sin\theta} + 4(1-\beta)^{0.5}\right] +$$
$$1.43\left[0.7 - \frac{1}{2}(\beta - 0.7)^{0.5}\right]\left(\frac{1.2}{\tau}\right)^{1.2}\frac{f_{y0}t_0}{\sqrt{3}\sin\theta}\left(\frac{h_2}{\sin\theta} + b_2\right) + \frac{f_{yp}t_p h_2}{4} \qquad (9\text{-}56)$$

式中：t_p——PBL 加劲肋的厚度；

f_{yp}——PBL 钢材屈服强度；

β——参数，$\beta = b_2/b_0$；

τ——弦杆钢管壁厚与腹杆钢管壁厚的比值，$\tau = t_0/t_2$。

9.4.2 节点疲劳

(1) 疲劳荷载

疲劳荷载模型按《公路桥涵设计通用规范》(JTG D60—2015)进行选取，其中疲劳荷载模型Ⅰ采用等效的车道荷载，集中荷载为 $0.7P_k$，均布荷载为 $0.3q_k$。疲劳荷载应按最不利影响线位置进行加载，并按规定计算疲劳荷载的冲击系数作用。疲劳荷载模型Ⅱ采用双车模型，两辆模型车轴距与轴重相同，其单车的轴重与轴距布置如图 9-7 所示。加载时，两模型车的中心距不得小于 40m。

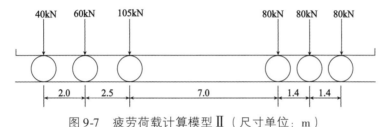

图 9-7　疲劳荷载计算模型Ⅱ（尺寸单位：m）

(2) 热点应力计算

采用热点应力法评估节点疲劳寿命时，可建立三维实体模型通过外推法直接获取热点应力。有足够研究基础的节点形式，可以通过杆件名义应力幅与相应的热点应力集中系数(SCF)相乘的方法间接获取热点应力幅。对于桥梁结构中常用的 K 形节点，通常将其分为支管拉压平衡荷载、主管轴力和主管弯矩三种基本荷载工况，如图 9-8 所示。通过各工况下热点应力幅线性叠加得到总热点应力幅，表达式为：

$$S_h = \text{SCF}_\text{I} \cdot \sigma_\text{I} + \text{SCF}_\text{II} \cdot \sigma_\text{II} + \text{SCF}_\text{III} \cdot \sigma_\text{III} \tag{9-57}$$

式中：σ_I、σ_II、σ_III——支管拉压平衡荷载、主管轴力和主管弯矩三种基本荷载工况下的名义应力幅；

SCF_I、SCF_II、SCF_III——支管拉压平衡荷载、主管轴力和主管弯矩三种基本荷载工况下相应节点的热点应力集中系数。

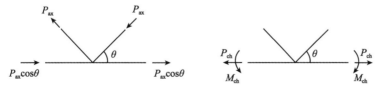

a) 工况Ⅰ：支管拉压平衡荷载　　b) 工况Ⅱ、Ⅲ：主管荷载（轴力或弯矩）

图 9-8　K 形节点基本荷载工况

圆形钢管混凝土 K 形节点 SCF_{max} 的计算公式见表 9-3。

圆形钢管混凝土 K 形节点 SCF_{max} 的计算公式 表 9-3

位 置	SCF_{max} 公 式
荷载工况（Ⅰ）：支管拉压平衡荷载	
主管	
$\theta = 30°$	$SCF_{max} = 1.165 \cdot \left(\dfrac{\gamma}{12}\right)^{0.447} \cdot \left(\dfrac{\tau}{0.5}\right)^{0.718} \cdot (1.056\beta^2 - 1.029\beta + 1.284)$
$\theta = 45°$	$SCF_{max} = 1.198 \cdot \left(\dfrac{\gamma}{12}\right)^{0.500} \cdot \left(\dfrac{\tau}{0.5}\right)^{0.908} \cdot (0.542\beta^2 - 0.528\beta + 1.607)$
$\theta = 60°$	$SCF_{max} = 1.473 \cdot \left(\dfrac{\gamma}{12}\right)^{0.538} \cdot \left(\dfrac{\tau}{0.5}\right)^{1.024} \cdot (-6.070\beta^2 + 1.011\beta + 2.001)$
支管	
$\theta = 30°$	$SCF_{max} = 1.896 \cdot \left(\dfrac{\gamma}{12}\right)^{0.003} \cdot \left(\dfrac{\tau}{0.5}\right)^{0.121} \cdot (3.401\beta^2 - 3.442\beta + 1.771)$
$\theta = 45°$	$SCF_{max} = 2.016 \cdot \left(\dfrac{\gamma}{12}\right)^{0.097} \cdot \left(\dfrac{\tau}{0.5}\right)^{-0.001} \cdot (4.250\beta^2 - 4.031\beta + 1.815)$
$\theta = 60°$	$SCF_{max} = 1.503 \cdot \left(\dfrac{\gamma}{12}\right)^{0.203} \cdot \left(\dfrac{\tau}{0.5}\right)^{0.233} \cdot (-4.907\beta^2 + 1.011\beta + 1.837)$
荷载工况（Ⅱ）：主管轴力	
主管	
$\theta = 30°$	$SCF_{max} = 1.997 \cdot \left(\dfrac{\gamma}{12}\right)^{0.240} \cdot \left(\dfrac{\tau}{0.5}\right)^{-0.081} \cdot (3.435\beta^2 - 4.474\beta + 2.654)$
$\theta = 45°$	$SCF_{max} = 1.653 \cdot \left(\dfrac{\gamma}{12}\right)^{0.214} \cdot \left(\dfrac{\tau}{0.5}\right)^{-0.068} \cdot (1.511\beta^2 - 2.454\beta + 2.461)$
$\theta = 60°$	$SCF_{max} = 1.489 \cdot \left(\dfrac{\gamma}{12}\right)^{0.167} \cdot \left(\dfrac{\tau}{0.5}\right)^{-0.051} \cdot (-4.210\beta^2 + 1.230\beta + 1.899)$
支管	
$\theta = 30°、45°、60°$	$SCF_{max} = 0$（可忽略）
荷载工况（Ⅲ）：主管弯矩	
主管	
$\theta = 30°$	$SCF_{max} = 1.735 \cdot \left(\dfrac{\gamma}{12}\right)^{-0.316} \cdot \left(\dfrac{\tau}{0.5}\right)^{-0.120} \cdot (3.444\beta^2 - 3.503\beta + 2.651)$
$\theta = 45°$	$SCF_{max} = 1.385 \cdot \left(\dfrac{\gamma}{12}\right)^{-0.347} \cdot \left(\dfrac{\tau}{0.5}\right)^{-0.121} \cdot (2.200\beta^2 - 1.353\beta + 2.037)$
$\theta = 60°$	$SCF_{max} = 1.353 \cdot \left(\dfrac{\gamma}{12}\right)^{-0.406} \cdot \left(\dfrac{\tau}{0.5}\right)^{-0.048} \cdot (-2.816\beta^2 + 1.085\beta + 1.598)$
支管	
$\theta = 30°、45°、60°$	$SCF_{max} = 0$（可忽略）

矩形钢管混凝土 K 形节点 SCF_{max} 的计算公式见表9-4。

矩形钢管混凝土 K 形节点 SCF_{max} 的计算公式   表9-4

位置	SCF_{max} 公式
荷载工况（Ⅰ）：腹杆拉压平衡荷载	
弦杆	$SCF_{max} = (0.437 + 0.121\beta + 0.046\beta^2) \cdot (2\gamma)^{0.626} \cdot \tau^{0.311} \cdot (g')^{-0.00005} \cdot (\sin\theta)^{0.793}$
腹杆	$SCF_{max} = (0.529 + 0.646\beta + 0.131\beta^2) \cdot (2\gamma)^{0.509} \cdot \tau^{0.162} \cdot (g')^{-0.00005} \cdot (\sin\theta)^{0.420}$
荷载工况（Ⅱ）：弦杆轴力	
弦杆	$SCF_{max} = (1.170 + 0.116\beta - 0.341\beta^2) \cdot (2\gamma)^{0.139} \cdot \tau^{-0.692} \cdot (g')^{-0.006} \cdot (\sin\theta)^{0.194}$
腹杆	$SCF_{max} = 0$
荷载工况（Ⅲ）：弦杆弯矩	
弦杆	$SCF_{max} = (2.048 + 0.495\beta - 0.852\beta^2) \cdot (2\gamma)^{0.047} \cdot \tau^{-0.537} \cdot (g')^{-0.003} \cdot (\sin\theta)^{-0.068}$
腹杆	$SCF_{max} = 0$

注：计算得到的 SCF 不小于1。

(3) 钢管混凝土节点热点应力幅 S-N 曲线

基于热点应力法的疲劳寿命评估流程与名义应力法类似，但热点应力法的疲劳抗力 S-N 曲线需考虑板厚修正系数，其中圆形钢管混凝土节点疲劳抗力 S-N 曲线如图9-9所示，表达式为：

当 $10^3 < N \leq 5 \times 10^6$ 时，

$$\lg\Delta\sigma_h = \frac{1}{3}(12.195 - \lg N) + 0.06\lg N \cdot \lg\left(\frac{16}{T}\right) \tag{9-58}$$

当 $5 \times 10^6 < N < 10^8$ 时，

$$\lg\Delta\sigma_h = \frac{1}{5}(15.859 - \lg N) + 0.402\lg\left(\frac{16}{T}\right) \tag{9-59}$$

矩形钢管混凝土节点疲劳抗力 S-N 曲线如图9-10所示，表达式为：

当 $10^3 < N \leq 5 \times 10^6$ 时，

$$\lg S_h = \frac{1}{3}(12.103 - \lg N) + 0.06\lg N \cdot \lg\left(\frac{16}{t}\right) \tag{9-60}$$

当 $5 \times 10^6 < N < 10^8$ 时，

$$\lg S_h = \frac{1}{5}(15.706 - \lg N) + 0.402\lg\left(\frac{16}{t}\right) \tag{9-61}$$

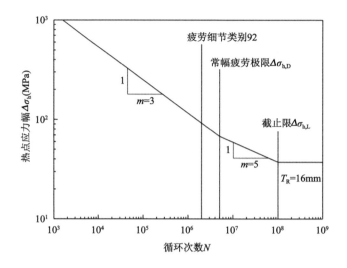

图9-9 圆形钢管混凝土节点正应力幅疲劳强度曲线

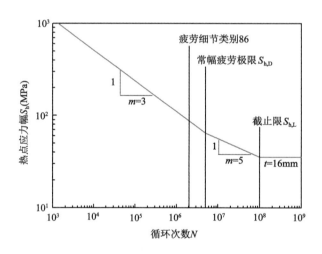

图9-10 矩形钢管混凝土节点正应力幅疲劳强度曲线

(4)节点疲劳验算

当构件和连接不满足疲劳荷载模型Ⅰ的验算要求时,应按模型Ⅱ验算。采用疲劳荷载计算模型Ⅰ时应按下列公式验算:

$$\gamma_{Mf}\Delta S_h \leqslant \Delta S_{h,D} \tag{9-62}$$

式中:γ_{Mf}——疲劳抗力分项系数,对重要构件取1.35,对次要构件取1.15;

ΔS_h——按疲劳荷载计算模型Ⅰ计算得到的正应力幅;

$\Delta S_{h,D}$——正应力常幅疲劳极限,根据对应的节点细节类别取用。

采用疲劳荷载计算模型Ⅱ时应按下列公式验算:

$$\gamma_{Mf}\Delta S_h \leqslant \Delta S_{h,C} \tag{9-63}$$

式中:$\Delta S_{h,C}$——疲劳细节类别,为对应于2.0×10^6次常幅疲劳循环的疲劳应力强度。

9.5 温度作用

9.5.1 组合线膨胀系数

采用联合截面法计算钢管混凝土桥梁的温度内力、变形时,钢管混凝土的组合线膨胀系数可按下式计算:

$$\alpha_{sc,u} = \frac{E_s A_s \alpha_s + E_c A_c \alpha_c}{E_s A_s + E_c A_c} \tag{9-64}$$

$$\alpha_{sc,d} = \frac{E_s I_s \alpha_s + E_c I_c \alpha_c}{E_s I_s + E_c I_c} \tag{9-65}$$

式中:$\alpha_{sc,u}$——计算均匀温差效应的组合线膨胀系数;

$\alpha_{sc,d}$——计算截面线性温差效应的组合线膨胀系数;

α_s——钢的线膨胀系数,取$1.2 \times 10^{-5}/℃$;

α_c——混凝土的线膨胀系数,取$1.0 \times 10^{-5}/℃$;

E_s——钢的弹性模量;

E_c——混凝土的弹性模量;

A_s——钢管截面的面积;

A_c——混凝土截面的面积;

I_s——钢管截面的惯性矩;

I_c——混凝土截面的惯性矩。

9.5.2 均匀温差作用

计算均匀温差引起的效应时,有效温度宜按当地极端最高和最低气温确定。温度变化值应自结构合龙时起算,采用先空钢管合龙再灌注混凝土施工方法的钢管混凝土桥梁的合龙温度T_0可按下式计算:

$$T_0 = T_{28} + \frac{D - 0.85}{0.2} + T_h \tag{9-66}$$

式中:T_{28}——钢管内混凝土浇注后28d内的平均气温(℃);

D——钢管外径(m);

T_h——考虑管内混凝土水化反应放热的附加温升值,为 3.0 ~ 5.0℃,冬季取小值,夏季取大值,混凝土强度等级低于 C40 时,在此基础上减去 1.0℃。

9.5.3 温度梯度作用

计算单管截面温差效应时,可采用式(9-67)和图 9-11a)的温度梯度曲线,计算参数应按表 9-5 取值;计算桁式截面温差效应时,可采用图 9-11b)的温度梯度曲线,计算参数应按表 9-6 取值。

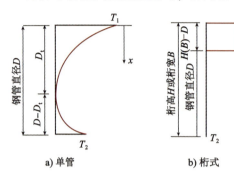

$$T(x) = \begin{cases} T_1 \left(\dfrac{D_t - x}{D_t} \right)^{n_1} & 0 \leqslant x \leqslant D_t \\ T_2 \left(\dfrac{x - D_t}{D - D_t} \right)^{n_2} & D_t < x \leqslant D \end{cases} \qquad (9\text{-}67)$$

图 9-11 温度梯度曲线图

单管截面温度梯度参数取值　　　　表 9-5

部件	模式	D_t	T_1(℃)	T_2(℃)	n_1	n_2
主梁、拱肋	竖向正温度梯度	2/3 D	18.5	8.0	3.0	2.5
	竖向负温度梯度	1/2 D	-11.0	-9.0	2.5	2.5
	横向正温度梯度	2/3 D	16.0	7.5	3.0	2.0
	横向负温度梯度	1/2 D	-12.5	-12.0	2.0	2.5
桥墩、桥塔	正温度梯度	2/3 D	17.0	3.5	2.5	3.5
	负温度梯度	1/2 D	-8.5	-6.5	2.5	4.0

桁式截面温度取值(单位:℃)　　　　表 9-6

模式	T_1	T_2
竖向正温度梯度	9.0	0
竖向负温度梯度	-2.5	0
横向正温度梯度	5.0	0
横向负温度梯度	-5.0	0

9.5.4 温度作用组合

计算钢管混凝土桥梁的温度效应时,可采用如下温度作用组合:

组合 I:均匀升温 + 桁式竖向正温度梯度 + 桁式横向正温度梯度 + 单管竖向正梯度 +

单管横向正梯度；

组合Ⅱ：均匀升温+桁式竖向正温度梯度+桁式横向负温度梯度+单管竖向正梯度+单管横向正梯度；

组合Ⅲ：均匀降温+桁式竖向负温度梯度+单管竖向负梯度+单管横向负梯度。

9.6 钢管混凝土拱桥

9.6.1 拱桥节点构造

在钢管混凝土拱桥中，钢管与混凝土的界面相互作用主要是钢管与混凝土的黏结作用，这种黏结作用相对较弱。同时，在钢管混凝土拱桥服役期间，长期荷载作用、混凝土浇筑质量、日照温差以及混凝土收缩徐变等可能导致钢管与混凝土界面黏结应力被克服而脱黏甚至脱空。

拱肋节点处钢管与混凝土之间的剪力传递对节点的受力性能有巨大影响。对于传统的钢管混凝土拱桥，钢管与混凝土间的剪力传递仅仅依靠两者之间的黏结力或摩擦力，不仅传力效率较低、剪力的传递长度长，并可能导致节点处钢管产生应力集中，甚至发生屈曲，从而严重影响钢管混凝土节点的静力和疲劳性能，而且钢管与混凝土的界面脱空会进一步加剧这一现象；而随着桥梁功能、美观等方面要求的不断增多，造型较为复杂的拱桥也较多地出现，受力复杂的节点往往会发生较大的应力集中，这些均对节点处拱肋钢管的受力非常不利，从而可能影响节点的受力性能。

为改善钢-混界面性能，提高节点传力可靠性与传力效率，在立柱与拱肋连接部位的拱肋钢管内可设置PBL加劲肋，以来确保钢管混凝土界面性能，减小节点部位的传力长度，提高传力效率，如图9-12所示。

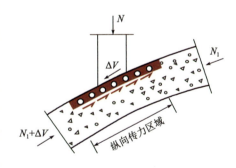

图9-12 PBL加劲型钢管混凝土拱桥节点

9.6.2 轻型大跨钢管混凝土拱桥合理拱轴线计算方法

(1) 多源荷载作用下的拱桥合理拱轴线

对于拱桥结构，除了桥道系和承重系合二为一的结构形式外，其他结构形式至少承受两种及两种以上的恒载。单一荷载作用下得到的二次抛物线、悬链线以及多段折线均未考虑拱圈自重,仅悬索线考虑了拱圈自重。且在推导各种拱轴线方程时,作用在拱上的全部荷载都假定在拱轴中心上,表 9-7 给出了多源荷载作用下的合理拱轴线。

多源荷载作用下的合理拱轴线 表 9-7

荷载作用模式		拱轴线方程	线形特点
均布荷载 + 分布荷载	（$q_{1x}=q_1$，$q_{2x}=\gamma_1 h + \gamma_2 y$）	$y = \dfrac{f}{m'-1}\left(\operatorname{ch}\dfrac{2k'x}{L} - 1\right)$ $m' = 1 + \dfrac{\gamma_2 f}{q_1 + \gamma_1 h}$	悬链线
均布荷载 + 拱圈自重	（$q_{1x}=q_1$）	$y = \dfrac{f}{m'-1}\left(\operatorname{ch}\dfrac{2k'x}{L} - 1\right)$ $m' = \dfrac{1 + \mu/\cos\varphi_j}{1+\mu}$ $\mu = \dfrac{\gamma_3 d}{q_1}$	悬链线
分布荷载 + 拱圈自重	（$q_{2x}=\gamma_1 h + \gamma_2\left(y+\dfrac{1}{2}d\right) - \dfrac{\gamma_2 d}{2\cos\varphi}$）	$y = \dfrac{f}{m'-1}\left(\operatorname{ch}\dfrac{2k'x}{L} - 1\right)$ $m' = 1 + \dfrac{\gamma' f}{q'}$	悬链线
均布荷载 + 分布荷载 + 拱圈自重	（$q_{1x}=q_1$，$q_{2x}=\gamma_1 h + \gamma_2\left(y+\dfrac{1}{2}d\right) - \dfrac{\gamma_2 d}{2\cos\varphi}$）	$y = \dfrac{f}{m'-1}\left(\operatorname{ch}\dfrac{2k'x}{L} - 1\right)$ $m' = 1 + \dfrac{\gamma' f}{q'}$	悬链线

(2)不同拱上建筑与拱肋恒载比下的合理拱轴线

对于大跨拱桥,拱肋自重作用下的合理拱轴线是悬链线,拱上建筑(立柱或吊杆)通常以集中力的形式作用于拱肋,而集中力作用下的合理拱轴线为多段折线。拱肋自重与拱上建筑自重作用下的合理拱轴线符合叠加原则,叠加方法如下:

以均布荷载+分布荷载的荷载作用模式为例,如图9-13所示,合理拱轴线为均布荷载和分布荷载各自作用下的合理拱轴线按水平推力分配来进行叠加,具体方法如下:

$$y = \frac{H_q}{H}y_q + \frac{H_g}{H}y_g, y_q = f\xi^2, y_g = \frac{f}{m-1}(\cosh k\xi - 1), H_q = \frac{qL^2}{8f}, H_g = \frac{m-1}{4k^2}g_d\frac{L^2}{f}$$

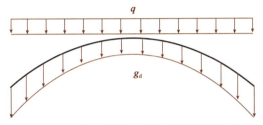

图9-13 均布荷载+分布荷载作用模式

对于离散荷载+分布荷载,可以用同样的叠加方法求出合理拱轴线。由于离散荷载作用下的合理拱轴线为多段折线,则离散荷载+分布荷载作用下的合理拱轴线是介于悬链线和多段折线之间的曲线。而实际工程中,为了计算方便,采用悬链线来近似代替合理拱轴线。这就导致拱轴线与合理拱轴线之间产生了局部弯矩,局部弯矩的大小与拱轴线的近似程度有关。近似程度越高(实际曲线与合理拱轴线越接近),则附加弯矩越小,否则附加弯矩越大,而近似程度与拱上建筑和拱肋自重之比密切相关。以跨径为80m,矢跨比为1/5的拱肋为例进行分析,荷载分布如图9-14所示。

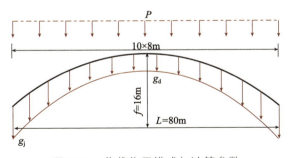

图9-14 荷载作用模式与计算参数

以拱上建筑等效荷载q和拱顶荷载集度g_d与q之和的比$\lambda = \dfrac{q}{q+g_d}$作为分析变量,具体计算参数见表9-8,计算结果见图9-15。

计 算 参 数　　　　　　　　　　　　　　　表 9-8

荷载比	等效拱轴系数	q/g_d	H_q/H_g	说　明
$\lambda = 0$	$m = 1.305$	0	0	只有拱肋自重，集中力可忽略不计
$\lambda = 0.2$	$m = 1.234$	0.25	0.15	拱肋自重荷载占比较高
$\lambda = 0.4$	$m = 1.172$	0.67	0.41	拱肋自重荷载占比高
$\lambda = 0.6$	$m = 1.113$	1.50	0.93	集中荷载占比较高
$\lambda = 0.8$	$m = 1.056$	4.00	2.48	集中荷载占比高
$\lambda = 1$	$m = 1.000$	∞	∞	只有集中力，拱肋自重可忽略不计

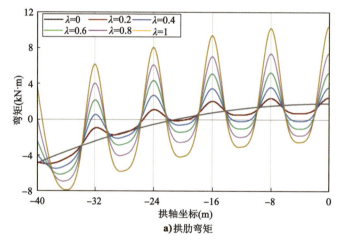

a) 拱肋弯矩

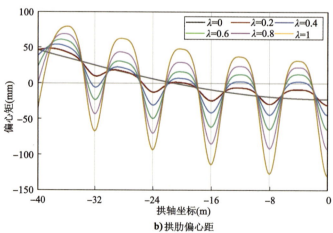

b) 拱肋偏心距

图 9-15　拱肋计算结果

从图 9-15 中可以看出，随着 λ 的增大，附加弯矩和偏心距不断增大，即拱肋局部弯矩不断增大，拱上建筑荷载占比越高，局部弯矩越大。当超过某一个临界值后，局部弯矩处截面可能成为控制截面。因此，对于拱上建筑荷载占比较高的拱桥，当局部弯矩影响到拱肋的控制截面时，此时拱轴线不宜采用叠加后的悬链线，而是采用折线与悬链线叠加的方法，或者采用多段折线拱轴线。

拱上建筑越轻，局部弯矩的影响越小。图 9-16 为荷载比于偏心距之和的关系，可以看出拱上建筑荷载 q 不超过总荷载 ($q + g_d$) 的 50% 时，弯矩影响较小，荷载等效效果较好。即拱上建筑荷载占比不超过总荷载的 50% 时，采用近似的悬链线拟合拱轴线效果较好。

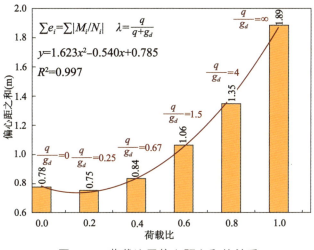

图 9-16　荷载比于偏心距之和的关系

9.7　钢管混凝土组合桁梁桥

9.7.1　组合桁梁桥节点构造

为提高节点承载力，大跨简支桁架可仅在支座附近剪力较大处弦杆内填混凝土，如图 9-17 所示。对于跨径较小的桁架，为了施工的便利，也可沿弦杆全长填充混凝土。对于连续桁架，上下弦杆均采用矩形钢管混凝土截面（图 9-18），采用该截面形式不但能提高节点的承载力，也提高了受压弦杆的承载力和刚度，并降低了桁架的高度，节约钢材用量。为了保证节点承载力和管内混凝土的浇捣质量，矩形钢管混凝土桁架主管应保持连续，支管不得穿入主管内。

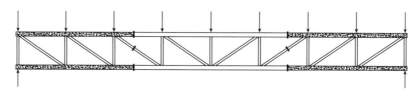

图9-17 支座附近局部填充混凝土的矩形钢管混凝土桁架简支桁架

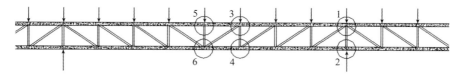

图9-18 主管填充混凝土的矩形钢管混凝土桁架节点

图9-19给出了图9-18中矩形钢管混凝土桁架节点构造,其中上弦节点1、3、5和下弦支座节点2作用集中荷载,设置有钢垫板。根据节点传力方式可知,节点2、5为X形受压节点,节点1和节点3的竖腹杆内力的一部分与集中荷载平衡,另一部分与斜腹杆的垂直分量平衡,因此节点1、3可视为K形和X形组合节点。下弦节点4为K形节点,而节点6应视为一对K形节点。

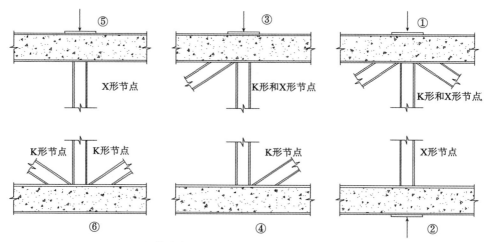

图9-19 主管填充混凝土的矩形钢管混凝土桁架连续桁架

对于节点附近局部填充混凝土的矩形钢管混凝土桁架节点,混凝土填充长度应满足$L_c \geq h_1/\sin\theta_1 + 4h_0$,且应保证混凝土灌注的密实性。

矩形钢管混凝土节点焊缝的构造要求可参照现行《钢结构设计标准》(GB 50017)执行。

对钢管相贯焊接节点而言,当腹杆与弦杆连接节点的偏心不超过式(9-68)的限制时,在计算节点和受拉弦杆承载力时,可忽略因偏心引起的弯矩影响,但受压弦杆必须考虑此偏心弯矩$M = \Delta N \times e$(ΔN为节点两侧弦杆轴力之差)的影响。节点间隙示意如图9-20所示。

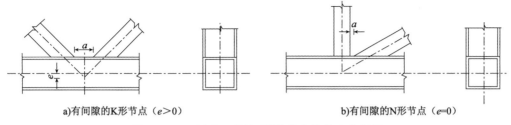

a) 有间隙的K形节点（$e>0$）　　　b) 有间隙的N形节点（$e=0$）

图 9-20　K 形和 N 形矩形管节点的偏心和间隙

$$-0.55 \leqslant \frac{e}{h} \leqslant 0.25 \tag{9-68}$$

腹杆与弦杆的宽度比 β 应在下列范围:对于 T、Y 或 X 形节点 $0.25 \leqslant \beta \leqslant 1$,对于 K、N 形间隙节点 $0.35 \leqslant \beta \leqslant 1$。$\beta = 1$ 时的等宽节点力学性能较为优越,建议优先采用等宽节点。

矩形钢管混凝土桁架节点弦杆与腹杆的连接处,不得将腹杆穿入弦杆内;对于 K、N 形间隙节点,腹杆间的间隙 g 应满足下列要求:

$$0.5[b_0 - (b_1 + b_2)/2] \leqslant g \leqslant 1.5[b_0 - (b_1 + b_2)/2] \tag{9-69}$$

对矩形钢管混凝土杆件的构造建议如下:

(1) 主管的壁厚不宜小于支管的壁厚,主管和受拉支管钢管的宽厚比或高厚比不宜大于 $35\sqrt{235/f_y}$,也不宜小于 $15\sqrt{235/f_y}$。

(2) 受压支管钢管的宽厚比或高厚比不宜大于 $\sqrt{E_s/f_y}$。

(3) 支主管的宽度比 β:对于 T、Y 或 X 形节点 $0.25 \leqslant \beta \leqslant 1.0$,对于 K 形节点 $0.35 \leqslant \beta \leqslant 1.0$。

(4) 支主管腹杆倾角一般不应小于 45°,且有竖杆桁架的合理倾角为 50°左右,无竖杆桁架的合理倾角为 60°左右。

(5) 矩形钢管混凝土构件的截面最小边尺寸不宜小于 100mm,钢管壁厚不宜小于 4mm,截面高宽比不宜大于 2。

(6) 当矩形钢管混凝土弦杆内设置 PBL 加劲肋时,PBL 板厚不宜小于钢管壁厚,PBL 板高建议取 1/4 ~ 1/3 的钢管高度;开孔孔径建议取 1/2 ~ 3/4 的 PBL 板高;孔距也建议取 PBL 板高。PBL 加劲肋可设置在矩形钢管侧板及顶板的中部或三分点位置,通长布置。

9.7.2　钢管混凝土组合桁梁抗弯承载力计算方法

本节基于铰接桁架的计算方法提出了钢管混凝土桁架的抗弯承载力计算公式。当集中荷载 P 单独作用于钢管混凝土桁架节点时,其简化计算模型如图 9-21 所示。其中 a

为节间距,N 为组合桁梁节间数量,n 为荷载作用点距离相近支座的节间数量($n \leqslant N/2$),H 为桁架计算高度,θ 为腹杆与弦杆的夹角。根据结构力学可得,节点荷载作用下受压弦杆、受拉弦杆以及腹杆的内力最大值 N_c、N_t、N_b 可分别按式(9-70)~式(9-72)计算,杆件截面抗力 R_c、R_t、R_b 可分别按式(9-73)~式(9-75)计算。

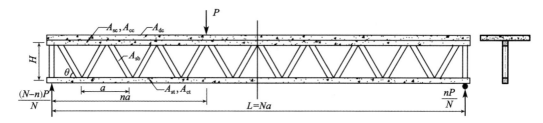

图 9-21 节点荷载作用下钢管混凝土组合桁梁的简化计算模型

$$N_c = \frac{Pna}{H}\left(\frac{N-n-0.5}{N}\right) \qquad (9\text{-}70)$$

$$N_t = \frac{Pna}{H}\left(\frac{N-n}{N}\right) \qquad (9\text{-}71)$$

$$N_b = \frac{(N-n)P}{N\sin\theta} \qquad (9\text{-}72)$$

$$R_c = \chi(A_{sc}f_y + A_{cc}f_c) \qquad (9\text{-}73)$$

$$R_t = A_{st}f_y \qquad (9\text{-}74)$$

$$R_b = \eta_{eff}A_{sb}f_y \qquad (9\text{-}75)$$

式中:A_{sc}、A_{st}——受压、受拉弦杆的截面面积;

A_{sb}——腹杆的截面面积;

A_{cc}——受压弦杆内混凝土的截面面积;

χ——轴向受压杆件稳定系数,可按规范进行取值;

f_y——钢材屈服强度;

η_{eff}——考虑腹杆破坏和节点破坏的腹杆抗力折减系数,按折减程度最大的系数进行计算:

$$\eta_{eff} = \min\{\eta_1, \eta_2, \eta_{jc}\} \qquad (9\text{-}76)$$

式中:η_1——受压腹杆破坏时的稳定折减系数;

η_2——受拉腹杆破坏时的折减系数;

η_{jc}——节点承载力效率系数。

由于节点承载力同样以腹杆轴力为表达式进行计算,因此也可将节点极限状态下对应腹杆轴力与腹杆轴心受拉抗力($A_w f_y$)的比值等效为对腹杆有效截面面积的折减,这样一来便可将节点破坏合并到腹杆破坏的类型中。

在荷载作用下钢管混凝土桁架各个杆件效率系数 S_i 可定义为荷载作用下的构件内力 N_i 除以抗力 R_i,即:

$$S_i = \frac{N_i}{R_i} \tag{9-77}$$

式中:i——可取 c、t、b。

根据效率系数的定义可得,效率系数为荷载作用下杆件内力和抗力的比值。效率系数 S_i 的范围在 0~1 之间且效率系数越大杆件越接近破坏。将式(9-70)~(9-75)分别代入式(9-77)可得:

$$S_c = \frac{Pna}{(A_{sc}f_y + A_{cc}f_c)H} \left(\frac{N-n-0.5}{N} \right) \tag{9-78}$$

$$S_t = \frac{Pna}{A_{st}f_y H} \left(\frac{N-n}{N} \right) \tag{9-79}$$

$$S_b = \frac{(N-n)P}{\eta_{eff} A_{sb} f_u N \sin\theta} \tag{9-80}$$

当钢管混凝土桁架受拉弦杆首先达到极限状态时,其效率系数应首先达到 1。此时,在荷载作用下的桁架受拉弦杆效率系数应高于受压弦杆和腹杆的效率系数,即 $S_t > S_c$ 且 $S_t > S_b$,整理可得式(9-81)和式(9-82)。该公式给出了桁架发生对应破坏模式时构件的截面尺寸比。此时桁架抗弯承载力 M_u 则可根据受拉弦杆的极限承载力和桁架高度确定,如式(9-83)所示。同理可得桁架其他杆件发生破坏时的关系式以及对应的承载力,将其汇总于表 9-9。当复杂荷载作用于桁架上时,则可将其简化为一系列节点荷载,再进行计算。

$$\frac{A_{sc}}{A_{st}} > \left(\frac{N-n-0.5}{N-n} \right) \left(\frac{A_{sc}f_y}{A_{cc}f_c + A_{sc}f_y} \right) \tag{9-81}$$

$$\frac{\eta_{eff} A_{sb}}{A_{st}} > \frac{1}{\lambda \sin\theta} \tag{9-82}$$

式中:λ——剪跨比,$\lambda = na/H$。

$$M_u = A_{st} f_y H \tag{9-83}$$

桁架加载破坏模式判定及对应桁架抗弯承载力　　　表9-9

构件截面尺寸比	破 坏 模 式	抗弯承载力
$\begin{cases} \dfrac{A_{sc}}{A_{st}} > \dfrac{N-n-0.5}{N-n} \dfrac{A_{sc}f_y}{A_{cc}f_c + A_{sc}f_y} \\ \dfrac{\eta_{eff}A_{sb}}{A_{st}} > \dfrac{1}{\lambda \sin\theta} \end{cases}$	受拉弦杆破坏	$M_u = A_{st}f_y H$
$\begin{cases} \dfrac{\eta_{eff}A_{sb}}{A_{st}} < \dfrac{1}{\lambda \sin\theta} \\ \dfrac{\eta_{eff}A_{sb}f_y}{A_{cc}f_c + A_{sc}f_y} < \dfrac{1}{\lambda \sin\theta} \dfrac{N-n}{N-n-0.5} \end{cases}$	腹杆破坏	$M_u = \eta_{eff}A_{sb}f_y na\sin\theta$
$\begin{cases} \dfrac{A_{cc}f_c + A_{sc}f_y}{A_{st}f_y} < \dfrac{N-n-0.5}{N-n} \\ \dfrac{\eta_{eff}A_{sb}f_y}{A_{cc}f_c + A_{sc}f_y} > \dfrac{1}{\lambda \sin\theta} \dfrac{N-n}{N-n-0.5} \end{cases}$	受压弦杆破坏	$M_u = (A_{sc}f_y + A_{cc}f_c)H\dfrac{N-n}{N-n-0.5}$

由图9-22可知,桁架节点的受力状态与腹杆的轴力密切相关,当节点承载力较小时,节点先于腹杆发生破坏,反之则腹杆首先发生破坏。根据式(9-77)的定义,节点效率系数为节点承载力与腹杆发生强度破坏时承载力的比值,如式(9-84)所示:

$$\eta_{jc} = \frac{R_J}{A_{sb}f_y} \quad (9-84)$$

式中:η_{jc}——节点承载力效率系数;

R_J——腹杆轴力作用下的节点承载力;

A_{sb}——腹杆截面面积。

由式(9-84)可知当节点承载力较高时,其效率系数也越大,这意味着如果桁架节点发生破坏时腹杆的应力水平也接近极限状态,材料利用率较高,说明该桁架节点设计的较为合理;当节点承载力效率系数较小时,采用该类节点的桁架容易发生节点破坏,此时其他桁架杆件的应力水平较低,应对节点进行进一步的优化。节点承载力效率系数是一个无量纲参数,可对不同类型的桁架节点进行横向对比,因此其可作为桁架优化设计的评价指标。

节点承载力效率系数实质上给出了钢管混凝土桁架节点与腹杆力学性能的量化相互关系,其可在桁架层面对不同类型的节点力学性能进行横向比较,还可以作为节点力学性能评估和方案优化设计的通用评价指标。

根据表9-9可知,当钢管混凝土桁架弦杆发生破坏时,桁架的抗弯承载力由杆件的承载力决定。空钢管以及钢管混凝土桁架杆件在轴向受拉或受压时的承载力计算理论较为成熟,其桁架杆件的计算长度及承载力计算可直接参考现行[《公路钢结构桥梁设计规范》(JTG D64)、《矩形钢管混凝土结构技术规程》(CEC8 159)等]进行计算。当钢管混凝土桁架发生腹杆或节点破坏时,则应首先求出 η_{eff} 值,才能代入公式进行计算。结合式(9-84),要准确求解发生节点破坏时的钢管混凝土桁架抗弯承载力,应首先对其节点承载力 R_J 进行计算。

当组合桁梁桥面板及相连的桁架弦杆受拉时,桥面板混凝土开裂较早。此时的承载力由受拉弦杆和桥面板内纵向钢筋提供,那么组合桁梁的承载力可参照钢混凝土桁架的方法来进行计算,不考虑组合作用。当组合桁梁桥面板及相连的弦杆受压时,组合作用得到充分发挥。此时可将组合桁梁的混凝土板视为桁架弦杆的一部分。桥面板与桁架弦杆两者之间的轴向荷载分配比例可按照轴向刚度比来确定。

针对钢管混凝土组合桁梁的特点,提出如下计算假定:①混凝土板和上弦杆之间连接件的刚度和承载力无限大,即不考虑桥面板与主桁界面黏结滑移的影响;②作用于组合桁梁混凝土板的竖向荷载均可等效为一系列作用于节点的荷载。

基于上述假定,可提出钢管混凝土组合桁梁破坏模式判定方法及抗弯承载力简化计算方法。以不带竖腹杆的简支三角形型桁架的钢管混凝土组合桁梁为例,对在不同加载模式下承受正弯矩时的破坏模式及对应的抗弯承载力进行推导。该计算方法同时也适用于其他类型的桁架结构。

当集中荷载 P 单独作用于组合桁梁混凝土板时,其简化计算模型如图 9-21 中所示。根据结构力学可得,节点荷载作用下受压混凝土板、受压弦杆、受拉弦杆以及腹杆的内力最大值可分别按式(9-85)~式(9-88)计算。

$$N_{dc} = \frac{k_1 P n a}{H} \left(\frac{N-n-0.5}{N} \right) \tag{9-85}$$

$$N_c = \frac{k_2 P n a}{H} \left(\frac{N-n-0.5}{N} \right) \tag{9-86}$$

$$N_t = \frac{P n a}{H} \left(\frac{N-n}{N} \right) \tag{9-87}$$

$$N_b = \frac{(N-n)P}{N \sin\theta} \tag{9-88}$$

式中:k_1、k_2——受压桥面板和受压弦杆所承担的荷载比例,对于钢管混凝土桁架可取 $k_1 = 0, k_2 = 1$。

混凝土板、受压弦杆、受拉弦杆以及腹杆的截面抗力可分别按式(9-89)~式(9-92)计算。

$$R_{dc} = A_{dc}f_c \tag{9-89}$$

$$R_c = \chi(A_{sc}f_y + A_{cc}f_c) \tag{9-90}$$

$$R_t = A_{st}f_y \tag{9-91}$$

$$R_b = \eta_{eff}A_{sb}f_y \tag{9-92}$$

式中：A_{dc}——受压混凝土板的截面面积；

A_{cc}——受压弦杆管内混凝土的截面面积。

在荷载作用下桁架各个杆件及混凝土板的效率系数 S_i 可按式(9-93)进行计算：

$$S_i = \frac{N_i}{R_i} \tag{9-93}$$

式中：i——可取 dc、c、t、b。

在实际工程中的组合桁梁混凝土板为了满足构造要求,其截面面积通常远大于弦杆的截面面积。当受压混凝土板的截面抗力 R_{dc} 远大于受压弦杆的截面抗力 R_c 时,可取 $k_1 = 1$。

当组合桁梁受拉弦杆首先达到极限状态发生弯曲破坏时,其效率系数 S_t 应高于混凝土板 S_{dc} 和腹杆的效率系数 S_b：

$$S_t > S_{dc} \tag{9-94}$$

$$S_t > S_{sb} \tag{9-95}$$

将式(9-93)代入式(9-94)、式(9-95)可得：

$$\frac{A_{dc}}{A_{st}} > \frac{f_y}{f_c}\left(\frac{N-n-0.5}{N-n}\right) \tag{9-96}$$

$$\frac{\eta_{eff}A_{sb}}{A_{st}} > \frac{1}{\lambda\sin\theta} \tag{9-97}$$

式中：λ——剪跨比,$\lambda = na/H$。

因此当组合桁梁构件的截面面积同时满足式(9-96)和式(9-97)时,其破坏模式为由下弦杆屈服引起的弯曲破坏。同理可得,当组合桁梁破坏模式为混凝土板受压破坏引起的弯曲破坏,以及破坏模式为腹杆破坏或节点破坏导致的剪切破坏对应的判定公式。

集中荷载 P 作用下的组合桁梁弯矩最大值为 $Pna(N-n)/N$。当组合桁梁达到极限状态时,则可根据组合桁梁构件的抗力计算得出对应外荷载 P 的大小,便可进一步求解得到不同桁架破坏模式对应的极限抗弯承载力：

(1) 当组合桁梁受拉弦杆首先破坏时,$M_u = A_{st}f_yH$；

(2) 当组合桁梁腹杆首先破坏时，$M_u = \eta_{eff} A_{sb} f_y n a \sin\theta$；

(3) 当组合桁梁受压混凝土板首先破坏时，$M_u = \chi A_{dc} f_c H$。

将推导结果汇总得到针对桥面板受压和桥面板受拉加载模式下的钢管混凝土组合桁梁的破坏模式判定公式以及承载力计算公式，如表9-10、表9-11所示。

节点加载破坏模式判定及对应抗弯承载力（桥面板受压） 表9-10

构件截面尺寸比	破坏模式	抗弯承载力
$\begin{cases} \dfrac{A_{st}}{\chi A_{dc}} < \dfrac{f_c}{f_y} \dfrac{N-n}{N-n-0.5} \\ \dfrac{A_{st}}{\varphi A_{sb}} < \lambda \sin\theta \end{cases}$	下弦杆破坏	$M_u = A_{st} f_y H$
$\begin{cases} \dfrac{\chi A_{dc}}{A_{sb}} < \dfrac{f_y}{f_c} \dfrac{N-n-0.5}{N-n} \\ \dfrac{\chi A_{dc}}{\eta_{eff} A_{sb}} < 2\cos\theta \dfrac{f_y}{f_c} \dfrac{n(N-n-0.5)}{N-n} \end{cases}$	混凝土板破坏	$M_u = \chi A_{dc} f_c H$
$\begin{cases} \dfrac{\eta_{eff} A_{sv}}{\chi A_{dc}} < \dfrac{f_c}{f_y} \dfrac{N-n}{n(N-n-0.5)} \dfrac{1}{2\cos\theta} \\ \dfrac{\eta_{eff} A_{sb}}{A_{st}} < \dfrac{1}{\lambda \sin\theta} \end{cases}$	腹杆破坏	$M_u = \eta_{eff} A_{sb} f_y n a \sin\theta$

节点加载破坏模式判定及对应抗弯承载力（桥面板受拉） 表9-11

构件截面尺寸比	破坏模式	抗弯承载力
$\begin{cases} \dfrac{A_{sc}}{k_{rt} A_{st}} > \dfrac{N-n-0.5}{N-n} \dfrac{\xi}{1+\xi} \\ \dfrac{\eta_{eff} A_{sb}}{A_{st}} > \dfrac{1}{\lambda \sin\theta} \end{cases}$	受拉弦杆破坏	$M_u = k_{rt} A_{st} f_y H$
$\begin{cases} \dfrac{\eta_{eff} A_{sb}}{k_{rt} A_{st}} < \dfrac{1}{\lambda \sin\theta} \\ \dfrac{\eta_{eff} A_{sb}}{A_{sc}} < \dfrac{1+1/\xi}{\lambda \sin\theta} \dfrac{N-n}{N-n-0.5} \end{cases}$	腹杆破坏	$M_u = \eta_{eff} A_{sb} f_y n a \sin\theta$
$\begin{cases} \dfrac{A_{sc}}{k_{rt} A_{st}} < \dfrac{N-n-0.5}{N-n} \dfrac{\xi}{1+\xi} \\ \dfrac{\eta_{eff} A_{sb}}{A_{sc}} > \dfrac{1+1/\xi}{\lambda \sin\theta} \dfrac{N-n}{N-n-0.5} \end{cases}$	受压弦杆破坏	$M_u = (A_{sc} f_y + A_{cc} f_c) H \dfrac{N-n}{N-n-0.5}$

注：式中 η_{eff} 为腹杆抗力折减系数，可根据《公路钢结构桥梁设计规范》(JTG D64—2015)计算得到。

当组合桁梁的桥面板位于受拉弦杆平面时,由于混凝土的抗拉强度较低,首先发生开裂后退出工作。但在桥面板退出工作后桁架结构仍然保持完整,可以继续承担荷载。此时桥面板及受拉弦杆所能提供的受拉承载力为钢管与桥面板内纵向钢筋受拉承载力之和。可将桥面板内纵向钢筋所提供的承载力折算到弦杆的截面面积中去,即:

$$k_{rt} = \frac{A_{st}f_y + A_{rt}f_{y_r}}{A_{st}f_y} \tag{9-98}$$

式中:A_{rt}——桥面板中纵向钢筋的截面面积;

f_{yr}——纵向钢筋的屈服强度;

k_{rt}——考虑桥面板纵向钢筋影响的受拉弦杆截面修正系数。易知此时组合桁梁的破坏模式与桁架类似,最终可得桥面板受拉时的钢管混凝土组合桁梁破坏模式及承载力计算公式。

当进行复杂工况的计算时,则首先可将复杂荷载简化为一系列节点荷载的组合,再按照上述两种加载模式进行线性叠加即可。

9.7.3 钢管混凝土组合桁梁挠度计算方法

钢管混凝土组合桁梁桥的变形应根据线弹性理论的方法计算,对于采用间隙节点的桁架,可将铰接分析获得的桁架变形乘以 1.15 倍作为桁架的最大变形,也可采用考虑节点刚性的模型计算整体桁架的变形,如图 9-22 所示。

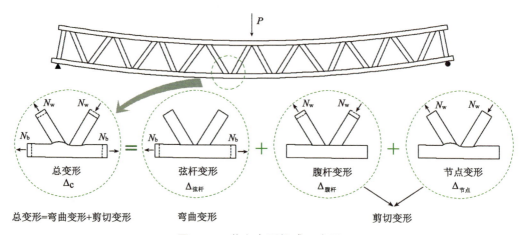

图 9-22 节点变形组成示意图

钢管混凝土组合桁梁总变形由弯曲变形和剪切变形两部分组成,其中弯曲变形主要表现为弦杆的轴向变形,剪切变形则表现为腹杆的轴向变形和节点局部变形,因此,钢管混凝土组合桁梁整体刚度可按式(9-99)计算:

表 9-12 矩形钢管节点刚度

节点类型	计 算 公 式
T 形节点	$k_j = \begin{cases} \dfrac{E_s}{\dfrac{(b_0-2t_0-b_1)^3}{4l_{\text{eff}}t_0^3}+\dfrac{h_0-t_0}{2b_{\text{eff}}t_0}} & \beta<0.85 \\ \dfrac{E_s(h_0-t_0)}{2b_{\text{eff}}t_0} & \beta\geqslant 0.85 \end{cases}$ $l_{\text{eff}} = h_1(2-\beta)+1.25b_0(1-\beta)$ $b_{\text{eff}} = 0.025\left[h_1(9\beta-1)+\dfrac{2.4b_0}{1.2-\beta}\right]$
K 形节点	$k_j = \dfrac{E_s}{\sin^2\theta\left[\dfrac{(b_0-2t_0-b_1)^3}{4l_{\text{eff}}t_0^3}+\dfrac{h_0-t_0}{2b_{\text{eff}}t_0}\right]} \quad \beta<0.85$ $k_j = \dfrac{E_s b_{\text{eff}} t_0}{\sin^2\theta(h_0-t_0)} \quad \beta\geqslant 0.85$ $l_{\text{eff}} = \dfrac{17.34+2\gamma}{59.15+107.35\dfrac{g}{b_0}}\left[(6.13-7.77\beta)b_0+(0.85-0.58\beta)\dfrac{h_1}{\sin\theta}\right]$ $b_{\text{eff}} = \dfrac{1}{4.52+2.95\dfrac{g}{b_0}}\left[\dfrac{69.65-2\gamma}{3.40+9.92\beta}b_0+(-11.43+18.48\beta)\dfrac{h_1}{\sin\theta}\right]$

表 9-13 矩形钢管混凝土节点刚度

节点类型	计 算 公 式
支管受拉节点 T、Y 形节点	$k_{jt} = \dfrac{2E_s}{\sin^2\theta\left[\dfrac{(b_0-t_0-b_1)^3}{8l_{\text{eff}}t_0^3}+\dfrac{h_0-t_0}{b_{\text{eff}}t_0}\right]} \quad \beta<1$ $k_{jt} = \dfrac{2E_s b_{\text{eff}} t_0}{\sin^2\theta(h_0-t_0)} \quad \beta=1$ $l_{\text{eff}} = \dfrac{46.89+2\gamma}{100}\left[(1.12-1.26\beta)b_0+0.21\dfrac{h_1}{\sin\theta}\right]$ $b_{\text{eff}} = \dfrac{159.62-2\gamma}{100}(0.06+0.35\beta)b_0+0.98\dfrac{\beta h_1}{\sin\theta}$

续上表

节点类型		计算公式
支管受拉节点	K形节点	$l_{\text{eff}} = \dfrac{57.2 + 2\gamma}{75.68 + 80.58\dfrac{g}{b_0}}\left[(0.85 - 0.92\beta)b_0 + 0.15\dfrac{h_1}{\sin\theta}\right]$ $b_{\text{eff}} = \dfrac{318.36 - 2\gamma}{162.72 + 75.71\dfrac{g}{b_0}}\left(\dfrac{0.83 b_0}{1206.87\beta - 826.44} + 0.98\dfrac{h_1}{\sin\theta}\right)$ $k_{jt} = \left\{\begin{array}{ll}\dfrac{2E_s}{\sin^2\theta}\left[\dfrac{(b_0 - t_0 - b_1)^3}{8l_{\text{eff}}t_0^3} + \dfrac{h_0 - t_0}{b_{\text{eff}}t_0}\right] & \beta < 1 \\ \dfrac{2E_s b_{\text{eff}} t_0}{\sin^2\theta(h_0 - t_0)} & \beta = 1\end{array}\right.$
	T、Y形节点	$l_{\text{eff1}} = \dfrac{131.35 - 2\gamma}{100}\left[\dfrac{h_1}{\sin\theta} + (1.84 - 1.95\beta)b_0\right]$ $l_{\text{eff2}} = \dfrac{102.64 - 2\gamma}{100}\left[\dfrac{0.74 h_1}{\sin\theta} + (1.69 - 1.03\beta)b_0\right]$
支管受压节点	K形节点	$\beta \geq 0.6$ 且 $g/b_0 \geq 0.3$ 时： $l_{\text{eff1}} = \dfrac{(62.81 - 2\gamma)\dfrac{h_1}{\sin\theta} + (36.10 - 18.39\beta)b_0}{34.36 + 7.04\dfrac{g}{b_0}}$ $l_{\text{eff2}} = \dfrac{(104.12 - 2\gamma)\left[(0.17 + 2.01\beta)b_0 + \dfrac{h_1}{\sin\theta}\right]}{175.5 + 93.15\dfrac{g}{b_0}}$ $k_{jc} = \left\{\begin{array}{ll}\dfrac{l_{\text{eff1}} E_c b_1}{\sin^2\theta(h_0 - t_0)} & \beta < 0.85 \\ \dfrac{l_{\text{eff2}}(E_c b_1 + 2E_s t_0)}{\sin^2\theta(h_0 - t_0)} & 0.85 \leq \beta \leq 1\end{array}\right.$

$$K = \frac{P}{\sum \frac{\overline{N}_t N_t}{E_s A_{st}} l_t + \sum \frac{\overline{N}_b N_b}{E_s A_{sb}} l_b + \sum \frac{\overline{N}_w N_w}{E_s A_w} l_w + \sum \frac{\overline{N}_w N_w}{k_J}} \quad (9\text{-}99)$$

式中：N_t、N_b——桁架上、下弦杆轴力；

$\overline{N}_t$、$\overline{N}_b$——单位荷载作用下桁架上、下弦杆轴力；

l_t、l_b——桁架上、下弦杆节段长度；

N_w——荷载作用下桁架腹杆轴力；

$\overline{N}_w$——单位荷载作用下桁架腹杆轴力；

l_w——桁架腹杆节段长度；

k_J——桁架节点轴向刚度,受压轴向刚度为k_{Jc},受拉轴向刚度为k_{Jt},按表 9-12 和表 9-13 计算。

矩形钢管和钢管混凝土节点刚度可按表 9-12、表 9-13 计算。

9.8 钢管混凝土桥塔（墩）

9.8.1 塔柱构造

缆索承重桥梁的钢管混凝土桥塔主要由塔柱、钢混结合部、索塔锚固构造等组成,多肢塔柱间有时还需布置横向连接构造(如钢横梁)。本节对 8 座已建成的钢管混凝土桥塔的塔柱构造进行对比分析,以明确塔柱各组成部分的功能,理清目前塔柱构造设计中存在的问题,并对现有塔柱构造进行优化。

钢管混凝土桥塔塔柱构造对比见表 9-14。可见,塔柱主要由钢壁板、纵向加劲肋、横向加劲肋、横隔构造、纵隔构造、钢-混凝土连接构造、普通钢筋和预应力钢筋等组成,且钢管混凝土桥塔塔柱的截面形式灵活多变。

(1)塔柱截面形式

得益于焊接钢箱的模板作用,钢管混凝土塔柱截面可以根据景观需求和受力需要,设计成单箱单室、单箱多室或多箱多室等各种形状,见图 9-23。当塔柱截面尺寸不大时,一般采用单箱单室的实心截面,可根据主受力方向合理布置截面,如高坎大桥的双肢圆端矩形、东丰路立交桥的椭圆形、莲池大街立交桥的哑铃形截面均有利于抵抗顺桥向弯矩作用。当塔柱截面尺寸较大时可采用中空截面,如南京长江五桥。当需要在塔柱内张拉斜拉索或设置检修爬梯时,也可采用中空截面,如阿拉米罗桥、梨川大桥。

钢管混凝土桥塔塔柱构造对比   表 9-14

序号	桥名	截面形式	钢混连接构造	纵向加劲肋	横向加劲肋	横隔构造	纵隔构造	塔柱配筋
1	阿拉米罗桥	不规则六边形外壁板+椭圆形内壁版	焊钉	板肋	T肋	桁架	无	箍筋,保证钢与混凝土共同承受剪力作用
2	高坎大桥	圆端矩形	焊钉	L肋	板肋	角钢	无	箍筋、纵向钢筋
3	双鱼岛大桥	五边形外壁板+带倒角矩形内壁板	焊钉	板肋	板肋	角钢	无	箍筋、纵向钢筋、拉索锚固区环向预应力钢束
4	梨川大桥	带倒角矩形外壁板+矩形内壁板	PBL	PBL	PBL	横隔板	开孔钢板	PBL孔中钢筋、纵向预应力束
5	东丰路立交桥	椭圆形	焊钉	板肋	板肋	槽钢	无	无
6	莲池大街立交桥	哑铃形	无	T肋	无	横隔板	平钢板	箍筋、纵向钢筋、横向钢筋
7	南京长江五桥	四边形内、外壁板	焊钉+PBL	PBL	PBL	角钢	角钢	PBL孔中钢筋
8	灞河元朔大桥	矩形	无	板肋	无	横隔板	平钢板	无

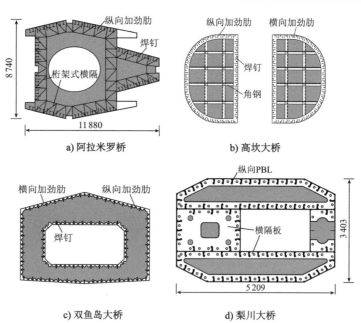

图 9-23

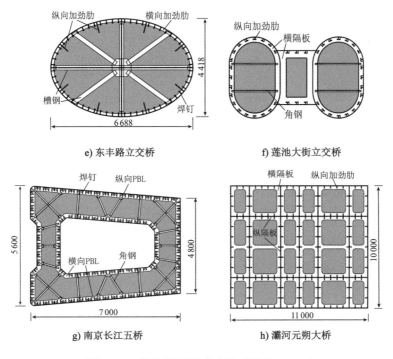

图 9-23 塔柱截面形式（尺寸单位：mm）

（2）钢壁板及其加劲肋

大尺寸钢管混凝土桥塔的钢壁板通常为超大宽厚比板件（如南京长江五桥的桥塔钢壁板最大宽厚比达 485），需要布置纵、横向加劲肋来提高面外刚度，抵抗或延缓局部屈曲。

平板加劲肋构造简单、布置方便，应用较为广泛，但同等用钢量下获得的加劲刚度不如 L 形或 T 形肋。L 形或 T 形肋的翼缘埋置于混凝土中，限制了加劲肋的位移，极大提高了加劲肋对壁板的弹性支承刚度，对壁板的加劲效果更好。阿拉米罗桥、莲池大街立交桥和高坎大桥的塔柱钢壁板均采用了 L 形或 T 形加劲肋。

近几年建成的梨川大桥和南京长江五桥采用了 PBL 加劲肋。虽然平钢板开孔后截面被削弱，但孔中的混凝土榫限制了加劲肋的位移，可以实现与 L 形或 T 形肋同等的加劲效果，同时又可作为钢混界面的连接构造。因此，PBL 加劲肋在未来钢管混凝土桥塔中的应用会越来越广泛。但在施工阶段，需要考虑由于开孔导致的加劲肋刚度减小，保证浇筑混凝土过程中壁板不产生过大的面外变形。

（3）横隔构造

钢管混凝土桥塔的钢结构在制造、运输、安装、浇筑混凝土等施工过程中，截面易产生超过规范限值的变形。设置横隔构造可以使钢截面在施工过程中保持设计形状，避免过大畸变。

对于未划分格室的截面,常采用角钢或槽钢做成格构式横隔,并通过横向加劲肋与钢壁板连接,如阿拉米罗桥、东丰路立交桥(图9-24)和南京长江五桥。南京长江五桥在内外壁板之间布置了大量角钢横隔,可形成对拉以提高对核心混凝土的约束效应,但存在着杆件数量和种类较多、操作空间小、制造复杂的缺点。对于多格室截面,一般在各个格室内采用中间挖空的实腹式横隔板,如梨川大桥和莲池大街立交桥。

横隔板同时可作为钢壁板的刚性加劲肋,钢壁板发生屈曲时纵波将在此形成波节,故横隔板间距决定了钢壁板屈曲波形的长宽比,从而影响其局部屈曲性能。针对实际钢管混凝土桥塔结构,壁板的纵向加劲肋数量 n_s 取 10,单个纵向加劲肋与母板的面积比 δ_s 取 0.05,加劲肋的相对刚度 γ_s 分别取 0、2、5,则单侧约束加劲板的屈曲系数 k 与长宽比 β 的关系见图 9-25(图中 m 为纵向屈曲波的数量)。由图可知,当加劲肋相对刚度较小时,减小横隔板间距(即减小长宽比 β)可大幅提高屈曲系数;随着加劲肋相对刚度的增大,减小横隔板间距对屈曲系数的影响逐渐减小,可仅按施工需求布置横隔板。《公路钢结构桥梁设计规范》(JTG D64—2015)规定,横隔板的间距一般不大于4m。钢管混凝土桥塔钢箱结构的横隔板间距可根据施工节段划分的长度来确定。每个施工节段布置2道横隔板为宜。

图 9-24 东风路立交桥桥塔断面

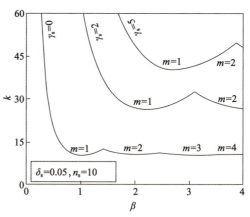

图 9-25 单侧约束加劲板的屈曲系数与长宽比的关系

(4)纵隔构造

南京长江五桥采用角钢作为格构式纵隔,一方面是为了防止施工过程中内、外钢壁板发生纵向相对位移;另一方面在内、外钢壁板之间形成对拉杆,提高对混凝土的约束效应。但同样存在着杆件数量多、操作空间小、制造复杂的缺点。

梨川大桥采用开孔钢板作为纵隔板,开孔是为了保证浇筑时混凝土在各格室之间自由流动,保证钢、混凝土协同受力。纵隔板作为钢壁板的刚性加劲肋,实际上将桥塔截面划分为多个钢管混凝土柱。一方面,提高了钢壁板对内填混凝土的约束效应和塔柱的承载力;另一方面,也便于根据运输、吊装能力对截面进行分割。但纵隔板的布置应考虑到格室长宽比对塔柱承载力的影响。

(5) 钢混连接件

钢管混凝土桥塔作为压弯构件,钢壁板与混凝土的协同受力需通过剪力连接件实现。圆柱头焊钉作为钢-混凝土组合梁中常用的界面连接构造,其传力机理、静力性能、疲劳性能、设计方法等均已发展成熟。早期修建的阿拉米罗桥和近几年建成的双鱼岛大桥、东丰路立交桥等大部分钢管混凝土桥塔均采用了焊钉连接件。

随着 PBL 连接件在钢管混凝土和钢-混结合段中的应用越来越多,其可靠性得到了实际工程的验证。针对 PBL 力学性能与传力机理的研究不断深入,承载力计算方法也不断完善。2016 年建成的梨川大桥的钢管混凝土桥塔首次采用了纵、横向开孔钢板作为钢壁板与混凝土的连接件(图 9-26),同时 PBL 兼作钢壁板的加劲肋,简化了钢箱构造,省去了焊钉的定位、焊接等复杂工序。

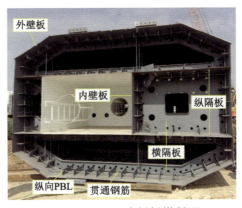

图 9-26 梨川大桥桥塔断面

2020 年建成的南京长江五桥是第一次在大跨径斜拉桥中应用钢管混凝土桥塔。为了使钢壁板与混凝土的连接更加可靠,采用了焊钉和 PBL 两种连接构造,但也存在着两种连接件受力分配不明确的问题,可能导致设计过于保守。同时,大量的焊钉、加劲构造使钢箱内部构造过于复杂,增加了现场纵向钢筋的施工难度。

由于设计理念不同,莲池大街立交桥和灞河元朔大桥的钢管混凝土桥塔均未设置剪力连接件。莲池大街立交桥由钢筋混凝土塔柱承担荷载,仅将钢壁板作为混凝土浇筑的永久模板,其承载能力作为安全储备。灞河元朔大桥的下塔柱可以看作集束式的矩形钢管混凝土柱,其钢壁板厚度达 40mm,截面含钢率高,充分利用钢壁板对混凝土的约束作用来提高核心混凝土的抗压强度,但钢材用量偏高。

(6) 配筋

出于不同的设计意图,目前钢管混凝土桥塔的配筋方法可总结为以下三类:一是完全按传统钢筋混凝土构件设计,钢壁板仅作为施工时混凝土浇筑的模板,如高坎大桥、双鱼岛大桥、莲池大街立交桥。二是用钢壁板代替部分纵向受力钢筋,以解决混凝土受拉开裂的问题,同时在很大程度上简化了塔柱配筋构造,但仍是按照钢筋混凝土或预应力混凝土构件进行计算,钢、混凝土的组合作用仅作为安全储备,如阿拉米罗桥、梨川大桥和南京长江五桥。由于梨川大桥为无背索曲塔、曲梁斜拉桥,塔柱受压、弯、剪、扭复合作用,为避免混凝土开裂,还配有纵向预应力钢束。三是完全按照钢管混凝土构件设计,充分发挥两种材料的组合作用,不配筋,如灞河元朔大桥的下塔柱及早期修建的圆形钢管混凝土塔柱。

（7）PBL加劲型钢管混凝土塔柱的构造优化

通过对塔柱构造实例的对比分析,可以发现目前钢管混凝土塔柱的构造设计存在以下主要问题:

①由于针对受混凝土单侧约束作用的加劲钢壁板局部屈曲理论的研究相对薄弱,尚未形成标准规范,钢管混凝土桥塔壁板在设计时通常按普通钢结构设计,无法合理地考虑混凝土对钢壁板抗局部屈曲的贡献,导致加劲肋用钢量偏大。

②由于对钢箱与混凝土共同承载、钢与混凝土受力分配等力学机理不明确,导致设计时对是否考虑钢管混凝土组合作用、是否配筋、是否设置剪力连接件等关键问题未形成统一认识。

③对于同时设置PBL与焊钉两类剪力连接件的桥塔,钢管混凝土界面传力性能、受力分配不明确,可能导致剪力连接件成为薄弱环节,或设计过于保守。

总之,由于对钢管混凝土桥塔的基础理论研究不足,工程设计人员对钢管混凝土塔柱的各组成部分概念不清晰、功能定位不明确,导致设计理念不统一,由此造成钢管混凝土塔柱构造过于复杂,无法充分发挥施工高效性。

针对目前钢管混凝土塔柱构造设计中存在的问题,基于PBL加劲型钢管混凝土结构的优势,对现有的PBL加劲型钢管混凝土塔柱进行了构造优化,见图9-27。优化后的塔柱仅由钢壁板、纵向PBL加劲肋、开孔横隔板、开孔纵隔板、混凝土组成,其优势主要体现在承载高性能和施工高性能:

①采用PBL加劲肋,利用混凝土榫的锚固作用,以较小的加劲肋截面获得足够的加劲刚度。并根据受混凝土单侧约束平板的局部屈曲理论研究成果,优化钢管混凝土桥塔加劲钢壁板的设计,详见第3章。

②纵隔板将塔柱截面划分为多个格室,类似由多个矩形钢管混凝土组成的受力构件,提高了钢壁板对各个格室内核心混凝土的约束效应。适当减小横隔板间距,也有助于增强对核心混凝土的约束作用。故塔柱可按钢管混凝土结构设计,取消配筋,通过调整截面尺寸、钢壁板厚度和隔板布置来满足受力需求。

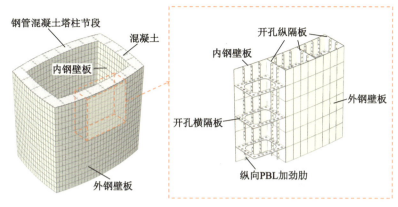

图 9-27　构造优化后的 PBL 加劲型钢管混凝土桥塔

③采用 PBL 连接件,不设置圆柱头焊钉,既可保证桥塔在弯矩作用下界面剪力的传递,又简化了钢管混凝土界面连接构造,且传力明晰,便于计算分析。通过优化 PBL 的构造细节(肋高、孔径、孔距),可在不影响桥塔承载力的前提下,省去 PBL 孔中的贯通钢筋。

④纵、横隔板保证了内、外壁板的有效连接,多格室断面可根据运输条件和吊装能力灵活分割。当采用水路运输时,钢结构可在工厂全断面制造,运输到桥位现场整体吊装;当山区运输条件受限时,可将塔柱钢截面分割后运输,在桥位现场二次拼装后再吊装。

构造优化后的 PBL 加劲型钢管混凝土桥塔,其钢壁板加劲构造、钢管混凝土界面连接构造相比已建成的钢管混凝土桥塔更加简单,无配筋设计,能够节约用钢量、简化钢结构制造及现场安装工序、提高桥塔的工业化制造及装配化施工水平。

9.8.2　钢管混凝土壁板设计

(1)不设肋壁板

对于不设加劲肋的钢管混凝土壁板,当不允许壁板在屈服前发生局部屈曲时,可通过限制板件的宽厚比来实现。四边固支且受混凝土单侧约束平板的宽厚比限值可按式(3-35)计算。

当设计时允许利用壁板的屈曲后强度时,可采用有效宽度法进行计算。受混凝土单侧约束的四边固支板的有效宽度公式可按式(3-37)计算,然后采用有效截面计算钢壁板的承载力。

(2)设板式加劲肋的壁板

对于设板肋的钢管混凝土桥塔加劲壁板,借鉴《公路钢结构桥梁设计规范》(JTG D64—2015),根据板件屈曲模态的不同,采用有效面积法计算板件的屈曲后强度。加劲板屈曲模态可根据加劲肋的界限加劲刚度判断。加劲肋刚度过小将导致加劲肋随壁板一同发生面外屈曲,此时板件发生整体失稳[图9-28a)],可称此类板件为柔性加劲板。当加劲肋刚度足够大时,加劲肋不发生面外变形,每个加劲肋为壁板的屈曲提供一个刚性波节,可称此类板件为刚性加劲板[图9-28b)]。此时,加劲板屈曲系数等价于相邻纵向加劲肋间子板件的局部屈曲系数,失稳子板件宽度为母板的$1/(n_s+1)$,故刚性加劲板的屈曲系数为:

$$k = k_0(n_s+1)^2 \tag{9-100}$$

式中:k_0——单侧约束平板在无肋状态下的屈曲系数,取10.67。

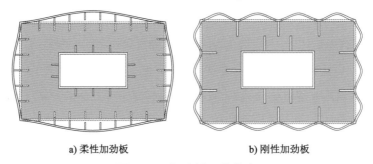

a) 柔性加劲板   b) 刚性加劲板

图9-28 加劲板屈曲模态

单侧约束加劲板的加劲肋界限相对刚度γ_s^*的计算表达式($n_s > 1$):

$$\gamma_s^* = \begin{cases} \dfrac{\beta^2\{3k_0(n_s+1)^2[1+(n_s+1)\delta_s]-8\}-12\beta^4-12}{12(n_s+1)} & \beta < \beta_0 \\ \dfrac{1}{n_s+1}\left\{\left\{\dfrac{k_0(n_s+1)^2[1+(n_s+1)\delta_s]}{8}-\dfrac{1}{3}\right\}^2-1\right\} & \beta \geqslant \beta_0 \end{cases} \tag{9-101}$$

不同屈曲模式的单侧约束加劲板的有效面积分布区域类型见图9-29。有效面积A_e包括母板有效面积和加劲肋有效面积两部分,计算表达式见式(9-102)、式(9-103)。

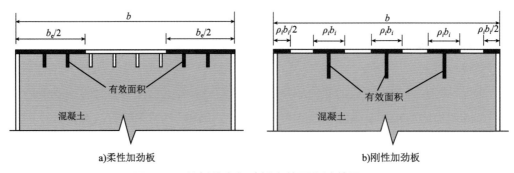

a)柔性加劲板   b)刚性加劲板

图9-29 单侧约束加劲板有效面积计算图示

$$A_e = b_e t + \sum A_{se} \tag{9-102}$$

$$b_e = \sum_{i=1}^{n_s+1} \rho_i b_i \tag{9-103}$$

式中：b_e——加劲板的有效宽度；

b_i——第 i 块子板件的宽度，对于柔性加劲板 $b_i=b$，对于刚性加劲板，b_i 取刚性肋间或刚性肋与壁板间的距离；

ρ_i——有效宽度系数；

$\sum A_{se}$——加劲肋的有效面积，对于柔性加劲板，取母板有效宽度范围内的加劲肋面积之和；对于刚性加劲板，取所有加劲肋面积之和。

(3) 设 PBL 加劲肋的加劲板

由于开孔减小了加劲肋的截面刚度，削弱了加劲作用，故设 PBL 加劲肋的壁板可仅考虑混凝土榫对母板的面外弹性约束作用。四边固支受混凝土单侧约束的 PBL 加劲板屈曲系数可按式(9-100)计算。类似于设板肋的加劲板，进而可得刚性与柔性 PBL 加劲肋的界限刚度。为了保证钢混界面的连接可靠，PBL 的刚度不宜过小，宜按刚性 PBL 加劲肋进行控制。故设 PBL 的加劲板可采用图 9-29b) 所示的有效面积法计算屈曲后强度。

CHAPTER TEN
第10章

钢管混凝土拱桥

钢管和混凝土由于其相互之间的套箍作用,使得钢管混凝土具有很高的受压承载力。而拱肋作为拱桥的核心受力构件,截面以承受压力为主,与钢管混凝土受压力学性能好的优势相匹配,所以钢管混凝土构件在拱桥中得到广泛应用。本章依托青海省苏龙珠黄河特大桥和王坡沟南桥给出了钢管混凝土拱桥的相关设计构造,并结合本书提出的设计方法,对该桥进行验算。

10.1 苏龙珠黄河特大桥

10.1.1 设计概况

图10-1所示为苏龙珠黄河特大桥实桥图片,主要涉及参数如下:

图10-1 苏龙珠黄河特大桥实桥

(1)主要技术标准

①汽车荷载:公路—Ⅰ级车道荷载。

②桥面宽度:50cm 墙式护栏 +1 100cm 桥面 +50cm 墙式护栏。

③温度:月平均最高气温 26.5℃,月平均最低气温 -11.6℃;年极端最高气温 38.2℃,年极端最低气温 -19.9℃。

④设计基本风速:v_{10} = 24m/s。

(2)材料参数

①混凝土:拱肋上、下弦杆及部分钢管立柱内采用 C50 微膨胀混凝土;桥面现浇层采用 C50 混凝土;π 形板及拱座采用 C40 混凝土;其他结构采用 C30 混凝土。

②钢材:拱肋、风撑、立柱及横联采用 Q345qE 级钢。

③普通钢筋:HPB300 光圆钢筋及 HRB400 带肋钢筋。

(3)设计规范及标准

①《公路工程技术标准》(JTG B01—2014);

②《公路桥涵设计通用规范》(JTG D60—2015);

③《公路钢筋混凝土及预应力混凝土桥涵设计规范》(JTG 3362—2018);

④《钢结构设计标准》(GB 50017—2017);

⑤《钢管混凝土拱桥技术规范》(GB 50923—2013);

⑥《公路钢管混凝土拱桥设计规范》(JTG/T D65-06—2015);

⑦《钢管混凝土结构设计与施工规程》(CECS 28:90);

⑧《公路桥梁抗风设计规范》(JTG/T 3360-01—2018)。

10.1.2 结构设计

(1)总体布置

主桥采用上承式悬链线钢管混凝土桁架无铰拱,主拱圈计算跨径 $L = 220$ m,矢高 $f = 40$ m,矢跨比1:5.5,拱轴系数 $m = 2.2$。每片拱肋由 4 根 $\phi 850$ mm 钢管组成高 4.5 m、宽 2.35 m 的钢管桁架,水平向由 $\phi 400$ mm 钢管横向连接两根主钢管,腹杆采用 $\phi 400$ mm × 10 mm 钢管作竖向连接。主拱肋上弦杆钢管壁厚依次为:跨中 44 m 区段间采用 $\phi 850$ mm × 24 mm 钢管,紧接相邻 28 m 区段间采用 $\phi 850$ mm × 18 mm 钢管,再紧接相邻 38 m 区段间采用 $\phi 850$ mm × 14 mm 钢管,再紧接相邻 12 m 区段间采用 $\phi 850$ mm × 18 mm 钢管,剩余拱脚区段采用 $\phi 850$ mm × 24 mm 钢管。主拱肋下弦杆钢管壁厚依次为:跨中 132 m 区段间采用 $\phi 850$ mm × 14 mm 钢管,紧接相邻 26 m 区段间采用 $\phi 850$ mm × 18 mm 钢管,剩余拱脚区段采用 $\phi 850$ mm × 24 mm 钢管。桥梁立面布置和拱肋横断面如图 10-2 所示。

(2)横断面、立柱及桥面板选型

桥梁的两道拱肋之间设有 19 道横撑,以保证拱肋横向稳定。横撑主管采用 $\phi 400$ mm × 10 mm 钢管,腹管采用 $\phi 350$ mm × 10 mm 钢管。

拱上立柱采用钢管混凝土结构,较高的 1 号、19 号立柱钢管截面采用 $\phi 1\ 300$ mm × 18 mm,2 号、18 号立柱钢管截面采用 $\phi 1\ 100$ mm × 14 mm,3 号、4 号、16 号、17 号立柱截面采用 $\phi 1\ 000$ mm × 14 mm,其他立柱钢管截面采用 $\phi 800$ mm × 12 mm,7~13 号立柱钢管内不灌注 C50 自密实微膨胀混凝土,其余均灌注 C50 自密实微膨胀混凝土。对于较高的 1~5 号、15~19 号立柱之间横桥向设置横撑,主管采用 $\phi 400$ mm × 10 mm 钢管。

横梁采用预制的普通钢筋混凝土结构,横梁通过预埋钢板和预埋锚筋与立柱连接。

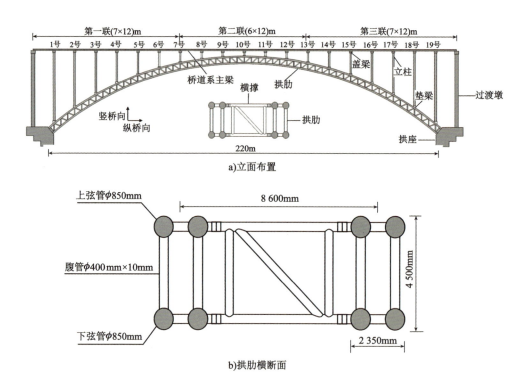

图 10-2 桥梁布置图

主桥行车道系采用 12m 钢筋混凝土 π 形板梁,板高 80cm,肋宽 34~40cm,翼缘板厚 14cm,π 形板纵向接缝宽 40cm,横向接缝宽 70cm,接缝采用 C40 补偿收缩混凝土。每幅横向采用 4 片布置,桥面铺装整体设置。主拱立柱 1~6 号、14~19 号上的盖梁与桥面板固结,其余不固结。桥梁横断面如图 10-3 所示。

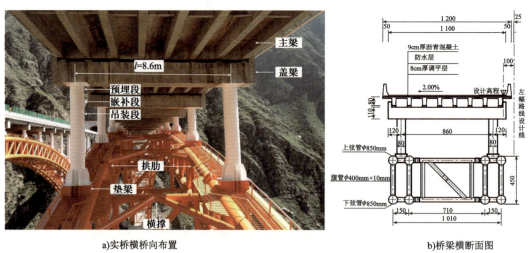

图 10-3 桥梁横断面(尺寸单位:cm)

10.1.3 结构验算

1) 施工阶段结构验算

(1) 施工方案概述

钢管混凝土拱肋采用缆索起重机吊装+扣索悬臂扣挂的总体方案进行施工。主拱圈分为 13 个节段由缆索起重机从两侧往跨中进行悬臂拼装。缆索系统根据地形条件来确定,扣索系统一部分利用桥台锚固,另一部分采用岩体隧道锚。两侧各设 2 处锚固以辅助拱圈的悬拼。拱圈节段就位后,先进行初步定位,安装拼接板高强螺栓,然后缆索起重机松钩,挂设并张拉扣索,精调线形后焊接节段间接头环焊缝。拱圈每根弦管在跨中设合龙口 1 个,采用双悬臂合龙。管内混凝土采用泵送顶升压注法施工。拱上立柱、立柱盖梁、预制拱上 π 形板梁采用缆索起重机吊运安装。施工示意如图 10-4 所示。

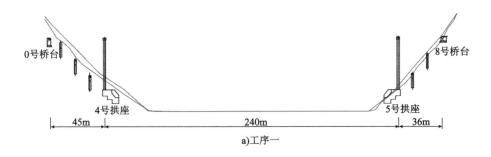

①清除稳定边坡线以外可能塌陷的土层及岩石。②施工拱座、交接墩身、桥墩基础及桥台。③同步工厂预制主拱桁架。

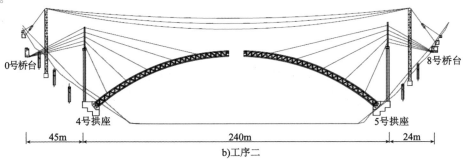

①建立施工控制系统,架设缆索吊装系统,缆索吊装系统由缆索、塔架(塔架稳定索未示出)、锚固点三大系统组成。②采用陆运方式将吊装段运至跨间。③分节段吊装拱肋,要求对称吊装,每吊装一节就安装相应的 K 撑,并同时拉好八字抗风索。

图 10-4

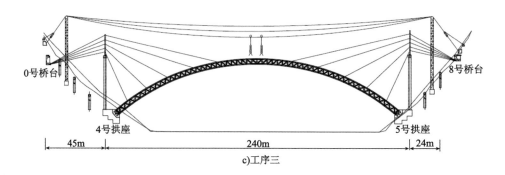

c) 工序三

①完成拱肋合龙。②均匀缓慢、分批放松吊、扣索,嵌补拱脚、拱肋接缝。③拱肋临时封铰,浇筑拱座封铰混凝土。④同步工厂预制混凝土盖梁。

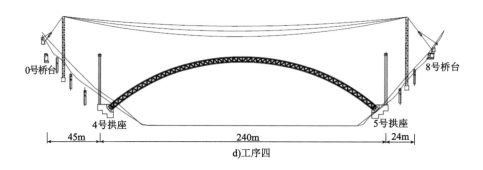

d) 工序四

①灌注拱肋下弦内侧钢管内混凝土,在强度达到90%后,再灌注拱肋上弦外侧钢管内混凝土。混凝土强度达到100%。②灌注拱肋下弦外侧钢管内混凝土,在强度达到90%后,再灌注拱肋上弦内侧钢管内混凝土。混凝土强度达到100%。③同步工厂预制混凝土桥面板。

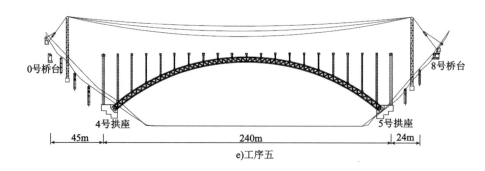

e) 工序五

①从两拱脚到拱顶依次对称吊装钢管立柱。②从两拱脚到拱顶依次对称泵送钢管立柱混凝土。③从两拱脚到拱顶依次对称吊装预制混凝土盖梁。

图 10-4

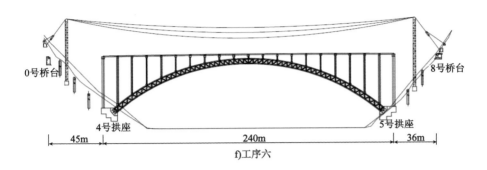

①桥面板吊装:两侧对称从拱脚向跨中逐孔安装桥面行车道板,要求在拱肋左右侧对称进行,两侧安装的进度差不得大于一孔桥面板。先中板后边板,横向对称吊装。②桥面板吊装完后及时连接现浇连续段、湿接缝及隔板钢筋。从两侧开始逐孔向跨中浇筑桥面现浇层。要求在拱肋左右侧对称进行,两侧现浇的进度差不宜大于5m,同时横向也应对称于桥轴线。③沥青铺装及其他附属结构从一侧向另一侧施工。

图 10-4 桥梁施工示意图

(2)模型计算参数及荷载

①计算参数。

混凝土材料特性见表10-1。

混凝土材料特性　　　　　　表 10-1

强度等级	弹性模量 E_c (MPa)	标准值(MPa)		设计值(MPa)	
		f_{ck}	f_{tk}	f_{cd}	f_{td}
C50	34 500	32.4	2.65	22.4	1.83
C40	32 500	26.8	2.40	18.4	1.65
C30	30 000	20.1	2.01	13.8	1.39

钢板材料特性见表10-2。

钢板材料特性　　　　　　表 10-2

钢　　板		弹性模量 E_s (MPa)	抗拉、抗压和抗弯强度设计值 f_d (MPa)	抗剪强度设计值 f_{vd} (MPa)
牌号	厚度(mm)			
Q345 钢	≤16	206 000	275	160
	16~40		270	155

②计算荷载。

a. 一期恒载:拱肋、立柱、横梁及桥面板构件考虑构造系数计入自重。

b. 二期恒载:桥面铺装及护栏等按荷载集度67.03kN/m计算。

c. 汽车荷载:按3线公路—Ⅰ级计算,考虑1.3倍系数。

d. 温度:按合龙温度10℃考虑。钢结构升温29℃,降温30℃;混凝土升温17℃,降温22℃;钢混凝土升温23℃,降温26℃。梯度温度按上、下弦杆温差10℃考虑。

e. 风荷载:根据《公路桥梁抗风设计规范》(JTG/T 3360-01—2018),极限风荷载按 $v_{10}=24\mathrm{m/s}$,有车风荷载按桥面 $v_z=25\mathrm{m/s}$ 进行计算。

f. 施工荷载:浪风索引起的外力、扣索拉力、人员、机具以及设备等。

③荷载组合。

a. 组合一:恒载;

b. 组合二(主力组合):恒载 + 活载;

c. 组合三(附加力组合):恒载 + 活载 + 温度力 + 横向有车风力;

d. 组合四(附加力组合):恒载 + 活载 + 温度力 + 纵向有车风力 + 制动力;

e. 组合五(附加力组合):恒载 + 横向极限风力;

f. 组合六(附加力组合):恒载 + 纵向极限风力。

(3) 有限元计算

采用桥梁通用有限元软件 Midas/Civil 建立全桥杆系模型,除扣索采用桁架单元模拟外,其余构件均采用梁单元模拟,钢管混凝土构件采用联合截面法模拟。全桥共建立节点 2 228个,单元 4 243 个,从安装主拱肋第一个钢管桁架节段到长期收缩徐变共划分了 41 个施工阶段,见表 10-3。施工阶段验算的全桥模型和主要施工阶段模型如图 10-5 所示。

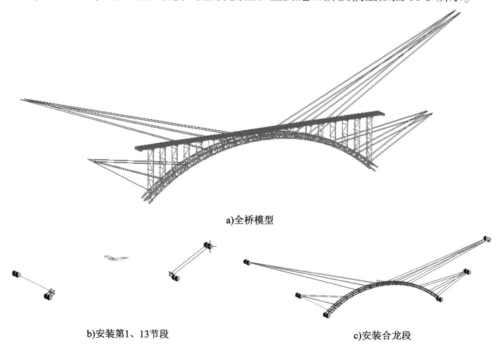

a) 全桥模型

b) 安装第1、13节段　　　c) 安装合龙段

图 10-5　施工阶段有限元模型

施工节段划分   表10-3

阶段	施工内容	主要边界条件	时间(d)
1	安装拱肋第1、13节段	拱脚铰接,安装缆索扣索	5
2	1、13段索力	拱脚铰接,节段固接	1
3	安装拱肋第2、12节段	拱脚铰接,节段固接	5
4	2、12段索力	拱脚铰接,节段固接	1
5	安装拱肋第3、11节段	拱脚铰接,节段固接	5
6	3、11段索力	拱脚铰接,节段固接	1
7	安装拱肋第4、10节段	拱脚铰接,节段固接	5
8	4、10段索力	拱脚铰接,节段固接	1
9	安装拱肋第5、9节段	拱脚铰接,节段固接	5
10	5、9段索力	拱脚铰接,节段固接	1
11	安装拱肋第6、8节段	拱脚铰接,节段固接	5
12	6、8段索力	拱脚铰接,节段固接	1
13	安装拱肋第7节段(合龙段)	拱脚铰接,节段固接	3
14	拆缆索	拆除扣索	1
15	钢管固结	拱脚固接	1
16	浇筑拱肋下弦内侧钢管混凝土	拱脚固接	0.2
17	下弦内侧钢管混凝土参与工作	拱脚固接	28
18	浇筑拱肋上弦外侧钢管混凝土	拱脚固接	0.2
19	上弦外侧钢管混凝土参与工作	拱脚固接	28
20	浇筑拱肋下弦外侧钢管混凝土	拱脚固接	0.2
21	下弦外侧钢管混凝土参与工作	拱脚固接	28
22	浇筑拱肋上弦内侧钢管混凝土	拱脚固接	0.2
23	上弦内侧钢管混凝土参与工作	拱脚固接	28
24~33	立柱1~19钢管施工	拱脚固接,拱肋立柱固接	30
34~38	立柱1~6和14~19灌注混凝土	拱脚固接,拱肋立柱固接	30
39	立柱上盖梁施工	拱脚固接,拱肋立柱固接,立柱与盖梁固接	10
40	主梁施工	拱脚固接;拱肋立柱固接;立柱与盖梁固结接;主梁与盖梁在1~6、14~19节段固结,在7~13节段弹性连接	30
41	收缩徐变	拱脚固接;拱肋立柱固接;立柱与盖梁固结接;主梁与盖梁在1~6、14~19节段固结,在7~13节段弹性连接	3 650

拱桥施工过程中,各施工阶段拱肋扣索控制索力及预抬升量是关键的控制参数。本桥主拱肋共分为 13 个节段,施工时拟采用定长扣索法进行控制,即在施工过程中,考虑后续施工拱肋节段对已施工拱肋节段的影响,给拱肋节段一定的预抬高度,在以后的拱肋节段安装中不再调整扣索索力。随着拱肋节段的不断施工,拱肋节段的预抬高值逐渐被扣索的伸长量抵消,到拱肋合龙时,预抬高值刚好被抵消,拱肋轴线刚好落在设计拱轴线上,将索力作为一个外力作用在拱肋节段上,在自重、临时荷载以及临时浪风索力等荷载的作用下,计算索力增量。在仿真施工计算过程中,将所计算的某节段上扣索索力增量与该节段索力值相加,即为承担下一节段的扣索索力值。直到安装拱肋合龙段时,求得的各号扣索的最大索力值,即为各号扣索的控制索力值。因各段间采用内法兰进行连接,模拟时假定各节段间固结。在施工阶段,具体索力值见表 10-4,表格中分列数值为两岸索力。

施工阶段扣索张拉控制力(单位:kN)　　　　表 10-4

施工阶段	扣索1	扣索2	扣索3	扣索4	扣索5	扣索6
第1、13 节段及相应横撑	84.2/83.4					
第2、12 节段及相应横撑	86.8/85.3	168.4/169.2				
第3、11 节段及相应横撑	90.9/87.8	177.2/177.0	295.5/296.6			
第4、10 节段及相应横撑	92.8/89.1	181.7/181.8	305.8/303.5	249.6/218.1		
第5、9 节段及相应横撑	91.0/87.9	178.6/178.8	303.6/302.2	250.7/219.8	263.9/223.0	
第6、8 节段及相应横撑	82.8/82.4	162.2/162.5	278.2/285.8	237.9/209.4	255.3/216.9	414.0/340.4
第7 节段及相应横撑	80.5/80.2	157.8/155.9	272.8/280.3	236.9/208.3	256.6/219.1	416.7/345.0
最大索力	92.8/89.1	181.7/181.8	305.8/303.5	250.7/219.8	263.9/223.0	416.7/345.0

在具体施工控制时,将最大索力作为控制索力,对应此索力的各阶段预抬高量见表 10-5,表格中分列数值为两岸扣点预抬高量。施工控制时采用"双控",即变形、索力控制,以变形控制为主,索力控制为辅。

(4)施工阶段结构应力验算

图 10-6 所示为施工过程钢管应力变化。在斜拉扣挂施工过程中,钢管的拉应力和压应力逐渐增大,其总体水平在 130MPa 之下。拆除缆索之后,钢结构的拉压应力水平

降低。逐步灌注混凝土,施工立柱、盖梁、桥面板、铺装后,钢结构拉压应力增大,但拉应力在 100MPa 之内,压应力最大不超过 220MPa,且圆钢管最大厚度为 24cm,相应钢板强度设计值为 270MPa,结构应力储备较大,结构较安全。

施工阶段扣点预抬高量(单位:mm)　　　　　　　　　表 10-5

施工阶段	扣点 1	扣点 2	扣点 3	扣点 4	扣点 5	扣点 6
第 1、13 节段及相应横撑	2.6/2.8					
第 2、12 节段及相应横撑	−0.4/1.0	−4.9/−0.4				
第 3、11 节段及相应横撑	−3.9/−1.1	−16.3/−7.5	−26.4/−14.1			
第 4、10 节段及相应横撑	−5.5/−2.2	−22.2/−11.7	−41.6/−24.4	−34.3/−18.1		
第 5、9 节段及相应横撑	−4.0/−1.2	−18.5/−9.3	−39.4/−23.4	−41.7/23.6	−17.7/−6.1	
第 6、8 节段及相应横撑	2.8/3.3	1.8/3.9	−6.9/−2.0	−11.6/−5.7	−2.8/0.9	16.6/13.2
第 7 节段及相应横撑	4.7/5.2	7.2/6.0	1.0/4.9	−11.2/−5.3	−14.2/−9.7	−3.5/−6.7

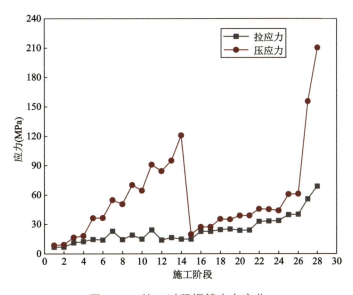

图 10-6　施工过程钢管应力变化

2)成桥阶段结构验算

采用大型通用有限元软件 Midas/Civil 建立成桥阶段的全桥杆系模型,如图 10-7 所示。所有构件均采用梁单元模拟,钢管混凝土构件采用联合截面法模拟,全桥共建立节点 2 228 个,单元 4 243 个。拱脚处采用固结约束;7~10 号拱上立柱与桥面板间采用弹性约束模拟板式橡胶支座;1~6 号拱上立柱与桥面板纵向、横向及竖向均约束;桥面板梁端纵向释放约束,横向及竖向均约束。

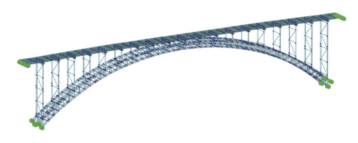

图 10-7 成桥计算有限元模型

计算模型的荷载作用采用 10.1.3 节中的荷载参数,考虑自重、二期恒载、移动荷载、风荷载及温度荷载的组合作用。

(1)刚度验算

计算汽车荷载作用下主拱肋的竖向位移包络,计算得出主拱四分点的活载挠跨比 = $(31+43)/220\,000 = 1/2\,973 < [f/L] = 1/800$,跨中的活载挠跨比 = $(11+36)/220\,000 = 1/4\,681 < [f/L] = 1/800$,均满足挠跨比限值要求。

(2)稳定性验算

采用 Midas/Civil 中的屈曲分析功能对本桥成桥状态的结构整体稳定性进行分析,其一阶稳定安全系数为 8.48,大于规范规定的结构整体稳定安全系数 4.0。面内、面外稳定安全系数及屈曲模态如图 10-8 所示。

(3)杆件强度验算

①应力验算。

表 10-6 给出了在各项荷载组合下主拱肋弦杆钢管和混凝土在拱脚、四分点和拱顶处的控制应力。钢材最大应力 219.5MPa,小于设计强度 270MPa,满足规范要求。混凝土仅下弦杆拱脚处 3.8MPa 拉应力超过规范要求,具体原因可能为 Midas 计算过程中,拱脚边界条件导致小范围出现较大拉应力值,工程实际中拱脚结构承载力满足要求;其他截面处混凝土全部为压应力,最大为 11.2MPa,小于设计强度 22.4MPa,满足规范要求。

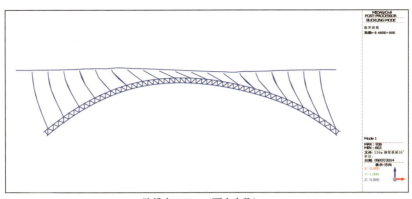

a) 一阶模态 $K=8.48$ (面内失稳)

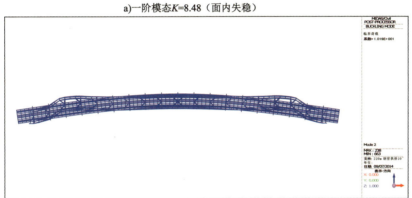

b) 八阶模态 $K=10.2$ (面外失稳)

图 10-8 全桥屈曲模态

主拱肋控制应力(MPa) 表 10-6

项 目		钢 管		混 凝 土	
		max	min	max	min
上弦杆	拱脚	-87.7	-219.5	-1.5	-11.2
	L/4	-133	-199	-3.2	-7.1
	拱顶	-144	-202	-0.9	-3.5
下弦杆	拱脚	-92	-210	3.8	-1.6
	L/4	-114	-173	-1.1	-2.8
	拱顶	-80	-129	-0.9	-3.1
腹杆		125	-139	—	—

② 杆件承载力。

主拱肋钢管混凝土极限承载能力按照 9.2 节计算,其中主拱钢管混凝土杆件的控制内力 N 为 20 496kN,则 $\gamma N = 1.1 \times 20\ 496\text{kN} = 22\ 546\text{kN}$,$k_s = 0.741$,$k_c = 2.430$,$N_u = 43\ 418\text{kN}$,满足要求。主拱肋腹杆受力计算根据《钢管混凝土拱桥技术规范》(GB

50923—2013)第 5.2.10 条规定,钢管混凝土桁式拱肋腹杆所受轴力设计值应取实际轴力或各弦杆轴向承载力之和 1/60 两者中的较大值,取为 1 313kN,腹杆面积为 12 252mm²轴向应力相应为 107MPa,满足规范要求。

(4)节点承载力验算

应用 9.4 节的节点承载力计算方法,选取拱脚处、1/4 拱肋处及跨中处 K 形节点进行验算。在 6 种荷载组合情况下,对表 10-7 中 4 个位置处的 K 形节点按照支管有效宽度破坏模式和主管表面冲剪破坏模式分别计算节点承载力 N_{uF}、N_{uD}。

节点承载力验算(单位:kN)　　　　　　　　　　表 10-7

节 点 位 置	受拉支管轴向内力值	N_{uF}	N_{uD}
拱脚	1 165.08	4 227.01	8 688.48
1/4 拱肋	975.74	4 227.01	4 812.21
跨中内弦	272.75	4 227.01	3 522.84
跨中外弦	285.46	4 227.01	6 039.17

从表 10-7 中可以看出节点的内力储备值很充足,节点破坏产生的可能性较小,符合设计者希望实现的"强节点、弱构件"的设计思路。

10.1.4　疲劳计算

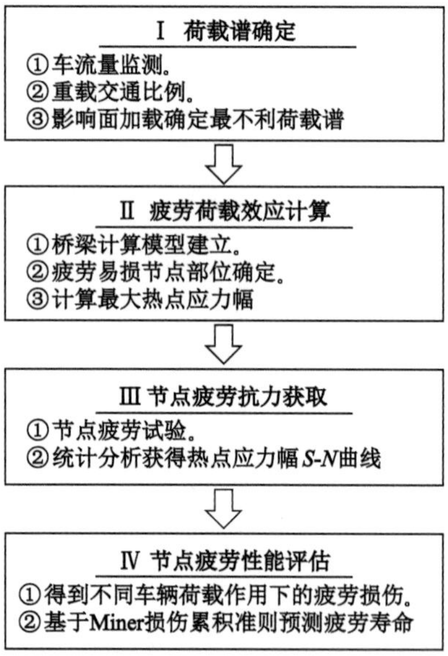

(1)疲劳评估流程

钢管混凝土桁式拱桥节点疲劳评估流程如图 10-9 所示。主要流程为确定荷载谱,计算疲劳荷载效应,获取节点疲劳抗力,评估节点疲劳性能。

(2)疲劳荷载选取

①标准疲劳车。

参照我国《公路钢结构桥梁设计规范》(JTG D64—2015),应选取疲劳荷载计算模型Ⅱ进行疲劳评估。该模型采用双车模型,两辆模型车轴距与轴重相同,其单车轴重与轴距布置如图 10-10 所示。加载时,两辆模型车的中心距不得小于 40m,且按照影响线最不利位置加载。

图 10-9　基于热点应力法的钢管混凝土桁式拱桥节点疲劳评估流程

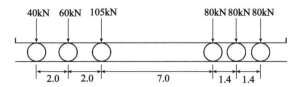

图 10-10 疲劳荷载计算模型 Ⅱ（尺寸单位：m）

②疲劳荷载谱。

我国《公路钢结构桥梁设计规范》（JTG D64—2015）中的疲劳荷载计算模型 Ⅱ 是根据交通部 2007 年下达的公路工程标准制修订项目《公路桥梁疲劳设计荷载标准》的研究结论给出的。这个项目分别在我国东北、西北、东南、西南、华南、中原等地区选取了 8 个典型高速公路和桥梁收费站进行现场交通荷载调查，然后采用概率分析方法对所收集的交通荷载和流量数据进行分析。考虑到我国现行交通条件和远期交通发展情况，最终选取辽宁省荷载谱得到的标准疲劳车，即疲劳荷载计算模型 Ⅱ。因此，本节同时选取辽宁省的疲劳荷载谱进行分析，疲劳荷载谱列于表 10-8 中。

疲 劳 荷 载 谱　　　　表 10-8

轴数	轴重（kN）	轴距（m）	相对频率 p_i（%）	典型车示意图（尺寸单位：m）
2	40 100	5.5	26.9	40kN，100kN；5.5
3	50 70 130	3 5	7.9	50kN，70kN，130kN；3，5
4	45 100 110 110	3 6.5 1.4	13.2	45kN，100kN，110kN，110kN；3，6.5，1.4
5	45 75 130 100 100	3.5 5 4 1.4	19.3	45kN，130kN，100kN，100kN，100kN；3.5，5，4，1.4
6	45 75 130 100 100 100	2 2.5 7 1.4 1.4	32.6	45kN，75kN，130kN，100kN，100kN，100kN；2，2.5，7，1.4，1.4

(3) 疲劳易损部位确定

采用 Midas/Civil 软件,建立全桥模型。全桥各杆件均采用梁单元模拟,施加疲劳荷载计算模型Ⅱ中的双车荷载进行计算。通过计算,确定钢管混凝土桁式拱桥应力幅最大位置,进而确定疲劳易损节点为 6 号立柱左端距其一个桁架节间位置的上弦节点,如图 10-11 所示。因此,本节选取该节点进行疲劳寿命评估,该节点主管厚度为 14mm。

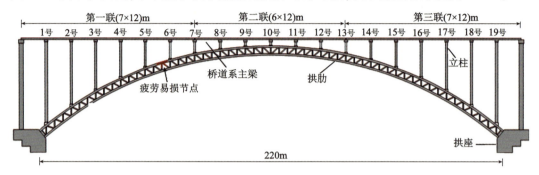

图 10-11 疲劳易损节点示意

(4) 全桥多尺度建模

采用 ABAQUS 软件建立全桥多尺度模型,如图 10-12 所示。桥面板和桥面铺装层采用八节点减缩积分实体单元(C3D8R)模拟,钢管混凝土桁式拱肋和拱上立柱均采用线性梁单元(B31)模拟。其中,钢管混凝土弦杆可根据等效刚度原则,将其折算为钢管杆件模拟。桥面板和桥面铺装层之间采用 ABAQUS 中绑定(Tie)约束实现刚性连接,拱肋与立柱之间通过合并(Merge)实现共节点模拟,立柱 1~6 号、14~19 号上盖梁与桥面板之间采用绑定约束,形成连续刚构体系,立柱 7~13 号上盖梁与桥面板之间采用弹簧连接,形成连续梁体系。两端拱脚施加固结约束,即 $U_X = U_Y = U_Z = 0$,$U_{RX} = U_{RY} = U_{RZ} = 0$,桥面板两端仅约束竖桥向位移,即 $U_Y = 0$。

对于图 10-12 全桥模型中的疲劳易损节点部位,采用三维实体单元模型进行分析,节点局部模型如图 10-13 所示。为准确计算焊趾处的热点应力,模型中需要建立焊缝,焊缝尺寸参照《钢结构焊接规范》(GB 50661—2011)选取。模型中钢管、管内混凝土和焊缝均采用二十节点减缩积分实体单元(C3D20R)模拟,焊缝与支、主管间采用绑定约束。相关文献指出钢管与管内混凝土之间的黏结强度极小,在疲劳荷载作用下易于失效,因此,本模型忽略两者之间的黏结作用。钢管与混凝土法向采用硬接触(Hard Contact),认为在法向应力作用下,钢管与混凝土互相不能侵入,但可以分离。两者切向采用库仑摩擦(Coulomb Friction),摩擦系数取为 0.25。节点支、主管端部通过耦合(Coupling)方式与拱肋梁单元杆件相连。为保证计算精度,临近焊趾区域采用细化网格方案,划分方式采用扫掠(Sweep),网格尺寸小于7mm。同时,为了节省计算成本,在细化网格区域向外支、主管中间部位采用过渡网格,网格尺寸为7~30mm,在支、主管最外端采用粗化网格,网格尺寸为30mm,过渡网格和粗化网格划分方式均采用结构(Structured)。此外,沿钢管厚度方向布置4层网格。节点疲劳评估为线弹性分析,不考虑几何非线性,钢材弹性模量取206GPa,泊松比取0.283,C50混凝土弹性模量取34.5GP,泊松比取0.167。

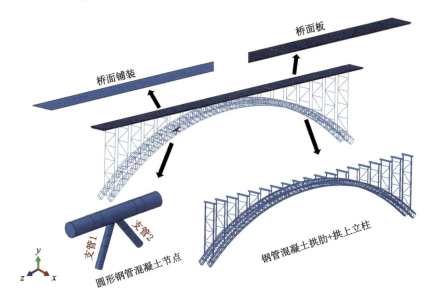

图 10-12　全桥多尺度模型

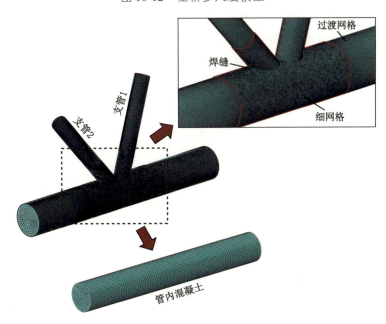

图 10-13　节点三维实体模型

本书分别选取图 10-10 中的标准疲劳车和表 10-8 中的疲劳荷载谱进行节点疲劳评估,采用 Fortran 语言编写 Dload 子程序,对图 10-12 模型进行荷载施加。

(5) 节点疲劳寿命评估

① 标准疲劳车作用下。

图 10-14 给出了节点主管和支管表面热点位置。考虑到结构的对称性,仅需要对节点半边的热点应力幅分布进行分析,$A \sim J$ 点为主管表面热点位置,相应的 $A' \sim J'$ 点为支管表面热点位置。参照 CDIECT 规范,测得邻近焊趾的热点区域内垂直方向的 3 个点的应力值,通过外推法得到焊趾处的应力值,即为热点应力。

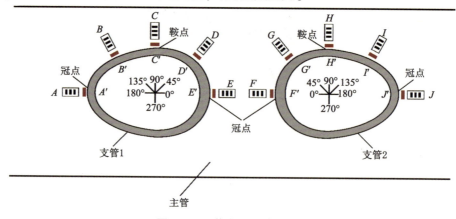

图 10-14　节点热点位置

图 10-15 给出了在疲劳荷载计算模型 Ⅱ 作用下计算得到的节点主管和支管表面焊趾处热点应力幅分布。由图 10-15 可知,主管表面最大热点应力幅发生在支管 2 侧的冠点处(F 点),为 54.2MPa,支管表面最大热点应力幅发生在支管 1 侧的冠点处(E' 点),为 48.7MPa,说明主管会首先产生疲劳裂缝,裂缝位置为 F 点。

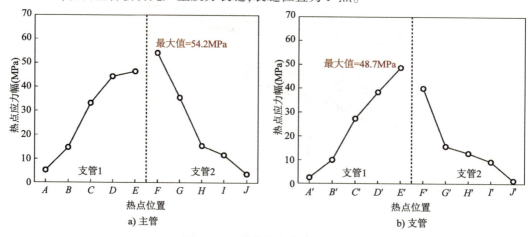

图 10-15　节点热点应力幅分布

裂缝起始位置对应的钢管厚度 T 为 14mm,由相关公式可知,对应于 $T=14$mm 的热点应力幅 S-N 曲线,其疲劳细节类别 $\Delta\sigma_{h,C}$ 为 97.0MPa,常幅疲劳极限 $\Delta\sigma_{h,D}$ 为 71.7MPa,截止限 $\Delta\sigma_{h,L}$ 为 24.8MPa。将最大热点应力幅 54.2MPa 代入计算,可得钢管混凝土桁式拱桥节点疲劳寿命 N 为 20 210 049 次,大于 200 万次疲劳寿命。

②疲劳荷载谱作用下。

在全桥多尺度模型中,施加表 10-8 中的疲劳荷载谱进行计算,以评价节点的疲劳性能。根据上节中标准疲劳车的计算,可以确定节点疲劳破坏位置为主管表面 F 点,由此,可给出表 10-8 中各疲劳车作用下主管表面 F 点热点应力历程,如图 10-16 所示。可以看出,随着车轴数和总轴重的增加,节点焊趾处的热点应力幅在提高,说明产生的损伤在增大。根据图 10-16 可以得到各疲劳车产生的热点应力幅,列于表 10-9 中。

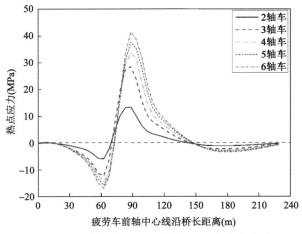

图 10-16 各疲劳车作用下主管表面 F 点热点应力历程

疲劳荷载谱计算结果　　　　表 10-9

i	车　型	$\Delta\sigma_{h,i}$(MPa)	N_i(次)	p_i(%)
1	2 轴车	19.3	3 576 104 031	26.9
2	3 轴车	40.8	84 125 129	7.9
3	4 轴车	47.8	37 749 445	13.2
4	5 轴车	53.3	21 906 357	19.3
5	6 轴车	58.3	13 995 223	32.6

假设产生疲劳损伤的重车总量为 $N_\text{车}$,可根据 Palmgren-Miner 线性累积损伤准则,求出与疲劳荷载谱中各车作用损伤度之和相等效的标准疲劳车等效热点应力幅($\Delta\sigma_{h,equ}$)和循环次数(N_{equ}),计算公式为:

$$\sum D_i = \sum_{i=1}^{k} \frac{p_i \cdot N_\text{车}}{N_i} = \frac{N_\text{车}}{N_{equ}} \tag{10-1}$$

通过式(10-1)计算可得,在疲劳荷载谱作用下,钢管混凝土桁式拱桥节点等效疲劳

寿命 N_{equ} 为 27 311 265 次,大于 200 万次疲劳寿命,对应的等效热点应力幅 $\Delta\sigma_{h,equ}$ 为 46.1MPa。该值相比标准疲劳车产生的热点应力幅 54.2MPa 小 14.9%。这是因为,根据相关研究成果,表 10-8 中的疲劳荷载谱与图 10-10 中的单个标准疲劳车是等效的,但是,采用表 10-8 中的荷载谱验算时,是将荷载谱中的每辆车分别施加于某一车道单独计算,这意味着桥梁在任何时候假定只有一辆车在某一车道行驶,并未考虑实际情况中这一车道纵向存在多车共同行驶的情况,这种情况会增大节点部位的应力幅。因此,采用上述方法等效后的单个标准疲劳车计算时,应考虑多车效应纵向修正,以放大单个标准疲劳车作用下计算得到的热点应力幅。相关文献中已指出:对于 30m 以下跨径钢桥,修正 10%~20%;30~60m 跨径钢桥,不修正;60~100m 跨径钢桥,修正 0~30%。已有文献中并未给出对于本章中的 220m 钢管混凝土桁式拱桥,多车效应纵向修正应如何考虑。我国《公路钢结构桥梁设计规范》(JTG D64—2015)中已考虑了这种情况,因此给出的标准疲劳荷载计算模型Ⅱ为双车模型。根据标准疲劳荷载计算模型Ⅱ双车模型和疲劳荷载谱计算结果对比可知,若采用标准疲劳单车模型计算,对于本书中的大跨钢管混凝土桁式拱桥,其多车效应纵向修正为 14.9%。

10.1.5 温度效应计算

应用第 6.4.2 节方法对苏龙珠黄河特大桥温度效应进行分解计算,采用 Midas/Civil 建立的有限元计算模型如图 10-17 所示。结构初始温度取 10℃,以 2017 年 7 月 14 日和 2017 年 12 月 31 日的实测温度值代表夏、冬季条件。此外,还使用了钢管混凝土桁架建议的 3 种组合和规范规定的温度值。

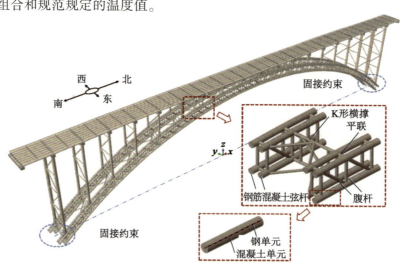

图 10-17 钢管混凝土拱桥温度效应计算模型

在实测温度下,钢管最大应力出现在拱肋端部上弦杆处,混凝土最大应力出现在拱肋端部下弦杆处。图10-18给出了2017年7月14日和2017年12月31日钢管和混凝土中产生的温度应力。图中正值表示拉应力,负值表示压应力。夏季,当拱肋温度高于初始温度时,拱肋端部的整个桁架截面产生正弯矩。这意味着上弦杆中的钢管和混凝土都处于受压状态,下弦杆中的钢管和混凝土都处于受拉状态。然而,冬天却恰恰相反。钢管和混凝土中的应力变化与环境温度变化是同步的,具有一定的滞后性。太阳升起后1~2h,即拱肋达到最低温度时,钢管和混凝土温度应力最小。钢管和混凝土的最大热应力出现在最高环境温度后2h,即拱肋达到最高温度时。夏季钢管最大压应力和混凝土最大拉应力分别达到 -57.42MPa 和 10.26MPa,日变化幅度分别为 38.17MPa 和 6.15MPa。冬季变化幅度分别为 16.41MPa 和 3.67MPa。总的温度应力由 ΔT_{tu}、ΔT_{tz} 和 ΔT_{ty} 产生的应力组成。从图中可以看出,在夏季温度最高、冬季温度最低时,均匀温差产生的应力最大,占总应力的80%以上。

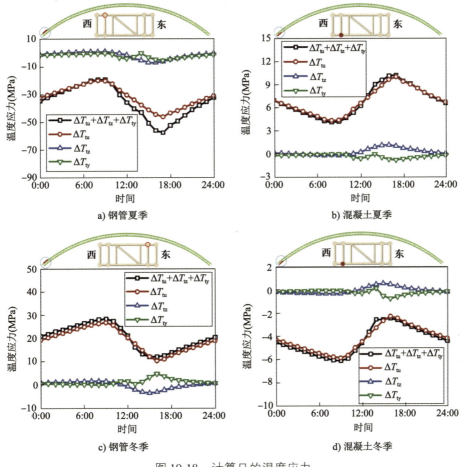

图10-18 计算日的温度应力

图 10-19 给出了在第 6.3 节试验统计分析得到的桁架温度作用组合下的温度应力,以及《公路钢管混凝土拱桥设计规范》(JTG D65-06—2015)中恒载和温度作用产生的应力。可以看出,组合 1 和组合 2 引起的钢管温致压应力略大于恒载,而组合 3 引起的混凝土温致压应力超过恒载应力的一半。这些比较表明温度是钢管混凝土拱桥设计中不可忽视的一种作用形式。在各温度作用组合中,组合 1 对钢管和混凝土产生的最大应力分别为 -74.8MPa 和 15.15MPa,组合 2 对钢管和混凝土产生的最大应力分别为 -58.55MPa 和 12.77MPa,组合 3 对钢管和混凝土产生的最大应力分别为 47.17MPa 和 -10.11MPa。三种组合同时考虑了均匀温度、上下侧弦杆间的整体竖向温差 V_{TD} 和东西侧弦杆间的整体横向温差 T_{TD},各组合的温度值均大于规范值。因此,组合 1 和组合 3 导致温度应力比规范大 15% ~ 20%。其中,钢管的应力超出 19.5% 和 18%,内部混凝土的应力超出 17.7% 和 16.2%。说明采用规范值将大大低估高原地区强太阳辐射地区钢管混凝土拱桥的温度应力,不利于安全设计。

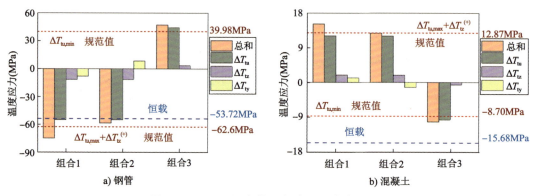

图 10-19 不同温度作用组合下的应力对比

10.2 王坡沟南桥

10.2.1 设计概况

图 10-20 所示为王坡沟南桥实桥图片,主要设计参数如下:

(1) 主要技术标准

①汽车荷载:公路—Ⅰ级车道荷载。

②桥面宽度:1.35m(管线通道) + 6.55m(人行与非机动车道) + 11m(机动车道) + 0.5m(防撞护栏) + 0.5m(左、右幅间距) + 0.5m(防撞护栏) + 11m(机动车道) + 6.55m(人

行与非机动车道)+1.35m(管线通道)=39.3m。

③温度:年平均气温13.5℃,年最低气温在1月,年最高气温在7月,极端最低气温-17℃,极端最高气温41.9℃。

(2)材料参数

①混凝土:拱肋内填混凝土及桥面铺装均采用C50微膨胀混凝土。

②钢材:主桥主体结构(除造型钢骨架及造型钢板外)采用Q345D钢板材;钢箱梁、造型钢骨架及造型钢板采用Q235C板材。

(3)设计规范及标准

①《公路工程技术标准》(JTG B01—2003);

②《公路桥涵设计通用规范》(JTG D60—2004);

③《公路钢筋混凝土及预应力混凝土桥涵设计规范》(JTG D62—2004);

④《城市桥梁设计准则》(CJJ 11—93);

⑤《钢结构设计规范》(GB 50017—2003);

⑥《公路钢管混凝土桥梁设计与施工指南》(2008-08-03);

⑦《钢管混凝土结构设计与施工规程》(CECS 28:90)。

图10-20 王坡沟南桥实桥

10.2.2 结构设计

(1)总体布置

王坡沟南桥是西安临潼国家旅游休闲度假区内骊山大环线控制性桥梁工程之一,桥梁布置如图10-21所示。其主体结构为上承式钢管混凝土拱桥,两侧各带两孔13.5m等高度连续梁引桥,主桥拱肋跨径为132m。引桥及拱上立柱跨径布置为2×13.5m+12m+

16×8m+12m+2×13.5m,大桥上部结构共分为南北两幅。主桥立柱为0.8m×0.8m方钢柱(后期造型处理后为板墩),引桥桥墩为1.5m×1.5m钢筋混凝土方墩,连接墩为2m×2m钢筋混凝土方墩,采用桩接盖梁轻型桥台,全桥主梁为等截面钢箱梁。

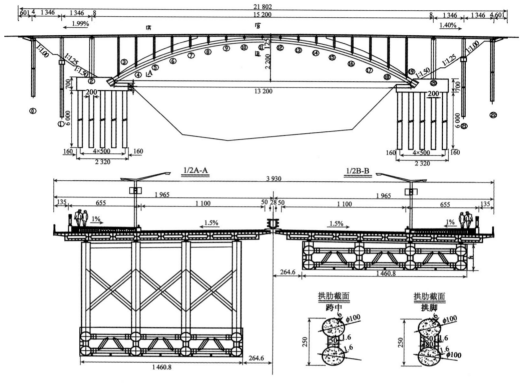

图10-21 桥梁布置图(尺寸单位:cm)

主桥采用上承式悬链线钢管混凝土无铰拱,主拱圈计算跨径 $L=132\text{m}$,矢高 $f=22\text{m}$,矢跨比1:6,拱轴系数 $m=1.320$,拱肋方程为 $Y=f-f\{\text{ch}[2k(L/2-x)/L]-1\}/(m-1)$,其中 $k=\ln(m+\sqrt{m^2-1})$。主拱圈上设矩形拱上立柱支撑桥面系,主桥桥面系与两侧引桥上部均采用连续钢箱梁。主体结构施工完成后,通过后期装修使桥梁呈现月牙拱外形。桥台采用带有挡墙的扶臂式轻型桥台,桥墩、桥台及拱座桩基采用钻孔灌注桩或挖孔灌注桩。桥梁平面位于直线段。桥梁立面位于 $R=4\,000\text{m}$ 的竖曲线上,上、下桥的纵坡分别为1.986%和-1.40%。

(2)横断面、立柱及桥面板选型

主拱圈各由4片高2.5m的哑铃形钢管拱肋组成,每根拱肋横向中距4.5m。哑铃形主拱肋上、下钢管尺寸为φ1 000mm×16mm,两管中间采用16mm厚双缀板连接(拱脚6m范围采用四缀板),双缀板外缘间距50cm(四缀板最外缘间距80cm)。拱肋间采用空钢管横撑连接,横撑为桁架式,上、下弦主管尺寸为φ500mm×16mm,中间斜副管尺寸为

$\phi 300\text{mm} \times 12\text{mm}$。水平间距每 4m 设置一道横撑,横撑设置方向与拱肋中心线垂直。主拱肋构造如图 10-22 所示。

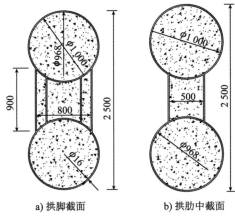

图 10-22 主拱肋构造图（尺寸单位：mm）

主拱圈每片拱肋分 5 段制作拼装而成,每段由上、下钢管及其缀板、立柱底座、横撑预制节段及连接构件组成,要求制作基本单元件(各管件、板件)时应按设计坐标及预拱度严格控制其长度、管径、接口等,保证制作精度。各阶段制作完毕,应在施工平台上进行试拼,并对总体坐标及尺寸进行严格检查,对焊接质量、防腐处理等均应进行严格检查。

拱上立柱采用 $0.8\text{m} \times 0.8\text{m}$ 箱形截面,钢板厚 16mm,内设 16mm 厚的纵向加劲肋及横隔板。拱脚附近第一道立柱(3、19 号立柱)设"X"撑 2 道,较高立柱(4 号、5 号、17 号、18 号立柱)设"X"撑 1 道,其余立柱不设置"X"撑。除拱顶 11 号立柱外,其余所有立柱横向 4 个立柱顶采用 $0.5\text{m} \times 0.5\text{m}$ 钢系梁连接,系梁距柱顶 10cm,横坡 1.5%。系梁顶底板、侧板、加劲肋钢板厚度均为 16mm。

主、引桥钢箱梁梁高均为 80cm,悬臂长 1m。箱梁顶板、腹板、横隔板厚 14mm;底板、箱梁封端板、加劲肋及其横隔板衬板均厚 16mm;悬臂外缘板及悬臂封底版厚 10mm。钢箱梁构造如图 10-23 所示。

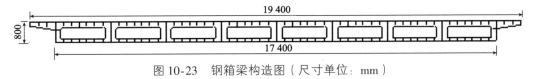

图 10-23 钢箱梁构造图（尺寸单位：mm）

10.2.3 结构验算

1)施工阶段结构验算

(1)施工方案概述

参考缆索吊装体系装置最新图纸,缆索吊塔纵桥向间距为 265m,塔顶高程

566.287m，未考虑塔架自身变形，拱肋按设计图纸分5段拼装成型。为了更真实地模拟混凝土灌注过程、强度形成过程以及混凝土的收缩徐变，钢管混凝土构件采用联合截面法进行模拟。拱座下采用直径为150cm的钻孔灌注桩，长60m左右，为简化计算，分析时突出拱肋结构的主要矛盾，忽略了桩基础对上部结构的影响。具体施工阶段划分见表10-10，主要施工阶段如图10-24所示。

施工阶段划分 表10-10

阶 段	施 工 内 容	主要边界条件
1	安装拱肋第1、5节段	拱脚铰接、安装缆索扣索
2	1、5段索力	拱脚铰接、节段固结
3	安装拱肋第2、4节段	同上
4	2、4段索力	同上
5	安装拱肋第3节段	同上
6	安装拱肋2、3间的横撑	同上
7	钢管固结	拱脚固接
8	拆缆索	拆除扣索
9	浇筑拱肋2、3上弦管混凝土	拱脚固接
10	浇筑拱肋1、4上弦管混凝土	同上
11	上弦管混凝土参与工作	同上
12	浇筑拱肋2、3下弦管混凝土	同上
13	浇筑拱肋1、4下弦管混凝土	同上
14	下弦管混凝土参与工作	同上
15	浇筑拱肋2、3缀板混凝土	同上
16	浇筑拱肋1、4缀板混凝土	同上
17	缀板混凝土参与工作	同上
18	立柱3、19及系梁、X撑施工	拱脚固接、拱肋立柱固接
19	立柱4、18及系梁、X撑施工	同上
20	立柱5、17及系梁、X撑施工	同上
21	立柱6、16及系梁、X撑施工	同上
22	立柱7、15及系梁、X撑施工	同上
23	立柱8、14及系梁、X撑施工	同上
24	立柱9、13及系梁、X撑施工	同上
25	立柱10、12施工	同上
26	立柱11施工	同上

续上表

阶　　段	施 工 内 容	主要边界条件
27	钢箱梁、横隔板、配重及支座等施工	拱脚固接,拱肋立柱固接,箱梁、立柱弹性连接
28	护栏、铺装等二期恒载	同上
29	收缩徐变	同上

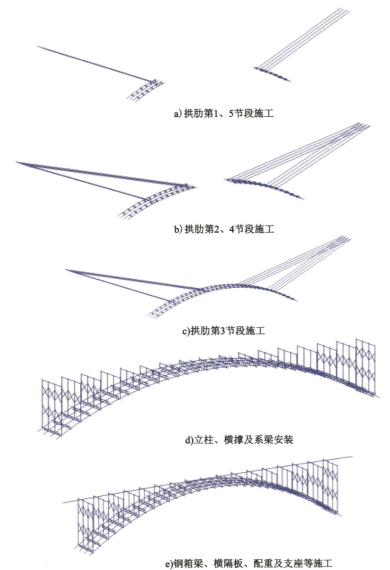

a) 拱肋第1、5节段施工

b) 拱肋第2、4节段施工

c) 拱肋第3节段施工

d) 立柱、横撑及系梁安装

e) 钢箱梁、横隔板、配重及支座等施工

图 10-24　主要施工阶段图

(2) 模型计算参数及荷载

① 计算参数。

混凝土材料特性见表 10-11。拱肋内填混凝土及桥面铺装均采用 C50 微膨胀混凝土。

混凝土材料特性（单位：MPa）　　　　　表10-11

强度等级	弹性模量 E_c	标准值		设计值	
		f_{ck}	f_{tk}	f_{cd}	f_{td}
C50	34 500	32.4	2.65	22.4	1.83

钢板材料特性见表10-12。主桥主体结构（除造型钢骨架及造型钢板外）采用Q345D钢板材；钢箱梁、造型钢骨架及造型钢板采用Q235C钢板材。

钢板材料特性　　　　　表10-12

钢板		弹性模量 E_s（MPa）	抗拉、抗压和抗弯强度设计值 f_d（MPa）	抗剪强度设计值 f_{vd}（MPa）
牌号	厚度(mm)			
Q345钢	≤16	206 000	275	160
	16~40		270	155
Q235钢	≤16		190	110
	16~40		180	105

②计算荷载。

a. 一期恒载：拱肋、立柱、横梁及桥面板构件考虑构造系数计入自重。

b. 二期恒载：桥面铺装及护栏等按荷载集度148kN/m计算。

c. 汽车荷载：按6线公路—Ⅰ级计算。

d. 温度：按合龙温度10℃考虑，钢混凝土整体升温30℃，钢混凝土整体降温30℃。

e. 施工荷载：浪风索引起的外力、扣索拉力、人员、机具以及设备等。

③荷载组合。

a. 组合一：恒载；

b. 组合二（主力组合）：恒载+活载；

c. 组合三（附加力组合）：恒载+活载+温度力；

d. 组合四（附加力组合）：恒载+活载+温度力+制动力。

(3) 有限元计算

采用桥梁通用有限元软件 Midas/Civil 建立全桥杆系模型，除扣索采用桁架单元模拟外，其余构件均采用梁单元模拟，钢管混凝土构件采用联合截面法进行模拟。需考虑拱肋制作预拱度以及桥梁施工的主要过程。全桥共建立2 397个节点，2 368个单元，施工阶段验算的全桥模型如图10-25所示。

施工中全桥共分为5段进行吊装，施工时拟采用定长扣索法进行控制，即在施工过程中，考虑后续施工拱肋节段对已施工拱肋节段的影响，预先给拱肋节段一定的预抬高度,在以后的拱肋节段安装中不再调整扣索索力。随着拱肋节段的不断施工,拱肋节段的预抬高值逐渐被扣索的伸长量抵消,到拱肋合龙时,预抬高值刚好被抵消,拱肋轴线刚好落在设计拱轴线上,将索力作为一个外力作用在拱肋节段上,在自重、临时荷载以及临时浪风索力等荷载的作用下,计算索力增量。在仿真施工计算过程中,将所计算的某节段上扣索索力增量与该节段索力值相加,即为承担下一节段的扣索索力值。直到安装拱肋合龙段时,求得的各号扣索的最大索力值,即为各号扣索的控制索力值。因各段间采用内法兰进行连接,模拟时假定各节段间固结。在施工阶段,具体索力值见表10-13。

图 10-25　全桥模型

控制索力值(单位:kN)　　　　　　　　　　　　　　　表10-13

施工阶段	北岸索力		南岸索力	
	扣索1	扣索2	扣索1	扣索2
第1、5节段及相应横撑	229.1	无	211.2	无
第2、4节段及相应横撑	292.6	388.8	275.4	353.2
第3节段及相应横撑	393.1	621.3	381.7	563.5
安装剩余拱肋横撑	396.0	673.7	384.0	612.3
最大索力	396.0	673.7	384.0	612.3

在具体施工控制时,将最大索力作为控制索力,对应此索力的各阶段预抬高量见表10-14。施工控制时采用"双控",即变形、索力控制,以变形控制为主,索力控制为辅。

扣点处在各施工阶段的预抬高值(单位:m)　　　　　　　表10-14

施工阶段	北岸索力		南岸索力	
	索1位置	索2位置	索1位置	索2位置
第1、5节段及相应横撑	0.132	无	0.100	无
第2、4节段及相应横撑	0.081	0.193	0.062	0.153

(4)施工阶段结构应力验算

施工阶段钢管混凝土拱肋受力性能见表10-15。

施工阶段钢管混凝土拱肋受力性能表(MPa) 表10-15

施 工 阶 段	钢管最大应力		混凝土最大应力	
	压应力	拉应力	压应力	拉应力
安装拱肋第1、5节段	-3.3	—	—	—
1、5段索力	-2.4	—	—	—
安装拱肋第2、4节段	-7.1	—	—	—
2、4段索力	-6.7	—	—	—
安装拱肋第3节段	-4.3	5.0	—	—
安装拱肋2、3间的横撑	-5.2	4.3	—	—
钢管固结	-5.2	4.3	—	—
拆缆索	-12.9	—	—	—
浇筑拱肋2、3上弦管混凝土	-20.1	—	-1.1	—
浇筑拱肋1、4上弦管混凝土	-24.8	—	-1.7	—
上弦管混凝土参与工作	-25	—	-1.7	—
浇筑拱肋2、3下弦管混凝土	-33.1	—	-2.5	—
浇筑拱肋1、4下弦管混凝土	-35.6	—	-2.9	—
下弦管混凝土参与工作	-35.9	—	-2.9	—
浇筑拱肋2、3缀板混凝土	-27.5	—	-1.7	—
浇筑拱肋1、4缀板混凝土	-28.7	—	-1.9	—
缀板混凝土参与工作	-28.9	—	-1.9	—
立柱3、19及系梁、X撑施工	-36.8	—	-2.8	—
立柱4、18及系梁、X撑施工	-37.1	—	-2.7	—
立柱5、17及系梁、X撑施工	-37.5	—	-2.8	—
立柱6、16及系梁、X撑施工	-37.9	—	-2.9	—
立柱7、15及系梁、X撑施工	-38.2	—	-3	—
立柱8、14及系梁、X撑施工	-38.5	—	-2.9	—
立柱9、13及系梁、X撑施工	-38.8	—	-2.9	—
立柱10、12施工	-39	—	-2.8	—
立柱11施工	-39.1	—	-2.8	—
钢箱梁、横隔板、配重及支座等施工	-45.3	—	-3.6	—
护栏、铺装等二期恒载	-64.6	—	-5.7	—
收缩徐变	-78.1	—	-5.3	—

由表 10-15 可得,施工时拱肋钢管最大压应力为 78.1MPa,最大拉应力为 5.0MPa,均小于所用钢材的抗拉、抗压强度设计值。拱肋混凝土最大压应力为 5.7MPa,小于所用混凝土的抗压强度设计值,无拉应力。施工阶段钢管混凝土拱肋应力验算合格,结构应力储备较大,结构很安全。

2) 成桥阶段结构验算

采用大型通用有限元软件 Midas/Civil 建立成桥阶段的全桥杆系模型,如图 10-26 所示。所有构件均采用梁单元模拟,钢管混凝土构件采用联合截面法进行模拟。全桥共建立 2 397 个节点,2 368 个单元。计算模型的荷载作用采用 10.2.3 节中的荷载参数,考虑自重、二期恒载、移动荷载及温度荷载的组合作用。

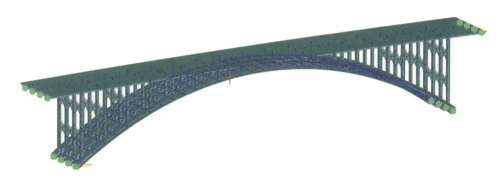

图 10-26　全桥杆系模型

(1) 强度验算

拱肋采用哑铃形钢管混凝土拱肋,表 10-16 给出了在各项荷载组合下主拱肋钢管和混凝土在拱脚、四分点和拱顶处的控制应力。钢材最大压应力为 78.1MPa,最大拉应力为 5.0MPa,均小于其设计强度 270MPa,满足规范要求。混凝土全部为压应力,最大压应力为 5.3MPa,小于其设计强度 22.4MPa,满足规范要求。

主拱肋控制应力(单位:MPa)　　　　　　　　　　表 10-16

项目	拱脚		L/4		拱顶	
	最大值	最小值	最大值	最小值	最大值	最小值
钢管	-2.4	-78.1	-1.0	-71.7	5.0	-65
混凝土	-0.7	-4.3	-0.7	-5.1	-0.9	-5.3

(2) 刚度验算

计算汽车荷载作用下主拱肋的竖向位移包络,计算得出主拱四分点的活载挠跨比 = $(12+17)/132\,000 = 1/4\,552 < [f/L] = 1/800$,跨中的活载挠跨比 = $(5+12)/132\,000 = 1/7\,765 < [f/L] = 1/800$,均满足挠跨比限值要求。

(3) 稳定性验算

采用 Midas/Civil 中的屈曲分析功能对本桥成桥状态的结构整体稳定性进行分析,其一阶稳定安全系数为 19.16,大于规范规定的结构整体稳定安全系数 4.0。面内、面外稳定安全系数及屈曲模态如图 10-27 所示。

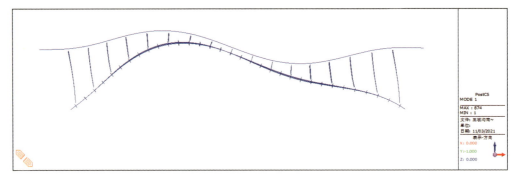

a) 一阶模态 $K=19.16$(面内失稳)

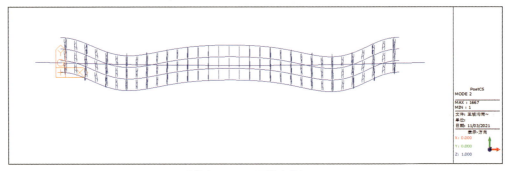

b) 二阶模态 $K=25.37$(面外失稳)

图 10-27　全桥屈曲模态

10.2.4　节点受力性能分析

钢管混凝土上承式拱桥的节点主要是拱上立柱与拱肋的连接节点。钢管混凝土拱桥节点起到传递立柱内力的重要作用,因此,受力往往较为复杂,构造也相对复杂。本节依托王坡沟南桥工程实例,选取其钢管混凝土拱上立柱与拱肋的连接节点作为研究对象,在分析传统钢管混凝土拱桥节点存在的问题的基础上,结合工程实例,系统研究钢管混凝土拱桥节点的受力性能。

PBL 键又名开孔钢板连接件,是通过在钢板中掏孔,然后借助圆孔的混凝土榫承受钢与混凝土之间的相互作用。与沿着钢梁横向布置的钢板或者型钢块体不同,它是沿着钢梁纵向布置,依靠圆孔中的混凝土加强钢与混凝土之间的啮合,增强组合效应。影响PBL 键抗剪强度的因素主要有:钢板的强度、厚度、圆孔的数量、孔径的大小以及孔内混凝土的强度等级。

在钢管混凝土拱肋内(尤其是节点位置)设置 PBL 纵肋后形成了一种新型桥梁结构体系——PBL 加劲型钢管混凝土拱桥图 10-28。由于 PBL 连接件具有受剪承载力高、刚度大、抗疲劳性能好等优点，在钢管混凝土节点内设置 PBL 纵肋可以有效改善节点区域的传力性能和破坏模式，提高节点承载力和刚度；同时可以明显提高节点的应力有效分布宽度，减小节点应力集中，提高节点疲劳性能。此外，由于 PBL 纵肋可以直接在钢管纵向加劲肋上开孔形成，因此其施工也非常方便。

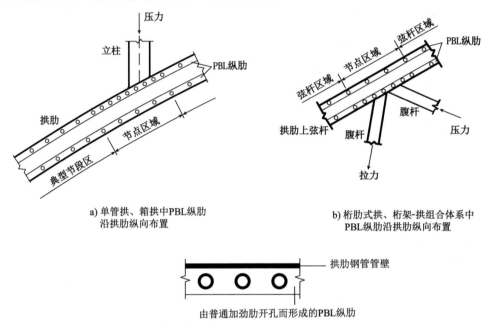

图 10-28 PBL 加劲型钢管混凝土拱桥节点构造图

王坡沟南桥在哑铃形钢管混凝土拱肋的上弦管增加了 PBL 剪力键。PBL 键布置在立柱中心线上、下 1m 的范围内，共 7 根，分别于上弦管最高点向两边成 30°排列布置，如图 10-29 所示。PBL 键长 2m，高 15cm，板厚 16mm，开孔孔径 6cm。从图中可以看出，该桥考虑到哑铃形钢管混凝土拱肋与方钢管立柱节点的局部受力复杂，为改善节点处应力集中现象，加强节点附近的钢管与管内混凝土的连接，在哑铃形拱肋上弦管内布置了 7 根 PBL 键，PBL 键长 2m，设有 16 个圆孔。

设置 PBL 纵向加劲肋，具有以下作用：①开孔钢板作为钢与混凝土界面 PBL 连接件可增强钢管混凝土界面黏结强度，防止钢管混凝土界面的脱空并减小相对滑移，将管壁受到的荷载有效传至管内混凝土，有利于改善钢管混凝土界面性能。②在节点部位，主管内填混凝土限制了顶板的向内凹曲,使节点抗压承载力大大提高;同时,混凝土集料穿过 PBL 孔形成混凝土榫,其法向抗拔作用对节点抗拉承载力和节点疲劳也有改善作用。③PBL 纵肋作为钢管截面的组成部分可直接参与受力;同时,PBL 的径向抗拔作用可增强钢管对核心混凝土的约束,提高套箍作用,改善构件的力学性能。

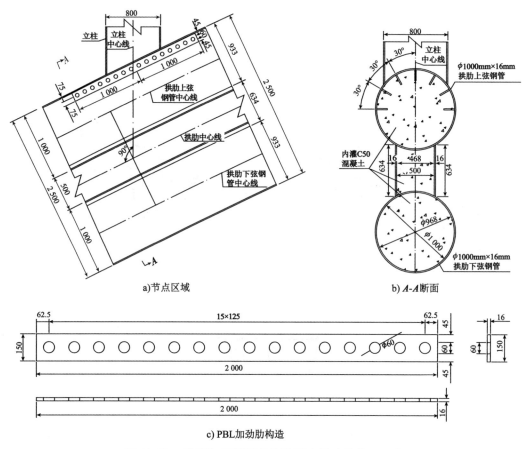

图 10-29　王坡沟南桥节点构造图(尺寸单位:cm)

(1)节点承载力分析

在拱桥中,拱肋截面上同时存在轴力和弯矩作用,可视为压弯构件。为研究钢管混凝土拱肋的力学性能,通常将其简化为轴压柱和受弯梁,分别得到轴压强度和抗弯承载力,进而开展压弯性能研究,并基于以上成果进行压弯承载力分析。

根据本节王坡沟南桥的 Midas/Civil 桥梁整体受力分析结果可知,靠近拱脚处的拱肋-立柱节点的受力最大。选取王坡沟南桥中的最不利节点,按照实际尺寸分别建立"PBL"节点和不带"PBL"节点的 ABAQUS 有限元模型(图 10-30),并分别计算其在轴压破坏和受弯破坏时的结构反应。节点的主管长度取拱肋管径的 12 倍,支管长度取立柱截面宽度的 3 倍。由于节点区域构造复杂,部分单元划分不规则,为了使得计算结果更准确,哑铃形钢管、拱上立柱、PBL 纵肋与混凝土采用 C3D8R 八节点减缩积分六面体单元模拟。边界条件的设置,对于受弯破坏,限制节点主管一端 3 个方向位移,限制另一端 2 个方向位移,允许主管轴向位移。使支管发生向下位移直至节点钢管屈服破坏,提取此时支管位移对应的支管反力。对于主管轴压破坏,让节点主管一端固结,另一端使主管沿轴向方向压缩,直至节点钢管屈服破坏,提取此时主管位移对应的主管反力。

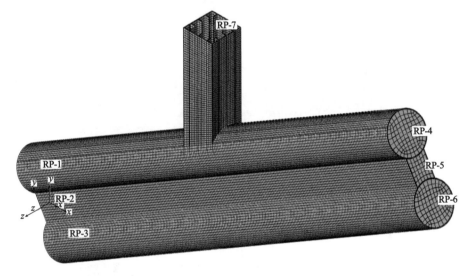

图 10-30　节点三维实体模型图

计算结果如图 10-31、图 10-32 和表 10-17 所示。由于 PBL 加劲肋的加劲与连接件作用,钢管与混凝土界面黏结良好,受弯变形协调,充分发挥了钢管混凝土梁的组合作用。同时 PBL 能增大钢管混凝土柱轴向压缩时的侧向刚度,减小轴向压缩时钢管混凝土的鼓曲变形,提高轴压承载力。因此,设置 PBL 纵肋的节点主管受弯破坏时能承受最大荷载和轴压破坏时的极限承载力都比不设置 PBL 纵肋节点的大。综上所述,钢管混凝土拱肋-立柱节点设置 PBL 加劲肋后,钢管混凝土拱肋的钢管和混凝土之间的组合作用得到发挥,结构的轴压刚度、轴压强度、抗弯刚度和抗弯强度均得到提高。

节点模型分析结果　　　　　　　　　表 10-17

受力模式	节点类型	节点所承受最大荷载(kN)	提高百分比(%)
立柱向下位移	PBL 节点	9 849	13.8
	普通节点	8 648	
拱肋轴向压缩位移	PBL 节点	93 908	1.0
	普通节点	92 965	

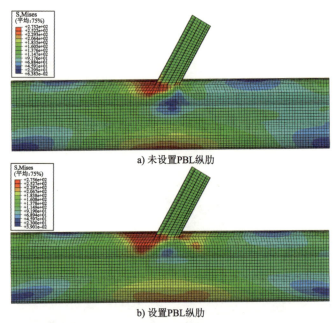

图 10-31 节点在立柱向下位移时的应力云图

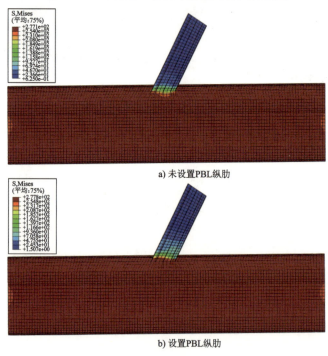

图 10-32 节点在拱肋轴向压缩时的应力云图

(2) 节点变形、应力集中和传力分析

王坡沟南桥在施工中以及成桥后,拱肋主要承受压力。在压力作用下,钢管混凝土拱肋节段的中部往往是鼓曲变形最大的部位。立柱作为传力构件,将上部结构自重及荷载传递给拱肋,因此,其节点受力也较为复杂。在立柱附近设置 PBL 加劲肋能增强钢管混凝土横向刚度,从而减小横向鼓曲变形。同时能优化节点的受力性能,加强拱肋钢管与混凝土的组合作用,并改善立柱与拱肋间节点传力。除增强钢管与混凝土黏结作用外,PBL 加劲肋提供了较大的界面抗剪作用,PBL 加劲肋孔中混凝土榫可提供较大的抗剪承载力。王坡沟南桥是上承式钢管混凝土拱桥,拱上立柱直接与拱肋的钢管外壁焊接,因此,作用于主梁上的竖向荷载(包括恒载和活载)不是直接通过拱上立柱传递给拱肋的核心混凝土,而是首先通过拱上立柱传递到拱肋的钢管外壁,然后借助钢管与核心混凝土的黏结力,经过一定距离逐渐传递至管内混凝土,使拱肋的钢管与核心混凝土共同受力。拱肋内的 PBL 加劲肋能增强钢管混凝土界面黏结强度,减小钢管混凝土界面的相对滑移,将管壁受到的荷载有效传至管内混凝土,有效减小钢管混凝土的传力长度。

利用此前建立的王坡沟南桥 ABAQUS 节点模型进行钢管混凝土节点的变形、应力集中和传力分析。钢管与混凝土的界面接触模型由钢与混凝土截面的法向硬接触和切向黏结滑移构成,采用 PBL 纵肋单元嵌入混凝土主单元中模拟 PBL 纵肋与混凝土的相互作用。边界条件设置为拱肋一端固结,然后把从王坡沟南桥 Midas/Civil 模型中提取的拱肋轴力和弯矩作为荷载施加在另一端,同时在拱上立柱施加模型提取的立柱轴力。

在实际荷载作用下节点沿主管方向和垂直于主管方向的应力云图如图 10-33 和图 10-34 所示,计算分析结果见表 10-18。拱肋沿界面均有鼓曲,在节点中部位置鼓曲最为严重(9.02mm);而由于 PBL 纵肋与混凝土之间形成的混凝土榫能加强钢管与混凝土的组合作用,并且能增强横向刚度,设置 PBL 纵肋的拱肋中钢管与混凝土的鼓曲变形有所减小,其仅在拱肋中部附近有 5.68mm 的变形。因此,设置 PBL 纵肋能减小钢管与混凝土之间的鼓曲变形,改善拱肋在运营阶段的受力性能,同时还能减小由于鼓曲而造成的对节点受力的不利影响。设置 PBL 纵肋的节点,主管钢管的最大剪应力相比于不设置 PBL 纵肋节点的钢管明显减小。PBL 提供了较大的界面抗剪作用,界面强度有所提高,PBL 加劲肋孔中混凝土榫可提供较大的竖向刚度,改善钢管混凝土截面的受力,抗剪承载力得到提高。设置 PBL 纵肋节点的钢管主管最大拉、压应力都比不设置 PBL 纵肋的节点主管要明显减小,主管应力水平大幅降低,应力集中程度明显减缓。设置 PBL 纵肋钢管混凝土节点的传力长度为 0.81m,不设置 PBL 纵肋的钢管混凝土节点的传力长度为 4.97m。因此,设置 PBL 纵肋的节点中,支管传来的剪力在由主管钢管向核心混凝土传递时,传递长度明显变短。而王坡沟南桥全桥每一立柱底均设有 PBL 加劲肋,这就从构造上阻止了拱肋上钢管与其内部混凝土的相对滑移,改善了钢管与混凝土间的界面力学性能,增强了钢管与管内混凝土的协作能力,防止两者相对滑移造成拱肋承载力降低或钢管局部破坏。

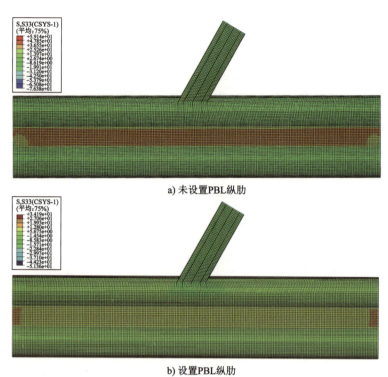

a) 未设置PBL纵肋

b) 设置PBL纵肋

图 10-33　节点垂直于主管方向的应力云图

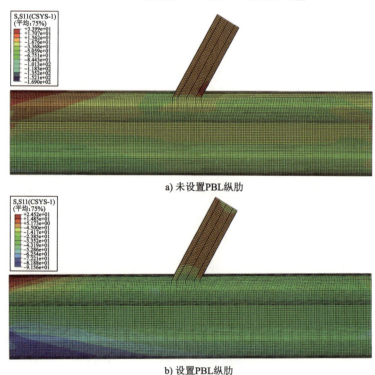

a) 未设置PBL纵肋

b) 设置PBL纵肋

图 10-34　节点沿主管方向的应力云图

节点模型分析结果　　　　　　　　　　　表 10-18

节　点	设置 PBL 纵肋	未设置 PBL 纵肋
最大鼓曲变形(mm)	5.68	9.02
最大剪应力(MPa)	34.2	59.1
拱肋最大拉应力(MPa)	24.5	34.0
拱肋最大压应力(MPa)	91.6	169.0
节点传力长度(m)	0.81	4.97

CHAPTER ELEVEN 第11章

钢管混凝土组合桁梁桥

对于钢管混凝土组合桁梁桥,本章分别介绍标准桁梁桥和黄延桥的计算示例。其中,标准桁梁桥为连续体系,黄延桥为连续刚构体系。

11.1 矩形钢管混凝土组合桁梁连续梁桥

本章以标准化、装配化为核心设计思想,充分发挥矩形钢管混凝土组合桁结构特点,研发了跨径为50m、60m、70m、80m 的装配式矩形钢管混凝土组合桁梁桥通用图,并给出了相关构造设计、结构验算和技术经济性分析等内容。

11.1.1 设计概况

(1)主要技术标准

①结构形式:上承式矩形钢管混凝土连续组合桁梁桥。

②跨径布置:单跨50m、60m、70m、80m(全桥布置4~8跨)。

③桥面布置:0.50m(防撞护栏)+11.75m(行车道)+0.50m(防撞护栏)=12.75m,桥面横坡2.0%。

④设计荷载:公路—Ⅰ级。

(2)材料参数

①混凝土:弦杆内填混凝土采用C60钢纤维混凝土,预制板混凝土采用C50混凝土,现浇板混凝土采用C50微膨胀混凝土。

②主桁钢材:桁架主要受力构件采用Q420qD钢,其他构件采用Q345qD钢。

③普通钢筋:HPB300及HRB400钢筋。

④预应力钢筋:Strand1860低松弛高强度钢绞线。

(3)设计规范及标准

①《公路工程技术标准》(JTG B01—2014);

②《公路桥涵设计通用规范》(JTG D60—2015);

③《公路钢筋混凝土及预应力混凝土桥涵设计规范》(JTG 3362—2018);

④《矩形钢管混凝土结构技术规程》(CECS 159:2004);

⑤《公路钢混组合桥梁设计与施工规范》(JTG/T D64-01—2015);

⑥《公路钢结构桥梁设计规范》(JTG D64—2015);

⑦《钢结构设计标准》(GB 50017—2017);

⑧《钢结构焊接规范》(GB 50661—2011)。

11.1.2 结构设计

(1) 总体布置及主桁选型

基于装配化桥梁设计对标准桥跨节段的要求,本书矩形钢管混凝土连续组合桁梁桥通用图采用等跨设计,且标准跨径分为两种类型:边跨和中跨。主桁立面采用三角形桁架布置,总体布置参数见表11-1。其中,梁高指下弦杆底面至桥面板顶面的距离。组合桁梁立面布置如图11-1所示(以80m跨径为例)。

50～80m 矩形钢管混凝土连续组合桁梁桥总体布置　　　　表 11-1

跨径(m)	桥宽(m)	梁高(m)	高跨比	节间长度(m)	腹杆倾角(°)
50	12.75	3.62	1/14	3.4+12×3.6+3.4=50	59.3
60		4.32	1/14	15×4=60	62.1
70		4.72	1/15	14×5=70	56.8
80		5.72	1/14	16×5=80	63.5

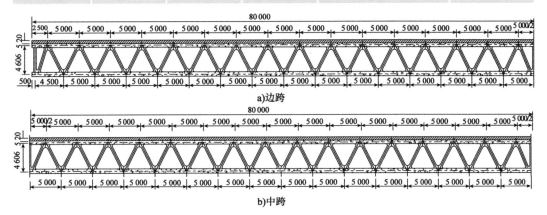

图 11-1　80m 矩形钢管混凝土连续组合桁梁桥立面布置（尺寸单位：mm）

(2) 横断面、桥面板选型及板桁连接构造

经过比选与优化,最终选用四肢形双主桁断面,如图11-2所示。桥宽为12.75m,两榀主桁间距6.4m。组合桁梁桥支点处采取以下措施对截面进行局部加强:①支点处设置端横联,增大截面抗扭刚度;②支点处附近上下弦杆、腹杆局部加宽,增大截面的抗弯和抗剪承载力;③支点处下弦杆以墩顶为中心左右各两个节间内现浇混凝土底板,协助下弦杆承压;④支点处混凝土桥面板局部加厚并采用密集配筋形式,且纵向配置预应力钢筋,通过设置抗拔不抗剪圆柱头栓钉来提高桥面板的预应力导入度,可进一步改善桥面板的抗裂性能。

为了加快桥面板的施工速度,减少混凝土收缩、徐变产生的次内力,本书通用图设计在跨中区域采用预制桥面板。桥面板采用全宽预制,并预留剪力槽和湿接缝。墩顶区域为便于施加预应力采用了现浇桥面板,如图11-3所示。50~80m跨径桥面板平面分块尺寸及纵向预应力钢筋范围见表11-2,桥面板纵向按普通钢筋混凝土构件进行设计。考虑到主桁间距为6.4m,轮压作用下桥面板下缘与支点处上缘会出现横向拉应力,为防止桥面板出现横向裂缝,在全跨布置横向预应力钢筋,桥面板横向按B类预应力钢筋混凝土构件设计,其中通过剪力槽或湿接缝处的横向预应力钢筋需现场张拉。

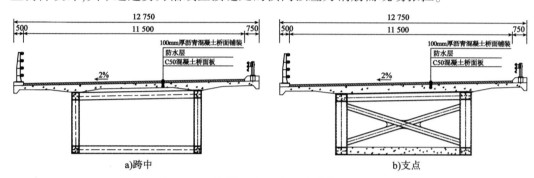

图11-2 横断面布置(尺寸单位:mm)

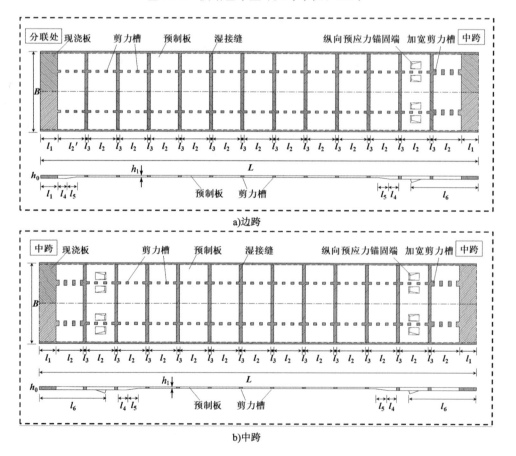

图11-3 桥面板平面分块图

桥面板平面分块尺寸及预应力钢筋范围　　表 11-2

跨径 L	桥宽 B	l_1	l_2	l_2'	l_3	l_4	l_5	l_6	h_0	h_1
50	12.75	1 950	3 100	3 000	500	750	1 500	7 827	400	250
60		2 250	3 500	3 500	500	1 000	1 500	8 839	400	250
70		2 750	4 500	4 500	500	1 250	2 000	1 0827	500	250
80		2 750	4 500	4 500	500	1 250	2 000	12 374	500	250

注：跨径和桥宽以 m 记，其余参数均以 mm 记。

如图 11-4 所示，混凝土桥面板尺寸主要分为普通桥面板和局部加厚桥面板两种，50m、60m 跨径桥面板梗腋处厚度为 400mm，70m、80m 跨径桥面板梗腋处厚度为 500mm，梗腋处宽度比上弦杆顶面左、右各宽 100mm。为了保证上弦与桥面板底面密实接触，在钢管混凝土界面处设置 20mm 厚环氧砂浆。混凝土桥面板与钢桁梁之间通过布置于上弦杆顶板的

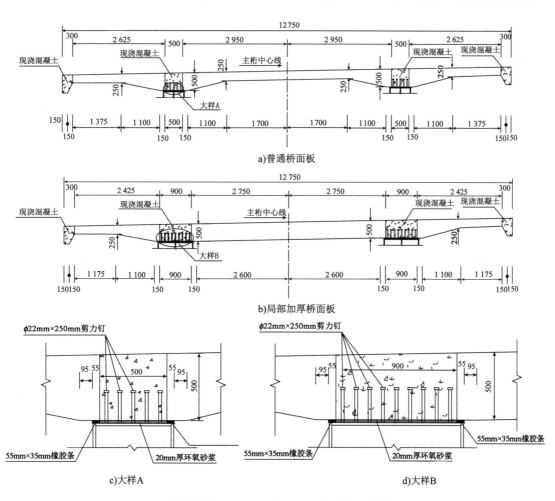

图 11-4　桥面板横向布置（跨径 80m）（尺寸单位：mm）

剪力钉连接,剪力钉采用圆柱头栓钉,材质为 ML15,集束式布置。栓钉布置数目与弦杆尺寸相匹配。负弯矩区弦杆局部加宽,栓钉布置数目也随之增多。为了提高负弯矩区预应力施加效率,改善混凝土桥面板的抗裂性能,采用抗拔不抗剪圆柱头栓钉,其他区域采用普通圆柱头栓钉。普通剪力钉和抗拔不抗剪剪力钉形状及布置如图 11-5、图 11-6 所示。

a)普通剪力钉　　　　b)抗拔不抗剪剪力钉

图 11-5　剪力钉形状

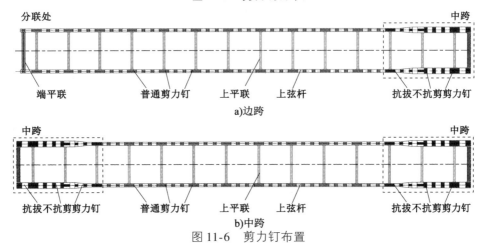

图 11-6　剪力钉布置

（3）主桁杆件、节点选型及主桁连接构造

结合连续梁的弯矩图（图 11-7）、剪力图（图 11-8）及桁架的受力模式（图 11-9）可知,连续组合桁梁桥上、下弦杆和腹杆的轴向力呈阶梯状分布,可根据不同位置的受力大小,在杆件外轮廓尺寸一定的情况下,对矩形钢管进行分级设计,即不同受力位置处的钢管壁厚不同。

弦杆采用 PBL 加劲型矩形钢管混凝土结构,腹杆和端横联均采用矩形钢管,上、下平联均采用工字形断面。根据分级设计的思想并结合连续梁的内力分布,对主桁弦杆、腹杆均进行三级设计,如图 11-10 所示。不同编号代表相应杆件不同的截面尺寸。由于墩顶处弯矩及剪力均较大,在杆件壁厚增大的同时对截面进行局部加宽,即主桁的加强节段区域。由图11-10可知边跨包括一个加强节段,中跨包括两个对称的加强节段。

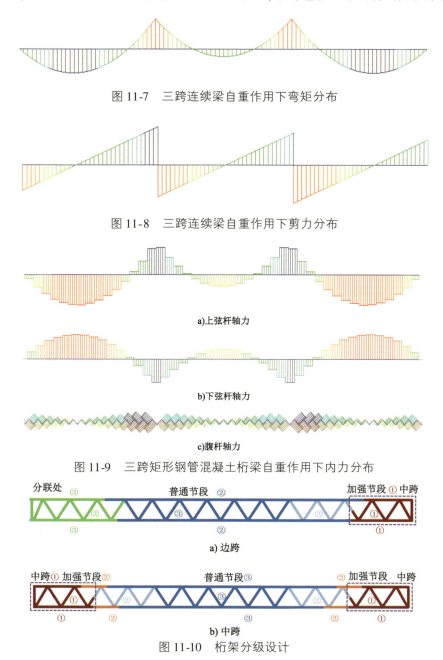

图11-7 三跨连续梁自重作用下弯矩分布

图11-8 三跨连续梁自重作用下剪力分布

a)上弦杆轴力

b)下弦杆轴力

c)腹杆轴力

图11-9 三跨矩形钢管混凝土桁梁自重作用下内力分布

a) 边跨

b) 中跨

图11-10 桁架分级设计

腹杆钢板厚度为12~36mm,弦杆钢板厚度为16~44mm,具体截面尺寸见表11-3、表11-4。由于腹杆和弦杆等宽设计,在加强节段腹杆出现宽高比大于2的情况,为保证板件满足宽厚比限值,对加强节段腹杆截面各板件进行不等厚设计,其余杆件四块板厚度均相等。

边跨主桁截面尺寸（单位：mm）

表 11-3

跨径（m）	上弦杆尺寸 $b_0 \times h_0 \times t_0$		下弦杆尺寸 $b_0 \times h_0 \times t_0$		腹杆尺寸 $b_1 \times h_1 \times t_1$	
	普通节段	加强节段	普通节段	加强节段	普通节段	加强节段
50	400×400×32	600×400×40	400×400×24/32	600×400×36	400×250×12/16/20	600(32)×250(20)
60	500×500×30	700×500×44	500×500×24/36	700×500×36	500×300×16/20/22	700(32)×300(24)
70	500×500×28/36	900×500×44	500×600×28/36	900×600×40	500×300×16/20/22	900(36)×300(30)
80	600×600×20/36	1 000×600×44	600×700×24/36	1 000×700×40	600×400×16/20/22	1 000(36)×400(30)

中跨主桁截面尺寸（单位：mm）

表 11-4

跨径（m）	上弦杆尺寸 $b_0 \times h_0 \times t_0$		下弦杆尺寸 $b_0 \times h_0 \times t_0$		腹杆尺寸 $b_1 \times h_1 \times t_1$	
	普通节段	加强节段	普通节段	加强节段	普通节段	加强节段
50	400×400×16/32	600×400×40	400×400×22/32	600×400×36	400×250×12/16	600(32)×250(20)
60	500×500×20/30	700×500×44	500×500×20/30	700×500×36	500×300×16/20	700(32)×300(24)
70	500×500×20/36	900×500×44	500×600×20/30	900×600×36	500×300×16/20	900(36)×300(30)
80	600×600×20/36	1 000×600×44	600×700×20/36	1 000×700×40	600×400×16/20	1 000(36)×400(30)

为传力顺畅,端横联及上、下平联均与弦杆等高设计,壁厚主要包括 12mm 和 16mm 两种尺寸。对于 PBL 键,本书设计主要包括两种形式,具体尺寸如图 11-11 所示。当弦杆宽度或高度大于 500mm 时采用加劲肋高度为 130mm 的形式一,当弦杆宽度或高度不在此范围时采用加劲肋高度为 100mm 的形式二。

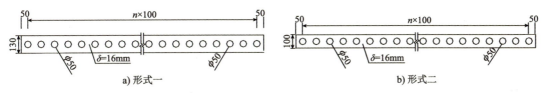

图 11-11　PBL 键尺寸(尺寸单位:mm)

为确保钢管混凝土组合桁梁的杆件先于节点破坏,则应使得节点承载力大于杆件承载力。结构体系要在节点失效前形成"断面塑性铰",此种"强节点、弱构件"的设计理念对结构断面的要求与 Eurocode4 中对组合钢板梁密实截面的要求非常相似(组合钢板梁在板件发生局部屈曲之前截面已经形成具有足够转动能力的塑性铰)。本书设计采用 PBL 加劲型矩形钢管混凝土等宽节点可显著改善节点的力学性能。节点弦杆、腹杆通过焊缝连接,大部分焊接工作在工厂内预制完成,现场仅需少量的焊接、拼接工作,大大提高了现场的施工效率,焊接质量也得到了保证。

节点疲劳失效是桁梁设计中应重点关注的,根据《公路钢结构桥梁设计规范》(JTG D64—2015)附录 C 表 C.0.7 可知,矩形空管 K 形节点的疲劳细节类别仅为 35MPa,较低的疲劳抗力很难满足桥梁疲劳设计需求。为进一步改善节点的疲劳细节构造,本书设计将具有高抗力疲劳细节的节点板融入 PBL 加劲型矩形钢管混凝土节点中,如图 11-12 所示。节点板边缘采用圆弧过渡并和相邻板件采用熔透对接焊,焊缝端部进行打磨锤击处理,以满足此处焊接疲劳性能要求。此外,整体节点板构造还应满足如下要求:①节点板圆弧半径宜大于 1/2 弦杆高度;②节点板与弦杆对接焊缝位置距离弧端宜在 100mm 以上。

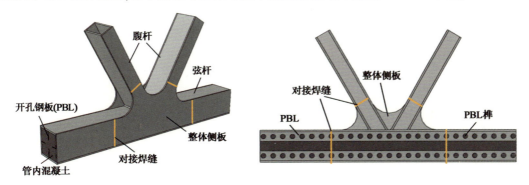

图 11-12　带节点板的 PBL 加劲型矩形钢管混凝土节点

50~80m 矩形钢管混凝土组合桁梁桥通用图 K 形节点如图 11-13 所示。在节点范围内，弦杆侧板和腹杆侧板采用一块整体钢板。节点偏心均满足规范 $-0.55 \leqslant e/h_0 \leqslant 0.25$ 的要求。

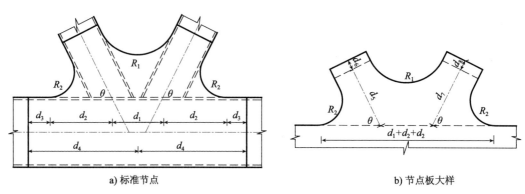

a) 标准节点　　　　　　　　　　　b) 节点板大样

图 11-13　下弦杆标准 K 形节点

本书设计采用分级设计理念，由图 11-13 可知节点及节点板形式较多，仅给出组合桁梁桥下弦杆标准节点尺寸，见表 11-5。

下弦杆标准节点尺寸(单位:mm)　　　　表 11-5

跨径布置 (m)	θ (°)	R_1	R_2	d_1	d_2	d_3	d_4	d_5	d_7
4×50	59.3	200	200	341	497	133	800	426	426
4×60	62.1	300	200	397	502	199	900	424	424
4×70	56.8	400	200	433	550	234	1 000	469	469
4×80	63.5	400	250	519	627	213	1 100	623	623

当存在桥址处道路运输条件较差、现场空间不足以及桁架吊装重量较大等情况，难以实现整体运输、拼装时，钢桁梁可考虑"化整为零"，在工厂完成散拼构件的制造，到现场再进行焊接拼装。由于本书设计采用整体式节点板，故零散构件划分应以整体式节点板为划分界线，如图 11-14 所示。

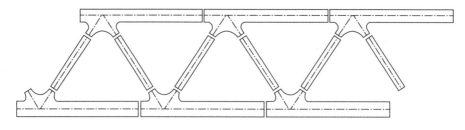

图 11-14　主桁散拼构件划分

当桥址位于交通便利、运输吊装能力较好的地区时,可采用"集零为整"的节段施工法。主桁节段之间的现场连接方式直接决定主桁的整体成型施工质量,弦杆接头最终选型为内置连接板+外包钢管焊接,腹杆接头为外包钢管焊接,如图 11-15 所示。弦杆连接时需注意先俯焊底板,再焊接侧板,最后焊接顶板,以保证焊接质量。

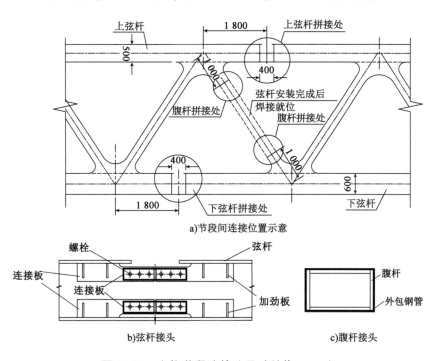

图 11-15　主桁节段连接(尺寸单位:mm)

11.1.3　结构验算

1)最不利布置形式

本次矩形钢管混凝土组合桁梁桥通用图设计适用跨数为 4~8 跨,采用等跨设计,且标准跨径分为两种类型:边跨和中跨。图 11-16 为均布荷载作用下 4~8 跨等跨连续梁弯矩图,单孔跨径 $L=80m$,均布荷载 $q=1kN/m$,定义左端分联处桥墩为 0 号墩,从左至右为 1 号、2 号墩并以此类推。由图 11-16 可知,连续梁等跨布置时正、负弯矩最大值分别位于 1 号墩墩顶和边跨跨中处,且不同布置形式弯矩水平相差不大,4 跨布置时对应墩顶负弯矩为最大,5 跨布置时对应跨中正弯矩为最大。跨中正弯矩区上弦杆与桥面板受压、下弦杆受拉,墩顶负弯矩区上弦杆桥面板受拉、下弦杆受压。结合钢材和混凝土的受力特点可知,其受力最不利位置为 1 号墩墩顶,由上分析可知 4 跨布置形式为最不利桥跨布置形式,故本节仅对 4 跨 50~80m 矩形钢管混凝土组合桁梁桥进行计算和分析。

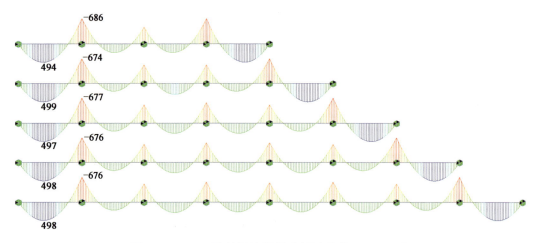

图 11-16 4~8 跨等跨连续梁弯矩（单位：kN·m）

2）模型计算参数及荷载

（1）计算参数

混凝土材料特性见表 11-6。C60 钢纤维混凝土用于主桁上、下弦杆内填混凝土；C50 混凝土用于预制桥面板混凝土；C50 微膨胀混凝土用于现浇桥面板混凝土和现浇底板混凝土。

混凝土材料特性（单位：MPa） 表 11-6

强度等级	弹性模量 E_c	标准值		设计值	
		f_{ck}	f_{tk}	f_{cd}	f_{td}
C60	36 000	38.5	2.85	26.5	1.96
C50	34 500	32.4	2.65	22.4	1.83

主桁钢板材料特性见表 11-7。Q420qD 钢用于主桁矩形截面构件，如弦杆、腹杆、端横联等；Q345qD 钢用于主桁工字形截面构件，如上、下平联。

钢板材料特性（单位：MPa） 表 11-7

钢 板		弹性模量 E_s	抗拉、抗压和抗弯强度设计值 f_d	抗剪强度设计值 f_{vd}
牌号	厚度（mm）			
Q345 钢	≤16	206 000	275	160
	16~40		270	155
	40~63		260	150
Q420 钢	≤16		335	195
	16~40		320	185
	40~63		305	175

预应力钢筋：低松弛钢绞线公称直径 $d=15.2$mm，抗拉强度标准值 $f_{pk}=1\ 860$MPa，弹性模量 $E_p=195\ 000$MPa。松弛系数 0.3，锚具变形、钢筋回缩取 6mm（一端），管道摩

擦系数 $\mu = 0.25$,管道偏差系数 $k = 0.0015$。

（2）计算荷载

①自重：混凝土重度 $26kN/m^3$,钢材重度 $78.5kN/m^3$。

②二期恒载：包括桥面铺装及护栏等附属设施,桥面铺装重度 $24kN/m^3$,桥面铺装单侧 $16kN/m^3$,护栏单侧 $6kN/m^3$。

③汽车荷载：公路—Ⅰ级,单向 3 车道加载。

④体系温差：按严寒地区考虑,结构体系有效高温取 $39℃$,有效低温取 $-32℃$；假定合龙温度为 $10℃$,结构体系升温则为 $29℃$,降温则为 $-42℃$。

⑤温度梯度：正温差 $T_1 = 14℃$, $T_2 = 5.5℃$,负温差为正温差的 -0.5 倍。

⑥混凝土的收缩徐变：收缩徐变效应按《公路钢筋混凝土及预应力混凝土桥涵设计规范》(JTG 3362—2018)的相关规定进行计算。其中环境相对湿度取为 55%。

3）有限元模型

根据设计图中的结构布置、截面尺寸以及施工阶段划分,采用 Midas/Civil 有限元软件进行模拟分析。桁架杆件采用梁单元模拟,其中 PBL 键仅作为安全储备,建模时不予考虑。桥面板采用两片纵梁单元模拟,同时采用虚拟梁单元(只计刚度、不计重量)模拟其横向刚度,墩顶附近混凝土底板采用板单元模拟。跨中附近下弦杆和墩顶附近上弦杆钢管内混凝土受拉,模拟时只考虑混凝土重度,不考虑其受拉贡献。桁架节点为空间全焊节点,近似采用共节点模拟。全桥有限元分析模型如图 11-17 所示。

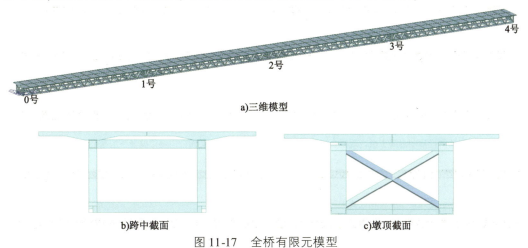

图 11-17　全桥有限元模型

（1）边界条件模拟

墩底及桥台处采用一般支承,桥面板与上弦杆连接模拟方式分为两种：桥面板正弯矩区采用一般弹性连接来模拟普通剪力钉,桥面板负弯矩区采用释放纵向和侧向刚度的弹性连接来模拟抗拔不抗剪剪力钉。

(2)荷载工况及荷载组

根据《公路钢结构桥梁设计规范》(JTG D64—2015)、《矩形钢管混凝土结构技术规程》(CECS 159:2004)、《公路钢筋混凝土及预应力混凝土桥涵设计规范》(JTG 3362—2018)、《公路钢混组合桥梁设计与施工规范》(JTG/T D64-01—2015)对结构进行复核验算,荷载按《公路桥涵设计通用规范》(JTG D60—2015)进行组合。

(3)施工阶段划分

矩形钢管混凝土组合桁梁桥适用的施工工法分为两种:当道路线路与现场地面高差较大时(如黄土冲沟地形),主桁可采用顶推施工;当线路与现场地面高差较小时,主桁可采用吊装施工。本小节仅对吊装施工时结构的强度和变形进行分析和验算,吊装法施工步骤示意如图11-18所示,有限元模型中关键施工阶段划分见表11-8。

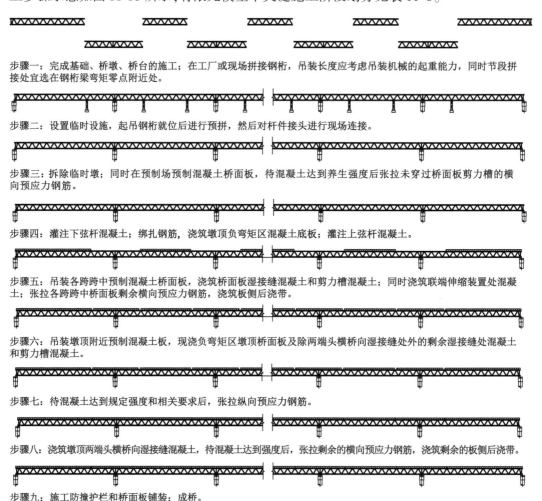

步骤一:完成基础、桥墩、桥台的施工;在工厂或现场拼接钢桁,吊装长度应考虑吊装机械的起重能力,同时节段拼接处宜选在钢桁梁弯矩零点附近处。

步骤二:设置临时设施,起吊钢桁就位后进行预拼,然后对杆件接头进行现场连接。

步骤三:拆除临时墩;同时在预制场预制混凝土桥面板,待混凝土达到养生强度后张拉未穿过桥面板剪力槽的横向预应力钢筋。

步骤四:灌注下弦杆混凝土,绑扎钢筋,浇筑墩顶负弯矩区混凝土底板;灌注上弦杆混凝土。

步骤五:吊装各跨跨中预制混凝土桥面板,浇筑桥面板湿接缝混凝土和剪力槽混凝土;同时浇筑联端伸缩装置处混凝土;张拉各跨跨中桥面板剩余横向预应力钢筋,浇筑板侧后浇带。

步骤六:吊装墩顶附近预制混凝土板,现浇负弯矩区墩顶桥面板及除两端头横桥向湿接缝处外的剩余湿接缝处混凝土和剪力槽混凝土。

步骤七:待混凝土达到规定强度和相关要求后,张拉纵向预应力钢筋。

步骤八:浇筑墩顶两端头横桥向湿接缝混凝土,待混凝土达到强度后,张拉剩余的横向预应力钢筋,浇筑剩余的板侧后浇带。

步骤九:施工防撞护栏和桥面板铺装;成桥。

图11-18 吊装法指导性施工步骤

吊装法施工阶段划分 表11-8

阶　　段	施　工　内　容
CS1	以20～50m为一个节段吊装主桁,主桁吊装到位
CS2	灌注下弦杆混凝土,浇筑墩顶处混凝土底板
CS3	灌注上弦杆混凝土
CS4	吊装各跨跨中混凝土桥面板
CS5	吊装墩顶附近的预制混凝土桥面板,现浇墩顶处桥面板
CS6	张拉纵向预应力钢筋
CS7	施工桥面铺装及其附属设施

4)设计验算

(1)施工阶段结构验算

图11-19为关键施工阶段主桁弦杆及腹杆最大应力值,其中阶段CS2～CS5杆件应力取值时相应混凝土均未形成强度。由图11-19可知,50～80m矩形钢管混凝土组合桁梁桥关键施工阶段杆件最大应力变化趋势相同,最大应力水平相差不大,表明截面尺寸是与相应跨径相匹配的。当吊装各跨跨中桥面板时,杆件应力突然增大,随后杆件应力在二期铺装时达到最大值。由于主桁杆件应力水平总体较低,故不再进行施工阶段弦杆承载力及腹杆稳定承载力的验算。进一步分析图11-20可知,弦杆最大拉应力位于1号墩墩顶处,最大压应力位于边跨跨中处,而墩顶处混凝土底板和钢管内混凝土协助下弦钢管受力,钢管应力水平得到有效控制。腹杆最大应力位于反弯点附近,此处是加强节段和普通节段的过渡位置,钢管壁厚减小导致钢管应力增大。除墩顶和反弯点区域外,其他位置钢管应力分布相对均匀,表明主桁分级设计思想较为合理。

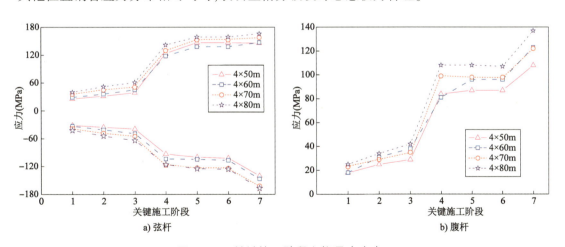

图11-19 关键施工阶段主桁最大应力

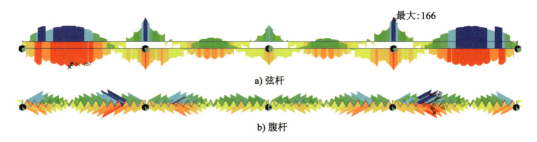

图 11-20 二期铺装时主桁最大应力位置（单位：MPa）

由图 11-21 可知，施工过程中整体稳定安全系数最小值为 8.6，表明结构整体稳定满足相关要求。随着跨径的增大，施工阶段整体稳定安全系数减小，这应该是梁高增加的缘故。结构整体稳定安全系数在跨中桥面板未形成强度时最小，随后跨中桥面板与主桁结合形成整体，稳定安全系数大幅增加，待墩顶区域桥面板形成强度时稳定安全系数达到最大值。

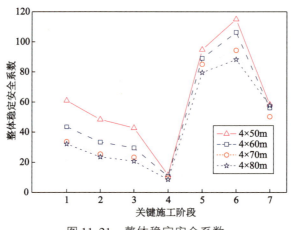

图 11-21 整体稳定安全系数

（2）成桥阶段结构验算

矩形钢管混凝土连续组合桁梁桥自振振型（以 4×80m 模型为例）见表 11-9，前三阶振型均为竖向弯曲，直至第四阶振型才出现扭转振型，表明桁梁和桥面板的组合作用增强了主桁的横向稳定性。

矩形钢管混凝土组合桁梁桥自振振型 表 11-9

模态	频率	振 型	振型说明
1	1.06		一阶反对称竖弯

续上表

模态	频率	振型	振型说明
2	1.37		二阶正对称竖弯
3	1.77		三阶反对称竖弯
4	1.97		一阶反对称扭转
5	1.99		二阶正对称扭转

①结构刚度验算。

《公路钢结构桥梁设计规范》(JTG D64—2015)第4.2.3条规定：当桥梁结构形式为简支或连续桁架时，由汽车荷载（不计冲击力）所引起的竖向挠度不应超过$L/500$。由表11-10可知，汽车荷载作用下主桁正负位移绝对值之和均小于挠度限值，表明结构刚度满足要求。

汽车荷载下50~80m矩形钢管混凝土组合桁梁挠度　　表11-10

跨径布置(m)	正挠度(mm)	负挠度(mm)	结构总挠度(mm)	挠度限值(mm)
4×50	32.8	−14.5	47.3	100
4×60	33	−15.1	48.1	120
4×70	77	−21	98	140
4×80	36.5	−18.9	55.4	160

②主桁验算。

主桁主要受力构件包括上、下弦杆和腹杆，其中上、下弦杆均为PBL加劲型矩形钢管混凝土构件，腹杆为空钢管构件。弦杆受压时按矩形钢管混凝土构件验算，受拉时忽略混凝土的贡献（仅将其作为湿重考虑），按矩形空钢管构件验算。

综上分析主桁构件验算类型可分为三种：矩形钢管混凝土受压构件、空钢管受拉构件、空钢管受压构件。

由图 11-22 可知,承载能力极限状态下,墩顶附近上弦杆受拉,最不利受拉位置为 1 号墩墩顶,跨中上弦杆受压,最不利受压位置为边跨跨中。由于结构等跨布置且分为边跨、中跨两种类型,根据标准化设计需求,1 号墩墩顶和 2 号墩墩顶处杆件截面尺寸需一致,由此导致 2 号墩墩顶区域材料利用率较低。

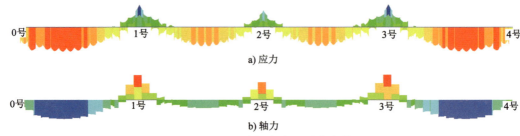

图 11-22　上弦杆应力及轴力包络

对上弦杆强度进行验算,详见表 11-11。表中应力及轴力计算值均已考虑结构重要性系数 γ_0,取 $\gamma_0 = 1.1$,下同。杆件效率系数按杆件内力与抗力的比值计算。由表 11-11 可知,50~80m 矩形钢管混凝土组合桁梁桥上弦杆验算均通过,弦杆效率系数在 0.88~0.90 之间,四种跨径组合桁梁对应的截面设计尺寸较为合理,材料利用率较高。

上弦杆承载力验算结果　　　　　　　　　　　表 11-11

跨径布置 (m)	计算应力 (MPa)	设计强度 (MPa)	计算轴力 (kN)	稳定系数 φ	杆件稳定 承载力 (kN)	验算 结果	杆件效率 系数
4×50	273	305	9 486	0.929	16 782	通过	0.90
4×60	268	305	9 382	0.943	22 827	通过	0.88
4×70	275	305	15 719	0.914	23 979	通过	0.90
4×80	270	305	8 201	0.939	31 341	通过	0.89

由图 11-23 可知,承载能力极限状态下,跨中下弦杆受拉,最不利受拉位置为边跨跨中,墩顶区域下弦杆受压,最不利受压位置为 1 号墩墩顶。在中跨加强节段和普通节段过渡位置处下弦杆压应力较大,主要原因是此区域钢管截面尺寸减小且不设置混凝土底板。

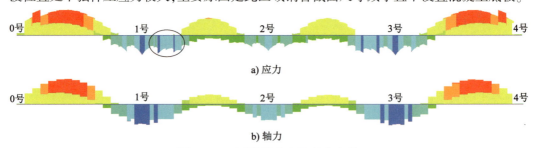

图 11-23　下弦杆应力及轴力包络

下弦杆强度验算见表 11-12。由表 11-12 可知,下弦杆强度满足要求,拉、压杆受力规律与上弦杆类似,在此不再赘述。

下弦杆承载力验算结果　　　　　　　　　　　　　　　　表 11-12

跨径布置（m）	计算应力（MPa）	设计强度（MPa）	计算轴力（kN）	稳定系数 φ	杆件稳定承载力（kN）	验算结果	杆件效率系数
4×50	293	320	9 317	0.963	25 010	通过	0.92
4×60	276	320	11 229	0.967	3 2019	通过	0.86
4×70	292	320	11 576	0.943	44 935	通过	0.91
4×80	285	320	18 006	0.957	54 154	通过	0.89

由图 11-24 可知,承载能力极限状态下,1 号墩墩顶区域腹杆轴力最大,由于加强节段腹杆和过渡腹杆(以墩顶为中心两侧第 5 根斜腹杆,压杆)截面钢管壁厚增大,腹杆拉、压应力最大位置出现在 1 号墩左边第 6、7 根斜腹杆处。

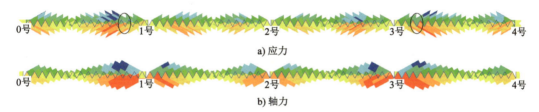

a) 应力

b) 轴力

图 11-24　腹杆应力及轴力包络

腹杆强度验算见表 11-13。由表 11-13 可知,腹杆强度满足要求,且腹杆的拉、压应力均有一定的安全储备。

腹杆承载力验算结果　　　　　　　　　　　　　　　　表 11-13

跨径布置（m）	计算拉应力（MPa）	设计强度（MPa）	计算压应力（kN）	稳定系数 φ	稳定容许应力（MPa）	验算结果	杆件效率系数
4×50	232	320	275	0.97	310	通过	0.89
4×60	227	320	252	0.973	311	通过	0.81
4×70	257	320	282	0.963	308	通过	0.92
4×80	262	320	288	0.967	309	通过	0.93

③节点承载力验算。

根据节点支主管夹角、节点受力类型、主管管径等对组合桁梁桥通用图节点进行分类并编号,如图 11-25 所示。矩形钢管混凝土组合桁梁节点抗压承载力高,通常不会发生钢管侧壁的局部屈曲破坏,但与受拉支管连接的主管钢管侧板有可能首先发生破坏。本小节重点针对 K 形节点进行验算,并结合节点承载力公式对需验算节点进行合并、删减,如节点 JD4 和 JD9,仅偏保守地对主管壁厚较小的节点(JD9)进行验算,如图 11-26 所示。

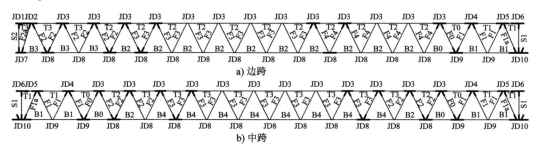

图 11-25　钢桁梁节点分类及编号

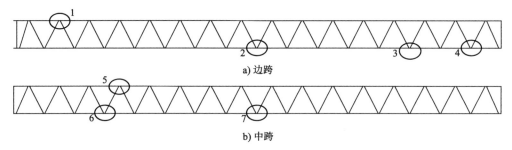

图 11-26　钢桁梁需验算节点编号

50～80m 矩形钢管混凝土组合桁梁桥通用图节点承载力验算结果见表 11-14～表 11-17,杆件承载力按支管全截面达到设计强度时取值,节点承载力效率系数为节点承载力与相应支管杆件承载力的比值。

④节点疲劳验算。

采用节点疲劳验算方法对 50～80m 矩形钢管混凝土组合桁梁桥通用图节点进行验算,结果见表 11-18,由表 11-18 可知节点抗疲劳性能满足要求。

⑤桥面板抗裂验算。

a. 桥面板纵向抗裂验算。

根据《公路钢混组合桥梁设计与施工规范》(JTG/T D64-01—2015)第 7.5.1 条的要求,组合桁梁负弯矩区桥面板在正常使用极限状态下最大裂缝宽度 W_{cr} 应按照《公路钢筋混凝土及预应力混凝土桥涵设计规范》(JTG 3362—2018)中第 6.4.3、6.4.4 条的相关规定进行验算,桥面板最大裂缝宽度限值为 0.2mm。正常使用极限状态频遇效应组合作用下桥面板轴力如图 11-27 所示,预应力钢筋和抗拔不抗剪剪力钉的采用使得负弯矩区桥面板的拉应力得到有效降低,桥面板抗裂性能显著提高。

50m 组合桁梁桥通用图节点验算结果

表 11-14

节点编号	主管尺寸 $b_0 \times h_0 \times t_0$ (mm)	支管尺寸 $b_{1,2} \times h_{1,2} \times t_{1,2}$ (mm)	节点承载力 (kN) 受拉支管	节点承载力 (kN) 受压支管	杆件计算轴力 (kN) 受拉支管	杆件计算轴力 (kN) 受压支管	验算结果	杆件承载力 (kN)	节点承载力效率系数
1,6	400×400×32	400×250×16	6 328	-10 353	4 153	-4 806	通过	6 625	0.96
2	400×400×32	400×250×12	4 808	-10 353	2 509	-3 080	通过	5 033	0.96
3	400×400×32	400×250×20	7 808	-10 353	5 124	-6 100	通过	7 808	1.00
4	600×400×36	600(32)×250(20)	11 890	-24 797	9 076	-9 306	通过	14 669	0.81
5	400×400×22	400×250×16	5 662	-7 618	4 173	-4 825	通过	6 625	0.85
7	400×400×22	400×250×12	4 808	-7 618	2 118	-2 975	通过	5 033	0.96

60m 组合桁梁桥通用图节点验算结果

表 11-15

节点编号	主管尺寸 $b_0 \times h_0 \times t_0$ (mm)	支管尺寸 $b_{1,2} \times h_{1,2} \times t_{1,2}$ (mm)	节点承载力 (kN) 受拉支管	节点承载力 (kN) 受压支管	杆件计算轴力 (kN) 受拉支管	杆件计算轴力 (kN) 受压支管	验算结果	杆件承载力 (kN)	节点承载力效率系数
1,6	500×500×30	500×300×20	9 275	-11 975	5 594	-6 354	通过	9 728	0.95
2	500×500×30	500×300×16	7 864	-11 975	4 227	-4 964	通过	8 233	0.96
3	500×500×30	500×300×22	9 275	-11 975	6 852	-7 617	通过	10 644	0.87
4	700×500×36	700(32)×300(24)	13 087	-24 980	11 226	-11 562	通过	17 961	0.73
5	500×500×20	500×300×20	5 765	-9 624	4 773	-5 259	通过	9 728	0.59
7	500×500×20	500×300×16	5 765	-9 624	2 949	-3 932	通过	8 233	0.70

70m 组合桁梁桥通用图节点验算结果

表 11-16

节点编号	主管尺寸 $b_0 \times h_0 \times t_0$ (mm)	支管尺寸 $b_{1,2} \times h_{1,2} \times t_{1,2}$ (mm)	节点承载力 (kN) 受拉支管	节点承载力 (kN) 受压支管	杆件计算轴力 (kN) 受拉支管	杆件计算轴力 (kN) 受压支管	验算结果	杆件承载力 (kN)	节点承载力效率系数
1	500×500×28	500×300×20	9 037	−11 678	6 141	−6 232	通过	9 728	0.93
2	500×600×36	500×300×16	7 864	−10 935	3 342	−4 252	通过	8 233	0.96
3	500×600×36	500×300×22	10 644	−10 935	7 784	−8 649	通过	10 644	1.00
4	900×600×40	900(36)×300(30)	17 814	−31 184	12 588	−12 101	通过	25 114	0.71
5	500×500×20	500×300×20	6 257	−9 884	5 320	−6 992	通过	9 728	0.64
6	500×600×36	500×300×20	9 728	−10 935	6 293	−6 992	通过	9 728	1.00
7	500×600×20	500×300×16	6 257	−8 916	3 858	−5 358	通过	8 233	0.76

80m 组合桁梁桥通用图节点验算结果

表 11-17

节点编号	主管尺寸 $b_0 \times h_0 \times t_0$ (mm)	支管尺寸 $b_{1,2} \times h_{1,2} \times t_{1,2}$ (mm)	节点承载力 (kN) 受拉支管	节点承载力 (kN) 受压支管	杆件计算轴力 (kN) 受拉支管	杆件计算轴力 (kN) 受压支管	验算结果	杆件承载力 (kN)	节点承载力效率系数
1,5	600×600×20	600×400×20	6 994	−14 122	6 605	−7 680	通过	12 288	0.57
2	600×700×36	600×400×16	9 912	−15 844	5 049	−5 111	通过	10 377	0.96
3	600×700×36	600×400×22	13 384	−15 844	10 011	−11 021	通过	13 460	0.99
4	1000×700×40	1 000(36)×400(30)	18 942	−39 003	14 669	−14 485	通过	29 338	0.65
6	600×700×36	600×400×20	12 288	−15 844	8 141	−8 986	通过	12 288	1.00
7	600×700×20	600×400×16	6 994	−13 064	5 390	−6 009	通过	10 377	0.67

组合桁梁桥通用图节点验算结果

表 11-18

跨径布置 (m)	节点位置		正应力 $\Delta\sigma_P$ (MPa)	弯曲应力 $\Delta\sigma_M$ (MPa)	热点应力集中系数			热点应力幅 S_h (MPa)	热点应力幅 $\gamma_{Mf}S_h$ (MPa)	疲劳应力幅限值 $\Delta\sigma_C$ (MPa)	验算结果
					$SCF_{brace,I}$	$SCF_{chord,I}$	$SCF_{chord,II}$	$SCF_{chord,III}$				
4×50	中跨跨中	主管	19.5	8.8	1.29	0.40	1.31	1.53	47.65	64.33	90.5	通过
	中节点	支管	16.6	5.0					27.86	37.62	113.8	通过
4×60	中跨跨中	主管	8.5	3.4	2.07	0.56	1.36	1.80	25.74	34.75	93.8	通过
	中节点	支管	9.0	5.4					29.81	40.24	102.1	通过
4×70	中跨跨中	主管	17.1	4.0	1.95	0.57	1.38	1.72	39.48	53.30	93.8	通过
	中节点	支管	9.2	6.6					30.81	41.59	102.1	通过
4×80	中跨跨中	主管	16.1	3.8	2.44	0.59	1.40	1.97	38.11	51.45	93.8	通过
	中节点	支管	7.5	6.2					33.43	45.13	102.1	通过

图 11-27 频遇组合作用下桥面板轴力

桥面板纵向按普通钢筋混凝土构件验算,验算结果见表 11-19。50m、60m 矩形钢管混凝土组合桁梁桥负弯矩区配筋风格一致,70m、80m 配筋风格一致,裂缝宽度均满足规范要求。

桥面板纵向抗裂验算结果　　　　　　表 11-19

跨径布置（m）	钢筋布置形式（mm）	配筋率（%）	轴向力 N_s（kN）	钢筋应力（MPa）	裂缝宽度（mm）	裂缝宽度限值（mm）
4×50	φ25@125	2.19	17 376	183	0.168	0.2
4×60			16 831	179	0.173	
4×70	φ28@125	2.22	20 122	170	0.122	
4×80			26 084	221	0.192	

b. 桥面板横向抗裂验算。

桥面板横向计算模型选取纵向 1m 宽桥面板板条,如图 11-28 所示。在全桥整体计算模型中跨中位置施加单位荷载可求得桥面板上弦杆处竖向支撑刚度,不同跨径组合桁梁桥桥面板竖向支撑刚度基本一致,约为 43 160kN/m。

图 11-28 桥面板横向有限元模型

桥面板横向抗裂按 B 类预应力混凝土构件验算,验算结果见表 11-20,横向抗裂满足规范要求。

桥面板横向抗裂验算结果　　　　　　表 11-20

设计位置	荷载组合	最大应力 Sig_MAX(MPa)	容许应力 Sig_ALW(MPa)
横向跨中处	频遇组合	−1.219	1.855
	准永久组合	−3.420	0
横向支点处	频遇组合	−1.303	1.855
	准永久组合	−1.555	0

注:拉应力为正值,压应力为负值。

5)连接件验算

根据《公路钢混组合桥梁设计与施工规范》(JTG/T D64-01—2015)第 9.3.4 条的要求,剪力钉剪断破坏模式和混凝土局部压碎破坏模式对应抗剪连接件不同的承载力设计值,单个剪力钉的抗剪承载力设计值取两者中的较小值。由计算可知,单个剪力钉剪断破坏模式对应的承载力设计值较小,为 106.4kN。

根据《公路钢混组合桥梁设计与施工规范》(JTG/T D64-01—2015)第 9.3.3 条和第 9.3.5 条的要求,抗剪连接件应进行承载能力极限状态下的承载力验算和正常使用状态下的滑移量验算,验算结果见表 11-21。$\gamma_0 V_d$、V_{sd} 分别表示承载能力极限状态下和正常使用极限状态下钢混界面之间的剪力最大值。由表 11-21 可知,抗剪连接件承载力及滑移值验算均满足规范要求。

抗剪连接件承载力及滑移值验算结果　　　　表 11-21

跨径布置 (m)	上弦杆宽度 (mm)	剪力 $\gamma_0 V_d$ (kN)	所需剪力钉 (个)	实布剪力钉 (个)	剪力 V_{sd} (kN)	最大滑移值 (mm)	滑移限值 (mm)
4×50	400	2 945	28	30	1 939	0.13	0.2
4×60	500	2 510	24	48	1 568	0.11	
4×70	500	2 745	24	48	1 672	0.12	
4×80	600	2 582	25	60	1 673	0.1	

11.1.4　经济性分析

表 11-22、表 11-23 对 50~80m 组合桁梁桥边跨、中跨主要材料用量进行了统计,括号内数字为 PBL 键钢材用量。由表可知,中跨各材料用量稍高于边跨,分析原因是因为边跨跨中及 1 号墩(图 11-16)墩顶为最不利受力位置,根据标准化设计需求,1 号墩墩顶和 2 号墩墩顶处杆件截面尺寸需一致,由此使得 2 号墩墩顶区域材料利用率降低。

边跨主要材料用量　　　　表 11-22

跨径布置 (m)	主桁钢材 (kg/m²)	普通钢筋 (kg/m²)	预应力钢筋 (kg/m²)	总钢材 (kg/m²)	混凝土 (m³/m²)	上部结构自重 (kg/m²)
4×50	253(15.8)	119	12.5	385	0.38	1 297
4×60	313(15.8)	118	12.5	444	0.4	1 404
4×70	344(18.1)	129	10.9	484	0.47	1 612
4×80	416(20.1)	130	10.5	557	0.5	1 757

中跨主要材料用量　　　　　　　　　表 11-23

跨径布置 （m）	主桁钢材 （kg/m²）	普通钢筋 （kg/m²）	预应力钢筋 （kg/m²）	总钢材 （kg/m²）	混凝土 （m³/m²）	上部结构自重 （kg/m²）
4×50	261（15.8）	127	13.6	402	0.42	1 410
4×60	313（15.8）	125	13.7	452	0.45	1 532
4×70	354（18.1）	137	11.6	503	0.53	1 775
4×80	416（20.1）	138	11.3	565	0.56	1 909

50~80m 组合桁梁钢材用量及上部结构自重（边、中跨平均值）见表 11-23 和图 11-29。由图 11-29 可知，随着跨径的增大，每平方米钢材用量指标也随之增大。

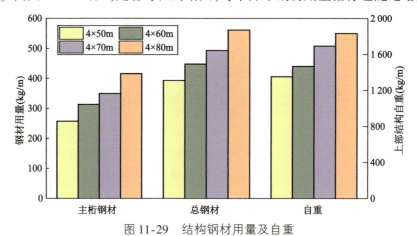

图 11-29　结构钢材用量及自重

相比于预应力混凝土箱梁桥，矩形钢管混凝土组合桁梁桥钢材用量稍有增加，但混凝土用量显著减少，从而上部结构自重降幅较大，有效降低桥墩、基础等工程量，同时上部结构自重较轻时对下部结构抗震设防较为有利。为直观对比两种桥型的材料用量，以 4×70m 矩形钢管混凝土组合桁梁桥和 50m+90m+90m+50m 四跨变截面预应力混凝土连续箱梁桥（桥宽 12.75m，主梁断面形式为单箱单室）为对比案例，由表 11-24 可知相比于预应力混凝土箱梁桥，矩形钢管混凝土组合桁梁桥的钢材用量增加 36.3%，混凝土用量降低 53.7%，上部结构自重降低 42.8%。

两种桥型材料用量对比　　　　　　　　　表 11-24

桥　型	钢　材		混凝土		上部结构自重	
	用量 （kg/m²）	变化幅度 （%）	用量 （m³/m²）	变化幅度 （%）	自重 （kg/m²）	变化幅度 （%）
矩形钢管混凝土 组合桁梁桥	493	36.3	0.5	-53.7	1 693	-42.8
预应力混凝土箱梁桥	366		1.08		2 958	

11.2 陕西省黄延高速公路跨线桥

作为示例,本节介绍了国内第一座矩形钢管混凝土组合桁梁连续刚构桥(黄延桥)的方案比选和施工图设计,结合本书提出的矩形钢管混凝土组合桁梁桥计算方法,对该桥进行了结构验算。最后通过对比同等跨径的混凝土桥梁的材料用量,对其经济性进行了分析。

11.2.1 工程概述

黄延高速公路 K15+644 处为路堑,引线上跨高速公路主线。路基宽度为 5.5m,车道布置为单车道。黄延桥桥位处净空高度约 17m,工程地质主要为黄土、古土壤。

黄延桥设计在满足"安全、适用、经济、美观、有利于环保"基本原则的基础上,着重突出矩形钢管混凝土组合桁梁桥的特点。设计中重点把握结构的安全适用性与经济性。安全适用性主要体现在结构的承载能力状态下主梁抗弯抗剪承载力满足要求,正常使用极限状态下主梁挠度、桥面板抗裂性满足要求。经济性能主要体现在材料用量及施工的便利性上。材料用量指标主要有用钢量与混凝土材料用量。

主要设计技术标准如下:
(1)结构形式:上承式矩形钢管混凝土组合桁架连续刚构桥。
(2)跨径布置:24m+40m+24m。
(3)桥梁全宽:5.5m,设双向2%横坡。
(4)横断面布置:0.5m(护栏)+4.5m(行车道)+0.5m(护栏)。
(5)设计荷载:公路—Ⅱ级。
(6)地震动峰值加速度系数:0.05g。

11.2.2 结构设计

1)方案比选

桥型方案一:24m+40m+24m 矩形钢管混凝土组合桁架连续刚构桥,桥面宽5.5m。立面布置为三角形腹杆体系,节间距为4m。主梁高2.8m,高跨比为1/14.3,断面形式为空间倒三角形断面。主梁下弦与支点处受压腹杆为PBL加劲型矩形钢管混凝土杆件,上弦为PBL开孔预埋钢板,桥面板为C40钢筋混凝土桥面板。主墩采用Y形PBL加劲型矩形钢管混凝土结构,下接桩柱一体式钢筋混凝土桩基。桥型方案总体布置如图11-30所示。

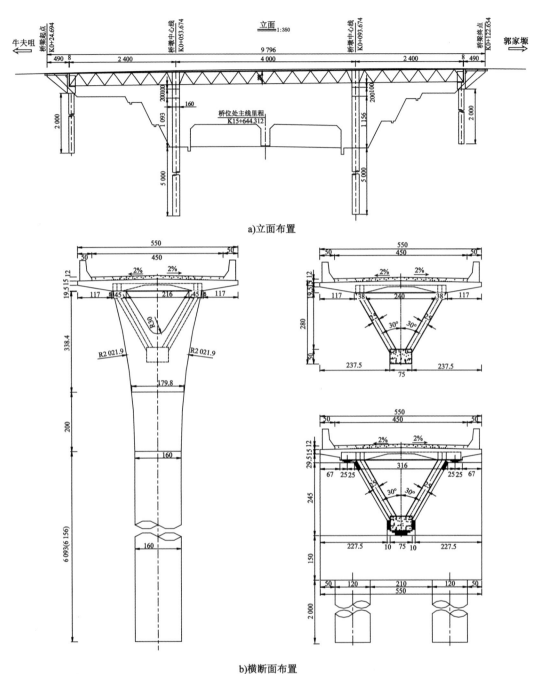

图 11-30 桥型方案一总体布置（尺寸单位：cm）

桥型方案二：24m+40m+24m 矩形钢管混凝土组合桁架连续刚构桥,桥面宽 5.5m。立面布置为三角形腹杆体系,节间距为 4m。主梁高 3.0m,高跨比为 1/13.3,断面形式为四肢形断面。主桁下弦、上弦与支点处腹杆为 PBL 加劲型矩形钢管混凝土杆件,桥面板为 C50 预应力混凝土桥面板,按 B 类预应力混凝土构件设计。主墩采用 PBL 加劲型矩形钢管混凝土结构，下接桩柱一体式钢筋混凝土桩基。桥型方案总体布置如图11-31所示。

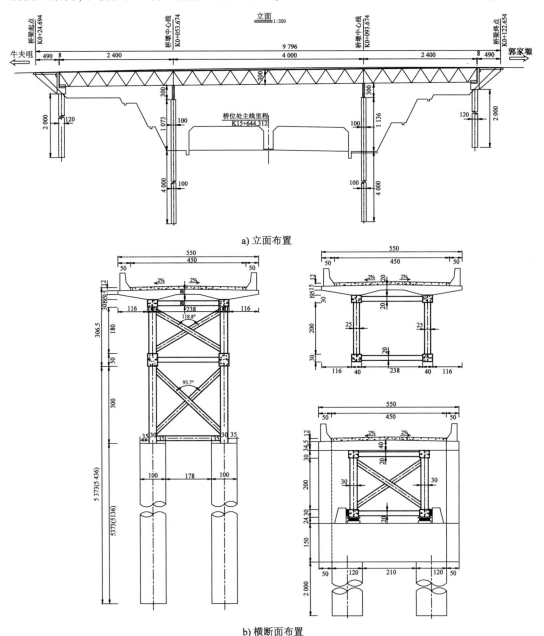

图 11-31　桥型方案二总体布置（尺寸单位：cm）

桥型方案三：24m+40m+24m 矩形钢管混凝土组合桁架连续刚构桥，桥面宽 5.5m。立面布置为三角形腹杆体系，节间距为 4m。主梁高 2.5m，高跨比为 1/16，断面形式为四肢形断面。主桁下弦、上弦与支点处腹杆为 PBL 加劲型矩形钢管混凝土杆件，桥面板为 C50 预制预应力混凝土桥面板，按 B 类预应力混凝土构件设计。主墩采用圆弧形 PBL 加劲型矩形钢管混凝土结构,下接立柱式 PBL 加劲型钢管混凝土桥墩。桥型方案总体布置如图 11-32 所示。

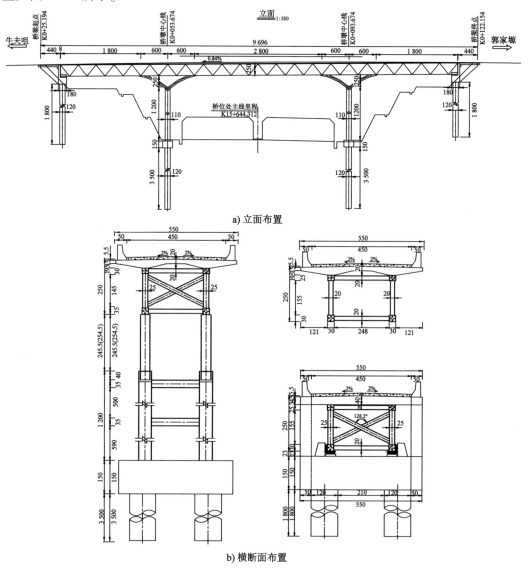

图 11-32 桥型方案三总体布置（尺寸单位：cm）

桥型方案四:24m + 40m + 24m 矩形钢管混凝土组合桁架连续刚构桥,桥面宽 5.5m。立面布置为三角形腹杆体系,节间距为 4m。主梁高 2.5m,高跨比为 1/16,断面形式为四肢形断面。主梁下弦为 PBL 加劲型矩形钢管混凝土杆件,腹杆为空钢管杆件,上弦为 PBL 闭口形式预埋钢板。组合桁梁的弦杆与腹杆等宽布置。桥面板为 C40 钢筋混凝土桥面板,墩顶左、右各 10m 段桥面板配置防裂预应力钢束。主墩采用双肢 Y 形 PBL 加劲型钢管混凝土桥墩。桥型方案总体布置如图 11-33 所示。

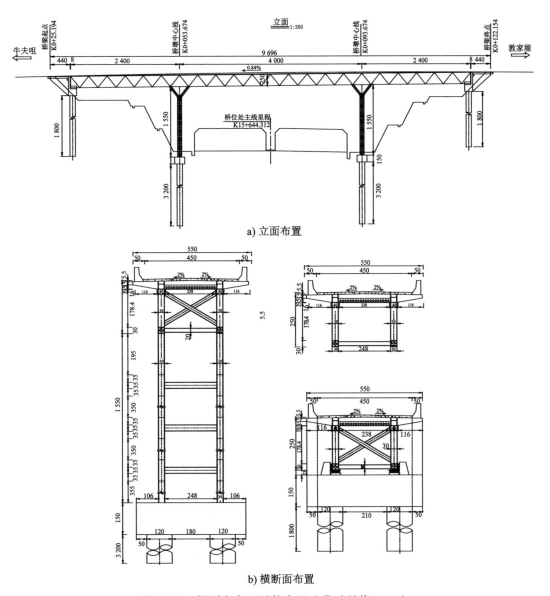

图 11-33 桥型方案四总体布置（尺寸单位：cm）

表 11-25 列出了该桥各方案的材料用量情况。由表可知各方案用钢量范围为 146.8~210.0kg/m²，变化幅度较大，可见合理优化主桁受力对于降低造价的重要性。四个方案混凝土桥面板构造区别不大，故混凝土用量基本接近。其中方案三、四与方案一、二相比，用钢量有相当大程度减少，说明进行主墩形式的优化对主桁的材料用量影响比较显著。对比方案三、四则可得方案四的墩梁连接构造设计较为合理。方案四采用了弦杆和腹杆等宽布置的矩形钢管混凝土组合桁梁，尽管其用钢量稍高于方案三，但其节点及桁架力学性能可得到显著改善。

设计方案主桁材料用量表 表11-25

序号	材料	方案一	方案二	方案三	方案四
1	用钢量（kg）	92 404.9	101 664.0	71 072.2	79 884.6
	单位面积用钢量（kg/m²）	190.9	210.0	146.8	165.1
2	混凝土用量（m³）	173.3	173.1	161.6	176.2
	单位面积混凝土用量（m³/m²）	0.36	0.36	0.34	0.37
3	普通钢筋用量（kg）	43 503.8	29 980.0	32 589.5	46 715.0
	单位面积普通钢筋用量（kg/m²）	89.9	61.9	67.3	96.5
4	预应力钢束用量（kg）	—	8 547.5	6 783.8	1 359.6
	单位面积预应力钢束用量（kg/m²）	—	17.7	14.0	2.8

综合以上各因素,选择了方案四作为最终方案。以下针对方案四的具体构造设计进行详细说明。

2）推荐方案具体设计

(1) 横断面布置

主桁横断面布置如图11-34所示。下弦在跨中恒载作用下的受拉区采用300mm×300mm×12mm矩形钢管,在墩顶以及支座处受压区域则采用截面尺寸相同的PBL加劲型矩形钢管混凝土结构,腹杆截面尺寸为200mm(8mm厚)×300mm(12mm厚)。主桁弦杆与腹杆采用等宽布置(即$\beta=1$)。上弦采用闭口形式PBL开孔预埋钢板,上平联采用倒T形截面。下平联采用200mm×200mm×8mm/12mm H型钢。在支点处设置横联加强两片桁架的横向联系。

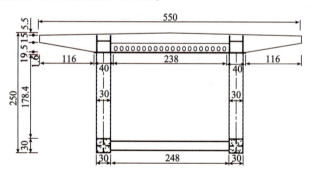

图11-34 横断面布置（尺寸单位：cm）

(2) 立面布置

图11-35为标准节间主桁杆件大样图,腹杆轴线交点与弦杆轴线的偏心距e为22.8mm,满足规范中$e/h_0=22.08/300\leq 0.25$的正偏心要求,可按铰接模型计算桁架杆件内力。桥梁两端腹杆与弦杆轴线间最小夹角为38.3°,满足不小于30°的规范要求。

节点采用 K 形节点设计,主桁节段立面布置如图 11-35 所示。

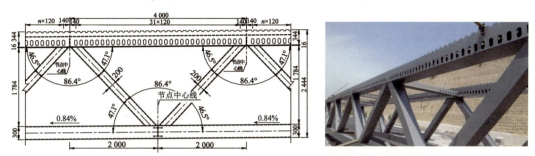

图 11-35　主桁节段立面布置(尺寸单位:cm)

(3)桥面板构造设计及计算原则

由于本桥桥宽仅为 5.5m,考虑到现浇桥面板时搭设施工模板简单方便,采用如图 11-36 所示的桥面板构造形式。上弦埋置于桥面板混凝土中,剪力连接件采用 PBL 开孔钢板形式,由一块底板与沿梁纵向焊接的两块开孔竖向钢板构成,通过钢板孔内的混凝土来抵抗钢梁与混凝土间的纵向剪力以及上拔力。桥面板与主桁连接构造如图 11-37 所示。

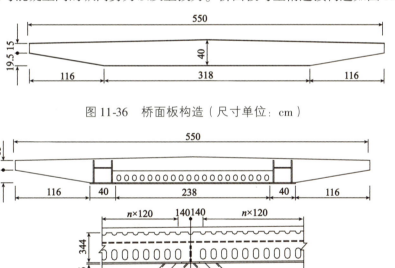

图 11-36　桥面板构造(尺寸单位:cm)

a) 桥面板与主桁连接构造图

b) 桥面板与主桁连接构造实桥

图 11-37　桥面板与主桁连接构造(尺寸单位:cm)

桥面板采用钢筋混凝土构件,按裂缝控制设计。墩顶左、右各 10m 的范围内配置 6 束 15-5 的预应力抗裂钢束,如图 11-38 所示。墩顶节段按部分预应力混凝土 B 类构件进行设计计算,在荷载频遇组合并考虑准永久组合影响下裂缝限值为 0.10mm;其他节段按钢筋混凝土构件进行设计计算,裂缝限值为 0.20mm。

图 11-38 桥面板预应力钢束

(4)桥墩构造以及墩梁连接形式

如图 11-39 所示,主墩采用双肢 Y 形 PBL 加劲型钢管混凝土桥墩,截面尺寸为 400mm×300mm×16mm,双肢间隔 10cm,横向设置 3 道系梁,为 600mm×300mm×16mm 的矩形钢管。双肢 Y 形墩的设计,能够优化墩顶附近主桁及桥面板的受力,降低主桁高度,减少用钢量。Y 形分叉处采用圆弧过渡,视觉上比较美观。

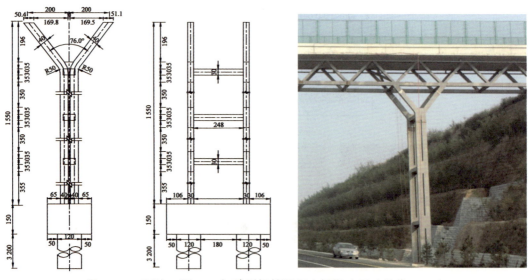

图 11-39 双肢 Y 形 PBL 加劲型钢管混凝土桥墩(尺寸单位:cm)

主桁下弦与桥墩立柱的连接为焊接形式,采用Ⅰ级坡口熔透焊,以保证焊缝的抗弯、抗剪、抗扭强度不小于母材。Y形墩与主桁下弦等宽布置,墩梁连接处采用整体节点板的设计,如图11-40所示。在施工时首先将墩梁连接处的结构焊接形成一个整体,再吊装至桥墩现场进行拼接,保证了墩梁连接的节点可靠性。

11.2.3 结构验算

1) 施工阶段结构验算

黄延桥节段重量较轻。为了提高施工效率,采用了节段吊装拼接的施工方法。施工阶段划分如下:

图11-40 墩梁连接处的节点设计

CS0:主桁工厂制作;

CS1:设支架,架设空钢管桥墩;

CS2:吊装中支点附近10m+12m主桁节段,完成墩梁固结;

CS3:吊装中跨跨中18m及边跨边支点处13m主桁节段;

CS4:灌注墩内及主桁连接段混凝土;

CS5:拆架;

CS6:绑扎桥面板钢筋现浇桥面板,湿重阶段;

CS7:桥面板达到强度;

CS8:张拉墩顶附近预应力;

CS9:桥面铺装及附属设施、成桥。

主桁节段划分为13m+12m+10m+18m+10m+12m+13m,节段划分根据起吊、运输能力而定,并且在划分的时候要求避开节点位置。先架设桥墩空钢管,待主桁吊装完成,与桥墩形成整体节点后浇筑墩内混凝土。墩顶左、右各10m范围内桥面板按部分A类预应力混凝土构件设计,其余节段按钢筋混凝土构件进行设计。

施工阶段受力分析。由表11-26与图11-41可知,施工阶段最不利阶段为现浇桥面板阶段。墩顶处上弦最大拉应力为158.7MPa。由于上弦为开孔截面形式,计算中对其进行刚度折减,按惯性矩进行折减。桥面板混凝土浇筑过程中,混凝土达到强度前,不计入桥面板的刚度,将其自重以均布荷载形式加在上弦杆上,待混凝土达到强度后计入其刚度贡献。CS6 计算结果大于 CS7 的原因是 CS6 阶段考虑了施工机械的影响。二期铺装完成后，主桁中跨跨中挠度最大值为 38mm，可见主桁刚度比较大。现浇桥面板阶段稳定性安全系数最小，为 14.3，满足规范要求。

施工阶段受力性能　　　　　　　　　表 11-26

施工阶段	最大应力(MPa)		设计强度（MPa）	最大挠度（mm）	稳定安全系数
	压应力	拉应力			
CS1	−0.9	1.7	275	0.03	715.5
CS2	−8.7	11.9	275	1.6	614.6
CS3	−20.0	25.0	275	4.5	85.0
CS4	−21.0	25.2	275	4.7	85.0
CS5	−17.0	26.9	275	6.3	69.2
CS6	−107.8	158.7	275	38.0	14.3
CS7	−109.4	155.4	275	37.3	34.8
CS8	−105.0	134.6	275	32.5	33.7
CS9	−111.3	141.6	275	39.6	86.7

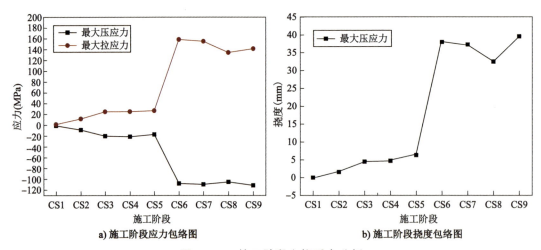

a) 施工阶段应力包络图　　　b) 施工阶段挠度包络图

图 11-41　施工阶段主桁受力分析

施工阶段主桁强度计算。有限元模型对于连接段处下弦杆采用施工阶段联合截面功能模拟其灌注混凝土过程，以考虑混凝土的收缩徐变。结果如图 11-42 所示。

由图 11-42 可以看出，在双肢 Y 形墩墩顶左右以及中跨跨中受力比较大。计算过程中，墩顶处截面按钢管混凝土计算其强度承载力及稳定承载力。表 11-27 列出了下弦杆控制截面的承载力验算结果，其中 2 号墩顶左右断面与 1 号墩顶左右断面对称。

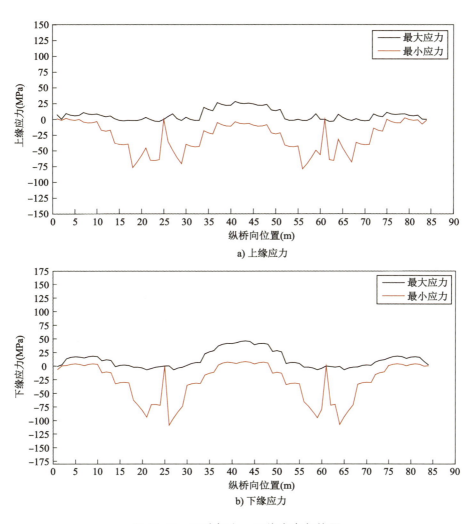

图 11-42 下弦杆上、下缘应力包络图

下弦杆施工阶段承载力验算表 表 11-27

控制截面	轴力(kN)	弯矩(kN·m)	杆件承载力(kN)	杆件效率系数
1号墩墩顶左	-2 105.5	-76.2	-6 250.1	0.34
1号墩墩顶右	-2 182.5	-72.9	-6 250.1	0.35
中跨跨中	1 073.8	21.2	6 227.3	0.17

由图 11-43 可以看出,上弦杆在墩顶附近受拉,最大拉应力为 158.7MPa,其余节段受压,中跨跨中处最大压应力为 -131.4MPa,均小于设计强度值 275MPa。此处考虑到上弦埋在混凝土桥面板内,可不考虑稳定折减系数 φ。

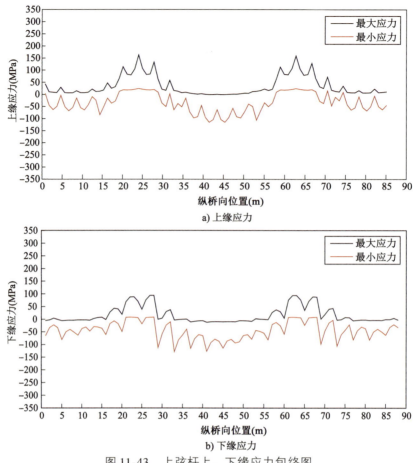

图 11-43 上弦杆上、下缘应力包络图

主桁腹杆验算结果见表 11-28。桥墩对应位置腹杆及附近腹杆受力不利。腹杆均为空钢管,且截面尺寸不变。因此仅需要对拉压受力最不利杆件分别进行强度以及整体稳定性验算即可。

腹杆施工阶段强度验算表   表 11-28

最不利杆	应力(MPa)	设计强度(MPa)	轴力(kN)	弯矩(kN·m)	杆件承载力(kN)	杆件效率系数
受拉腹杆	101.9	275	—	—	—	0.36
受压腹杆	—	—	−793.4	−10.1	−2915.5	0.32

施工阶段主桁刚度计算分析。各施工阶段的挠曲线变化如图 11-44 所示。

从施工阶段挠曲线变化图可以看出,未浇筑桥面板前主桁挠度比较小,最大仅为中跨跨中 6.3mm,桥面板的浇筑使得主桁挠度显著增大,中跨跨中增大到 38.0mm。随着二期铺装的影响,挠度进一步增大,中跨跨中最大挠度为 39.6mm。通过挠度计算可以看出,组合桁梁抗弯刚度较大。

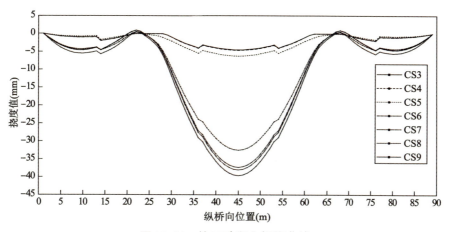

图 11-44 施工阶段主桁挠曲线

2）成桥阶段结构验算

（1）主桁强度验算

成桥阶段结构考虑承载能力极限状态下最不利组合进行计算，荷载包括恒载、汽车荷载、预应力荷载、收缩徐变二次、整体升降温、梯度升降温以及基础变位的组合作用。

下弦杆承载力计算。下弦杆计算的控制截面仍然选取最不利压杆（墩顶附近）与最不利拉杆（中跨跨中）截面进行验算，结果见表 11-29。上弦杆应力包络如图 11-45 所示。

下弦杆承载力验算表 表 11-29

控制截面	轴力（kN）	弯矩（kN·m）	杆件承载力（kN）	杆件效率系数
1 号墩墩顶左	−2 067.3	−87.8	−6 250.1	0.33
1 号墩墩顶右	−2 053.0	−80.5	−6 250.1	0.33
中跨跨中	1 812.1	24.7	5 624.6	0.32

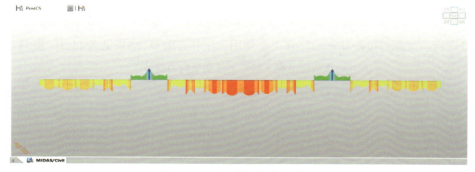

图 11-45 上弦杆应力包络图

上弦杆在墩顶附近受拉，最大拉应力为 128.6MPa，其余节段受压，中跨跨中处最大压应力为 −175.7MPa，均小于设计强度 275MPa。

承载能力极限状态下腹杆应力包络如图11-46所示。腹杆采用统一截面形式,因此仅需要对拉压受力最不利杆件分别进行强度以及整体稳定性验算即可,结果见表11-30。

图11-46　腹杆应力包络图

腹杆承载力验算表　　　　　　　　　　　　　　　　　　　　　　表11-30

最不利杆	应力 (MPa)	设计强度 (MPa)	轴力 (kN)	弯矩 (kN·m)	杆件承载力 (kN)	效率系数
受拉腹杆	151.2	275	—	—	—	0.55
受压腹杆	—	—	-1 206.6	-37.8	-2 915.5	0.41

经计算,腹杆压杆最大长细比为29.1,小于容许长细比100。可以看出腹杆的效率系数较低,应力储备较大。

(2)桥面板承载力及抗裂性计算分析

桥面板为现浇混凝土构件,墩顶左、右20m范围内配置6根15-5预应力钢束。根据《公路钢筋混凝土及预应力混凝土桥涵设计规范》(JTG 3362—2018)进行验算。取控制截面对其进行承载能力极限状态验算和正常使用极限状态验算,结果见表11-31、表11-32。

承载能力极限状态下桥面板内力验算　　　　　　　　　　　　　　表11-31

截　面		承载能力极限状态基本效应组合			抗　力		验算结果
		轴力 N (kN)	剪力 Q (kN)	弯矩 M (kN·m)	轴力 N (kN)	弯矩 M (kN·m)	
边跨跨中	M 最大	1 046	492.4	424.3	4 420	2 180	通过
	N 最大	2 071.5	506.2	-223.4	12 400	2 180	通过
1号墩顶 左侧2m	M 最大	-1 914.1	387.5	486.8	4 580	2 180	通过
	N 最大	-1 914.1	387.5	486.8	14 600	2 180	通过

续上表

截面		承载能力极限状态基本效应组合			抗　　力		验算结果
		轴力 N (kN)	剪力 Q (kN)	弯矩 M (kN·m)	轴力 N (kN)	弯矩 M (kN·m)	
1号墩顶	M 最大	-1 901.3	-537.8	372.5	5 520	2 180	通过
	N 最大	-1 901.3	-537.8	372.5	11 400	2 180	通过
1号墩顶右侧2m	M 最大	-1 947.6	-393.5	484.8	4 270	2 180	通过
	N 最大	-1 947.6	-393.5	484.8	14 400	2 180	通过
中跨跨中	M 最大	-1 275.6	-481.8	434.8	3 950	2 180	通过
	N 最大	2 000.6	-480.9	-198.0	-9 060	2 180	通过

正常使用极限状态频遇组合作用下桥面板抗裂验算　　　　表 11-32

截面		正常使用极限状态短期作用组合			裂缝值 (mm)	容许值 (mm)	验算结果
		轴力 N (kN)	剪力 Q (kN)	弯矩 M (kN·m)			
边跨跨中	M 最大	1 372.5	262.6	280.5	0.036	0.1	通过
	N 最大	1 790.1	270.4	-154.8	0.046	0.1	通过
1号墩顶左侧2m	M 最大	-1 357.7	203.8	315.4	0.019	0.1	通过
	N 最大	-1 357.7	203.8	315.4	0.019	0.1	通过
1号墩顶	M 最大	-1 375.3	-286.5	252.9	0.018	0.1	通过
	N 最大	-1 375.3	-286.5	252.9	0.018	0.1	通过
1号墩顶右侧2m	M 最大	-1 398.3	-208.9	313.7	0.021	0.1	通过
	N 最大	-1 398.3	-208.9	313.7	0.021	0.1	通过
中跨跨中	M 最大	-1 094.5	-251.8	281.1	0.015	0.1	通过
	N 最大	1 856.7	-251.0	-140.8	0.048	0.1	通过

由表 11-31 与表 11-32 可看出,承载能力极限状态下,桥面板的设计值均小于结构抗力。频遇组合作用下,考虑预应力效应后,墩顶处桥面板裂缝为 0.018mm,与不考虑预应力时的 0.152mm 相比,减小了 0.134mm,可见预应力钢束能有效防止墩顶处桥面板开裂。裂缝宽度小于规范中预应力混凝土 B 类构件 0.10mm 的裂缝限值,抗裂性满足要求。

(3)主桁整体刚度计算分析

《公路钢结构桥梁设计规范》(JTG D64—2015)规定:由汽车荷载(不计冲击力)所引

起的竖向挠度,当桥梁结构形式为简支或连续桁架时,不应超过 $L/500$。

由图 11-47 可知结构在汽车荷载作用下中跨跨中主桁正负位移绝对值之和最大为 9.8mm,小于规范限制值 $L/500 = 80$mm 的要求。

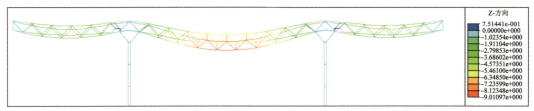

图 11-47　车道荷载作用下结构挠度（单位：mm）

(4) 节点承载力验算

提取承载能力极限状态下的不同桁架节点的腹杆内力,对依托工程的桁架节点承载力进行验算,计算结果见表 11-33。

表 11-33 中序号 1~4 为矩形钢管混凝土 K 形节点,其区别在于腹杆倾角不同,序号 5 则为矩形钢管 K 形节点。杆件内力通过有限元模型中提取得到,节点效率系数则通过节点承载力与对应支管承载力的比值求得。由表 11-33 可得节点承载力验算全部通过,节点效率系数则在 0.70~0.81 之间,说明节点设计较为合理,材料利用率较高。

(5) 节点抗疲劳性能验算

对依托工程的节点抗疲劳性能进行验算。提取疲劳模型 Ⅱ 荷载组合下的桁架节点的腹杆内力,如图 11-48 所示。然后将图 11-48 所示的节点复杂内力分布分解为图 11-49 所示的三种基本荷载工况下的内力组合。由图 11-49 可以看出,支管 1 受到拉力作用,主管 2 相比主管 1 受到更大的拉力。因此,应选取支管 1 和主管 2 为疲劳易损杆件,各基本荷载工况下的疲劳易损杆件名义应力幅为：①对于荷载工况 Ⅰ,支管轴力作用下支管名义应力幅 $\Delta\sigma_{\text{brace},P}$ 为 8.2MPa,支管弯矩作用下支管名义应力幅 $\Delta\sigma_{\text{brace},M}$ 为 1.8MPa;②对于荷载工况 Ⅱ,主管轴力作用下主管名义应力幅 $\Delta\sigma_{\text{chord},P}$ 为 15.1MPa;③对于荷载工况 Ⅲ,主管弯矩作用下主管名义应力幅 $\Delta\sigma_{\text{chord},M}$ 为 0.8MPa。值得注意的是,主管弯矩在主管顶板产生压应力,对于主管轴力产生的拉应力有一定缓解作用。

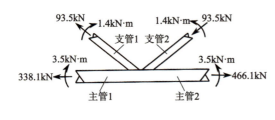

图 11-48　节点内力分布

计算各基本荷载工况下支管和主管表面的 $\text{SCF}_{\max}$。首先,计算得到矩形钢管混凝土节点的几何无量纲参数分别为 $\beta = 1$、$2\gamma = 25$、$\tau = 1$、$g' = 4.23$ 和 $\sin\theta = 0.73$,然后,计算得到：①对于荷载工况 Ⅰ,支管表面应力集中系数 $\text{SCF}_{\text{brace},I}$ 为 5.89,主管表面应力集中系

数 $SCF_{chord,I}$ 为 3.53；②对于荷载工况Ⅱ，支管表面应力集中系数 $SCF_{brace,II}$ 为 0，主管表面应力集中系数 $SCF_{chord,II}$ 为 1.38；③对于荷载工况Ⅲ，支管表面应力集中系数 $SCF_{brace,III}$ 为 0，主管表面应力集中系数 $SCF_{chord,III}$ 为 2.00。将三种基本荷载工况下产生的热点应力幅进行线性叠加，可计算得到复杂荷载作用下支管和主管表面最大热点应力幅 $S_{h,brace}$ 和 $S_{h,chord}$。计算结果见表 11-34。

计算得到的支管和主管表面最大热点应力幅分别为 58.9MPa 和 54.09MPa，均小于容许疲劳强度 $(\Delta\sigma_C)$71MPa，说明该矩形钢管混凝土桁梁桥节点满足疲劳设计要求。

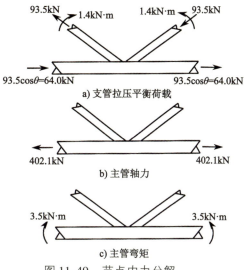

图 11-49 节点内力分解

3）成桥阶段模态及稳定性计算分析

根据桥梁模态分析结果可得桥梁竖向振动的一阶频率为 3.73Hz（图 11-50），说明桥梁的竖向刚度较大。

图 11-50 竖桥向弯曲振动（3.73Hz）

根据屈曲分析计算得一阶屈曲模态如图 11-51 所示。

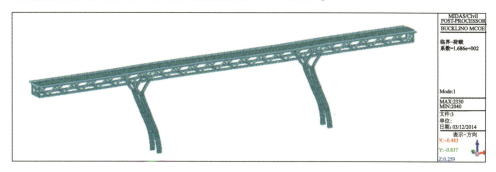

图 11-51 一阶屈曲模态

节点承载力验算

表 11-33

节点编号	主管尺寸 $b_0 \times h_0 \times t_0$ (mm)	支管尺寸 $b_{1,2} \times h_{1,2} \times t_{1,2}$ (mm)	腹杆倾角(°) 受拉	腹杆倾角(°) 受压	节点支管轴力(kN) 受拉	节点支管轴力(kN) 受压	节点承载力(kN) 受拉	节点承载力(kN) 受压	支管承载力(kN) 受拉	支管承载力(kN) 受压	验算结果	节点承载力效率系数
1	300×300×20	300×200×12(8)	46.5	51.8	526	−550	2 252	−4 212	3 142	−3 142	通过	0.72
2	300×300×20	300×200×12(8)	47.1	51.2	1 257	−1 467	2 282	−4 190	3 142	−3 142	通过	0.73
3	300×300×20	300×200×12(8)	46.5	47.1	1 257	−1 467	2 548	−4 190	3 142	−3 142	通过	0.81
4	300×300×20	300×200×12(8)	46.5	47.1	526.1	−549.8	2 548	−4 190	3 142	−3 142	通过	0.81
5	300×300×20	300×200×12(8)	46.5	47.1	830	−831	3 055	−2 194	2 871	−3 141.6	通过	0.70

注：节点编号 1~4 为矩形钢管混凝土 K 形节点，节点编号 5 为矩形钢管 K 形节点。

节点疲劳验算

表 11-34

节点位置	节点位置	正应力 $\Delta\sigma_P$ (MPa)	弯曲应力 $\Delta\sigma_M$ (MPa)	热点应力集中系数 $SCF_{brace,I}$	热点应力集中系数 $SCF_{chord,I}$	热点应力集中系数 $SCF_{chord,II}$	热点应力集中系数 $SCF_{chord,III}$	热点应力幅 S_h (MPa)	疲劳应力幅限值 $\Delta\sigma_C/\gamma_{M}$ (MPa)	验算结果
跨中空管节点	主管	15.1	0.8	5.89	3.53	1.38	2.00	54.09	71	通过
跨中空管节点	支管	8.2	1.8	5.89	3.53	1.38	2.00	58.9	71	通过

屈曲分析原理:不变荷载+屈曲系数×可变荷载=屈曲荷载。在计算中考虑的不变荷载有自重、二期荷载、预应力荷载,可变荷载有公路—Ⅱ级荷载。公路—Ⅱ级荷载等效为均布荷载(7.875kN/m)+集中力(240kN),且在模型分析加载中考虑全桥偏载影响。桥型方案四的一阶屈曲系数 k 为168.6,整体顺桥向水平振动屈曲,稳定性满足规范要求。

黄延桥的竣工及实桥试验照片分别如图11-52和图11-53所示。

图11-52 黄延桥竣工

图11-53 黄延桥实桥试验

11.2.4 经济性分析

选取一座跨径及桥宽均与依托工程相近的预应力混凝土箱梁桥,对比两桥上、下部结构的材料用量并列于表11-35。由表可知,相比于预应力混凝土箱梁桥,矩形钢管混凝土组合桁梁桥上部结构混凝土材料用量减少43%,钢材用量增加30%,但上部结构自重的减轻极大减少了下部结构的工程材料用量。综合考虑上、下部结构及基础工程材料用量可知,组合桁梁桥混凝土用量减少30%,钢材用量减少15%。该结果表明矩形钢管混凝土组合桁梁桥具有较大的经济优势。

材料用量对比　　　　　　　　　　　　　　　　表 11-35

类别		黄延桥 矩形钢管混凝土 组合桁梁桥	比选方案 预应力混凝土 箱梁桥	材料用量 比值
上部结构	混凝土(m^3/m^2)	0.528	0.929	0.57
	钢材(kg/m^2)	308.9	238.2	1.30
下部结构及基础	混凝土(m^3/m^2)	1.135	1.433	0.79
	钢材(kg/m^2)	78.5	219.7	0.36
合计	混凝土(m^3/m^2)	1.663	2.361	0.70
	钢材(kg/m^2)	387.5	457.9	0.85

CHAPTER TWELVE
第12章

钢管混凝土桥墩

由于钢管混凝土构件出色的受压力学性能，越来越多的高层建筑结构的柱断面选择钢管混凝土截面，而作为支撑桥梁上部结构的桥墩同样是柱式构件，因此钢管混凝土构件在桥墩中应用也日趋广泛。本章介绍了陕西省西安市昆明路西南二环立交桥桥墩计算示例。

12.1 工程概述

（1）工程概述

陕西省西安市昆明路西南二环立交桥为五跨连续钢箱梁桥，跨径组合为(30 + 42 + 64 + 52 + 36)m = 224m，中跨桥墩（红色框图）采用 PBL 加劲型钢管混凝土结构，且墩梁固结，如图 12-1 所示。

图 12-1 昆明路西南二环立交桥实桥

（2）设计规范及标准

①《公路桥涵设计通用规范》（JTG D60—2015）；

②《公路钢结构桥梁设计规范》（JTG D64—2015）；

③《钢结构设计标准》（GB 50017—2017）；

④《公路桥涵地基与基础设计规范》（JTG 3363—2019）；

⑤《混凝土结构耐久性设计规范》（GB/T 50476—2008）；

⑥《公路桥梁钢结构防腐涂装技术条件》（JT/T 722—2008）；

⑦《钢结构焊接规范》（GB 50661—2011）；

⑧《矩形钢管混凝土结构技术规程》（CECS 159:2004）；

⑨《钢管混凝土结构设计与施工规范》（CECS 28:2012）；

⑩《钢管混凝土结构技术规范》（GB 50936—2014）；

⑪《混凝土结构设计规范》（GB 50010—2010）；

⑫《公路养护技术规范》(JTG H10—2009)。

12.2 结构设计

主梁采用钢箱梁,材料为 Q345 钢材,截面形式为单箱双室。桥面宽 10m,变截面梁高 1.8~2.8m,墩梁固结处设置一个钢混结合段,1 号墩顶钢混结合段长 3m,2 号墩顶钢混结合段长 2.9m,桥墩顶部通过钢混结合段与钢主梁连接。

中跨桥墩采用的是 PBL 加劲型钢管混凝土桥墩,如图 12-2 所示。钢材统一采用 Q345 钢材,填充混凝土强度等级采用 C50。桥墩 1(左侧)墩高 16m,横桥向宽 2m,纵桥向宽 1.8m;桥墩 2(右侧)墩高 18m,横桥向宽 2m,纵桥向宽 1.7m。钢壁板厚度均为 25mm,PBL 加劲肋宽 150mm,厚 20mm,开孔直径为 50mm,开孔间距为 120mm,横隔板厚 16mm,沿竖向每隔 1m 设置一道,如图 12-3 所示。

图 12-2 桥墩实图

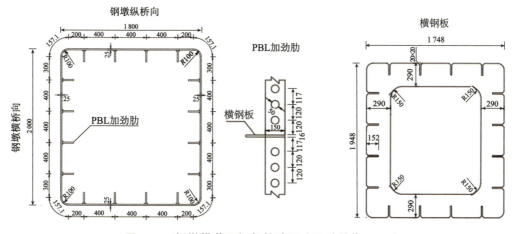

图 12-3 桥墩横截面细部构造图(尺寸单位:cm)

12.3 结构验算

12.3.1 施工阶段验算

采用桥梁通用有限元 Midas/Civil 建立全桥有限元模型,如图 12-4 所示。静力荷载工况分为 10 个,分别记为自重、二期铺装、横隔板自重、钢混结合段混凝土自重、整体升温、整体降温、梯度升温、梯度降温和支座沉降。移动荷载工况有汽车荷载。全桥共划分 3 个施工阶段。其中 CS1 阶段为 PBL 钢管混凝土桥墩钢壁板吊装焊接阶段施工,CS2 阶段为浇筑桥墩内混凝土施工阶段,CS3 阶段为拼装焊接钢主梁施工阶段。PBL 加劲型钢管混凝土桥墩混凝土材料特性见表 12-1,钢板材料特性见表 12-2。

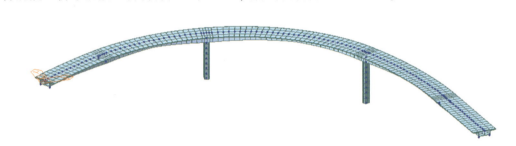

图 12-4 浇筑混凝土时钢管应力

混凝土材料特性(单位:MPa)　　　表 12-1

强度等级	弹性模量 E_c	标准值		设计值	
		f_{ck}	f_{tk}	f_{cd}	f_{td}
C50	34 500	32.4	2.65	22.4	1.83

钢板材料特性(单位:MPa)　　　表 12-2

钢板		弹性模量 E_s	抗拉、抗压和抗弯强度设计值 f_d	抗剪强度设计值 f_{vd}
牌号	厚度(mm)			
Q345 钢	≤16	206 000	275	160
	16~40		270	155

矩形钢管混凝土构件尚应按照空钢管进行施工阶段验算,如图 12-5 所示。由图 12-5 可知,空钢管浇筑混凝土时钢管最大压应力为 3.329MPa,小于所用钢材的抗压强度值。

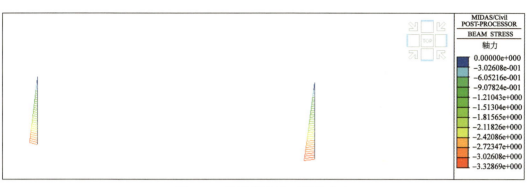

图 12-5　浇筑混凝土时钢管应力

12.3.2　成桥阶段验算

桥墩计算按照截面内力进行验算,按照最不利组合原则,计算考虑如下 4 个荷载组合:

Clcb1:1.2 恒载 +1.0 收缩二次 +1.0 徐变二次 +1.4 汽车荷载 +1.05 整体升温 +1.05 梯度升温 +1.0 支座沉降;

Clcb2:1.2 恒载 +1.0 收缩二次 +1.0 徐变二次 +1.4 汽车荷载 +1.05 整体升温 +1.05 梯度降温 +1.0 支座沉降;

Clcb3:1.2 恒载 +1.0 收缩二次 +1.0 徐变二次 +1.4 汽车荷载 +1.05 整体降温 +1.05 梯度升温 +1.0 支座沉降;

Clcb4:1.2 恒载 +1.0 收缩二次 +1.0 徐变二次 +1.4 汽车荷载 +1.05 整体降温 +1.05 梯度降温 +1.0 支座沉降。

将上述荷载组合进行包络,内力包络如图 12-6 和图 12-7 所示,根据所得的内力分布图选取弯矩和轴力最大的节段截面进行验算。

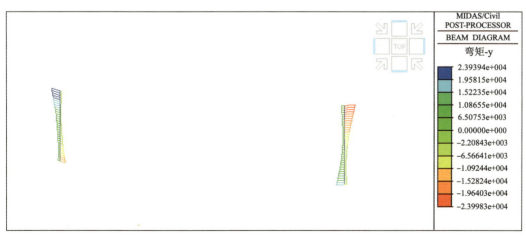

图 12-6　桥墩弯矩包络图

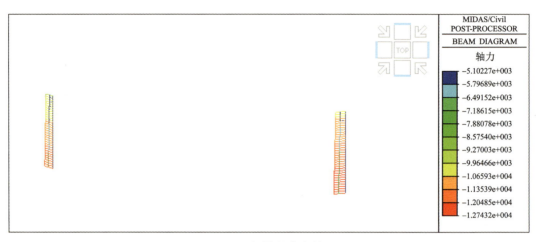

图 12-7 桥墩轴力包络图

提取杆系有限元结果表格,得到1号钢管混凝土桥墩截面最大轴力截面节点号为141的j端,最大弯矩截面节点号为132的i端,2号钢管混凝土桥墩截面最大轴力截面节点号为150的j端,最大弯矩截面节点号为133的i端,最大轴力截面位于桥墩底部,最大弯矩截面位于桥墩顶部,具体结果见表12-3。

桥墩内力提取结果(轴力最大、弯矩最大) 表12-3

验算位置	节点号	弯矩(kN·m)	轴力(kN)	剪力y(kN)	剪力z(kN)
1号桥墩顶部	132(i)	23 939	-10 175	-1 216	2 339
1号桥墩底部	141(j)	-13 231	-11 992		
2号桥墩顶部	133(i)	-23 998	-10 771	-2 333.9	-1 093
2号桥墩底部	150(j)	16 902	-1 2743		

由于墩柱是偏压构件,现按压弯构件来进行相应的验算,以1号桥墩为例。

(1)压弯构件的承载力计算

轴压承载力按照9.2.1节计算。

套箍指标:$\xi = f_y A_s / f_c A_c = 270 \times 7\ 500 \times 25 / (22.4 \times 1\ 950 \times 1\ 750) = 0.662$

钢管纵向容许应力折减系数:$k_s = 0.184 \times \ln 0.662 + 0.623 = 0.547$

混凝土抗压强度提高系数:$k_c = 0.426 \times \ln 0.662 + 2.001 = 1.825$

考虑PBL承担轴向荷载作用的系数:

$$\eta = A_{PBL}/A_s = (150-50) \times 20 \times 16/(7\ 500 \times 25) = 0.17$$

轴压承载力:$N_u = (k_s + \eta) f_y A_s + k_c f_{cd} A_c = 175\ 801 \text{kN}$

混凝土工作承担系数计算:$\alpha_c = k_c f_{cd} A_c / N_u = 139\ 503/175\ 801 = 0.79$

纯弯承载力按照9.2.2节计算(忽略PBL加劲肋对弯矩的影响)。

判断 d_n 位置,根据力的平衡,结合截面的部分对称性,可知钢管受压区域和钢管的部分受拉区域作用抵消,即得到钢管剩余受拉部分上方受压混凝土部分平衡。

受压区高度 $d_n = \dfrac{A_s - 2bt}{(b-2t)\dfrac{f_{cd}}{f_d}+4t} = \dfrac{187\,500 - 2\times 2\,000\times 25}{(2\,000-2\times 25)\times \dfrac{22.4}{270}+4\times 25} = 334\,\text{mm}$

纯弯承载力 $M_u = f_d[0.5A_s(h-2t-d_n)+bt(t+d_n)] = 40\,689\,\text{kN·m}$

将求得的各项未知参数及验算截面节点内力值代入公式 $\dfrac{N}{N_{un}} + (1-\alpha_c)\dfrac{M}{M_{un}} \leq \dfrac{1}{\gamma}$,其中设计安全等级为一级,系数 γ_0 取值 1.1,无地震作用 $\gamma = \gamma_0 = 1.1$,代入公式各项得:

1 号墩顶 $\dfrac{10\,175}{175\,801} + (1-0.79)\times\dfrac{23\,939}{40\,689} = 0.181 \leq \dfrac{1}{1.1}$

1 号墩底 $\dfrac{11\,992}{175\,801} + (1-0.79)\times\dfrac{13\,231}{40\,689} = 0.136 \leq \dfrac{1}{1.1}$

1 号墩不利截面按压弯构件承载力验算,结果符合设计要求。

(2) 压弯构件的稳定验算

压弯承载力验算按照 9.2.3 节计算,以 1 号墩为例。

①计算长度考虑。

规范给定的计算长度取值均是针对理想的边界条件,而实际桥梁构件的边界条件很难理想化为固接、铰接或自由等。通过结构整体稳定分析得到构件临界荷载,由欧拉公式反推桥墩计算长度系数,从而得到更接近结构实际情况的数值。

从结构的整体稳定分析出发,考虑结构自重、二期荷载和活载产生的压力 P 的影响,得到构件的失稳模态(图 12-8)及对应的稳定系数 K 值,从而得到构件的临界荷载 $P_{cr} = K\cdot P$,再根据公式 $P_{cr} = \dfrac{\pi^2 EI}{(ul)^2}$ 反算得到桥墩的计算长度系数 u。

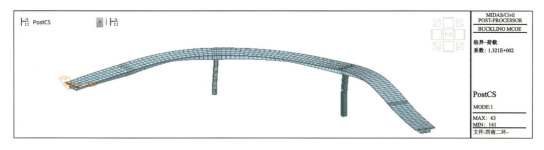

图 12-8 桥梁整体屈曲分析

1 号墩计算长度:$ul = 1.029 \times 16 = 16.464\,\text{m}$

②相对长细比计算。

回转半径：$\gamma_0 = \sqrt{\dfrac{1.228\times10^{11}+9.62\times10^{11}\times\dfrac{34\,500}{205\,000}}{2.336\times10^5+3.591\times10^6\times\dfrac{22.4}{270}}} = 734.07\text{mm}$

构件长细比：$\lambda = \dfrac{ul}{\gamma_0} = \dfrac{16\,464}{734.07} = 22.428$

构件相对长细比：$\lambda_0 = \dfrac{\lambda}{\pi}\sqrt{\dfrac{f_y}{E_s}} = \dfrac{22.426}{3.141\,6}\times\sqrt{\dfrac{345}{205\,000}} = 0.29$

③平面内稳定性验算。

稳定系数：$\varphi_y = 0.946$

等效弯矩系数：$\beta = 1$

$$\dfrac{N}{\varphi_y N_u} + (1-\alpha_c)\dfrac{\beta M_y}{\left(1-0.8\dfrac{N}{N'_{Ey}}\right)M_{uy}}$$

$$= \dfrac{10\,175}{0.946\times 175\,801} + (1-0.79)\dfrac{23\,939}{\left(1-0.8\dfrac{10\,175}{80\,921\times 175\,801}\right)\times 40\,689}$$

$$= 0.185 \leqslant \dfrac{1}{\gamma}$$

由上述计算可知,1号墩平面内稳定性符合要求,本身验算为长柱(1号墩长宽比为8.232,大于5),需要考虑稳定问题。

（3）抗剪验算

矩形钢管混凝土柱的剪力可假定由钢管管壁承受,其剪切强度应同时满足下式要求：

$$V_x \leqslant 2t(b-2t)f_v \tag{12-1}$$

$$V_y \leqslant 2t(h-2t)f_v \tag{12-2}$$

式中：V_x、V_y——矩形钢管混凝土柱中沿主轴 x 轴、主轴 y 轴的最大剪力设计值；

　　　　b——矩形钢管沿主轴 x 轴方向的边长；

　　　　h——矩形钢管沿主轴 y 轴方向的边长；

　　　　f_v——钢材的抗剪强度设计值。

1号墩上端矩形钢管混凝土截面沿 b 方向(主轴 z 轴方向的边长)的抗剪验算如下：

$V_z = 2\,339\text{kN}$

$A_y f_v = 2\,000\times 25\times 2\times 155/1\,000 = 15\,500\text{kN}$

即有 $V_y \leqslant A_y f_v$,抗剪验算符合设计要求。

(4)截面局部屈曲验算

对上述验算截面按照构造要求进行板件宽厚比限值验算,依据本书研究成果,对于压弯构件,有 $b/t \leq 60\varepsilon$ 的要求。

其中 $\varepsilon = \sqrt{235/f_y} = \sqrt{235/345} = 0.825$, $b \leq 60 \times 0.825 \times 25 = 1\,238\text{mm}$,截面加劲肋间距最大为 400mm,满足 b/t 限值要求。

构造上限制板件局部屈曲的验算满足设计要求。

CHAPTER THIRTEEN

第13章

钢管混凝土桥塔

本章依托东莞市东江梨川大桥二标段东莞水道桥主桥项目给出了钢管混凝土桥塔的相关设计构造,并对该桥进行了部分验算。

13.1 设计概况

图13-1所示为东莞水道桥实桥图片,具体设计参数如下:

图13-1　东莞水道桥实桥

(1)主要技术标准

①汽车荷载:公路—Ⅰ级车道荷载;

②桥面宽度:按双向六车道设计,两侧设人行道。主桥采用整幅式,桥面标准宽度33.0m=2.6m(人行道)+1.4m(拉索区)+0.5m(防撞栏杆)+11.5m(3车道)+1.0m(分隔带)+11.5m(3车道)+0.5m(防撞栏杆)+1.4m(拉索区)+2.6m(人行道);桥塔位置处加宽至37.2m,55m边跨桥宽由29.2m变宽至33m,51.5m边跨桥宽由37.2m变至29.2m。桥梁横坡按双面坡2.0%设计。

③平、纵线形:该桥平面位于半径800m的圆曲线上;纵断面位于 i_1 =1.68%, i_2 = -4.0%,竖曲线半径 R = 2 000m 的凸曲线上。

④桥梁通航标准:内河Ⅲ级;主航道通航净空:110×10m;最高通航水位:6.0m。

⑤地震烈度:地震基本设防烈度为Ⅵ度,设计基本地震动加速度为0.05g。桥梁抗震设防烈度为Ⅶ度(大桥提高一级设防)。

(2)材料参数

①混凝土:桥塔内外钢管间填充C50微膨胀混凝土。

②钢材:桥塔截面钢材采用 Q345qC 级钢。

③普通钢筋:HRB335 热轧带肋钢筋及 R235 热轧光圆钢筋。

(3)设计规范及标准

①《公路工程技术标准》(JTG B01—2014);

②《公路桥涵设计通用规范》(JTG D60—2015);

③《公路钢筋混凝土及预应力混凝土桥涵设计规范》(JTG 3362—2018);

④《钢结构设计标准》(GB 50017—2017);

⑤《钢管混凝土拱桥技术规范》(GB 50923—2013);

⑥《公路钢管混凝土拱桥设计规范》(JTG/TD 65-06—2015);

⑦《钢管混凝土结构设计与施工规程》(CECS 28:90);

⑧《公路桥梁抗风设计规范》(JTG/T 3360-01—2018);

⑨《公路斜拉桥设计细则》(JTG D65-01—2017)。

13.2 结构设计

13.2.1 总体布置

广东省东莞市东莞水道大桥东莞水道大桥主桥起讫桩号为 K1+652~K1+896.5,为三跨连续独塔无背索竖琴式钢混凝土混合梁斜拉桥,墩、塔、梁固结,跨径组合为 51.5m+138m+55m=244.5m。主桥总体布置如图 13-2 所示。

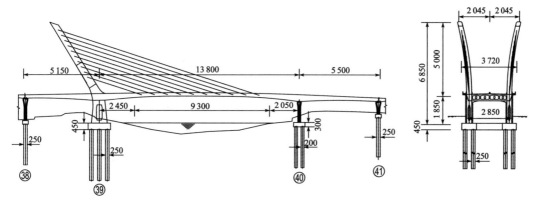

图 13-2 主桥总体布置图(尺寸单位:cm)

主梁采用钢混凝土混合梁,主跨中间一段 93.0m 为钢箱梁,截面形式为带悬臂的斜腹板箱梁,变截面梁高 2.3~3.014m,两头各设一个钢混结合段,钢混结合段长 2.75m。

边跨设置成变截面斜腹板混凝土梁,梁高 2.3～4.5m。预应力混凝土箱梁分别伸过桥塔 24.5m、40 号桥墩 20.5m,通过钢混结合段与钢箱梁连接。

13.2.2 主塔截面选型设计

主塔位于行车道与人行道之间,每个主塔横桥向宽 3.0～3.5m,顺桥向宽 4.0～5.5m,主塔横桥向往外圆弧张开,顺桥向水平倾角为 58°。结构采用预应力钢管混凝土,在内外钢管内填充 C50 微膨胀混凝土。主塔钢管伸入主梁,在桥面处与主梁固结,形成塔、墩、梁固结的刚构体系。下塔柱为变截面空心普通钢筋混凝土结构。拉索采用竖琴式双索面布置,钢梁上索距为 9.0m,拉索水平夹角为 18°。全桥共计 20 根拉索。斜拉索在塔上通过钢锚箱锚固于塔柱前壁(厚 170～220cm),梁上通过钢锚箱锚固在钢箱梁侧板上(厚 32mm)。在结构受力体系中,梁和塔融为一体,倾斜的主塔、主梁及斜拉索形成主要的受力封闭三角体系,主梁强大的轴向压力在塔梁固结点处与主塔轴向压力的水平分力平衡。

主塔全高 68.5m,桥面以上为钢管混凝土结构,塔高 50m,桥面以下为钢筋混凝土结构,下塔柱高 18.5m。上塔柱索塔顺桥向水平倾角为 58°,倾向岸侧。横桥向往外圆弧张开,两个主塔中心横向间距由塔梁结合位置的 28.5m 变化到塔顶的 40.9m。索塔顺桥向截面尺寸由顶端的 4.0m 渐变到根部的 5.5m,横桥向宽 3.0～3.5m。上塔柱索塔为全焊接矩形空心钢管混凝土结构,拉索锚固侧壁厚 170～220cm.,背侧壁厚 80cm,两侧壁厚 100cm(张拉预应力)。1 号节段(塔梁固结段)内外钢管钢板厚 16m,其余节段外钢管钢板厚 12mm,内钢管钢板厚 10mm,内外钢管间填充 C50 微膨胀混凝土。纵向加劲采用 I 型扁钢,横向设横隔板,每个箱室内横隔板开洞以方便施工人员进出操作。桥塔钢材采用 Q345qC。为加强钢管与混凝土间联系,采用开孔板连接件(PBL 键),纵向加劲肋及横隔板上开孔,塔上主筋与环向箍筋从中穿过。加劲板开孔直径为 6cm,间距为 30cm。主塔竖向钢筋直径 28mm,每个横隔板加劲开孔中穿过一根;环向钢筋直径 16mm,间距 30cm,每个竖向加劲开孔中穿过一根。为加强钢管与混凝土之间的连接,在钢管内腹板上按 30cm 间距开孔,孔径 6cm。拉索锚固在主塔前壁,塔端张拉,在拉索锚固点设置锚箱。

每个主塔共分 13 个节段,1 号节段为塔梁固结段,钢管埋入主梁内至梁底。1 号节段钢管质量 81.8t(不含普通钢筋)。2～13 号节段为悬拼节段,采用大型起重机悬拼施工,钢管质量为 13.802～21.211t(不含普通钢筋)。由于主塔为空间圆曲线,施工时要严格按照设计坐标控制主塔节段悬拼。

主塔上塔柱内设检修楼梯,桥面处塔柱开有宽 0.65m、高 1.5m 的人洞,便于对上塔柱内钢管、锚箱和斜拉索锚具等进行日常检查维护。塔柱桥面处人洞安装有可开闭的洞门,平时闭门落锁,防止行人随意出入塔柱内部。上塔柱与主梁采用圆弧过渡相接,前塔壁与主梁相接圆弧半径为 8.0m,后塔壁与主梁相接圆弧半径为 19.634m。前塔壁与主梁圆弧过渡相接装饰板采用 10mm 厚钢板,装饰板对形成主塔及整个桥梁的景观造型有强烈的烘托作用。主塔下塔柱采用带倒角的矩形空心断面,顶部与主梁固结,顺桥向由墩梁交界处宽 7.0m 渐变到承台顶宽 9.0m,顺桥向空腔长度为 3.5m;横桥向与主塔宽一致,为 3.5m,壁厚 1.0m,空腔尺寸为 1.5m。主塔断面如图 13-3 所示。

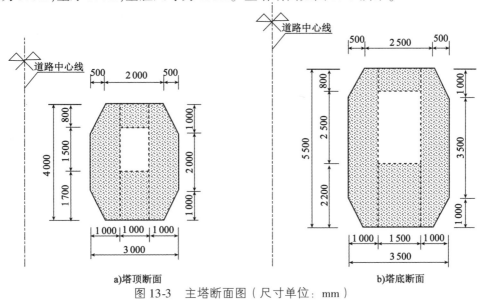

图 13-3　主塔断面图(尺寸单位:mm)

13.3　结构验算

13.3.1　施工阶段结构验算

采用桥梁通用有限元 Midas/Civil 建立全桥有限元模型,如图 13-4 所示。静力荷载工况分为 10 个,分别记为自重、二期铺装、横隔梁自重、预应力、整体升温、整体降温、梁段湿重、挂篮、斜拉索、梯度升温和梯度降温。移动荷载工况有汽车荷载和人群荷载,全桥共划分为 56 个施工阶段。其中,CS2、CS3 阶段为桥塔 1 节段施工,CS13~CS16 阶段为桥塔 2、3 节段施工,CS27~CS55 阶段为桥塔 4~12 节段施工。施工时先安装钢管混凝土桥塔节段再安装斜拉索。钢管混凝土桥塔混凝土材料特性见表 13-1,钢板材料特性见表 13-2,桥塔施工阶段受力性能见表 13-3。

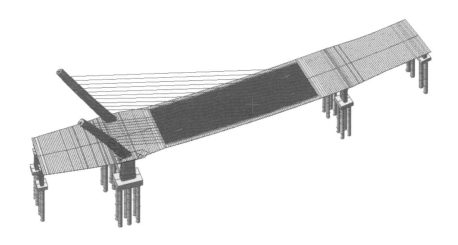

图 13-4　大桥整体有限元模型图示

混凝土材料特性（单位：MPa）　　　　　　　　　　　　　表 13-1

强度等级	弹性模量 E_c	标准值		设　计　值	
		f_{ck}	f_{tk}	f_{cd}	f_{td}
C50	34 500	32.4	2.65	22.4	1.83

钢板材料特性（单位：MPa）　　　　　　　　　　　　　表 13-2

钢　板		弹性模量 E_s	抗拉、抗压和抗弯强度设计值 f_d	抗剪强度设计值 f_{vd}
牌号	厚度（mm）			
Q345 钢	≤16	206 000	275	160
	16～40		270	155
	40～63		260	150

钢管混凝土桥塔施工阶段受力性能表（单位：MPa）　　　　　表 13-3

施工阶段	钢管最大应力		混凝土最大应力	
	压应力	拉应力	压应力	拉应力
CS2	-1.54	0.749	0	0
CS3	-6.51	3.09	-0.476	0.169
CS13	-9.63	0.83	-0.388	0.203
CS14	-13.2	3.94	-0.862	0.516
CS15	-13.9	4.21	-0.888	0.543
CS16	-22.9	3.76	-2.25	0.413

续上表

施工阶段	钢管最大应力		混凝土最大应力	
	压应力	拉应力	压应力	拉应力
CS27	−20.7	—	−1.47	—
CS28	−33.9	3.96	−3.45	0.652
CS29	−38.1	7.03	−2.95	—
CS30	−39.2	7.32	−2.88	—
CS31	−47.1	4.32	−3.95	—
CS32	−53	9.3	−4.53	—
CS33	−54.3	9.53	−4.43	—
CS34	−57.8	6.22	−5.01	—
CS35	−64.2	11.7	−5.73	0.348
CS36	−65.4	11.9	−5.61	—
CS37	−70	6.18	−5.86	—
CS38	−76.9	12.3	−6.96	—
CS39	−78	12.2	−6.82	—
CS40	−76.6	5.34	−6.29	—
CS41	−83.7	11.8	−7.45	—
CS42	−84.5	11.4	−7.29	—
CS43	−82	1.9	−6.49	—
CS44	−89.6	8.82	−7.71	—
CS45	−90.2	8.2	−7.54	—
CS46	−86.4	—	−6.72	—
CS47	−94.7	6.88	−8.03	—
CS48	−95.1	6.18	−7.86	—
CS49	−90.7	—	−7.02	—
CS50	−99.7	3.29	−8.25	—
CS51	−99.8	2.29	−8.05	—
CS52	−98.5	—	−7.49	—
CS53	−108	—	−8.79	—
CS54	−107	—	−8.61	—
CS55	−98.8	—	−7.49	—

由表可得,施工时桥塔钢管最大压应力为 108MPa,最大拉应力为 12.3MPa,均小于所用钢材的抗拉、抗压强度设计值。桥塔混凝土最大压应力为 8.79MPa,最大拉应力为 0.652MPa,均小于所用混凝土的抗拉、抗压强度设计值,施工阶段钢管混凝土桥塔应力验算合格。

桥塔计算按照截面内力进行验算,按照最不利组合原则,计算考虑如下 4 个荷载组合:

Clcb1:1.2 恒载 +1.2 钢束二次 +1.0 收缩二次 +1.0 徐变二次 +1.4 汽车荷载 +1.05 人群荷载 +1.05 整体升温 +1.05 梯度升温;

Clcb2:1.2 恒载 +1.2 钢束二次 +1.0 收缩二次 +1.0 徐变二次 +1.4 汽车荷载 +1.05 人群荷载 +1.05 整体升温 +1.05 梯度降温;

Clcb3:1.2 恒载 +1.2 钢束二次 +1.0 收缩二次 +1.0 徐变二次 +1.4 汽车荷载 +1.05 人群荷载 +1.05 整体降温 +1.05 梯度升温;

Clcb4:1.2 恒载 +1.2 钢束二次 +1.0 收缩二次 +1.0 徐变二次 +1.4 汽车荷载 +1.05 人群荷载 +1.05 整体降温 +1.05 梯度降温;

将上述荷载组合进行包络,根据所得的内力分布图选取弯矩和轴力最大的节段截面进行验算,如图 13-5、图 13-6 所示。

提取杆系有限元结果表格,由于桥塔的组合截面是双单元建模的,各部分直接用包络结果叠加不正确,所用到的荷载组合不是同一个。因此按照钢管截面的包络、混凝土截面的包络分别提取相应的荷载组合工况。提取内外弧内力表格,最大弯矩和最大轴力出现在外弧的上塔柱底部 1 号下端位置,剪力 y 最大值出现在外弧 4 号截面上端,剪力 z 最大值出现在外弧侧 2 号截面上端,验算所需内力的具体结果见表 13-4。

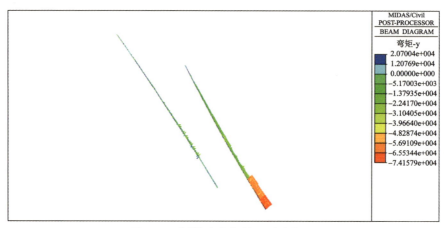

图 13-5 桥塔内力包络图(弯矩)

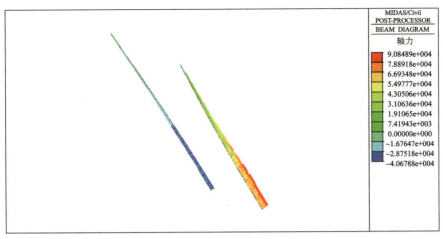

图 13-6 桥塔内力包络图（轴力）

桥塔内力提取结果表格（轴力最大、弯矩最大、剪力 y 最大、剪力 z 最大） 表 13-4

验算位置		节点号	轴力 （kN）	弯矩 （kN·m）	剪力 y （kN）	剪力 z （kN）
内弧	1号下端	308(i)	−33 912.3	−25 170.2	—	—
外弧	1号下端	441(i)	−33 665.8	−59 209.6	—	—
内弧	4号上端	343(i)	—	—	3 961.05	—
外弧	4号上端	377(j)	—	—	−21 321.6	—
内弧	2号上端	329(j)	—	—	—	408.5
外弧	2号上端	462(i)	—	—	—	−4 843.49

矩形钢管混凝土构件尚应按照空钢管进行施工阶段验算，结合本例钢管混凝土桥塔实际施工过程，节段起吊安装桥塔钢管，再浇筑该节段桥塔混凝土，应对其进行强度验算。由于桥塔按照短柱考虑，且施工过程中逐段浇筑混凝土，因此不会发生整体失稳，可进行构造的局部稳定验算。

在 Midas 有限元中提取施工阶段桥塔应力图，如图 13-7 所示。截面轴力、弯矩 M_y、弯矩 M_z 最大值对应位置不在同一处，具体结果见表 13-5，因此分别对这些截面按照钢结构设计规范进行强度验算。其中 11 号上端、1 号上端、3 号上端截面尺寸信息如图 13-8～图 13-10 所示。

弯矩作用在两个主平面内的压弯构件，其界面强度应按式（13-1）计算：

$$\frac{N}{A_n} \pm \frac{M_x}{\gamma_x W_{nx}} \pm \frac{M_y}{\gamma_y W_{ny}} \leqslant f \tag{13-1}$$

式中：γ_x、γ_y——截面塑性发展系数；

M_x、M_y——同一截面处对 x 轴和 y 轴的弯矩设计值；

N——同一截面处轴心压力设计值；

A_n——构件的净截面面积；

W_{nx}、W_{ny}——构件的净截面模量。

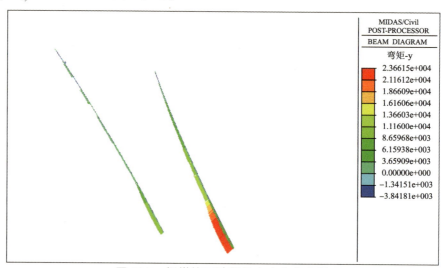

图 13-7　桥塔施工阶段最大内力分布图

桥塔内力提取结果　　　　　表 13-5

验算位置	节点号	轴力	弯矩 M_y	弯矩 M_z
11 号上端外弧	534(i)	−15 032.4	3 669.4	5 558.13
1 号上端外弧	450(j)	1 514.51	29 666.47	1 504.9
3 号上端内弧	336(j)	−6 257.18	4 369.25	50 252.8

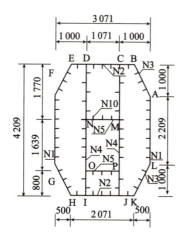

图 13-8　桥塔 11 号上端截面（外弧）
（尺寸单位：mm）

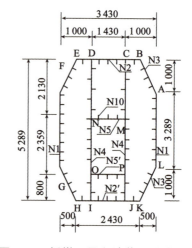

图 13-9　桥塔 1 号上端截面（外弧）
（尺寸单位：mm）

(1) 2 号下端截面验算

代入内力值及截面特性值，

$$\frac{1\,514\,510}{440\,271\,000} + \frac{29\,666.47 \times 10^6}{4.95 \times 10^8} + \frac{1\,504.9 \times 10^6}{3.38 \times 10^8} =$$

64.39 MPa $\leqslant f = 275$ MPa，2 号下端截面强度验算符合要求。

(2) 3 号上端截面验算

代入内力值及截面特性值，

$$\frac{6\,257\,180}{426\,854\,000} + \frac{4\,369.25 \times 10^6}{4.63 \times 10^8} + \frac{50\,252.8 \times 10^6}{3.17 \times 10^8} =$$

167 MPa $\leqslant f = 275$ MPa，3 号下端截面强度验算符合要求。

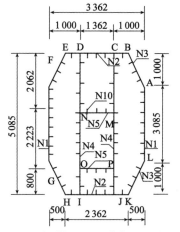

图 13-10　桥塔 3 号上端截面（内弧）

（尺寸单位：mm）

(3) 11 号上端截面验算

代入内力值及截面特性值，

$$\frac{15\,032\,400}{358\,047\,000} + \frac{3\,669.4 \times 10^6}{3.25 \times 10^8} + \frac{5\,558.13 \times 10^6}{2.24 \times 10^8} = 36.15\,\text{MPa} \leqslant f = 275\,\text{MPa}，11 号上端截$$

强度验算符合要求。

13.3.2　成桥阶段结构验算

由于塔柱是偏压构件，现按压弯构件来进行相应的验算。

(1) 压弯构件的承载力验算

依据 9.2.3 节，弯矩作用在一个主平面内的矩形混凝土压弯构件，其承载力应满足下式：

$$\frac{N}{N_{\text{un}}} + (1 - \alpha_{\text{c}}) \frac{M}{M_{\text{un}}} \leqslant \frac{1}{\gamma} \tag{13-2}$$

同时满足下式要求：

$$\frac{M}{M_{\text{un}}} \leqslant \frac{1}{\gamma} \tag{13-3}$$

若 $\frac{N}{N_{\text{un}}} < \alpha_{\text{c}}$，$\frac{M}{M_{\text{un}}} \leqslant 1$

$$M_{\text{un}} = [0.5 A_{\text{sn}} (h - 2t - d_{\text{n}}) + bt(t + d_{\text{n}}) f] \tag{13-4}$$

$$d_{\text{n}} = \frac{A_{\text{s}} - 2bt}{(b - 2t)\dfrac{f_{\text{c}}}{f} + 4t} \tag{13-5}$$

$$\alpha_c = \frac{f_c A_c}{f A_s + f_c A_c} \tag{13-6}$$

式中：N——轴心压力设计值；

M——弯矩设计值；

α_c——混凝土工作承担系数，按式（13-6）计算；

M_{un}——只有弯矩作用时净截面受弯承载力设计值；

f——钢材抗弯强度设计值；

b、h——矩形钢管截面平行、垂直于弯曲轴的边长；

t——钢管壁厚；

d_n——管内混凝土受压区高度。

现就上述杆系内力最大的截面进行验算，截面尺寸信息如图 13-11 所示。

混凝土工作承担系数计算，$\alpha_c = \dfrac{f_c A_c}{f A_s + f_c A_c} = \dfrac{22.4 \times 19\,429\,000}{270 \times 720\,253 + 22.4 \times 19\,429\,000} = 0.691$

N_{un} 计算，这里考虑简单叠加原理，即 $N_{un} = f_c A_c + f A_s = 629\,677.91\text{kN}$

M_{un} 计算，考虑塑性准则，不计入混凝土的抗拉作用，如图 13-12 所示。

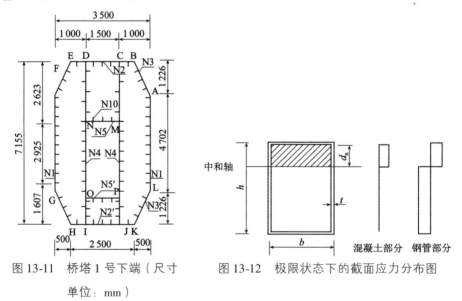

图 13-11　桥塔 1 号下端（尺寸单位：mm）　　图 13-12　极限状态下的截面应力分布图

判断 d_n 位置，假设 d_n 在外壁板斜腹板范围外位置，即直腹板位置，计算 d_n。

根据力的平衡，结合截面的部分对称性，可知钢管受压区域和钢管的部分受拉区域作用抵消，即得到钢管剩余受拉部分和上方受压混凝土部分平衡。

钢管剩余受拉部分：

$$\{[7\,155 - (d_n + 8) \times 2] \times 16 \times 4 + (1\,500 - 16) \times 16 \times 2\} \times 275$$

受压混凝土部分：

$$[(492+1\,000-16)\times(1\,226-8)\times\frac{1}{2}\times2+\{[d_n-(1\,226-8)]\times(1\,000-16)\}$$
$$\times2+d_n\times(1\,500-16)]\times22.4$$

列等式,化简后有 $94\,924.8d_n=152\,128\,934.4$

求解得 $d_n=1\,602.6\text{mm}>1\,226.8\text{mm}$,在假设的直腹板位置范围内。

M_{un} 计算,钢管部分及受压的混凝土中间矩形部分的中心取矩(不考虑加劲肋的面积矩),此时混凝土的面积矩仅剩左右两侧不规则梯形的面积矩。

外壁板对所选轴的面积矩：

上缘及上斜腹板, $2\,500\times16\times\left(\frac{16}{2}+\frac{d_n}{2}\right)+2\times1\,324.037\,8\times16\times\left(d_n-\frac{1\,226}{2}\right)$

直腹板, $2\times4\,702\times16\times\left(\frac{4\,702}{2}+1\,226-8-\frac{d_n}{2}\right)$

下缘及下斜腹板, $2\,500\times16\times\left(7\,155-8-\frac{d_n}{2}\right)+2\times1\,324.037\,8\times16\times$
$\left(7\,155-\frac{1\,226}{2}-8-\frac{d_n}{2}\right)$

内壁板对所选轴的面积矩：

内直腹板, $(7\,155-16-d_n)\times16\times\left(\frac{7\,155-16-d_n}{2}+\frac{d_n}{2}\right)\times2+$
$(1\,500-16)\times16\times\left(2\,623-8-\frac{d_n}{2}\right)+(1\,500-16)\times16\times\left(2\,623+2\,925-8-\frac{d_n}{2}\right)$

混凝土, $\left(492+492+\frac{500}{1\,226}\times d_n\right)\times d_n\times\frac{1}{2}\times2\times\left(\frac{d_n}{2}-\frac{d_n}{3}\times\frac{2\times492+492+\frac{500}{1\,226}\times d_n}{492+492+\frac{500}{1\,226}\times d_n}\right)$

代入前述求得的 d_n,求和得到纯弯承载力 $M_{un}=498\,109.499\,6\text{kN}\cdot\text{m}$

其中 $\frac{N}{N_{un}}=\frac{33\,665.8}{629\,677.9}=0.05<\alpha_c=0.691$

将求得的各项未知参数及验算截面节点内力值代入公式 $\frac{M}{M_{un}}=\frac{59\,209.6}{498\,109.4\,996}=0.12\leqslant1$

设计富余度 $1/0.12=8.33$

因此该验算位置内弧侧 1 号下端截面按压弯构件承载力验算,结果符合设计要求,截面设计富余度一般。

(2)压弯构件的稳定验算

弯矩作用在一个主平面内(绕 x 轴)和矩形钢管混凝土压弯构件,其弯矩作用平面内的稳定性应满足下式要求:

$$\frac{N}{\varphi_x N_u} + (1-\alpha_c)\frac{\beta M_x}{\left(1-0.8\dfrac{N}{N_{Ex}'}\right)M_{ux}} \leqslant \frac{1}{\gamma} \tag{13-7}$$

$$M_{ux} = [0.5A_s(h-2t-d_n) + bt(t+d_n)f] \tag{13-8}$$

$$N'_{Ex} = \frac{N_{Ex}}{1.1} \tag{13-9}$$

$$N_{Ex} = N_u \frac{\pi^2 E_x}{\lambda_x^2 f} \tag{13-10}$$

并应满足下式要求:

$$\frac{\beta M_x}{\left(1-0.8\dfrac{N}{N'_{Ex}}\right)M_{ux}} \leqslant \frac{1}{\gamma} \tag{13-11}$$

同时,弯矩作用平面外的稳定性应满足下式要求:

$$\frac{N}{\varphi_y N_u} + \frac{\beta M_x}{1.4 M_{ux}} \leqslant \frac{1}{\gamma} \tag{13-12}$$

其中,稳定系数计算如下,当 $\lambda_0 \leqslant 0.215$ 时:

$$\varphi = 1 - 0.65\lambda_0^2 \tag{13-13}$$

当 $\lambda_0 \geqslant 0.215$ 时:

$$\varphi = \frac{1}{2\lambda_0^2}\left[(0.965 + 0.300\lambda_0 + \lambda_0^2) - \sqrt{(0.965 + 0.300\lambda_0 + \lambda_0^2)^2 - 4\lambda_0^2}\right] \tag{13-14}$$

相对长细比计算:

$$\lambda_0 = \frac{\lambda}{\pi}\sqrt{\frac{f_y}{E_s}} \tag{13-15}$$

$$\lambda = \frac{l_0}{r_0} \tag{13-16}$$

$$r_0 = \sqrt{\frac{I_s + I_c E_c/E_s}{A_s + A_c f_c/f}} \tag{13-17}$$

①计算长度考虑。

由于桥塔受力复杂,与主梁下塔柱固结,同时有塔上多根斜拉索弹性支承,不能简单地用规范所给的公式求得实际计算长度,现通过 Midas 有限元模型反算计算长度。

利用下述公式反算计算长度 μl_0。

$$P_{cr} = \frac{\pi^2 EI}{(\mu l_0)^2} \quad (13\text{-}18)$$

a. 截面等效 EI 计算。

通过桥墩的抗推刚度和有限元模型得到的抗推刚度,可以反算得出截面特性 EI。抗推刚度 $k_{墩i}$ 是指使墩顶产生单位水平位移所需施加的水平反力。

$$k_{墩i} = \frac{1}{\delta_i} \quad (13\text{-}19)$$

$$\delta_i = \frac{l_i^3}{3EI} \quad (13\text{-}20)$$

式中:δ_i——单位水平力作用在第 i 个柔性墩顶产生的水平位移;

l_i——第 i 墩柱下端固接到墩顶的高度;

I——墩身横截面对形心轴的惯性矩。

可以通过 $\frac{F}{\delta} = \frac{3EI}{l_i^3}$,反解求得 EI。

b. 临界荷载确定。

考虑全桥有限元模型,桥塔上受到拉索的约束作用,将自重视为可变荷载进行屈曲分析(图 13-13),得到屈曲系数,考虑桥塔塔顶轴向力的真实值,与屈曲系数的乘积即为临界荷载 p_{cr}。

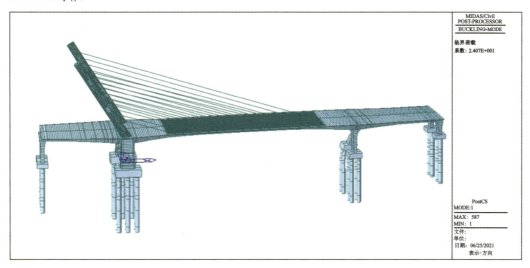

图 13-13 大桥整体屈曲分析

临界荷载 $p_{cr} = 347.59 \times 24.07 = 8\,366.491\,3$ kN,反算得到计算长度 $\mu l = 18.313$ m。

②相对长细比计算。

1号下端截面计算参数带入公式计算:

$$r_0 = \sqrt{\frac{I_s + I_c E_c/E_s}{A_s + A_c f_c/f}} = \sqrt{\frac{3.75498 \times 10^{12} + 8.99062 \times 10^{13} \times E_c/E_s}{720\,253 + 19\,429\,000 \times f_c/f}} = 3\,068.66\,\text{mm}$$

代入式(13-15)、式(13-16),得到相对长细比 $\lambda_y = 0.0778$。

③平面内稳定性验算。

代入式(13-13),得 $\varphi_y = 1 - 0.65\lambda_y^2 = 0.996$

将计算参数及该位置处内力值代入式(13-11),则有:

$$\frac{N}{\varphi_y N_u} + (1-\alpha_c)\frac{\beta M_y}{\left(1 - 0.8\dfrac{N}{N'_{Ey}}\right)M_{uy}}$$

$$= \frac{33\,665.8}{0.996 \times 629\,677.91} + (1 - 0.691) \times \frac{59\,209.6}{\left(1 - 0.8\dfrac{33\,665.8}{3.4 \times 10^9}\right) \times 498\,109.4996}$$

$$= 0.09 \leqslant \frac{1}{\gamma}$$

由上述可知,平面内稳定性符合要求。本身验算为短柱(矩形截面 $l_0/h < 5$,视为短柱),不需要考虑稳定问题。同理,平面外稳定性也不需要验算。

(3)抗剪验算

矩形钢管混凝土柱的剪力可假定由钢管管壁承受,其剪切强度应同时满足下式要求:

$$V_x \leqslant 2t(b-2t)f_v \quad (13\text{-}21)$$

$$V_y \leqslant 2t(h-2t)f_v \quad (13\text{-}22)$$

式中:V_x、V_y——矩形钢管混凝土柱中沿主轴 x 轴、主轴 y 轴的最大剪力设计值;

b——矩形钢管沿主轴 x 轴方向的边长;

h——矩形钢管沿主轴 y 轴方向的边长;

f_v——钢材的抗剪强度设计值。

根据表13-4的内力数据验算外弧2号截面上端位置。2号截面上端位置尺寸如图13-14所示。

2号截面上端(外弧)矩形钢管混凝土截面沿 h 方向(主轴 y 轴方向的边长)的抗剪验算如下:

$$V_y = F_z = 4\,843.49\,\text{kN}$$

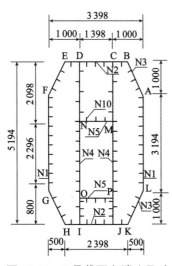

图13-14 2号截面上端(尺寸单位:mm)

有效抗剪管壁面积 $A_y = 3\ 194 \times 12 \times 2 + (5\ 194 - 12) \times 12 \times 2 + 1\ 118.034 \times 12 \times 4$

$$A_y f_v = A_y \times 160 = 40\ 750.341 \text{kN}$$

即有 $V_y \leqslant A_y f_v$，抗剪验算符合设计要求。

(4) 截面局部屈曲验算

对上述验算截面按照构造要求进行板件宽厚比限值验算，对于压弯构件，有 $b/t \leqslant 60\varepsilon$ 的要求。

其中 $\varepsilon = \sqrt{235/f_y} = \sqrt{235/345} = 0.825$，$b \leqslant 60 \times 0.825 \times 12 = 594 \text{mm}$，截面加劲肋间距最大为 300mm，满足 b/t 限值要求。

构造上限制板件局部屈曲的验算满足设计要求。

13.4 经济性分析

建造成本和养护维修成本是桥梁全寿命周期成本的主要组成部分。对不同类型桥塔的材料用量对比可以反映桥塔的建造成本。桥梁运营过程中钢管混凝土桥塔的防腐涂装工程量则反映了养护维修成本。本节以实际工程的施工图纸为基础，从材料用量和防腐涂装工程量两方面定量分析钢管混凝土桥塔的经济性。

(1) 材料用量对比

为了使不同类型桥塔的材料用量具有可比性，将单位面积桥面所分摊的塔柱钢材（或混凝土）用量定义为钢材（或混凝土）相对用量，作为评价指标。不同类型的桥塔材料用量对比见表13-6。表中钢筋混凝土桥塔的钢材用量包括普通钢筋、预应力钢筋、劲性骨架型钢等；钢管混凝土桥塔的钢材用量包括了钢壁板、加劲肋、连接件、纵横隔构造、钢筋等。由于表13-6中的钢桥塔和钢管混凝土桥塔仅应用于上塔柱（桥面以上部分的塔柱），下塔柱均为钢筋混凝土塔柱，故仅统计了上塔柱的材料用量。缆索承重桥梁的主梁自重对塔柱的材料用量影响较大，故采用预应力混凝土主梁的桥梁未参与统计。

桥塔材料用量对比　　　　　　　表 13-6

序号	桥名	桥型	跨径布置 (m)	主梁形式	桥塔形式		桥面宽度 (m)	桥面面积 (m^2)	上塔柱	
					上塔柱	下塔柱			混凝土 (m^3/m^2)	钢材 (kg/m^2)
1	南京长江三桥	斜拉桥	63+257+648+257+63	钢箱梁	钢塔柱	混凝土塔柱	37.2	47 914	0	250

续上表

序号	桥名	桥型	跨径布置（m）	主梁形式	桥塔形式 上塔柱	桥塔形式 下塔柱	桥面宽度（m）	桥面面积（m²）	上塔柱 混凝土（m³/m²）	上塔柱 钢材（kg/m²）
2	浐灞河2号桥	斜拉桥	145+48+42	钢混凝土混合梁	钢塔柱	混凝土塔柱	29.8	7 092	0	209
3	建材北路悬索桥	自锚式悬索桥	50+116+300+116+50	钢箱梁	钢塔柱	混凝土塔柱	56	35 392	0	268
4	东莞水道桥	斜拉桥	51.5+138+55	钢混凝土混合梁	钢管混凝土塔柱	混凝土塔柱	33	8 069	0.164	90
5	东丰路斜拉桥	斜拉桥	45+45+169	钢混凝土混合梁	钢管混凝土塔柱	混凝土塔柱	36	9 324	0.167	47
6	紫气路斜拉桥	斜拉桥	165+90	钢混凝土混合梁	混凝土塔柱		32	8 160	0.217	90
7	杨梅洲大桥	斜拉桥	208.84+658+238.84	钢混凝土混合梁	混凝土塔柱		43	47 544	0.326	108
8	沌口长江大桥	斜拉桥	100+275+760+275+100	钢箱梁	混凝土塔柱		46	69 460	0.394	123

图13-15为钢材用量对比。与钢桥塔相比，钢管混凝土桥塔由于采用钢混组合截面共同承载，加之混凝土的单侧约束提高了钢壁板的抗屈曲性能，使得钢材用量大幅度减小，其钢材相对用量为钢桥塔的20%~30%。与传统钢筋混凝土桥塔相比，钢管混凝土桥塔节省了大量的劲性骨架型钢、预应力钢筋等钢材，其钢材相对用量甚至略低于混凝土桥塔。如东风路桥（钢管混凝土桥塔）和紫气路桥（普通钢筋混凝土桥塔）为跨径接近、主梁布置形式相同的独塔斜拉桥，东风路桥普通钢筋用量仅约为紫气路桥的1/5，而前者的钢板及型钢用量与后者的劲性骨架型钢用量接近。可见同类型桥梁采用钢管混凝土桥塔可有效节省材料用量。

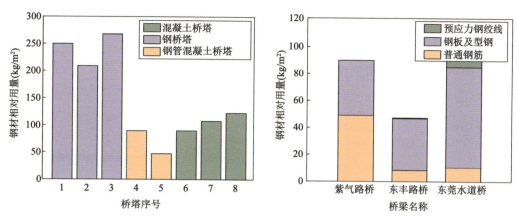

图 13-15　钢材用量对比

东莞水道桥由于采用了无背索曲塔、曲梁的结构体系,桥塔处于压弯剪扭的复杂受力状态,故其钢板及型钢的用量明显大于东风路桥,导致总用钢量偏高,但仍与紫气路桥的总用钢量持平。可见,对于受力复杂的城市景观桥塔,采用钢管混凝土结构更经济,同时也便于桥塔造型设计。

不同类型桥塔的混凝土相对用量如图 13-16 所示。由图 13-16 可知,钢管混凝土桥塔的混凝土相对用量为传统普通钢筋混凝土桥塔的 40%~80%。若将下塔柱及承台的混凝土用量一并考虑,钢混凝土桥塔的经济性将更加突出。

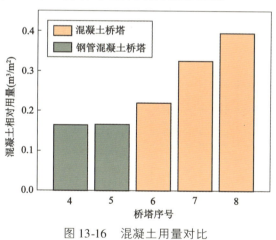

图 13-16　混凝土用量对比

(2)防腐涂装工程量对比

防腐蚀是钢桥塔及钢管混凝土桥塔在运营期的重点养护工作,防腐涂装的工程量能在一定程度上反映运营期养护成本的高低。

将两座钢桥塔和两座钢管混凝土桥塔在运营期的钢结构相对涂装面积(单位面积桥面分摊的桥塔涂装面积)进行对比,见图 13-17。由图 13-17 可知,钢管混凝土桥塔运营期的相对涂装面积远小于钢桥塔,仅约为钢桥塔的8%。这是因为钢管混凝土桥塔的加劲肋、横隔板、纵隔板等构造受到混凝土的包裹,钢壁板的内侧面也与混凝土接触,在运营期无须再进行涂装。需要注意的是,钢管混凝土桥塔的底部与水面交接处附近,受到水、空气的共同侵蚀,锈蚀问题更加突出,是整个桥塔防腐的薄弱环节,需要进行专门的防腐设计。

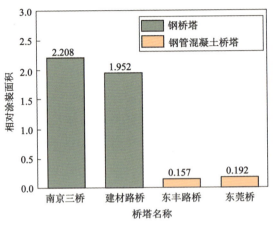

图 13-17　防腐涂装工程量对比

与混凝土桥塔相比,虽然混凝土桥塔运营期无须进行防腐涂装,但混凝土开裂问题不可避免,还会引起钢筋锈蚀、材料劣化问题,由此带来的检测、维修加固费用在全寿命周期都会存在,而且管理成本相对较高。而钢管混凝土桥塔的内部混凝土即使开裂,在钢壁板的保护下,也不会受到外界环境的侵蚀,避免了混凝土材料的劣化,故运营期无须考虑内部混凝土的养护成本。

综上,从桥梁的全寿命周期来看,钢管混凝土桥塔的经济性要明显优于钢桥塔,在设计合理、管养得当的情况下可以与钢筋混凝土桥塔展开竞争。

参考文献

[1] 周绪红,刘界鹏. 钢管约束混凝土柱的性能与设计[M]. 北京:科学出版社,2010.

[2] 周绪红,刘永健. 钢桥[M]. 北京:人民交通出版社股份有限公司,2020.

[3] 刘永健,周绪红. 矩形钢管混凝土组合桁梁桥[M]. 北京:人民交通出版社股份有限公司,2021.

[4] 张联燕,李泽生,程懋方,等. 钢管混凝土空间桁架组合桁式结构[M]. 北京:人民交通出版社,1999.

[5] 韩林海. 钢管混凝土结构——理论与实践. 第2版.[M]. 北京:科学出版社,2007.

[6] HAN L H, LI W, BJORHOVDE R. Developments and Advanced Applications of Concrete-filled Steel Tubular (CFST) Structures:Members[J]. Journal of Constructional Steel Research, 2014, 100: 211-228.

[7] 韩林海,牟廷敏,王法承,等. 钢管混凝土混合结构设计原理及其在桥梁工程中的应用[J]. 土木工程学报,2020,53(5):1-24.

[8] 陈宝春. 钢管混凝土拱桥. 第3版.[M]. 北京:人民交通出版社股份有限公司,2016.

[9] 刘永健,孙立鹏,周绪红,等. 钢管混凝土桥塔工程应用与研究进展[J]. 中国公路学报,2022,35(6):1-21.

[10] 刘永健,高诣民,周绪红,等. 中小跨径钢-混凝土组合梁桥技术经济性分析[J]. 中国公路学报,2017,30(03):1-13.

[11] TIAN Z J, LIU Y J, JIANG L, et al. A Review on Application of Composite Truss Bridges Composed of Hollow Structural Section Members[J]. Journal of Traffic and Transportation Engineering (English Edition), 2019, 6(01): 94-108.

[12] LIU Y J, XIONG Z H, LUO Y L, et al. Double-composite Rectangular Truss Bridge and Its Joint Analysis[J]. Journal of Traffic and Transportation Engineering (English Edition), 2015, 2(04): 249-257.

[13] 高诣民,刘永健,周绪红,等. 高性能钢管混凝土组合桁梁桥[J]. 中国公路学报,2018,31(12):174-187.

[14] 黄汉辉,陈康明,吴庆雄,等. 某中承式钢管混凝土桁式拱肋节点疲劳开裂分析[J]. 工程力学, 2017, 34(增刊): 167-173.

[15] 殷迅. 钢管混凝土拱桥主要病害调查分析[D]. 重庆: 重庆交通大学, 2011.

[16] 罗凌峰. 上承式钢管混凝土拱桥养护技术与管理对策研究[D]. 重庆: 重庆交通大学, 2017.

[17] 周绪红,刘永健,姜磊,等. PBL加劲型矩形钢管混凝土结构力学性能研究综述[J]. 中国公路学报, 2017, 30(11): 45-62.

[18] 张宁,刘永健,李慧,等. 弹性基底上受非均匀荷载加劲板的局部屈曲特性[J]. 交通运输工程学报, 2017, 17(01): 36-44.

[19] 刘永健,李慧,张宁. 非均匀受压矩形钢管混凝土局部弹性屈曲分析[J]. 建筑科学与工程学报, 2015, 32(04): 1-8.

[20] 张宁,刘永健,李慧. PBL加劲型矩形钢管混凝土轴压柱局部屈曲性能分析[J]. 建筑科学与工程学报, 2017, 34(02): 95-102.

[21] 孙立鹏,刘永健,张宁,等. 单侧约束三边支承高强钢板的局部屈曲性能[J]. 工程力学, 2021, 38(7): 19-29.

[22] 孙立鹏,刘永健. 矩形钢管混凝土壁板的屈曲后强度[J]. 建筑结构学报, 2022, 43(10): 259-273.

[23] 孙立鹏,刘永健,等. 矩形高强钢管混凝土壁板弹塑性屈曲及宽厚比限值解析解[J]. 建筑结构学报, 2021, 42(2): 112-121.

[24] 卢迅,刘永健,等. 初始缺陷对矩形钢管混凝土柱壁板屈曲后强度的影响[J]. 建筑科学与工程学报, 2020, 37(05): 170-181.

[25] UY B, BRADFORD M A. Elastic Local Buckling of Steel Plates in Composite Steel-concrete Members[J]. Engineering Structures, 1996, 18(3): 193-200.

[26] 刘永健. 矩形钢管混凝土桁架节点极限承载力试验与设计方法研究[D]. 长沙: 湖南大学, 2003.

[27] 姜磊,刘永健,周绪红,等. 钢管混凝土节点承载力计算方法[J]. 中国公路学报, 2022, 35(6): 86-100.

[28] LIU Y J, XIONG Z H, FENG Y C, et al. Concrete-filled Rectangular Hollow Section X Joint with Perfobond Leister Rib Structural Performance Study: Ultimate and Fatigue Experimental Investigation[J]. Steel and Composite Structures, 2017, 24(4): 455-465.

[29] HUANG W J, FENU L, CHEN B C, et al. Experimental Study on K-joints of Concrete-filled Steel Tubular Truss Structures[J]. Journal of Constructional Steel Research, 2015, 107: 182-193.

[30] XU F, CHEN J, JIN W L. Experimental Investigation and Design of Concrete-filled Steel Tubular CHS Connections[J]. Journal of Structural Engineering, 2015, 141(2): 04014106.

[31] HOU C, HAN L H, ZHAO X L. Concrete-filled Circular Steel Tubes Subjected to Local Bearing Force: Experiments[J]. Journal of Constructional Steel Research, 2013, 83: 90-104.

[32] 陈娟. 圆钢管混凝土T型相贯节点动力性能试验和理论研究[D]. 杭州: 浙江大学, 2011.

[33] SAKAI Y, HOSAKA T, ISOE A, et al. Experiments on Concrete Filled and Reinforced Tubular K-joints of Truss Girder[J]. Journal of Constructional Steel Research, 2004, 60: 683-699.

[34] 王毅新. 圆钢管-圆钢管混凝土焊接节点抗弯刚度和极限承载力研究[D]. 上海: 同济大学, 2009.

[35] 宋谦益. 圆钢管混凝土-钢管K形节点的力学性能研究[D]. 北京: 清华大学, 2010.

[36] LIU Y J, XIONG Z H, FENG Y C, et al. Concrete-filled Rectangular Hollow Section X Joint with Perfobond Leister Rib Structural Performance Study: Ultimate and Fatigue Experimental Investigation[J]. Steel and Composite Structures, 2017, 24(4): 455-465.

[37] 刘永健, 周绪红, 刘君平. 主管内填混凝土的矩形钢管X型节点受拉和受弯性能试验研究[J]. 建筑结构学报, 2009, 30(1): 82-86+94.

[38] 刘永健, 周绪红, 邹银生, 等. 矩形钢管混凝土横向局部承压强度的试验研究[J]. 建筑结构学报, 2003, 24(2): 42-48.

[39] 刘永健, 周绪红, 肖龙. 矩形钢管混凝土桁架受压节点承载力[J]. 建筑结构, 2004, 34(1): 24-26.

[40] 刘永健, 周绪红, 刘君平. 矩形钢管混凝土T、Y型节点受压性能试验[J]. 长安大学学报: 自然科学版, 2008, 28(5): 48-52.

[41] 刘君平, 刘永健. 主管内填混凝土对矩形钢管节点受力性能的影响[J]. 西安建筑

科技大学学报：自然科学版，2011，43（1）：18-24.

[42] 刘永健，周绪红，刘君平. 矩形钢管混凝土 K 型节点受力性能试验[J]. 建筑科学与工程学报，2007，24（2）：36-42.

[43] 刘永健，周绪红，等. 主管内填混凝土的矩形钢管 X 型节点受拉和受弯性能试验研究[J]. 建筑结构学报，2009，30（01）.

[44] 刘永健，周绪红，邹银生，等. 矩形钢管混凝土横向局部承压强度的试验研究[J]. 建筑结构学报，2003，24（02）：42-48.

[45] LI H T, YOUNG B. Experimental Investigation of Concrete-filled High-strength Steel Tubular X Joints[J]. Journal of Structural Engineering, 2018, 144(10): 04018178.

[46] FENG R, YOUNG B. Behaviour of Concrete-filled Stainless Steel Tubular X-joints Subjected to Compression[J]. Thin-Walled Structures, 2009, 47: 365-374.

[47] PACKER J A. Concrete-filled HSS Connections[J]. Journal of Structural Engineering, 1995, 121(3): 458-467.

[48] FENG R, YOUNG B. Tests of Concrete-filled Stainless Steel Tubular T-joints[J]. Journal of Constructional Steel Research, 2008, 64: 1283-1293.

[49] 刘永健，姜磊，熊治华. 矩形钢管节点屈服线和冲剪综合破坏模型[J]. 建筑科学与工程学报，2016，33（06）：6-13.

[50] 王文帅. 矩形钢管混凝土桁梁桥节点承载力和轴向刚度计算公式研究[D]. 西安：长安大学，2020.

[51] 侯蓓蓓，刘永健，姜磊，等. PBL 加劲型矩形钢管混凝土支管受拉节点有效分布宽度[J]. 建筑科学与工程学报，2017，34（6）：116-126.

[52] 姜磊. 矩形钢管混凝土桁梁桥节点疲劳性能和计算方法研究[D]. 西安：长安大学，2019.

[53] JIANG L, LIU Y J, FAM A, et al. Fatigue Behavior of Integral Built-up Box Y-joints between Concrete-filled Chords with Perfobond Ribs and Hollow Brace[J]. Journal of Structural Engineering, 2020, 146(3): 04019218.

[54] JIANG L, LIU Y J, FAM A, et al. Stress Concentration Factor Parametric Formulae for Concrete-filled Rectangular Hollow Section K-joints with Perfobond ribs[J]. Journal of Constructional Steel Research, 2019, 160: 579-597.

[55] JIANG L, LIU Y J, FAM A, et al. Fatigue Behaviour of Non-integral Y-joint of Concrete-filled Rectangular Hollow Section Continuous Chord Stiffened with Perfobond

Ribs[J]. Engineering Structures, 2019, 191: 611-624.

[56] JIANG L, LIU Y J, FAM A. Stress Concentration Factors in Concrete-filled Square Hollow Section Joints with Perfobond Ribs[J]. Engineering Structures, 2019, 181: 165-180.

[57] JIANG L, LIU Y J, LIU J, et al. Experimental and Numerical Analysis of the Stress Concentration Factor for Concrete-filled Square Hollow Section Y-joints[J]. Advances in Structural Engineering, 2019, 23(5): 869-883.

[58] JIANG L, LIU Y J, FAM A. Stress Concentration Factors in Joints of Square Hollow Section (SHS) Brace and Concrete-filled SHS Chord under Axial Tension in the Brace[J]. Thin-Walled Structures. 2018, 132: 79-92.

[59] 姜磊, 刘永健, 龙辛, 等. 矩形钢管混凝土桁架节点应力集中特性试验研究[J]. 建筑结构学报, 2022, 43(2): 184-196.

[60] 姜磊, 刘永健, 王康宁. 焊接管节点结构形式发展及疲劳性能对比[J]. 建筑结构学报, 2019, 40(03): 180-191.

[61] 刘永健, 姜磊, 王康宁. 焊接管节点疲劳研究综述[J]. 建筑科学与工程学报, 2017, 34(05): 1-20.

[62] 程高, 刘永健, 等. PBL加劲型矩形钢管混凝土不等宽T型节点应力集中系数分析[J]. 建筑科学与工程学报, 2014, 31(04).

[63] WANG K, TONG L W, ZHU J, et al. Fatigue behavior of welded T-joints with a CHS brace and CFCHS chord under axial loading in the brace[J]. Journal of Bridge Engineering, 2013, 18(2): 142-152.

[64] QIAN X D, JITPAIROD K, MARSHALL P, et al. Fatigue and residual strength of concrete-filled tubular X-joints with full capacity welds[J]. Journal of Constructional Steel Research, 2014, 100: 21-35.

[65] UDOMWORARAT P, MIKI C, ICHIKAWA A, et al. Fatigue performance of composite tubular K-joints for truss type bridge[J]. Structural Engineering/Earthquake Engineering, 2002, 19(2): 65s-80s.

[66] SAKAI Y, HOSAKA T, ISOE A, et al. Experiments on concrete filled and reinforced tubular K-joints of truss girder[J]. Journal of Constructional Steel Research, 2004, 60: 683-699.

[67] 吴庆雄, 黄汉辉, 陈康明, 等. 钢管混凝土K型节点足尺模型疲劳性能试验[J].

建筑结构学报, 2020, 41(10): 102-111.

[68] TONG L W, SUN C Q, CHEN Y Y, et al. Experimental Comparison in Hot Spot Stress between CFCHS and CHS K-joints with Gap[C]// Shen Z Y, Chen Y Y, Zhao X Z. Proceedings of 12th international symposium on tubular structures. London: CRC Press, 2008, 389-395.

[69] WARDENIER J. Hollow Sections in Structural Applications [M]. Switzerland: CIDECT, 2001.

[70] CIDECT Design Guide No.8, Design Guide for Circular and Rectangular Hollow Section Welded Joints under Fatigue Loading[S]. Cologne Germany: TÜV-Verlag, 2000.

[71] AWS D1.1/D1.1M: 2010, Structural Welding Code-Steel [S]. Miami: American Welding Society, 2010.

[72] SHAO Y B. Proposed Equations of Stress Concentration Factor (SCF) for Gap Tubular K-joints Subjected to Bending Load[J]. International Journal of Space Structures, 2004, 19(3): 137-147.

[73] TONG L W, XU G W, YANG D L, et al. Fatigue Behaviour and Design of Welded Tubular T-joints with CHS Brace and Concrete-filled Chord [J]. Thin-Walled Structures, 2017, 120: 180-190.

[74] TONG L W, CHEN K P, XU G W, et al. Formulae for Hot-spot Stress Concentration Factors of Concrete-filled CHS T-joints Based on Experiments and FE Analysis[J]. Thin-Walled Structures, 2019, 136: 113-128.

[75] TONG L W, XU G W, YANG D L, et al. Stress Concentration Factors in CHS-CFSHS T-joints: Experiments, FE Analysis and Formulae[J]. Engineering Structures, 2017, 151: 406-421.

[76] WEI X, WEN Z Y, XIAO L, et al. Review of Fatigue Assessment Approaches for Tubular Joints in CFST Trusses[J]. International Journal of Fatigue, 2018, 113: 43-53.

[77] LIU J, LIU Y J, YAN X K, et al. Statistical Investigation on the Temperature Actions of CFST Truss Based on Long-term Measurement[J]. Journal of Bridge Engineering, 2021, 26(8): 04021045.

[78] LIU J, LIU Y J, ZHANG G J, et al. Predicted Formula for Temperature Gradient of Concrete-filled Steel Tubular Member with an Arbitrary Inclination [J]. Journal of

Bridge Engineering, 2020, 25(10): 04020076.

[79] LIU J, Liu Y J, ZHANG C Y, et al. Temperature Action and Effect of Concrete-filled Steel Tubular Bridges: A Review[J]. Journal of Traffic and Transportation Engineering (English Edition), 2020, 7(02): 174-191.

[80] LIU J, LIU Y J, ZHANG G J. Experimental Analysis of Temperature Gradient Patterns of Concrete-filled Steel Tubular Members[J]. Journal of Bridge Engineering, 2019, 24(11): 04019109.

[81] LI H, LIU Y J, ZHANG N. Non-linear Distributions of Bond-slip Behavior in Concrete-filled Steel Tubes by the Acoustic Emission Technique[J]. Structures. 2020(28): 2311-2320.

[82] 刘永健, 刘江, 张宁. 桥梁结构日照温度作用研究综述[J]. 土木工程学报, 2019, 52(05): 63-82.

[83] 刘永健, 池建军. 钢管混凝土界面抗剪粘结强度的推出试验[J]. 工业建筑, 2006, 24(04): 78-80.

[84] 刘永健, 池建军. 方钢管混凝土界面粘结强度的试验研究[J]. 建筑技术, 2005, 36(02): 97-98+107.

[85] 刘永健, 李慧, 张宁. 界面状态对矩形钢管混凝土构件抗弯性能的影响[J]. 建筑科学与工程学报, 2016, 33(01): 15-21.

[86] 刘永健, 李慧, 张宁, 等. PBL加劲型矩形钢管混凝土界面粘结-滑移性能[J]. 建筑科学与工程学报, 2015, 32(05): 1-7.

[87] 刘永健, 刘君平, 郭永平, 等. 钢管混凝土界面粘结滑移性能[J]. 长安大学学报: 自然科学版, 2007, 27(02): 53-57.

[88] 刘永健, 刘君平, 池建军. 钢管混凝土界面抗剪粘结滑移力学性能试验[J]. 广西大学学报, 2010, 35(01): 17-23+29.

[89] 崔越, 朱伟庆, 刘永健. 开孔板连接件塑性阶段受剪机理及荷载-滑移曲线特征研究[J]. 建筑结构学报, 2017, 38(S1): 315-323.

[90] 杨岳华, 刘永健. 群钉连接件推出试验及塑性分析[J]. 桥梁建设, 2013, 43(04): 80-86.

[91] 张宁, 刘永健, 刘士林. 单孔PBL剪力连接件疲劳性能试验研究[J]. 建筑结构学报, 2014, 35(03): 186-192.

[92] 杨岳华, 姜磊, 刘永健. 矩形钢管混凝土构件弯曲性能试验研究[J]. 桥梁建设,

2017, 47(03): 47-52.

[93] 姜磊, 刘永健, 侯蓓蓓. 钢管混凝土拱肋轴力-应变关系[J]. 中国公路学报, 2016, 29(11): 90-98.

[94] 刘永健, 姜磊, 张宁. 钢管混凝土中钢管的纵向容许应力[J]. 建筑科学与工程学报, 2015, 32(06): 1-7.

[95] 姜磊, 刘永健, 张俊光. 开孔钢板加劲型方钢管混凝土长柱轴压性能试验研究[J]. 建筑结构学报, 2016, 37(05): 122-128.

[96] 刘永健, 程高, 张宁, 等. 开孔钢板加劲型方钢管混凝土轴压短柱试验研究[J]. 建筑结构学报, 2014, 35(10): 39-46.

[97] 刘永健, 张俊光, 徐开磊, 等. 设纵肋钢箱混凝土轴压短柱试验研究[J]. 建筑结构学报, 2011, 32(10): 159-165.

[98] 刘永健, 张俊光, 张国玺, 等. 节段拼接的钢箱柱稳定承载力试验研究[J]. 建筑结构学报, 2010, 31(S1): 23-27.

[99] 刘君平, 周宗源, 刘永健, 等. 开孔钢板加劲肋方钢管混凝土柱偏压试验研究[J]. 建筑结构学报, 2017, 38(11): 42-48.

[100] HAN L H, YAO G H. Influence of Concrete Compaction on the Strength of Concrete-filled Steel RHS Columns[J]. Journal of Constructional Steel Research, 2003, 59(6): 751-767.

[101] HAN L H, YAO G H. Experimental Behaviour of Thin-walled Hollow Structural Steel (HSS) Columns Filled with Self-consolidating Concrete[J]. Thin-Walled Structures, 2004, 42: 1357-1377.

[102] ELLOBODY E, YOUNG B, LAM D. Behaviour of Normal and High Strength Concrete-filled Compact Steel Tube Circular Stub Columns[J]. Journal of Constructional Steel Research, 2006, 62(7): 706-715.

[103] SAKINO K, TOMII M, WATANABE K. Sustaining Load Capacity of Plain Concrete Stub Columns by Circular Steel Tubes[C]//ASCCS. Proceeding of the International Specialty Conference on Concrete-Filled Steel Tubular Structures. Fukuoka: ASCCS, 1985: 112-118.

[104] SAKINO K, HAYASHI H. Behaviors of Concrete-filled Steel Tubular Columns under Concentric Loadings[C]//ASCCS. Proceedings of the Third International Conference on Steel-Concrete Composite Structures. Fukuoka: ASCCS, 1991: 25-30.

[105] SAKINO K, Nakahara H, Morino S, et al. Behavior of Centrally Loaded Concrete-filled Steel-tube Short Columns[J]. Journal of Structural Engineering, 2004, 130(2):180-188.

[106] 王玉银,张素梅. 圆钢管高强混凝土轴压短柱剥离分析[J]. 哈尔滨工业大学学报, 2003, 35:31-34.

[107] GARDNER N J. Use of Spiral Welded Steel Tubes in Pipe Columns[J]. Journal of the American Concrete Institute, 1968, 65(11):937-942.

[108] LUKSHA L K, NESTEROVICH A P. Strength Testing of Large-diameter Concrete Filled Steel Tubular Members[C]//ASCCS. Proceedings of the Third International Conference on Steel-Concrete Composite Structures. Fukuoka:ASCCS, 1991:67-72.

[109] CHENG Y, XU F, XU Z Y, et al. Experimental Research on Dynamic Behaviour of Basic Concrete Filled Steel Tubular Elements[C]//ASCCS. Proceedings of the Second International Conference on Steel-Concrete Composite Structures. Fukuoka:ASCCS, 1988:137-144.

[110] WANG Z U, YANG S Z. Experimental Research of Comprehensive Strength and Comprehensive Modulus of Elasticity of Concrete Filled Steel Tube[C]//ASCCS. Proceeding of the International Specialty Conference on Concrete-Filled Steel Tubular Structures. Fukuoka:ASCCS, 1985:74-80.

[111] GOODE C D. Four tests[R]. Unpublished, Manchester University, 1989.

[112] KILPATRICK A E. Prediction of the Non-linear Behaviour of Concrete-filled Steel Tubular Columns[M]. University of Southern Queensland, Faculty of Engineering and Surveying, 1994.

[113] BRIDGEM R, O'SHEA M. Australian Composite Code Concrete Filled Steel Tubes[C]// ASCCS. ASCCS Seminar on Concrete Filled Steel Tubes. Fukuoka:ASCCS, 1997:59-74.

[114] YAMAMOTO T, KAWAGUCHI J, MORINO S. Experimental Study of Scale Effects on the Compressive Behavior of Short Concrete-filled Steel Tube Columns[C]// ASCE. Composite Construction in Steel and Concrete IV. New York:ASCE, 2000:879-891.

[115] GIAKOUMELIS G, LAM D. Axial Capacity of Circular Concrete-filled Tube Columns[J]. Journal of Constructional Steel Research, 2004, 60(7):1049-1068.

[116] 钟善桐. 高层钢-混凝土组合结构[M]. 广州:华南理工大学出版社,2003.

[117] 钟善桐,王用纯. 关于轴心受压钢管混凝土构件的工作性能和承载力计算的探讨[J]. 哈尔滨建筑工程学院学报,1978,1-33.

[118] 蔡绍怀,焦占拴. 钢管混凝土短柱的基本性能和强度计算[J]. 建筑结构学报,1984(6):13-29.

[119] 蔡绍怀,顾万黎. 钢管混凝土长柱的性能和强度计算[J]. 建筑结构学报,1985,6(1):32-40.

[120] 谭克锋,蒲心诚,蔡绍怀. 钢管超高强混凝土的性能与极限承载能力的研究[J]. 建筑结构学报,1999,20(1):10-15.

[121] 汤关祚,赵炳泉,竺惠仙,等. 钢管混凝土基本力学性能的研究[J]. 建筑结构学报,1982,13-31.

[122] 李云飞. 钢管混凝土轴心受压构件受力性能的试验研究[D]. 西安:西安建筑科技大学,2003.

[123] 张素梅,刘界鹏,马乐,等. 圆钢管约束高强混凝土轴压短柱的试验研究与承载力分析[J]. 土木工程学报,2007,40(3):24-31.

[124] MA Y P, LIU Y J, et al. Flexural Stiffness of Rectangular Hollow Section (RHS) trusses[J]. Engineering Structures, 2021, 239: 112336.

[125] MA Y P, LIU Y J, WANG K, et al. Axial Stiffness of Concrete Filled Rectangular Steel Tubular (CFRST) Truss Joints[J]. Journal of Constructional Steel Research, 2021, 184: 106820.

[126] PU B C, ZHOU X H, LIU Y J, et al. Mechanical Behavior of Concrete-filled Rectangular Steel Tubular Composite Truss Bridge in the Negative Moment Region[J]. Journal of Traffic and Transportation Engineering (English Edition), 2021, 8(5): 795-814.

[127] LIU B, LIU Y J, JIANG L, et al. Flexural Behavior of Concrete-filled Rectangular Steel Tubular Composite Truss Beams in the Negative Moment Region[J]. Engineering Structures, 2020, 216: 110738.

[128] 马印平,刘永健,龙辛,等. 钢管混凝土组合桁梁受弯承载力简化计算方法研究[J]. 建筑结构学报,2020,41(05):76-84.

[129] 刘永健,王康宁,刘彬,等. 矩形钢管混凝土组合桁梁负弯矩区受力性能试验研究[J]. 建筑结构学报,2019,40(09):74-83.

[130] 马印平,刘永健,龙辛,等. 钢管混凝土组合桁梁受弯承载力简化计算方法研究

[J].建筑结构学报,2020,41(05):76-84.

[131] 刘彬,刘永健,杨岳华,等.PBL加劲型矩形钢管混凝土组合桁梁桥设计[J].桥梁建设,2019,49(05):97-102.

[132] 刘彬,刘永健,周绪红,等.中等跨径装配式矩形钢管混凝土组合桁梁桥设计[J].交通运输工程学报,2017,17(04):20-31.

[133] 刘永健,刘君平,张俊光.主管内填混凝土矩形和圆形钢管桁架受弯性能对比试验研究[J].建筑结构学报,2010,31(04):86-93.

[134] 刘君平,刘永健.主管内填充混凝土对矩形钢管桁架抗弯刚度影响研究[J].建筑结构学报,2009,30(S2):202-207.

[135] 刘永健,刘君平,杨根杰,等.主管内填充混凝土矩形钢管桁架受力性能试验研究[J].建筑结构学报,2009,30(06):107-112.

[136] 刘永健,李运喜,刘君平,等.受压弦管填充混凝土的矩形钢管桁架静力性能分析[J].建筑科学与工程学报,2008,25(04):65-72.

[137] 刘永健,张宁,张俊光.PBL加劲型矩形钢管混凝土的力学性能[J].建筑科学与工程学报,2012,29(04):13-17.

[138] 高诣民,刘永健,姜磊,等.PBL加劲型矩形钢管混凝土桁架受弯性能试验[J].建筑科学与工程学报,2017,34(05):171-180.

[139] 刘永健,王文帅,等.矩形钢管和矩形钢管混凝土T形不等宽受拉节点轴向刚度[J].建筑科学与工程学报,2020,37(1):1-13.

[140] 刘永健,姜磊,熊治华,等.PBL加劲型矩形钢管混凝土受拉节点热点应力集中系数计算方法[J].交通运输工程学报,2017,17(5):1-15.

[141] 姜磊,刘永健,等.基于热点应力法的矩形钢管混凝土组合桁梁桥节点疲劳评估[J].交通运输工程学报,2020,20(6):104-116.

[142] 刘君平,周宗源,刘永健,等.具有PBL加劲的方钢管混凝土构件受弯性能[J].工程力学,2017,34(12):104-111.

[143] 刘永健,龙辛,姜磊,等.基于热点应力法的钢管混凝土焊接节点疲劳构造细节比较[J].建筑科学与工程学报,2020,37(5):1-12.

索　引

C

冲剪破坏 ··· 067
混凝土横向局部承压破坏 ··· 074

G

钢管混凝土 ··· 002
拱桥 ·· 011

J

节点静力性能 ··· 064
节点疲劳性能 ··· 086
界面性能 ··· 220

P

PBL 加劲肋 ··· 031
PBL 加劲型钢管混凝土节点 ··· 030

Q

桥塔 ·· 013
桥墩 ·· 010
屈曲性能 ··· 034
屈曲后强度 ·· 034
屈服线破坏 ·· 067

R

热点应力幅 $S\text{-}N$ 曲线 ··· 088

T

套箍作用 ··· 286
弹性屈曲 ··· 034
弹塑性屈曲 ·· 034

W

温度作用 ··· 162

温度场 ·· 162

温度效应 ·· 162

Y

应力集中系数 ·· 089

Z

组合桁梁桥 ·· 012